いちばんよくわかる

九星方位気学

幸せを呼び込む秘術！

純正運命学会会長
田口二州 著

Gakken

はじめに

『吉凶は動より生ず』

　これは、東洋占術の源泉である〝易《えき》〟の思考です。そして《九星方位気学》は、動によって吉凶を判断し、どの方位に動けばプラスかマイナスかを予知し、積極的に吉をつかみ、凶は事前に避けることを教える開運法です。

　ギリシャの哲人ソクラテスは「避けることのできない運命に逆らいたくない」と言い、中国の聖人孔子は「天なるかな・命《めい》なるかな」と、すべてを天命の一言に託しました。この西洋と東洋の二大哲人の運命感は、あきらめに立脚しています。多くの方もそう思っているでしょうが、九星方位気学の運命感は、運命は変えられないものでも、自然のなりゆきにまかせるものでもありません。積極的に良い方位を使用して、不幸を未然に防ぎ、希望どおりの充実した人生を送ることにあります。

　九星方位気学を活用すれば、お金に困っている人は金運を、不調に悩んでいる人は健康を、独身者には良縁を、就職は実力を発揮できる会社へと、夢のような結果を得ることができます。

　九星方位気学の正式名称は〝気学〟です。本書ではタイトルに読者になじみのある九星と方位を加えています。

　本書は、著者の占術界デビュー50年来の実占研究をもとに、誰にでもわかりやすく、すぐに活用できるようにまとめました。ことに「【目的別】吉方位とラッキー方位」は、気学研究家の蒙《もう》を啓《ひら》くことになるでしょう。本書を十分に活用されて、一人でも多くの人が幸せをつかめれば幸いです。

翠麗《すいれい》山荘にて

純正運命学会会長　田口二州

Part 3 吉方位と凶方位……55

Part 6 幸・不幸が現れる時期とつかみ方……159

Part 7 その年・その月の運勢の見方と判断法……169

年

あなたの吉方位・凶方位早見表

生年月日　　年　　月　　日

本命（生年精気）　　本命に相生・比和する九星

月命（生月精気）　　月命に相生・比和する九星

本命・月命に共通して相生・比和する九星

凶方位	五黄殺	悪殺気（暗剣殺）	水火殺	歳破 月破	精気殺（本命殺）	対気殺（的殺）	小児殺	吉方位
年								
2月				南西				
3月				西				
4月				西北				
5月				西北				
6月				北				
7月				北東				
8月				北東				
9月				東				
10月				東南				
11月				東南				
12月				南				
1月				南西				

※空欄にあなたのその年・月の吉方位・凶方位を書き込み、ご活用ください。

Part 1

気学は夢を叶《かな》える唯一無二《ゆいいつむに》の開運法

気学《きがく》こそがあなたの夢を叶《かな》える

★——気学の力で運勢を変えるということ

気学《きがく》だけが幸運をつかめる占術

「びっくりするほどツキが回ってきて、人生絶好調です！」

「おもしろいぐらいにお金が増えます。使い道に困るほどです」

「気学のおかげで長年の夢をようやく叶《かな》えることができました」

　わたしのもとには、気学の鑑定を受けた人たちから、こうした喜びの声がたくさん寄せられます。あまりの喜びように最初は驚きもしましたが、気学の力を考えれば当然のことなのです。

　ツキに恵まれて幸せな日々を暮らすのも、不運に見舞われて苦労の多い人生を歩むのも、決して偶然ではありません。物事に原因があって結果がついてくるように、幸運・不運という結果にも何らかの原因があります。これを解き明かし、不幸を寄せつけずに幸運をつかむにはどうしたらよいか、それを知る方法が〝気学《きがく》〟です。

　人の運命を占う占術には、人相、手相、四柱推命《しちゅうすいめい》、西洋占星術、姓名術など、たくさんあることはご存じだろうと思います。これらの占術を用いればあらかじめ来る運命を知り、それに対処することができます。しかし、運命そのものを変え、マイナスのものをプラスにする力を持つ占術は、唯一気学だけなのです。

　たとえば病気を発症したとき、その症状に応じて治療を行うのが対処療法《たいしょりょうほう》です。治療といえば当初はこの方法しかありませんでした。

　しかし、医学が進歩するにつれ、病気にならないための予防医学という考え方が現れました。

　最近では、遺伝子レベルでかかりやすい病気を前もって解析し、それに対応した予防策を講じていくという先端医療も進んでいます。また、体質に応じて人それぞれの機能をいかに高めていくかという研究も進みつつあります。

　気学もこれと同様だといえます。「不幸に出会ったとき、いかに対処するか」から「いかにして不幸に出会わないようにするか」を考えるのが気学です。さらには「どうやって幸運を手に入れるのか」、「自分の夢を叶えるにはどうすればいいのか」を発展的に考えようとするならば、必ずや気学に結びつくことになるでしょう。

方位や方角が運勢を左右する

引っ越しや増改築で「方位《ほうい》」や「方角《ほうがく》」が吉凶《きっきょう》を左右すると聞いたことはありませんか。方位のことはよくわからなくても、移転や増改築のあと、家の人が大病をわずらったり思わぬ不幸に見舞われたりという話を耳にしたことはありませんか。

　こうした方位による災難を「方《ほう》災《さい》」といいますが、気学を少しでもご存じの方なら、この方災を気にします。移転後、良くないことが続き「悪い方位を使ったのではないか?」と、わたしのもとへ駆け込んでくる人が結構多いのです。調べてみると、たしかに悪い方位への移転だったことがわかります。「では、どうしたら方災を食い止めることができますか?」という話になります。そこで、方災を最小限に食い止める方法をお教えするのですが、たいていの人はここで安心してしまいます。

　そこで、わたしはこう続けるのです。「ただ方災を食い止めるだけでは、気学を十分に活用したことにはなりません。本当の気学の役割は、災難を防ぐことだけでなく、運勢を上昇させることにあるのですよ」。すると、みなさん一様に驚いた顔をします。

　せっかく運命を変える力を持つ唯一の開運法である気学に出会ったのですから、これを開運につなげてほしいものです。

　どなたでも将来を明るい未来に変えることができます。ひとりでも多くの方が気学の力を知って、大いに活用していただきたい。

運勢を好転させる気学の不思議

★——気学で幸運をつかんだ喜びの実例

体調も会社経営もみごとに回復

Tさんは60歳を迎える会社経営者でした。一人娘はすでに独立し、奥さんと二人暮らしです。

最初にわたしの鑑定室を訪れたのは娘さんです。その娘さんが気学の吉方《きっぽう》移転《いてん》指導を受けてから、運勢が目に見えて好転している。それを間近で見て意を決したTさんが、わたしのもとへ相談にみえたのです。

わたしの前に座ったTさんは、家の改築をした直後から体調が思わしくないこと、不況の影響も受けて会社経営もかんばしくないことを、ぽつりぽつりと話しはじめました。

「もっと元気があれば、経営を立て直す自信はあるのですが、少し動くと疲れてしまって気力も続かないのです。何とかもうひと花咲かせたいのですが……」

そこでわたしはTさんへ、吉方移転することをすすめました。良い方位を使って吉方移転をすれば体調も改善していき、仕事面でもツキに恵まれることを説明したのです。

それから1年が経った頃、Tさんの奥さんからうれしい報告が届きました。実は相談にみえたとき、Tさんの体調は、かなり良くない状態だったといいます。

ところが、Tさんの体調は徐々に回復し、今では会社経営も体調とともに快方へ向かい、沈みがちだった家庭の雰囲気が活気に満ちたものになったそうです。

明るく立ち直ったTさんを見て、思い起こせば1年前の引っ越し後から風向きが変わったように感じると奥さんは話します。そこでわざわざ報告にこられたそうです。

わたしはこれまでTさんのように、気学によって運勢を好転させた人を数多く見てきました。このような喜ばしい報告を聞くたびに、気学の不思議さ、その影響の大きさに驚きます。

ご主人は出世コースへ。待望の赤ちゃんも授かる

Aさん夫婦は結婚して10年。鑑定にみえたとき、ご主人は38歳、奥さんは33歳でした。

働き盛りの二人は、結婚してからというもの、ご主人は交通事故に3回も遭《あ》い、奥さんは体調がすぐれず、医者と縁が切れない状態が続いていました。お子さんを望んでいましたが、それも叶《かな》いませんでした。

わたしのもとへは、ご主人の仕事の関係で転居することになり、良い方位と時期があれば指南してほしいという要望でやってこられました。

結婚後、不運が続く二人の状況を聞き、結婚当時の方位を調べてみました。すると、新居を構えた方位が「東の悪殺気《あくさっき》」という事故や病気などに遭いやすい、猛烈に悪い方位だということがわかったのです。

これでは不運が続くのが当然のことといえます。わたしはさっそく、運勢を切り開く移転をすすめ、良い吉方位と時期をしっかりアドバイスしました。

ご夫婦からうれしい便りが届いたのは、吉方移転をしてから半年後のことです。

ご主人は会社でその実力を高く評価されるようになり、出世コースに躍り出たそうです。仕事へのやる気もみなぎり、将来が楽しみでしかたがないと話します。奥さんはみるみる元気になり、これまで体調不良から、ふさぎがちで暗かった生活が一転し、明るく活発に外に出かけられるようになったそうです。

そして、何よりも二人を喜ばせたのは、10年間待ち望んだ赤ちゃんをようやく授かったことでした。その後、元気な男の子を無事出産し、家族三人幸せな生活を送っています。

このご夫婦も、気学で運勢を好転された喜ばしい実例です。不運からの脱却だけでなく、この上ない幸運を手にすることができる。これが「気学の力」なのです。

動くことで凶《きょう》を吉《きち》に転じる気学《きがく》の秘技《ひぎ》

★——気学で起《き》死《し》回《かい》生《せい》を果たした実例

滅《めつ》へと向かうのは自然の摂理《せつり》

万物は生まれると同時に「滅《めつ》（死）」へ向かうものです。人間も例外ではありません。そのため、だれでも無意識に行動していると、だれでも人生の障害やトラブルなど、滅に向かう方位（凶方位《きょうほうい》）へと知らぬ間に引き寄せられてしまいます。

気学の原理を知らずに移転、増改築、旅行などをすると、残念ながら9割以上の確率で悪い方向を選ぶことになります。これによって、思わぬ不運に見舞われたり、運気を下げたりすることになります。それが自然の摂理《せつり》なのです。

吉方移転で元気と明るさを取り戻す

ある日、結婚2年目を迎えたSさん夫婦が、わたしの鑑定室を訪れました。結婚後、奥さんのお腹の具合が悪く悩んでいるというのです。

結婚生活も仕事も張り切っていこうという矢先に、やる気が出ないので困っていたそうです。病院で診察も受けましたが、改善には向かわず、奥さんの心労はたまる一方でした。

さっそく新居を構えた方位と時期を調べたところ、わたしの予想どおり「南西の凶方」を用いていました。この凶方は、お腹の具合を悪くする方位なのです。

わたしはすぐに夫婦そろって吉方移転することを指導しました。

数年後、奥さんは元気と明るさを取り戻し、子宝にも恵まれたと、喜ばしい報告を受けました。

夫婦の危機を気学で抜け出す

理容業を営むYさん夫婦は、当時住んでいた家から南の方位に新築の物件を見つけて、転居しました。おしゃれな雰囲気の家に大変満足していた夫婦は、希望に満ちた人生を新しい家でスタートさせました。

ところが喜びもつかの間、ご主人は脳梗塞《のうこうそく》で倒れ、奥さんも看病疲れと心労が重なり体調が思わしくありません。そこで、理容室は従業員にまかせることになりましたが、経営状態は衰退の一途をたどりました。

これにみかねた知人から、「移転した方位が悪かったのではないか?」との助言を受け、Yさん夫婦は、わたしの鑑定室にやってきたのです。

調べてみると、「南の一白水火《いっぱくすいか》殺《さつ》」という、だれにでも強烈な凶《きょう》作用《さよう》のある方位に移転していたことがわかりました。このまま住み続ければ、二人はさらなる不運に見舞われることになります。

せっかくの新居ですが、この家は売るなり人に貸すなりしてあきらめるように説得し、夫婦の吉方移転をすすめました。

それから2年後、ご主人は店に出られるようになり、3年目には以前のように仕事ができるようになりました。奥さんも、体調が回復し、理容室にはふたたび活気が戻りました。

苦難を乗り越え、二人はこれまでとはくらべものにならないくらい、生きがいのある生活を送っているそうです。

起死回生も夢ではない

このように、何も気にせず移転することは、非常に危険な場合があります。二組とも大事にいたる前に気学に出会えたことが不幸中の幸いだったといえます。

気学は、滅に向かおうとする人生にブレーキをかけ、不幸を未然に防ぎ、より早く的確に幸運をつかみ取る方法を教示します。

四書五経《ししょごきょう》のひとつ『易経《えきけい》』に「吉《きっ》凶《きょう》は動より生ず」という金言があります。「人の運勢は動く（移転する）ことによって良くも悪くもなる」という意味で、たとえ悪い方位を使ってどん底に落ちても、吉方位に移転することで素晴らしい人生をつかめるという教えです。起死回生も夢ではない。これが気学の大きな特長のひとつです。

方位で判断する気学の吉凶とは

★――気学の恩恵を理解して幸せを手に入れる

もっとも影響があるのは移転

気学での方位とは、東・西・南・北・東南・南西・西北・北東の八つの方位（八方位《はっぽうい》）があり、自分の住んでいる住居から見て、どの方位に動いたのかを見ます。

方位の吉凶はつねに同じではなく、年・月・日、また人によって異なります。ですから動いた時期というのも重要なポイントとなります。

いつ、だれが、どの方位に動くかによって運勢が良くなったり悪くなったりするわけです。方位は目に見えるものではありませんから、その存在を証明することは困難です。

しかし、良い方位（吉方位《きっぽうい》）へ行けば良いことが起こり、悪い方位（凶方位《きょうほうい》）に行けば悪い現象が起こります。このことは幾多のデータから見て間違いのない事実だと知っておいてください。

方位の作用がいちばん顕著に現れるのは、移転や増改築、つまり自分の寝る場所を動いたときです。引っ越しは、自分の運勢を最高のものにできるチャンスであると同時に、ひとたび間違えれば最悪の事態に見舞われることを心得てください。幸運を手に入れる極意《ごくい》をぜひ身につけてほしいものです。

日常生活で方位の恩恵を活用

日頃、方位を気にして生活している人はあまり多くないのかもしれません。方位を気にしている人でも、スケジュールが決まっていたり、先方の都合があったりと、思いどおりの方位にはなかなか行けないものです。

しかし方位による影響を知っておけば、わたしたちの生活はより快適なものになります。行き先が吉方位なら何事もつつがなく順調に進み、プラスの恩恵を受けるでしょう。凶方位ならば、何かしらの障害があることが予測されます。

たとえば買い物をするとき、良い方位の店に行けば満足する品物を手にできますが、悪い方位で買い物をすれば不良品や傷んだ品、あるいは不必要なものを買い込む羽目になるでしょう。

商談の際は、良い方位ならばスムーズにまとまりますが、悪い方位では思いどおりの取引とはなりません。

医者にかかるときは、良い方位の医者を選びましょう。悪い方位の医者を選んでしまうと、誤診や医療ミスの被害を受けることも考えられます。

旅行やデートが楽しいものになるか否《いな》かも、方位の吉凶が影響します。

このように、わたしたちはあらゆる場面で方位の影響を受けながら生活しています。良い方位の恩恵をもらい幸運な日々を送るのと、悪い方位の影響に振り回される日々では、その差は歴然です。

良い方位には、自分の運気《うんき》を上げる「吉方位」と、行動の目的を達成できる「ラッキー方位」があります。毎日の生活で吉方位とラッキー方位を上手に活用していくと、より充実した毎日を送ることができるのです。

なお、吉方位およびラッキー方位の具体的な利用法については、Ｐａｒｔ８「【目的別】吉方位とラッキー方位」で紹介しているので、参考にしてください。

気学による健康活用術

★――方位からさぐる病気の原因。治療や健康を保つ方位活用術

方位を使った健康活用術とは？

気学では、自分にとって良い気が満ちている方位を「吉方《きっぽう》」、悪い気が満ちている方位を「凶方《きょうほう》」と考えます。吉方へ行けば、天地あふれる有益の気に養われ、健康も増進します。反対に凶方へ行けば、悪い気に触れて生気がおとろえ、病気になります。

とくに64ページから紹介する「五黄殺《ごおうさつ》」や「悪殺気《あくさっき》」といった強い凶作用がある方位を用いてしまうと、大ケガや突然の大病に見舞われ、ときには命にかかわることにもなりかねません。

この2つ以外にも、「十大凶方」を用いてしまうと、いずれ健康を害し、そのままにしておけば重症化して命をおびやかす可能性があります。

気学を知ることで大切なのは、方位の影響で健康を害するなどの悪影響ばかりではありません。凶を吉に転じることができる気学ですから、吉方を使って害した健康を取り戻す力があるのです。

良い気が満ちている方位を積極的に用いれば、心身ともにみるみる活気を取り戻せます。長年の持病や、原因不明の体調不良に悩んでいた人が、吉方移転したことで快方に向かった例を、わたしは何度も目にしてきました。

このように、病気の原因をさぐり、治療法、改善法を見いだしていくのが気学による健康活用術なのです。

健康運がアップする方位

健康の維持、増進には、食事と並んで運動が不可欠なことはもはや常識です。

しかし、すでに健康上の不安を抱えていて食事や運動に制限のある方にとっては、なかなか難しいこともあるでしょう。このような場合は、根本的に健康運のアップを図ることが健康体への近道となります。

健康面の改善と増進に大いに役立つ方位は、三碧木星《さんぺきもくせい》と六白金星《ろっぱくきんせい》が運行している方位です。

これらの方位の具体的な使い方については、Part3「吉方位と凶方位」をご覧になってください。

では、この2つの方位に秘められているパワーを紹介しましょう。

三碧木星が運行している方位、もしくは東方位

三碧木星は、あふれる若々しさと生命力が象徴されています。人生で表すならば「青春」です。

三碧木星が運行している方位か東に吉方で移転ができると、生命力が増し、若返ったようにファイトがわいて活躍できるようになります。

足腰に「関節痛」「神経痛」など、加齢によるさまざまな故障が気になりはじめた方には最適です。健脚《けんきゃく》は行動力にもつながりますから、ぜひ活用してください。

また、肝機能のアップが期待できるため、疲れをため込まずにスタミナを持続できるでしょう。活力の低下に悩む方へおすすめしたい方位です。

六白金星が運行している方位、もしくは西北方位

六白金星には、完全無欠の充実と、万物を育成させる、あふれんばかりのエネルギーが象徴されています。

六白金星が運行している方位か西北方位へ吉方で移転ができると、これらのパワーを受け取ることができるでしょう。

身体は完全な状態、すなわち健康体へと向かいます。心肺《しんぱい》機能のアップに期待ができ、血行障害などの心配が少なくなるでしょう。ますます丈夫かつ健康になります。

精神的にも慈愛に満ちて心豊かになり、充実した日々を送れるようになります。

ぜひ、おすすめしたい吉方位です。

病気やケガの原因となる方位の影響

方位には、それぞれ象徴《しょうちょう》する体の部位と臓器があります。そして、それぞれにあてはまる九星が配置されています。左ページの『人体配《はい》合図《ごうず》』を参照してください（方位と九星の関係については、Part2からの解説をご覧ください）。

主な臓器、五臓にあてはめてみると、肝臓は東、肺臓は西、心臓は南、腎臓は北、脾臓《ひぞう》は中央となります。

あてはまる部位や臓器は、その方位を吉方位として使うと健康状態が良くなり、反対に凶方位として使うと病気やケガなど何かしらの障害が出る可能性があります。

たとえば、南は頭部の病気、脳出血や脳梗塞《のうこうそく》、心臓病といった病と関わりがある方位です。

北は、腎臓病や陰部《いんぶ》の病気として痔《じ》や性病、女性なら婦人科系の疾患《しっかん》に影響が出やすいとされています。

左手があてはまる東南は、手や腕のケガ、呼吸器系の疾患と関わりがあります。また、東南と東は肝臓に影響します。

本当の健康を取り戻す

気学の本当の狙いは、健康に影響のある方位を活用し、元気や明るさを取り戻すことにあります。ここからが気学による健康活用術です。

痛めている部位、わずらっている臓器にあてはまる吉方位を利用すれば、健全さを取り戻し、回復への道も夢ではありません。

もちろん、かかりつけ医のアドバイスや家族の意見に耳を傾けることは大前提として、方位を活用した吉方移転で健康や明るさを取り戻した方がたくさんいらっしゃいます。

胃腸の不調で悩んでいる人は、南西の吉方を用いた移転をおすすめします。肺に不安がある人は、西や西北へ吉方移転をするといいでしょう。

ぜんそくで苦しむお子さんをお持ちの場合は、東南の吉方を使って移転するとよいでしょう。長年腰痛で悩まされている人は、北東の吉方を利用すると良い改善法にめぐり会えるかもしれません。

左ページの「方位と病気の相関」を参考に、自分や家族の病気や症状に見合った吉方移転を検討してみてください。

人体配合図

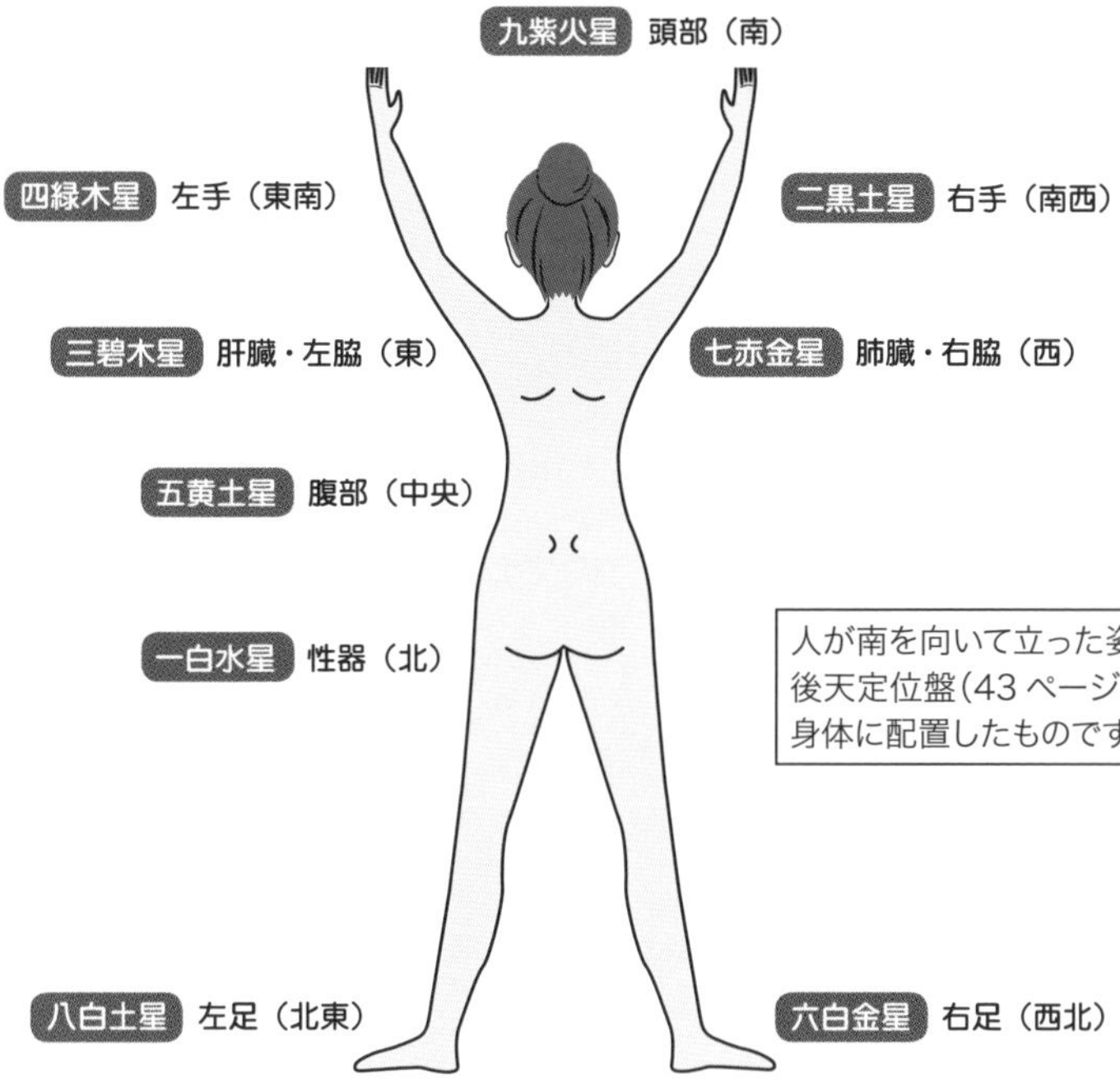

人が南を向いて立った姿に
後天定位盤（43ページ参照）を
身体に配置したものです。

方位と病気の相関

東	肝臓　足　のど　リウマチ
東南	肝臓　呼吸器　神経系統　左手
南	心臓　眼　脳血管　顔
南西	胃腸　皮膚　右手　肩
西	肺臓　歯　口中
西北	肺臓　頭部　骨　右足
北	腎臓　泌尿器　痔　婦人病
北東	腰　背中　関節　脊髄　左足
中央	脾臓　がん　腹部に発生する病気すべて

悪いものに対して拒絶反応体質《きょぜつはんのう》をつくりあげる

★——良いものを呼び寄せ、悪いものを寄せつけない保身の術

気学の実践で手に入るもうひとつの力

良い方位を使えば良いことが起き、悪い方位を使えば悪いことが起きる。気学の根本原理はただこれだけのことで、まことに単純明快なものです。実践しやすい開運法だといえるでしょう。

しかし、この実践を続けていくと不思議な現象が起こります。

たとえば、いつも乗る電車が事故に遭うとします。本来ならばその電車に乗って事故に巻き込まれるはずですが、ふだんから気学を用いた生活をしていると、どういうわけかその電車を避けたい気持ちが起きたり、乗れなくなる事情ができたりします。

また、どうも苦手だなと敬遠していた人物が、あとから詐欺《さぎ》を働いていたとわかるという話もあります。

つまり自然と悪いものを拒絶する体質、ラッキーな体質が身についていくのです。わたしは鑑定を受けた人たちからこうした話をたくさん聞いてきました。

拒絶反応体質にまつわるいくつかの実例を、以下にあげてみましょう。

食中毒を無意識のうちに回避

東京で自動車整備工場を営むMさん。彼は30年ほど前からわたしのもとを訪れ、気学による吉方移転を幾度か実践してきました。

そのかいもあって、事業の整備工場は評判が良く業績はうなぎのぼり。従業員にも恵まれています。家族とも幸せな生活を送り、最近では孫が可愛くてしかたがないと、うれしそうに話すのでした。

鑑定室でそんな世間話をしていると、Mさんにとって不思議な話を語りはじめました。

ある日、取引先から九州旅行に招待されたそうです。夕食の際、取引先の男性社員が馬刺《ばさ》しが大好物というのです。Mさんも馬刺しは好物でしたが、そんな風に話す男性社員に自分の皿の馬刺しをプレゼントしました。

男性社員は、一度は遠慮したものの、Mさんが再度すすめると、うれしそうに馬刺しをほおばっていました。若い男性が食欲旺盛に皿を平らげる姿は気持ちのいいものです。Mさんは大変満足してホテルに戻りました。

するとその夜、その男性社員と同僚数人が腹痛を訴え、救急車で病院に搬送されました。原因は馬刺しによる食中毒。命には別状がなかったものの、彼らは何日間か入院治療を余儀なくされました。

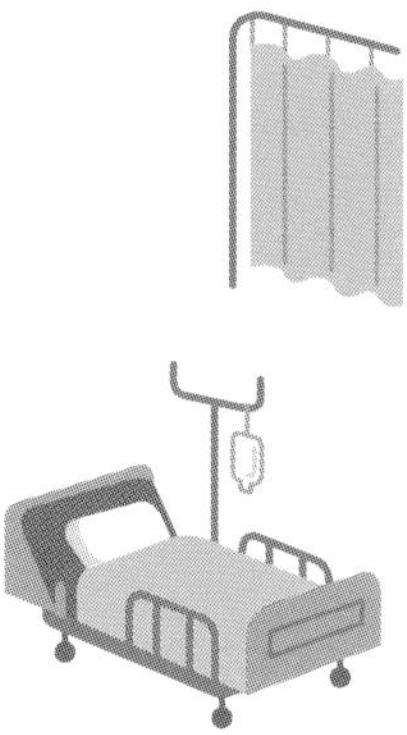

Mさんは、彼がそんな話をしなければ、自分も馬刺しを食べ、食中毒にかかっていたところだったといいます。たしかにそうでしょう。Mさんも馬刺しは好物でしたから。

「過去に吉方移転をしているから悪いものに対して拒絶反応体質が自然にできあがっているのです」

わたしがこう話すと、Mさんは気学のすばらしさをあらためて痛感していました。

このように、自分に降りかかってくる災難を無意識に排除してしまう体質は、気学以外では身につけることはできません。単純でありながら底知れず奥深い一面を備えているのが気学なのです。この究極の保身術を手に入れてこそ、本当に「気学を活用している」といえます。

吉方移転で生まれた子どもは大きな幸運を手にする

気学には、悪いものを拒絶反応する効果だけでなく、良いものを呼び寄せる効果もあります。それは、気学を実践している本人に現れるものだから不思議です。

都内に住むYさん。奥さんと4歳になる息子さんと賃貸マンションに住んでいました。わたしのもとへは新たにマンション購入を考えて、吉方移転の相談に訪れたのでした。

わたしはさっそく、家族全員にとって吉方となるマンションの購入時期と移転時期を指導しました。ほどなくしてYさん一家は、指南に沿った吉方移転を果たします。

吉方移転後、Yさんには家族がもう一人増えました。次男が誕生したのです。大変喜ばしいことですが、それだけではありません。このとき生まれた次男は、頭が良く元気で行動的。同じ兄弟でも違うのでびっくりしているのだと、Yさんから報告がありました。

これが気学の原点といえます。母親が吉方移転で新居をかまえて生まれた子どもは、悪いものに対して拒絶反応体質をそなえ、元気で聡明、非凡な才能を持ち、大変恵まれた子どもになります。いわば、生まれながらにして大きな幸運を手に入れているのです。親は子に無形の財産を授けたことになります。

このように、気学の効用は自分だけでなく、子々孫々にまで幸せをもたらしてくれるものです。

どうぞ本書をよくご覧になって気学を知り、積極的に活用してください。あなたが幸運な人生を手に入れるのはそう遠いことではありません。

気学を実践してくれた親にあらためて感謝

外資系会社員のOさん。実はOさんの両親は彼が生まれる前から、わたしの鑑定を受け、気学を実践してきた夫婦です。

Oさんは小学校から大学まで、親の考えに従って方位の良い学校に入学し、旅行や移転のときも方位のことを親から口うるさくいわれ続けてきました。これにはさすがのOさんも閉口し、親とは方位のことで衝突が絶えなかったそうです。

ところがそのOさん、30歳を前にして結婚が決まり、親には内緒で彼女とともにわたしのもとへやってきました。結婚時期や新居をどうしたらよいか、気学の鑑定を依頼してきたのです。

「方位のことでは、ずっと親に反発していました。しかし、これまでなに不自由なく順調に暮らすことができたのも、こうして、この上ない女性と出会えたことも、気学の恩恵によるものではないかと感じています」

まさにその通りだといえましょう。Oさんは、わたしと両親に感謝の言葉を述べ、吉方移転で新たな幸運の扉を開いていきました。

開運の極意《ごくい》　気学の歴史を知ろう

★――単純にして明快な開運術。その成り立ちをたどる

仏教とともに日本に伝来

天体の運行、火山の噴火や地震、風や水の流れ……。こうした大自然の営みを注意深く観察し、古代中国の人たちは、そこにエネルギーとリズムを見つけました。自然には一定の法則があり、それに従えば幸福となり、逆らえば不幸につながると気づいたのです。

この法則はやがて体系化され、「九星術《きゅうせいじゅつ》」「方位術《ほういじゅつ》」として発展していきます。気学は「易理《えきり》」を母体としながらも、「易占《えきせん》」とは違う発展をたどってきました。

５５２年は仏教伝来の年として知られています。このとき、朝鮮半島の百済《くだら》から仏像や仏典がもたらされたのですが、同時に易《えき》、暦《こよみ》、漢方などの書物とともに、方位の考え方も伝わりました。

さらに６２２年には百済の僧、観勒《かんろく》によって「方位術」の書が献上され、方位の考え方が本格的に輸入されました。しかし、それが活用されるのは、もう少しあとのことになります。

平安時代になると中国との交流が盛んになり、その影響もあって貴族のあいだでは方位術がブームとなりました。『源氏物語』など当時の書物に「方違《かたたが》え」の記述が残り、律令《りつりょう》官制に天文・暦・占術などをつかさどる陰陽寮《おんみょうりょう》が設けられるなど、上流階級では「方位術」が広く知られていたことをうかがわせます。

「方位術」が庶民にも知れ渡るようになったのは江戸時代になってからです。この頃には家相《かそう》にも「方位術」が用いられ、「辰巳《たつみ》の玄関」「戌亥《いぬい》の蔵」などの言葉が一般の人びとの口から出てくるようになりました。

仏教伝来とともに日本に伝わって以来、方位術は千年以上の時間をかけてゆっくりと浸透してきたことがわかります。

日々進化と創意工夫を加え続ける現代の気学

現在の「気学」は、故園田真次《そのだしんじ》郎《ろう》（荻野地角《おぎのちかく》）師が、古来の「九星術」「方位術」に数々の創意・創見を加え、これを「気学」と名づけて発表したことからはじまります。

その直門《じきもん》である初代田口二州《たぐちにしゅう》師は、気学関係の著書をあまた上梓《じょうし》して多くの人に知らしめ、気学の「中興《ちゅうこう》の祖《そ》」と呼ばれました。

こうした先人の研究や業績のうえに現在の気学は成り立っています。その進歩はまさしく日進月歩であり、新しいデータに裏づけられた発見が、いまも次つぎと更新され続けています。

古来の思想や先人の研究を学ぶことは大切ですが、その知識だけで満足することなく、新しい発見に対応していくことも、また大切なことなのです。

わたしは鑑定においても、気学教室の講義においても、つねにこのことを心がけています。10年前と同じことを指導しているわけではありません。時代に合った幸運をみなさんへお伝えしていく。また、先人から受けついだものをさらに良いものにして後の人に残していく。それが使命だと心得ています。

本当の幸せをつかむなら本物の気学を学ぶことが大切

気学は、良い「気」を使って幸運を手に入れるという単純明快な開運法ではありますが、正しい方位や時期の読み方は、それなりの勉強を必要とします。ほんの少し方位や時期がズレているだけでも、吉《きち》が凶《きょう》に転じてしまうおそれがあるからです。

インターネット社会となり、いまやスマートフォンでもパソコンでもさまざまな情報を簡単に集めることができます。気学に関する情報も占いブームに相まって、多くのウエブサイトで閲覧することができるようになりました。

しかし、こと気学に関しては安易な情報集め、不慣れな解釈は、大変危険なことだといえます。誤った判断は、その人の人生ばかりでなく、家族の人生までをも、取り返しのつかない事態へ落とし入れることもあるのです。

また、気学に関する本も、街の書店にいくつも並んでいます。ぜひとも、よくよく吟味して信頼できる本を選んでほしいものです。

易学、占いのコーナーには、わたしの著作物をうわべだけ丸写しした、まがいものの本も並んでいます。研究や実績の裏打ちがなにひとつない劣悪な書物です。こうした本を参考にしては、幸せをつかむことは、まず無理です。

これから気学を勉強しようという人には、まがいものの見分けがつきにくいかもしれません。そこで、ひとつ簡単な判別法をお伝えしておきましょう。

本書のタイトルにもある〝九星《きゅうせい》方位気学《ほういきがく》〟という言葉は、九星術と方位術をもとにした気学という占術を、よりわかりやすくするため、わたしが編《あ》み出した造語です。田口二州の著作物以外でこの言葉を使っているとしたら、まがいものとみて間違いありません。

本当の幸福を手に入れたいのであれば、本書をよく読んで勉強にはげんでください。時間がない方は、田口二州本人による鑑定、気学教室への参加をおすすめします。

Part 2

気学で使う専門用語の基礎知識

気学にとっていちばん大切な要素 九星《きゅうせい》

★——宇宙を構成する9つの精気

九星《きゅうせい》

気学においては、宇宙の法則を知り、その流れを読むことが大切です。

宇宙には見えないエネルギーが満ちあふれています。このエネルギーを精気《せいき》といいます。

左ページにあるように、精気は一白水星《いっぱくすいせい》から九紫火星《きゅうしかせい》まで、9つに分類されます。これが気学の基本となる九星《きゅうせい》です。この分類の源流は、古代中国の『河図《かと》・洛書《らくしょ》』という図からはじまりました（45ページ参照）。

精気（九星）は、ある一定の法則で循環しています。その循環は、年、月、日、時間ごとにめぐっています。

その年に満ちている精気を「年の精気」、その月に満ちている精気を「月の精気」、その日に満ちている精気を「日の精気」と呼びます。

わたしたちは、そのときどきに循環する精気のエネルギーを吸い込み、さまざまな影響を受けています。気学は、その影響を読み解いて、人の運勢に役立てようとするもので、九星は大切な要素となります。

とくに、人がこの世に誕生したときにめぐっていた精気は、その人の運勢に大きく影響します。このことから、気学では生まれたときに吸い込んだ精気がどの九星かをもとに、その人の運勢を見ていきます。

なお、九星は、一般的になじみがある「星」の字が使われていますが、本来は精気の「精」を意味します。西洋占星術のように星座や惑星の「星」を指しているのではありません。

9つの精気 ── 九星《きゅうせい》

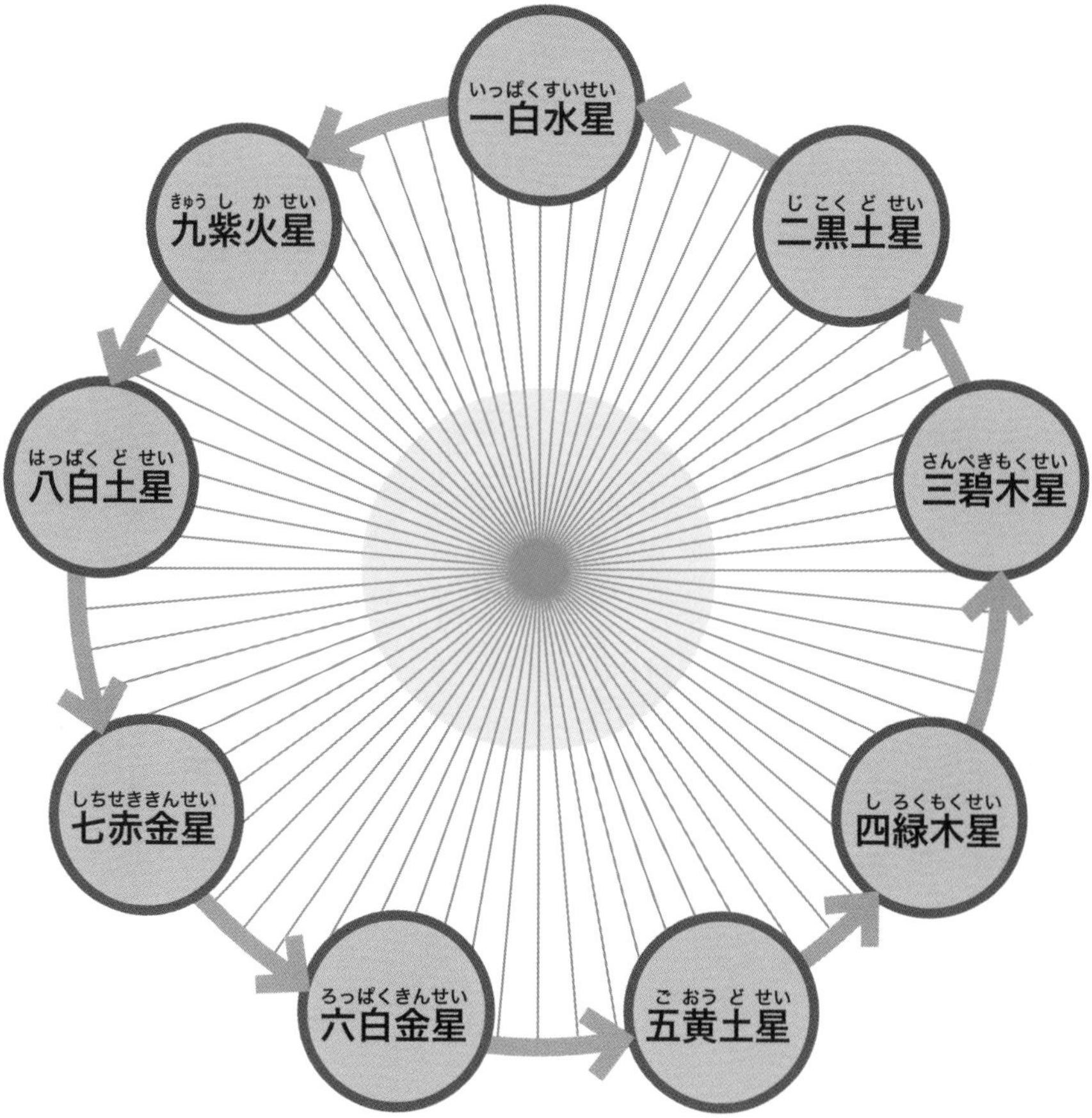

九星は、年・月・日・時ごとに循環しています。
なかでも年の精気と月の精気は、漢数字を逆順で進行します。たとえば、2021 年の年の精気は六白金星、2022 年は五黄土星、2023 年は四緑木星というように、ひとつずつ数字が下がり、一白水星の次は九紫火星という順でめぐっています。

古代中国で生まれた考え方 陰陽《いんよう》と五行《ごぎょう》

★宇宙にある相反する2つの要素と、5つの構成要素

陰陽

陰陽《いんよう》とは、この世のすべてが陰と陽から成っていて、それらが補いあい、調和しあって万物を生成し、発展しているという考え方です。古代中国に生まれた二元論《にげんろん》の基礎であり、占術の原理となっています。

陰陽をたとえると、昼と夜、表と裏、静と動、太陽と月、強と弱、男と女…というように、世界にある相反する2つのもののことです。それらは互いにプラスとマイナスの均衡を保ち、バランスを取りあって成り立っています。

陰陽の考え方は占術の原理であるだけでなく、古代中国で生まれた思想や哲学、政治などにも応用されてきました。東洋医学が陰陽の考え方を基礎にしていることは、よく知られているとおりです。

五行

五行《ごぎょう》の概念も古代中国で生まれたものです。天地に存在するすべてのものを、木《もく》、火《か》、土《ど》、金《ごん》、水《すい》の5つの要素に分け、これを五行と称しました。行とは「働き」という意味です。陰陽に加え五行もまた、中国の人びとが生活していくための大切なヒントになりました。

五行は気学の中核をなす考え方です。現代では気学だけでなく、人相、手相、姓名判断、四柱推命《しちゅうすいめい》など、東洋占術では欠かせない重要な考え方となっています。

5つの要素の意味は、次のとおりです。

木（もく）

万物を成長させる「暖かい気」を意味し、季節では春となります。植物の樹木そのものだけでなく、すべての木製品を指します。

火（か）

万物を旺盛にさせる「暑い気」を意味し、季節では夏です。ものを燃焼させる火だけでなく、発熱作用や明るく輝く光を指します。

土（ど）

「湿《しめ》った気」を意味し、季節では四季の中間にあたる土用です。土そのものだけでなく、土の作用全般を指します。すべてのものを育て、腐敗させる意味を持ちます。

金（ごん）

植物を結実させる「涼しい気」を意味し、季節では秋です。金属、鉱物および、金属製品すべてを指します。

水（すい）

すべてのものが静かに春を待つ「寒い気」を意味し、季節は冬です。水そのものだけでなく、液体状のものすべてを指します。

五行を九星に割りあてると

五行の性質は、九星にも割りあてられています。そのため、一白水星、二黒土星、三碧木星、四緑木星、五黄土星、六白金星、七赤金星、八白土星、九紫火星という、「〜○星」の呼び方になったのです。

◆木精に属するもの
三碧木星・四緑木星

◆火精に属するもの
九紫火星

◆土精に属するもの
二黒土星・五黄土星・八白土星

◆金精に属するもの
六白金星・七赤金星

◆水精に属するもの
一白水星

暦に使われる用語 十幹《じゅっかん》と十二枝《じゅうにし》

★ 干支《えと》として知られる「天」と「地」のエネルギー

十幹《じゅっかん》（十干《じゅっかん》）

天のエネルギーをあらわす用語として、「十幹《じゅっかん》」があります。一般的には「幹」を簡略化した「干《かん》」を用いて「十干」の文字が使われています。

甲（きのえ）、乙（きのと）、丙（ひのえ）、丁（ひのと）、戊（つちのえ）、己（つちのと）、庚（かのえ）、辛（かのと）、壬（みずのえ）、癸（みずのと）の順で10種類があります。

十幹は、それぞれ陰陽《いんよう》と五行《ごぎょう》にわけることができます。木・火・土・金・水の精気と、陽にあてはまるものは「兄（え）」、陰にあてはまるものは「弟（と）」がつけられています。

たとえば、木精で陽の性質を持つ「甲」は「木の兄（きのえ）」、水精で陰の性質を持つ「癸」は「水の弟（みずのと）」と、陰陽・五行をあらわす呼び方になっています。

なお、十幹では、火精を「ひ」と読み、金精を「か」と読みます。火精で陽の性質を持つ「丙」は「火の兄（ひのえ）」、金精で陰の性質を持つ「辛」は「金の弟（かのと）」となります。まぎらわしいですが、覚えておきましょう。

十幹の陰陽と五行の分類

陽幹（兄）	陰幹（弟）	
甲（きのえ）	乙（きのと）	木精
丙（ひのえ）	丁（ひのと）	火精
戊（つちのえ）	己（つちのと）	土精
庚（かのえ）	辛（かのと）	金精
壬（みずのえ）	癸（みずのと）	水精

十二枝《じゅうにし》（十二支）

地のエネルギーをあらわす用語として、「十二枝《じゅうにし》」があります。こちらも一般的には「枝」を簡略化した「支」を用いて「十二支」の文字が使われていますが、本来は「十二枝」とあらわします。

十二枝は、「○年生まれ」でよく知られる、子（ね）、丑（うし）、寅（とら）、卯（う）、辰（たつ）、巳（み）、午（うま）、未（ひつじ）、申（さる）、酉（とり）、戌（いぬ）、亥（い）の12種類の動物に分類されています。

十幹のように、陰陽と五行がひと目でわかるような言葉は含まれてはいませんが、十二枝もまた、陰陽と五行に分類することができ、それぞれの性質を持ち合わせています。

十二枝の陰陽と五行の分類

陽枝	陰枝	
寅（とら）	卯（う）	木精
午（うま）	巳（み）	火精
辰（たつ）・戌（いぬ）	丑（うし）・未（ひつじ）	土精
申（さる）	酉（とり）	金精
子（ね）	亥（い）	水精

60でひとまわりする干支

十幹と十二枝は、それぞれを組み合わせて「干支《えと》」と呼ばれ、年・月・日をあらわし、暦で用いられていることは、すでによく知られていますね。

年を例にすると、２０２１（令和３）年は辛丑《かのとうし》年、２０２２（令和４）年は壬寅《みずのえとら》年となります。陽幹《ようかん》は陽枝《ようし》と、陰幹《いんかん》は陰枝《いんし》と結びつき、その組み合わせは60通りです。年・月・日はそれぞれ60でひとまわりします。

年の干支は60年でひとまわりするので、61年目に最初と同じ干支がめぐってくることになります。還暦《かんれき》を満60歳（数えで61歳）に行うのは、生まれたときの干支に戻ることからきています。

吉凶の決め手となる 五行の相生《そうしょう》・相剋《そうこく》

★ 五行同士の良い関係・悪い関係が吉凶を決める

良い影響を与え合う関係【相生《そうしょう》】

五行の木《もく》・火《か》・土《ど》・金《ごん》・水《すい》の五つの属性は、お互いに良い影響を与える関係と、悪い影響を与える関係があります。この関係が、気学において吉凶の大きな決め手となります。よく覚えておきましょう。

良い影響を与えるものと与えられる五行同士を「相生《そうしょう》」といい、お互いに調和する関係です。「相生の図」では、円を描いた隣りあう同士が相生関係となります。

なぜ相生関係になるのかというと、五行それぞれの特性から導き出されているのです。

◎木をこすり合わせることで火が生じます。……木生火《もくしょうか》

◎火はやがて消え、灰となり土に還ります。……火生土《かしょうど》

◎土の奥深くからは、さまざまな金属の鉱石が現れます。……土生金《どしょうきん》

◎金属は冷たく表面に水分を生じます。……金生水《きんしょうすい》

◎水は木の育成に必要不可欠なものです。……水生木《すいしょうもく》

相生の図

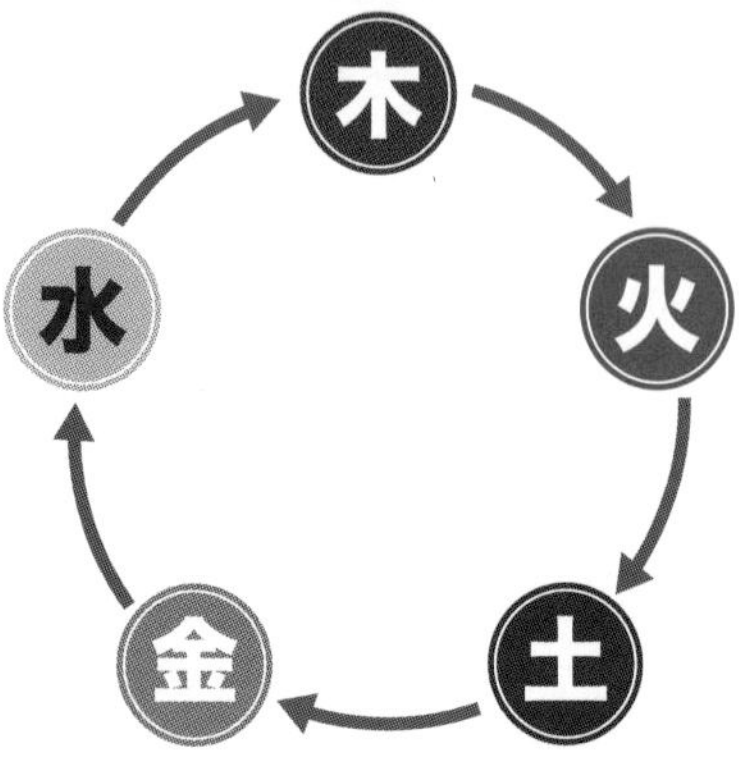

同じ五行同士の関係【比和《ひわ》】

九星の五行の特性を見ていくと、「木精」、「土精」、「金精」に属する九星は、2つあるいは3つあることがわかります（37ページ参照）。

このように、同じ五行の属性を持つ同士の関係を「比和《ひわ》」といいます。比和の関係は相生と同様に、良い影響を与えあう関係です。

悪い影響を与えあう関係【相剋《そうこく》】

一方で、悪い影響を与えるものと与えられる五行同士を「相剋《そうこく》」といい、お互いが反発しあう関係です。「相剋の図」では、星を描いた対面にある同士が相剋関係となります。

相剋関係もまた、五行それぞれの特性から導き出されています。「相生」、「相剋」、「比和」といった五行の関係は、気学はもちろんのこと、他の東洋占術や漢方などでも広く応用されている考え方です。それぞれの図を頭に入れておくと便利です。

◎木は土を押しのけて根を張ります。……木剋土《もっこくど》

◎土は水を汚し、流れをせき止めます。……土剋水《どこくすい》

◎水は燃えさかる火を一瞬で消してしまいます。……水剋火《すいこくか》

◎火はその熱で金属を溶かします。……火剋金《かこくきん》

◎金はノコギリやカンナとなって木を傷つけます。……金剋木《きんこくもく》

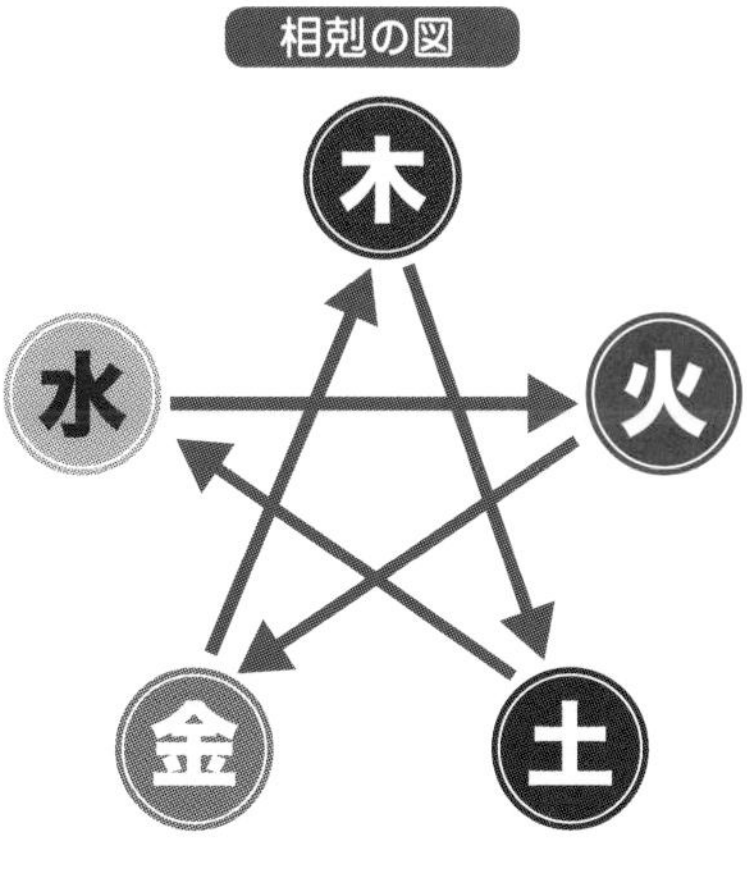

九星と方位を結びつける 先天定位《せんてんじょうい》と後天定位《こうてんじょうい》

★——九星と方位を関連づける2つの定位

先天定位《せんてんじょうい》

気学は、方位を使って人の運勢の吉凶を判断しますが、いちばん大切な要素である「九星」と「方位」には、いったいどのような関係があるのでしょうか。

各九星は、基本となる2つの方位盤《ほういばん》によって方位が割り振られています。その2つとは「先天定位《せんてんじょうい》」と「後天定位《こうてんじょうい》」です。先天定位とは、宇宙・世界が本来あるべき自然の姿をあらわしています。

各九星は、気学の考え方のもととなる「易《えき》」の八卦《はっか》の順位に従って配置されています。右の【先天定位盤】を見てください。方位盤の外側に置かれているのが八卦の図像で、黒丸のなかに書かれている文字が八卦に割り当てられた漢字です。

先天定位盤は、「陽は前進して陰は後退する」という易の原理に基づき、南から左旋《させん》して東南、東、北東へと進み、そのまま北へ移らずに、南西へ飛んでこんどは右旋し、西、西北へと進んで北で終わります。九星のひとつ五黄土星がなく、8つの九星で構成されています。

後天定位《こうてんじょうい》

後天定位は、宇宙あるいは世界の活動そのものをあらわしています。中央に五黄土星を置き、一白水星から九紫火星まで、すべての九星が配置されています。ここで配置された九星は、気学を考えるときに重要な定位置《じょういち》となります。

下の【後天定位盤】にあるように、一白水星は北、二黒土星は南西、三碧木星は東、四緑木星は東南、五黄土星は中央、六白金星は西北、七赤金星は西、八白土星は北東、九紫火星は南が各九星の定位置です。覚えておきましょう。

なお、盤を見ておわかりのとおり、気学では一般的な表記とは天地が逆の上が南、下が北、左が東、右が西となるように表記します。

先天定位盤《せんてんじょういばん》

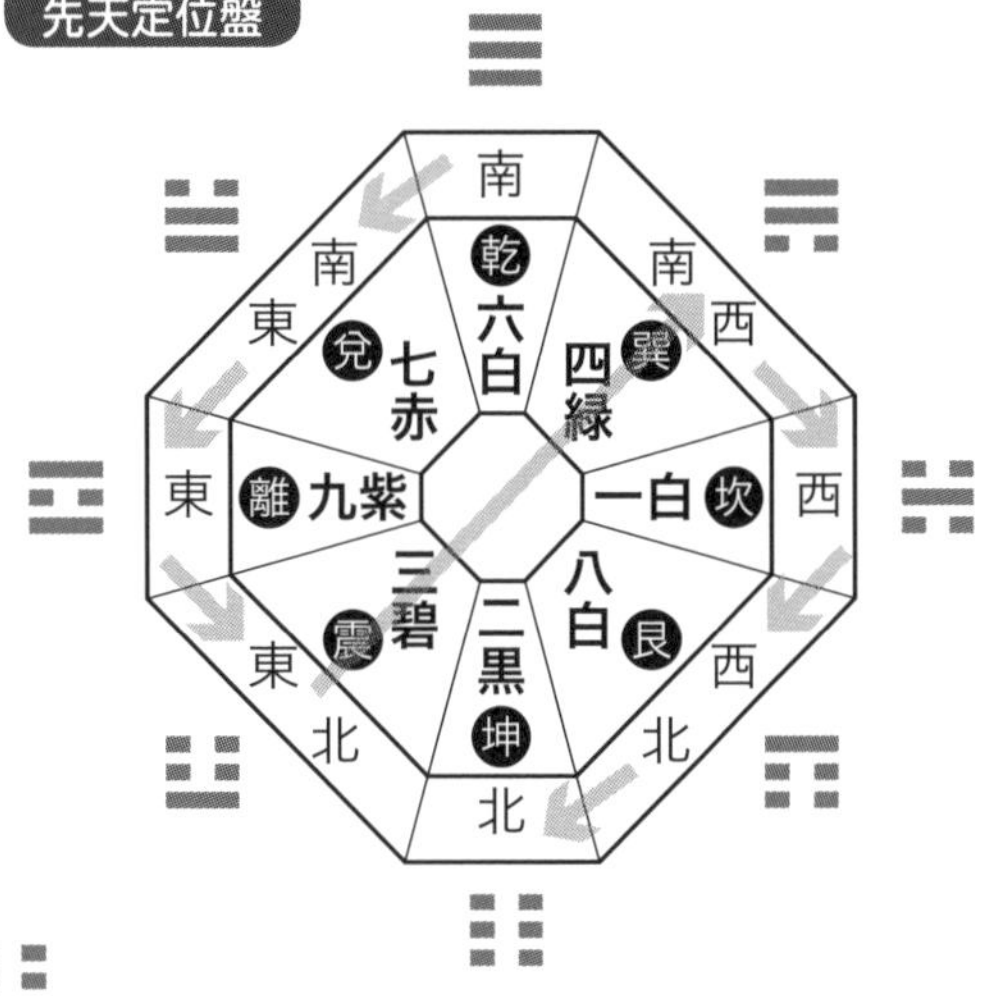

後天定位盤《こうてんじょういばん》

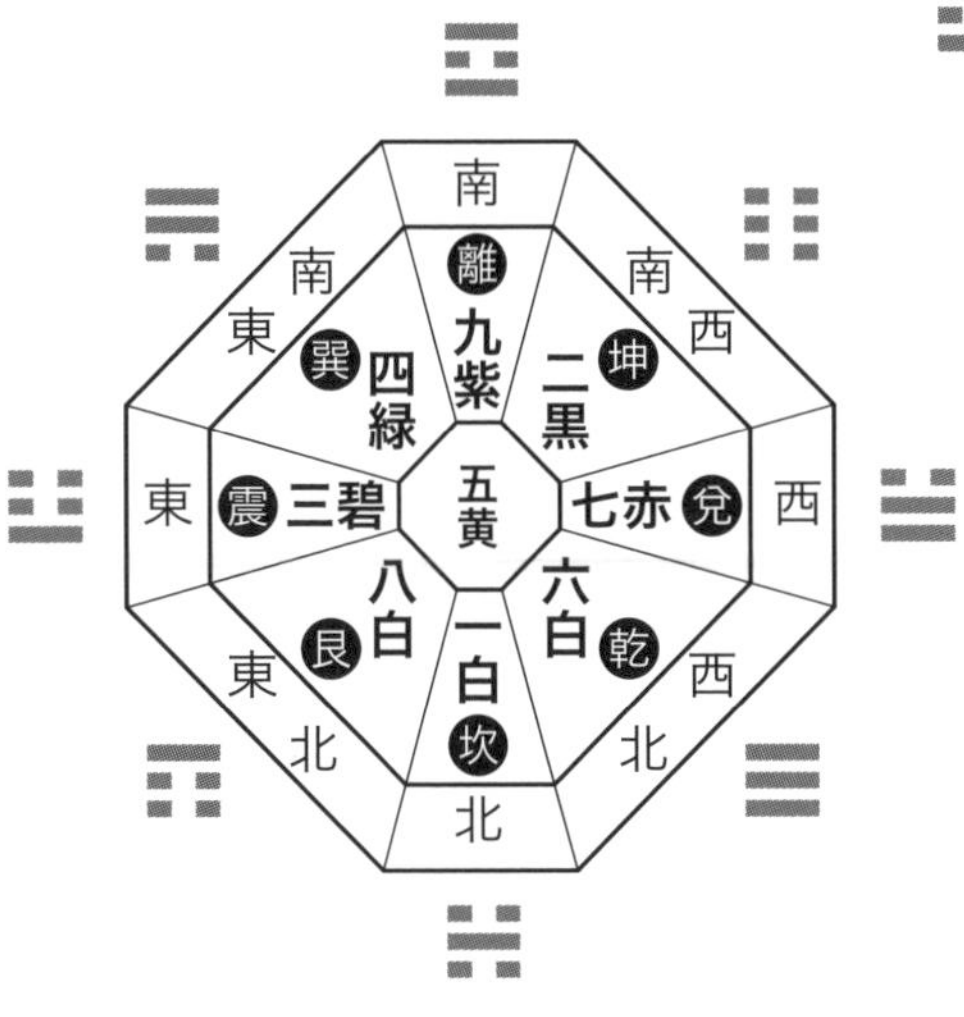

定位の原理はここからはじまった
河図《かと》・洛書《らくしょ》

★定位盤の由来となった古代中国の神話

河図《かと》

先天定位《せんてんじょうい》と後天定位《こうてんじょうい》には、次のような伝説が残っています。

考古学的に確認される中国最古の王朝は「夏《か》」ですが、司馬遷《しばせん》の『史記《しき》』にはその前の「五帝《ごてい》」よりさらに古い「三皇《さんこう》」という神話時代のことが書かれています。

三皇の最初の帝である伏義《ふつぎ》が帝位に就いたとき、その徳をたたえて豫州《よしゅう》の栄河《えいが》から、一頭の龍馬《りゅうめ》が現れました。

龍馬の背中には旋毛《せんもう》がいくつかの渦を巻き、斑模様《はんもよう》をつくっていたそうです。この斑文《はんもん》の数と配置から、易《えき》で使われる八卦《はっか》が作成されました。これを「河図《かと》」といいます。この河図をもとに、先天定位の配置ができあがったとされています。

龍馬《りゅうめ》の図

龍馬の背中の斑文《はんもん》の数と配置から易の八卦《はっか》ができた。
「河図《かと》」という。

洛書《らくしょ》

五帝の時代、なかでも理想の名君とされる帝堯《ていぎょう》、帝舜《ていしゅん》の時代です。堯は黄河《こうが》の氾濫《はんらん》に頭を悩ませていました。そこで、鯀《こん》という臣王《しんのう》に命じて黄河の治水工事を手がけましたが、難工事となりなかなか完成には至りませんでした。

やがて、堯は舜に帝位を禅譲《ぜんじょう》します。舜は帝位とともに治水工事を引き継ぎ、また鯀の息子である禹《う》も父の役目を引き継ぎました。13年にわたる努力の末、ようやく治水工事は成功したのでした。

このとき天がその功績をたたえ、洛水《らくすい》（黄河の支流）から神亀《しんき》を遣わしました。

この亀の甲羅《こうら》には、頭部に9点、下部に1点、中央に5点、左に3点、右に7点、肩に2点と4点、足に6点と8点の圏点《けんてん》が描かれていました。

これを「洛書《らくしょ》」と呼び、亀に描かれた圏点の数が、後天定位のもとになったとされています。

河図も洛書もあくまで伝説上の話ですが、その実体に論及しますと、龍は陽の代表、馬は陰の代表、神亀は内柔外剛の動物で、陰陽の象徴の言葉です。

龍馬と神亀の背中に八卦が描かれていたというのは、八卦は陰と陽が元で生成したものですから、陰陽の原体の上に八卦の配置図が描かれていた、ということになります。

ここからさまざまな考察がなされ、易の原理が編み出されました。現代においても易や気学の原理となっています。

神亀《しんき》の図

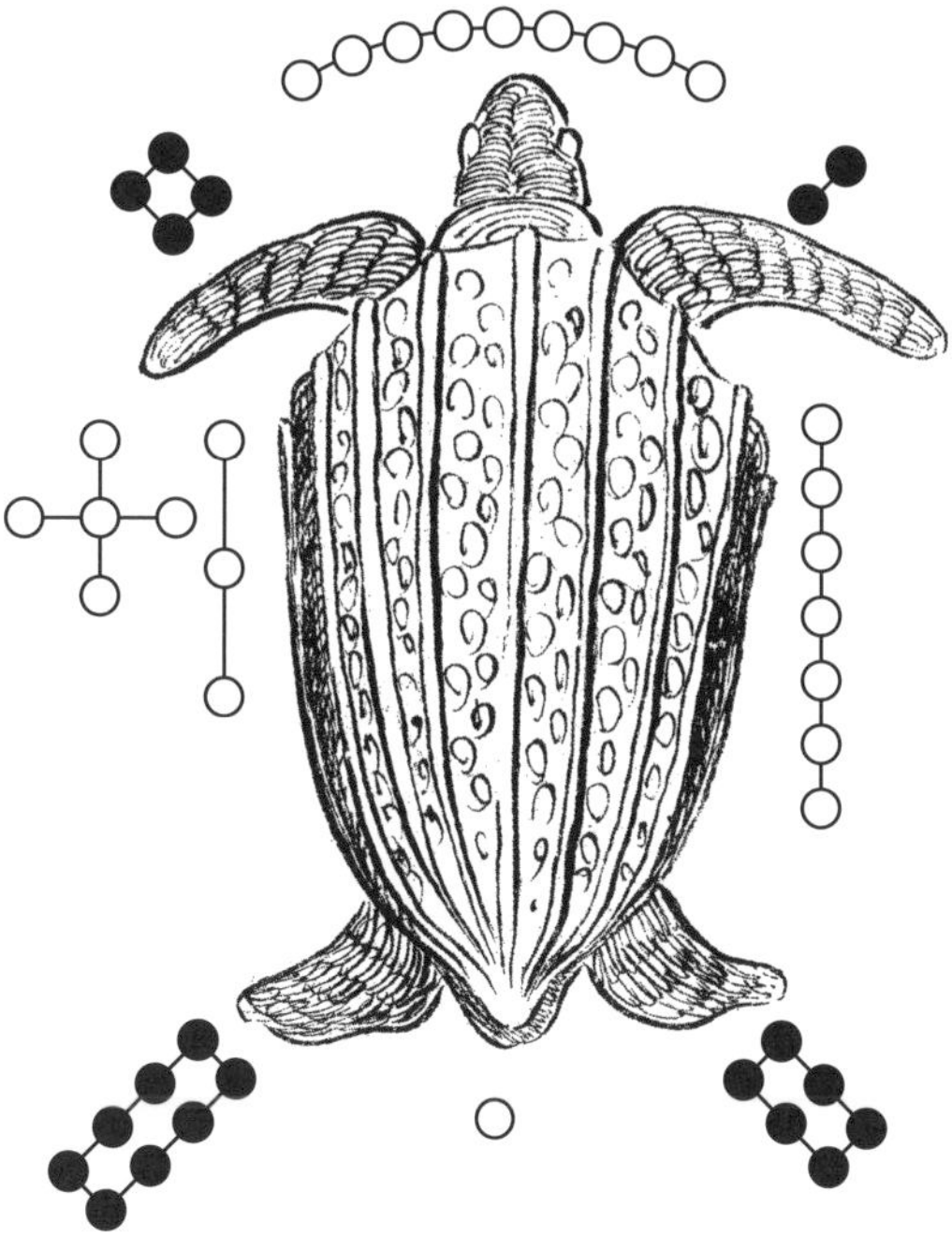

神亀の甲羅《こうら》には圏点《けんてん》があり、易の原理が編み出された。
「洛書《らくしょ》」という。

時によって異なる九星と方位

九星の運行

★——時が進むと九星が方位を巡回する

九星は一定の法則で巡回する

後天定位盤は九星の基本位置を示していますが、実際はそこにとどまっているわけではありません。一白水星から九紫火星までの九星は、毎年、毎月、毎日、毎時ごとに、南、南西、西、西北、北、北東、西、西北、中央の9つの位置を一定の法則にしたがって巡回しています。

この法則は、後天定位盤の配置によるものです。たとえば、後天定位盤で中央にある五黄土星は、六白金星のある西北に移り、六白金星は七赤金星のある西に移ります。

九星の運行

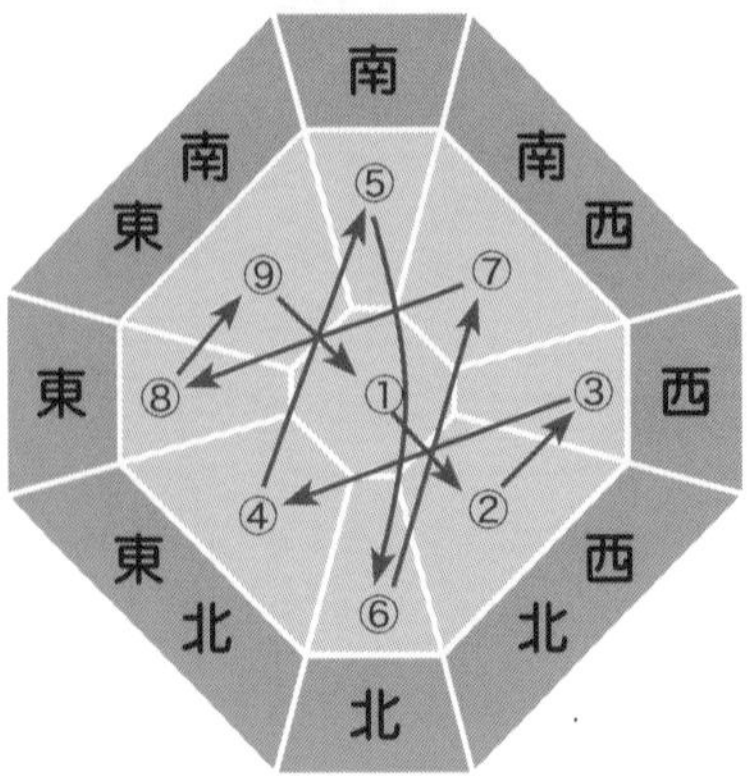

①中央→②西北→③西→④北東→⑤南→⑥北→⑦南西→⑧東→⑨東南→①中央
（9回の移動でひとまわり）

各方位盤で知りたいときの九星を見る

気学で方位を見ていくのは、運を占いたいときで、過去にどう動いたか、将来どのように動くのが最適なのか知りたいときに、どの九星がその方位を運行しているのかを見ていきます。

方位にある九星を知るためには、方位盤《ほういばん》が必要となります。年ごとの九星がどの位置にあるのかを示す方位盤を「年盤《ねんばん》」といいます。月ごとの方位盤は「月盤《げっぱん》」、日ごとを示すものは「日盤《にちばん》」といいます。

では、年盤に沿って九星の運行を見ていきましょう。方位盤では各九星の場所を漢数字であらわしています。たとえば、一白水星なら「一」、二黒土星なら「二」のように表記しています。

2022年の年盤を見ると、中央に五黄土星が入っています。五黄土星は翌2023年に西北に移行して、2024年には西、2025年には北東という順で移行していきます。

五黄土星が移行した後の中央には、2023年には四緑木星が、2024年には三碧木星が、2025年には二黒土星が入ることになります。

なお、各九星が方位盤の中央に入ることを「中宮《ちゅうきゅう》」といい、たとえば2022年は五黄中宮の年、2023年は四緑中宮の年と呼びます。

年盤と月盤は、巻末294ページからの年盤表、月盤表に掲載されているので参考にしてください。

2022年（令和4年）

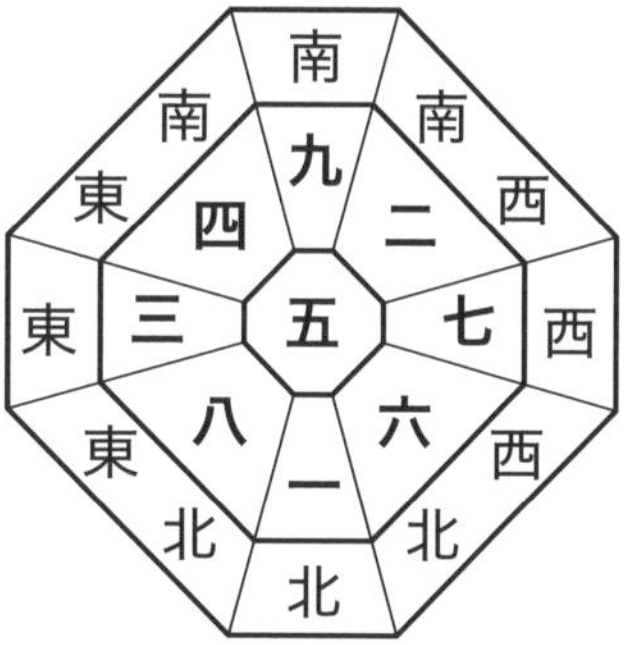

2023年（令和5年）

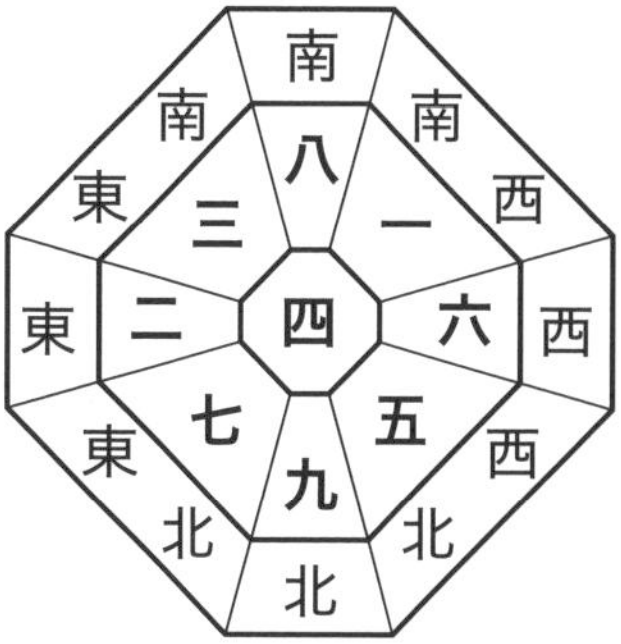

2024年（令和6年）

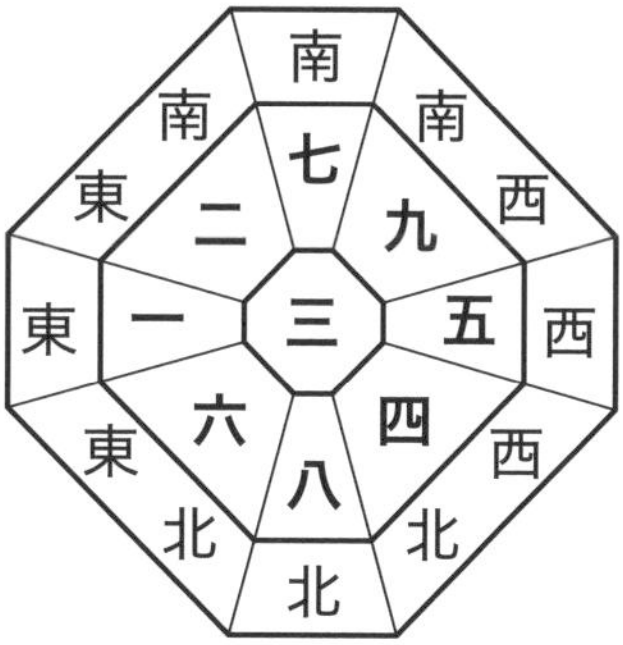

2025年（令和7年）

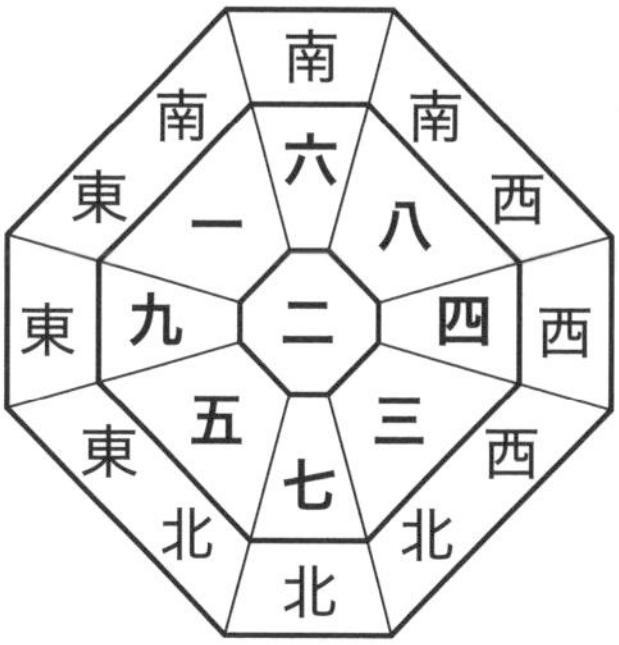

八方位《はっぽうい》の割り出し方

★――九星方位気学における方位の見方を知る

正確な方位が重要

方位盤は、南、南西、西、西北、北、北東、東、東南の八方位《はっぽうい》が割りあてられていますが、田口二州の九星方位気学で使う方位盤は、各方位45度ずつの均等割ではありません。

東西南北は30度、南西、西北、北東、東南はそれぞれ60度に割りあてると定めています。これは、長年の研究データにもとづいて割り出された分割法です。

方位の測り方は、少しずれただけでも吉凶が逆転してしまうことがあるので注意が必要です。吉方位である北へ移動したつもりが、凶方位の西北へ動いてしまったら吉が凶に転じてしまうことになりかねないからです。

そのため、八方位を割り出すときは、正確な方位を知ることがとても重要になってきます。まず正確な地図を用意して、分度器《ぶんどき》を使って慎重に測りましょう。

実際に八方位を割り出してみる

はじめに、あなたの住居を中心点にして、東西を結ぶ線と南北を結ぶ線を引きます。次に東西の線から上下に15度ずつ、南北の線から左右に15度ずつのポイントを割り出し、中心点で交差するように線を引けば、正しい八方位が得られます。

割り出した方位は、知りたいときの方位盤を見ることで、その方位を運行する九星がわかります。

ただし、ここで注意しておきたいのが、地図上では上が北、下が南、右が東、左が西となっていますが、気学の方位盤は上下左右が逆になっていることです。

盤の上が南、下が北、左が東となり、右は西です。

東西南北を間違えないように十分注意してください。間違うと正しい方位が得られないために運が左右されることになります。

方位の測り方

（方位は真北《しんぼく》を基準にします）

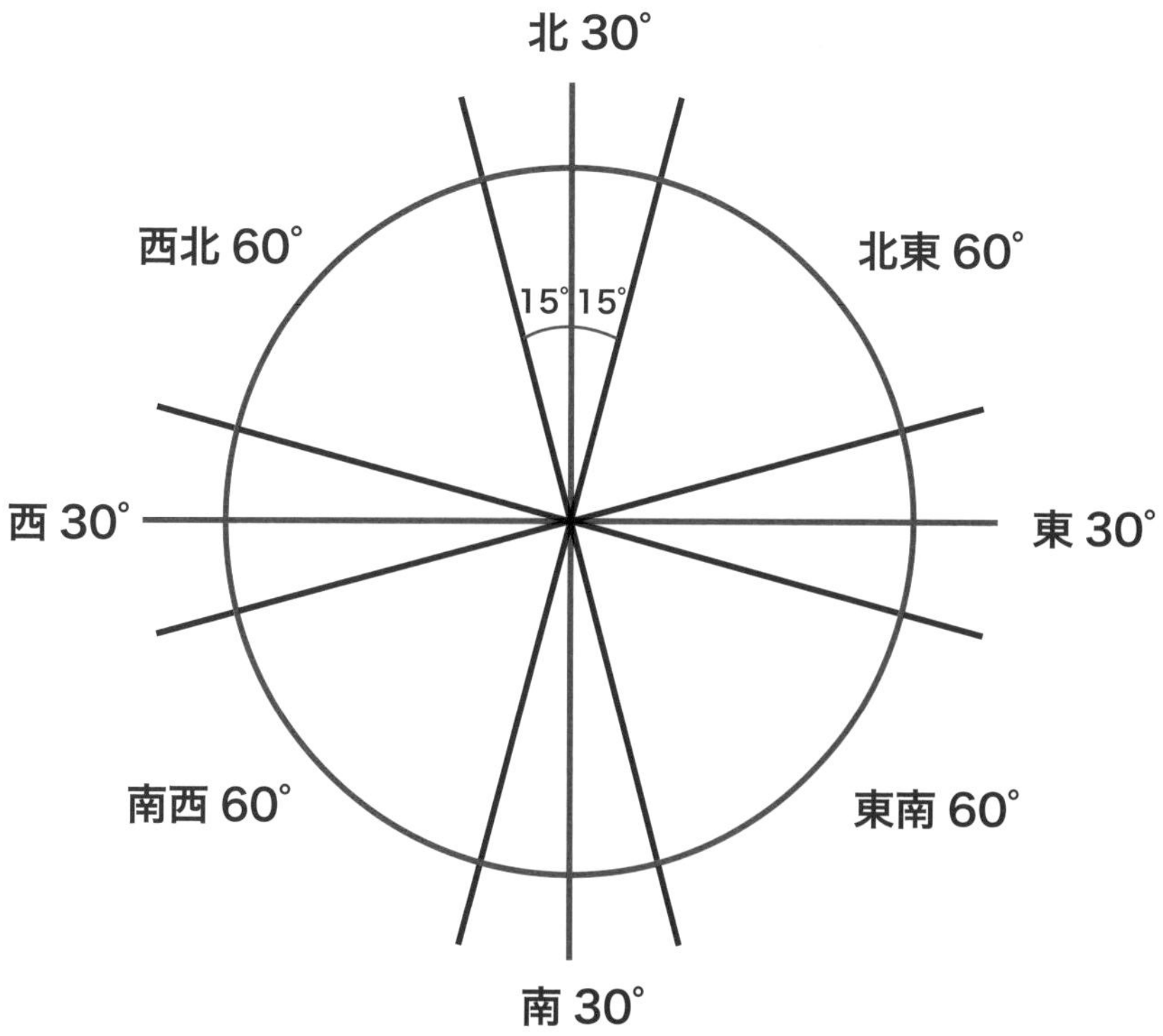

方位磁石を使って得た北方位ではなく、地図の上を真北《しんぼく》と呼びます。気学の北は、この真北を基準にしています。

気学の用語で、東・西・南・北を「四正《しせい》」、東南・南西・西北・北東を「四隅《しぐう》」といいます。

巻末付録の『八方位測定盤』を切りはなして、地図上に置いて測ることをおすすめします。

十《じゅう》二《に》枝《し》が示す時間と方位

★――江戸時代まで方位と時間は十二枝であらわしていた

十二枝の定位置《じょういち》

後天定位盤《こうてんじょういばん》の定位置はあるものの、九星が方位盤の上を順行するのに対し、十二枝は方位盤で固定された定位置があります。下の方位盤のとおり、盤を30度ずつ12分割した位置に、北の子《ね》からはじめて右回りに配分していきます。

太陽暦が採用される以前の江戸時代まで、私たち日本人は十二枝を使って時間と方位をあらわしていました。

「丑《うし》三つ時」という言葉を聞いたことがあるでしょうか。丑の時間とは現在でいうと午前1時から3時。それを4等分した3番目の時間ということで午前2時から2時半の間ということになります。

十二枝の八方位と時間の配分

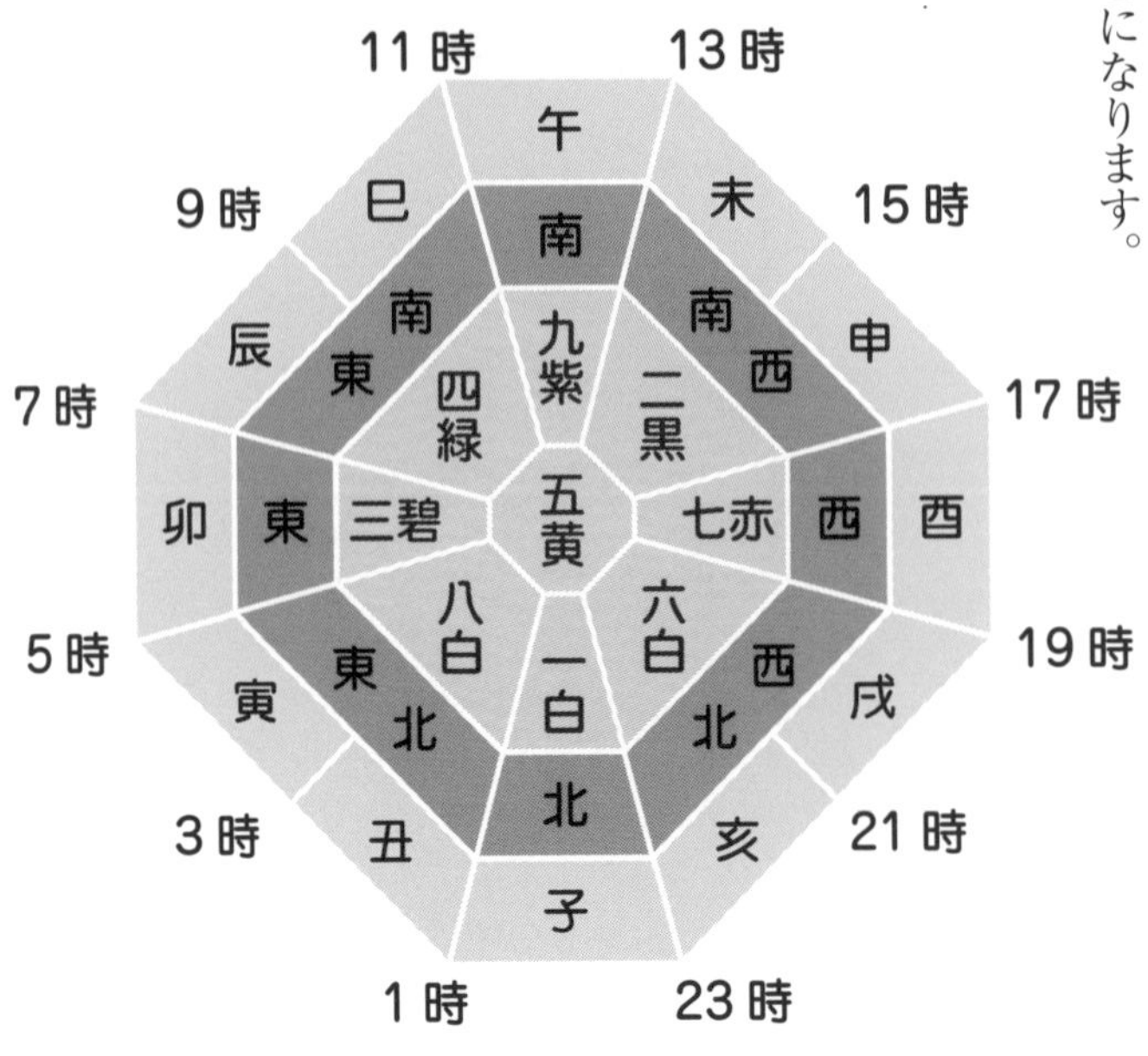

十二枝と時間は後天定位盤の決まった位置に配置されています。

年と月の見方

★――気学で使う年のはじまりと月のはじまり

気学の暦《こよみ》は立春からはじまる

私たちが現在使っている暦は、明治5年（1872年）に採用された太陽暦ですが、気学は太陽暦になる以前からの暦法にのっとっています。

そのため、気学で使う暦はカレンダーの暦とは異なります。2月4日前後の立春を1年のはじまりとして、1年を24の節に分けて考えるのです。

これがいわゆる二十四節気《せっき》で、季節の変わり目をあらわしています。節気は月に2度あるのですが、初めのものが月の節変わりとなり、ここから新しい月がはじまります。そして、ひとつ先の節変わりの前日までが同じ月になるわけです。

太陽暦では毎月1日から月がはじまりますが、気学では節変わりの日から月がはじまることになります。節変わりの日のことを「節《せつ》日《じつ》」といいます。

月変わりとなる節気と節日は下の「月のはじまりの節日」に示した通りです。気をつけていただきたいのは、節気の変わり目となる節日は毎年同じではなく、あくまでも目安となります。

正確な節日の日付については、巻末の日盤表（313ページ）を参照してください。

月のはじまりの節日

2月…立春《りっしゅん》（2月4日前後）
3月…啓蟄《けいちつ》（3月6日前後）
4月…清明《せいめい》（4月5日前後）
5月…立夏《りっか》（5月6日前後）
6月…芒種《ぼうしゅ》（6月6日前後）
7月…小暑《しょうしょ》（7月7日前後）
8月…立秋《りっしゅう》（8月8日前後）
9月…白露《はくろ》（9月8日前後）
10月…寒露《かんろ》（10月8日前後）
11月…立冬《りっとう》（11月7日前後）
12月…大雪《たいせつ》（12月7日前後）
1月…小寒《しょうかん》（1月6日前後）

本命《ほんめい》（生年精気《せいねんせいき》）と月命《げつめい》（生月精気《せいげつせいき》）の求め方

★――気学で運勢や吉凶を知るための基本

生まれたときの精気を見る

この世に生まれたとき最初に吸い込んだ精気《せいき》はあなたの運勢に大きく影響し、運勢や吉方、凶方を知るための基礎となります。

気学では、生まれた年に満ちていた精気を本命《ほんめい》、または生年精気《せいねんせいき》といい、生まれ月に満ちていた精気を月命《げつめい》、または生月精気《せいげつせいき》といいます。

あなたの本命は、あなたが生まれた年の年盤の中央、つまり中宮《ちゅうきゅう》に位置している精気（九星）となります。同様に、月命は生まれた月の月盤の中央に位置する精気（九星）です。

本命（生年精気）の求め方

では、さっそくあなたの本命（生年精気）を割り出していきましょう。巻末資料294ページからの年盤表で、あなたが生まれた年の年盤を探します。

ここで注意しなければいけないのは、1月と2月生まれの人です。51ページ「年と月の見方」で説明しましたが、気学では立春を年のはじまりと考えますから、立春より前に生まれた人は前年が生まれ年となります。

平成11年9月3日生まれの本命

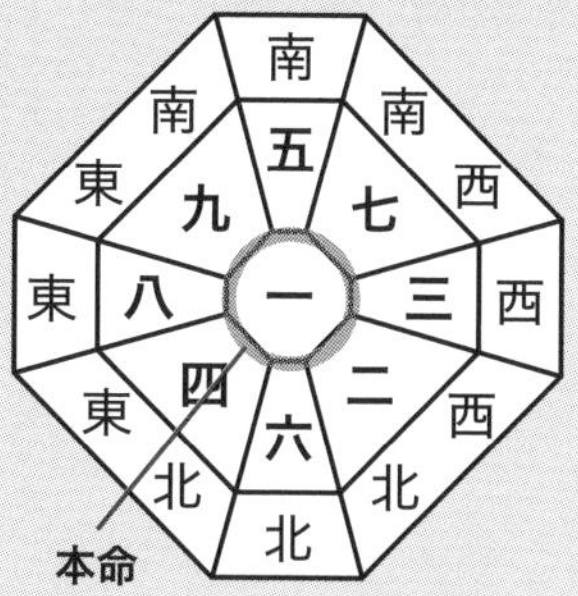

一白水星が中央にある一白中宮年ですから、本命は「一白水星」となります。

昭和58年5月17日生まれの本命

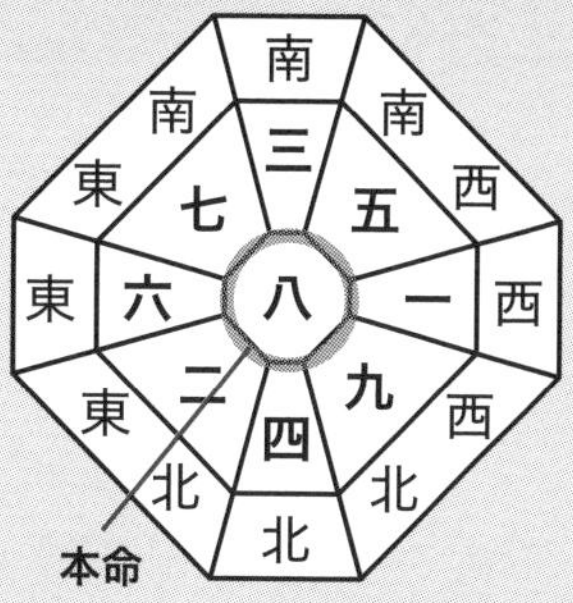

八白土星が中央にある八白中宮の年です。本命は「八白土星」ということになります。

平成17年1月26日生まれの本命

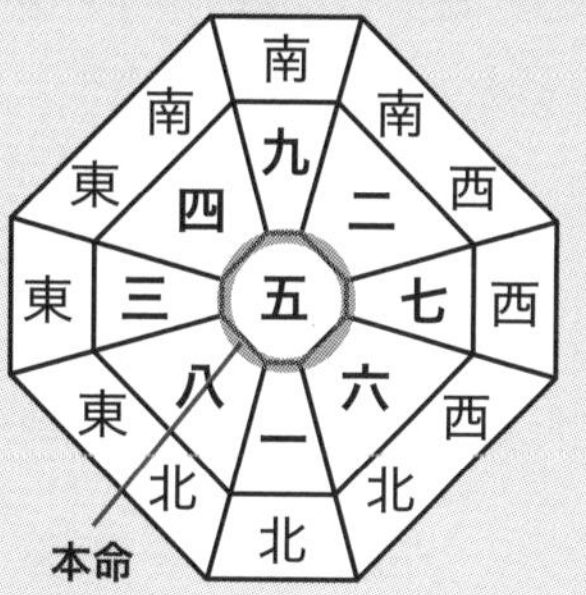

立春前生まれの人は、前年（平成16年）の年盤を見ます。その中央にある「五黄土星」が本命です。

月命（生月精気）の求め方

次に、あなたの月命（生月精気）を求めていきましょう。月命は、本命から求めることができるのです。

本命の九星がわかったら、巻末資料304ページからの月盤表を見ます。あなたの本命の年の月盤表を参照して見ると、生まれ月の月盤で中央（中宮）にあるのが、月命（生月精気）ということになります。

ただし、本命を求める場合と同様に月の変わりには注意してください。立春、啓蟄《けいちつ》、清明《せいめい》、立夏など、節変わりより前に誕生日があれば、前の月生まれとなります。

平成11年9月3日生まれの月命

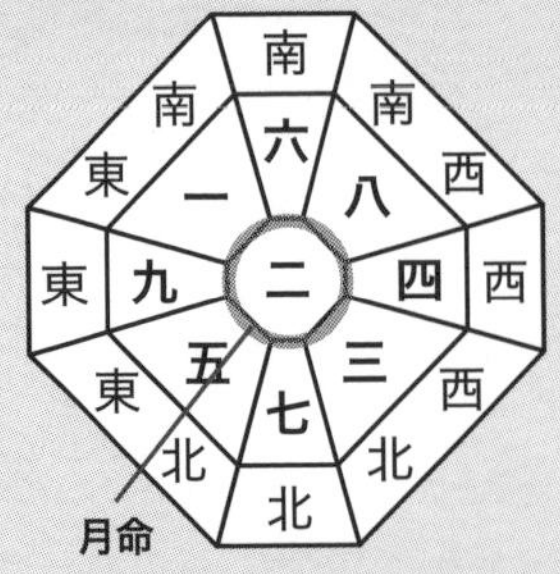

平成11年（1999年）9月の節日は8日。9月3日生まれの場合は、8月が月命です。本命が一白水星で8月は二黒中宮の月。月命は「二黒土星」となります。

昭和58年5月17日生まれの月命

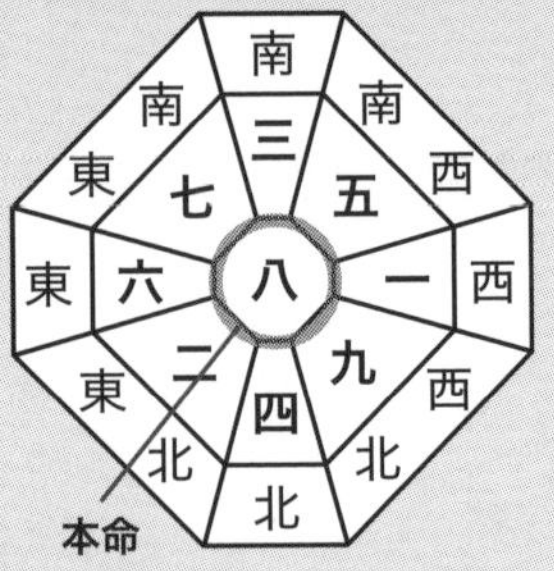

本命は八白土星。月盤表を見てみると、5月は八白中宮の月ですから、月命は「八白土星」です

平成17年1月26日生まれの月命

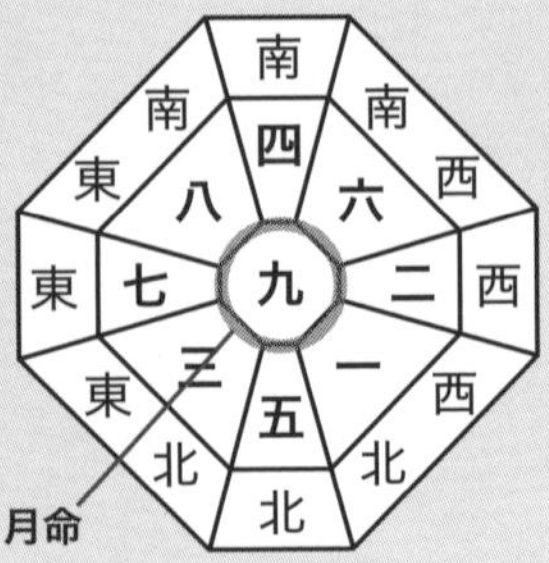

本命は五黄土星。五黄土星生まれの1月の月盤表は、九紫中宮の月、月命は「九紫火星」になります。

なお、月命は本命によって次の3つのパターンに分けられます。

A　一白水星　四緑木星　七赤金星
子年・卯年・午年・酉年生まれ

B　三碧木星　六白金星　九紫火星
丑年・辰年・未年・戌年生まれ

C　二黒土星　五黄土星　八白土星
寅年・巳年・申年・亥年生まれ

Part 3

吉方位《きっぽうい》と凶方位《きょうほうい》

吉方位、凶方位は人や時期によって違う

★ 方位を求める前に知っておきたいこと

人によって違う 吉方位と凶方位

気学の活用は、良い方位（吉方位）を積極的に使って運勢を上昇させること。そして悪い方位（凶方位）を徹底して避けて不運を遠ざけること。この2つを実践していくことに尽《つ》きます。

そのためには八方位のうち、どの方位が良く、どの方位が悪いのかを知ることが必要です。

まず知っておいていただきたいのは、吉方位や凶方位は人それぞれに違うということ。たとえば、ある方位がAさんにとって吉方位でも、Bさんには凶方位となる、ということも起こります。

吉方位は、生まれたときに最初に吸い込んだ精気によって違ってきます。つまり、本命（生年精気《せいねんせいき》）と月命（生月精気《せいげつせいき》）によってそれぞれ違うのです。そのため、すべての人に共通する吉方位というものはありません。吉方位の求め方は、58ページから詳述します。

一方、すべての人に共通する凶方位は存在します。また、人によって凶方位になる場合と、そうでない場合もあります。

凶方位については、64ページから詳しく説明しますので参照してください。

時期によって違う吉方位と凶方位

九星は、年ごと、月ごと、日ごと、時刻ごとに方位盤の上を運行しています。そのため、吉方位と凶方位はつねに同じ方位と決まっているわけではありません。

たとえば、あなたにとって今年は東が吉方位であっても、来年は凶方位になることがあります。今月は凶方位の東南が、来月は吉方位になる、ということもあります。

また、今日は東に良い精気が満ちているので、自宅の東にある公園を散歩コースにするなど、日によって違う吉方位を上手に利用することもできます。

吉方位、凶方位は人によって違うこと、また、時間とともに変化していくことを忘れないでください。

方位盤の見方

九星が今どの方位に位置しているのかは、年盤、月盤、日盤、刻盤表を調べるとわかります。

◆枠内がグレーになっているのは誰でも共通する凶方位です。
- 漢数字「五」の方位は五黄殺《ごおうさつ》です。
- Aは悪殺気《あくさっき》（暗剣殺《あんけんさつ》）の方位です。
- WWは水火殺《すいかさつ》です。
- Pは年盤なら歳破《さいは》、月盤なら月破《げっぱ》をさしています。

◆枠内がグレーになっていない方位で、本命、月命から見た良い方位であれば吉方位です。

2023年（令和5年）の年盤

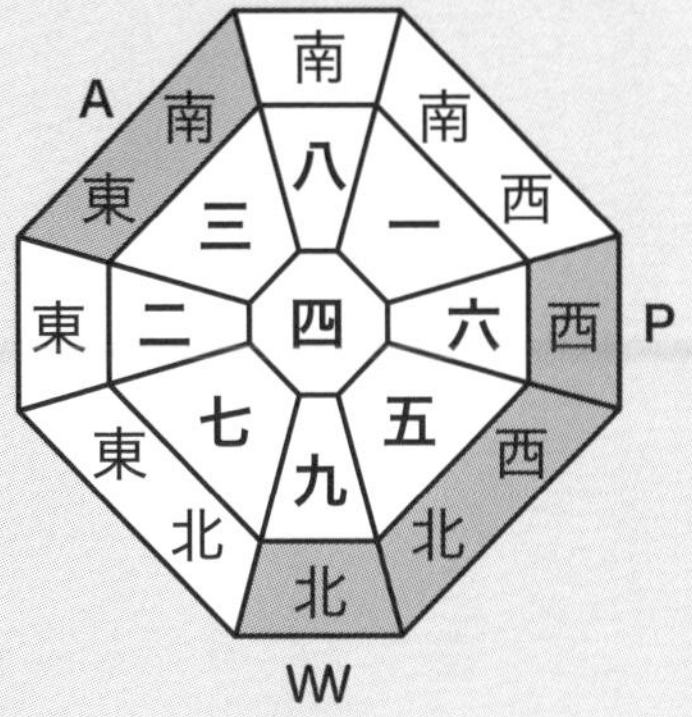

2023年は、四緑中宮の年。西北が五黄殺、東南が悪殺気、北が水火殺、西が歳破の凶方位です。

吉方位の求め方

★——五行の関係が吉作用と凶作用を生じさせる

相生《そうしょう》と比和《ひわ》の九星を探す

自分の吉方位を求めるには、まず52ページの方法で本命《ほんめい》（生年精気）と月命《げつめい》（生月精気）を割り出すことからはじめます。

次に、本命と月命に共通して「相生《そうしょう》」もしくは「比和《ひわ》」の関係にある九星を調べます。

九星は、「木」「火」「土」「金」「水」のいずれかの五行に属し、それぞれの特性を持っています。その特性がよい影響を与え合うものを「相生」といい、悪い影響を与え合う関係を「相剋《そうこく》」といいます。また、同じ五行同士のものを「比和」といい、良い影響を与えあう関係です。

吉方位と凶方位はこの関係をもとに求めます。「相生」・「比和」の九星が運行する方位が吉方位です。

一方、凶方位は例外があり、五黄土星は「相生」・「相剋」にかかわらず凶方位とし、五黄土星または、「相剋」の九星が運行する方位が凶方位となります。

本命と月命に共通する吉方位

では、一白水星を例にとって相生になる九星を探していきましょう。

一白水星は「水」ですから、相生関係にあるのは「木」と「金」。九星にすると、「三碧木星」「四緑木星」「六白金星」「七赤金星」の4つです。一白水星には比和となる九星がないので、この4つで吉作用が生じることになります。

同じ方法で、凶作用を生じさせる九星を調べることもできます。「五黄土星」と、一白水星と相剋にある「火」の「九紫火星」、「土」の「二黒土星」「八白土星」の4つです。

各九星の「相生・相剋・比和」の関係は左ページにまとめたので参照してください。

こうして、本命と月命それぞれについて、「相生・比和」の九星を割り出し、両者に共通する九星を求めます。

九星相生《そうしょう》・相剋《そうこく》表

（五黄土星は相生・相剋にかかわらず凶方位となりますので、この表では除外してあります（66ページ参照）。）

本命・月命	相生・比和（吉方）	相剋（凶方）
一白水星	三碧木星・四緑木星・六白金星・七赤金星	二黒土星・八白土星・九紫火星
二黒土星	六白金星・七赤金星・八白土星・九紫火星	一白水星・三碧木星・四緑木星
三碧木星	一白水星・四緑木星・九紫火星	二黒土星・六白金星・七赤金星・八白土星
四緑木星	一白水星・三碧木星・九紫火星	二黒土星・六白金星・七赤金星・八白土星
五黄土星	二黒土星・六白金星・七赤金星・八白土星・九紫火星	一白水星・三碧木星・四緑木星
六白金星	一白水星・二黒土星・七赤金星・八白土星	三碧木星・四緑木星・九紫火星
七赤金星	一白水星・二黒土星・六白金星・八白土星	三碧木星・四緑木星・九紫火星
八白土星	二黒土星・六白金星・七赤金星・九紫火星	一白水星・三碧木星・四緑木星
九紫火星	二黒土星・三碧木星・四緑木星・八白土星	一白水星・六白金星・七赤金星

例をあげて吉方位を求めていきましょう

昭和48年5月13日生まれの場合

①本命を求める

巻末資料の年盤表《ねんばんひょう》を見てみます。昭和48年は、九紫中宮の年。本命は九紫火星になります。

②本命と相生・比和にある九星を割り出す

前ページにある「九星相生・相剋表」を見てみましょう。

九紫火星と相生の関係にあるのは二黒土星・三碧木星・四緑木星・八白土星です。なお、火の精気を持つ九星はひとつしかないため、九紫火星と比和の関係にある九星はありません。

③月命を求める

巻末資料の月盤表《げつばんひょう》を見てみましょう。九紫火星の年の5月は、二黒中宮の月。二黒土星が月命になります。

④月命と相生・比和にある九星を割り出す

前ページ「九星相生・相剋表」で月命の吉方位を求めます。

二黒土星と相生関係にある九星は、六白金星・七赤金星・九紫火星、比和の関係にある九星は八白土星です。以上の四つが吉方位となる九星です。

⑤共通の相生・比和を割り出す

本命と月命に共通して相生する九星は「八白土星」ということがわかります。

年・月精気	相生・比和
本命　九紫火星	・二黒土星 ・三碧木星 ・四緑木星 ・八白土星
月命　二黒土星	・六白金星 ・七赤金星 ・八白土星 ・九紫火星

⑥移転したい年の年盤を見る

この人が令和6年に引っ越しを考えているとします。八白土星が運行している方位が吉方位となりますから、巻末資料から2024年（令和6年）の年盤を見てみます。

すると、八白土星は北に運行していることがわかります。このことから、この年の吉方位は「北」となります。

2024年（令和6年）の年盤

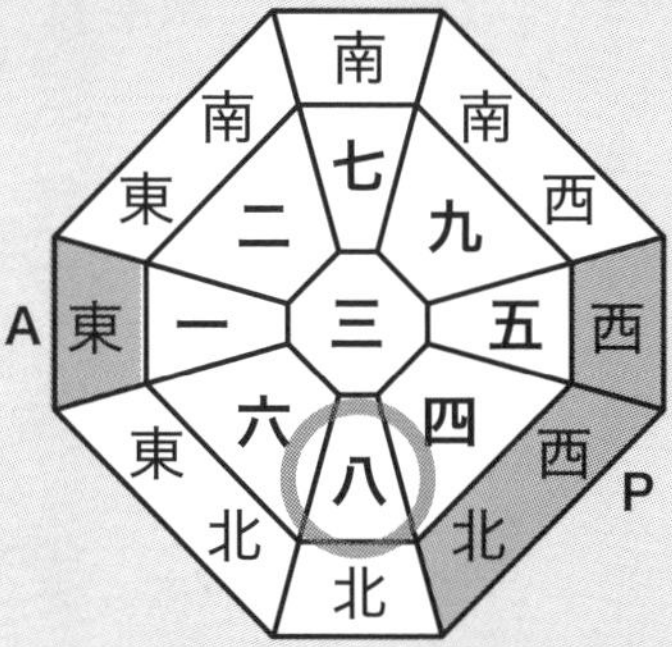

⑦吉方位に相生・比和が運行する月を探す

次に、2024年の何月に引っ越しをしたらいいのかを求めていきましょう。2024年は三碧中宮の年ですから、巻末資料の月盤表で「三碧木星の年」を開きます。すると、4月の月盤で八白土星が北に運行していることがわかります。

2024年4月に北に引っ越しをすると、吉方移転となります。

2024年（三碧木星の年）4月の月盤

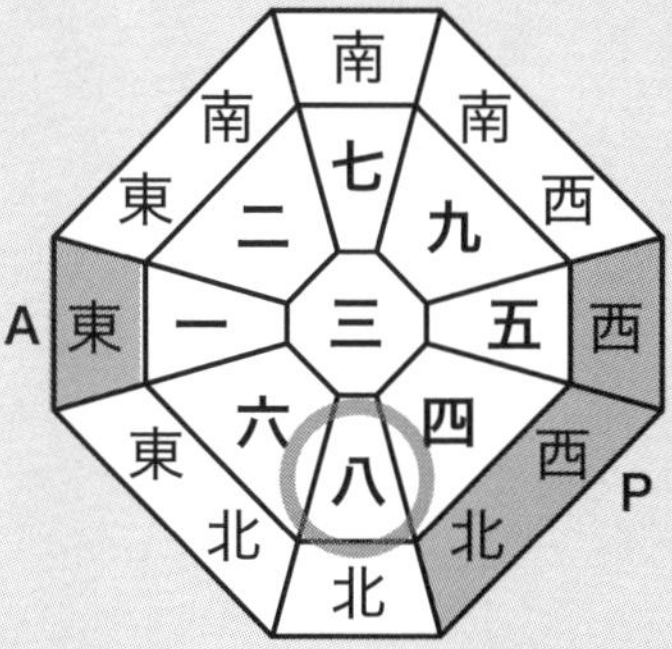

本命のみの吉方位を求める

このように、本来は本命と月命から共通する吉方九星（精気）を選びますが、そうすると、吉方位は何年に1度しかやってこないこともあります。

さらに家族と一緒の移転を考える場合、家族全員の本命と月命の相生・比和を割り出すことはまず難しいといえます。

気学の考え方からすると、数少ない吉方位を待って運勢好転のチャンスを伸ばすより、早く吉方を利用したほうがお得です。

本命と月命の共通する吉方位を割り出すのが難しい場合は、より影響の大きい本命の吉方位を選ぶようにしてください。

吉方位の使い方

★──吉方位を使った運勢アップの活用術

本命と月命に共通する吉方位

吉方は、あなたに幸福をもたらす気で満ちています。その幸福をできるだけたくさん授かるには、どうすればいいでしょう。

そのためには、まず「動く」こと。吉方へ移動することです。旅行や散歩などでもかまいませんが、いちばん効果的なのは、吉方位へ引っ越しすることです。

引っ越しを考えている方は、本書を最大限に活かして吉方移転をしてください。すでに凶方位へ移転してしまった方は、吉方移転で幸運を取り戻しましょう。

吉方移転の三箇条

①年盤と月盤で吉方位になる、引っ越しに適した月と方位をあらかじめ求めておく。

②拠点となる家で1年以上寝起きしていること。住みはじめて1年未満の場合は、その前に住んでいた家から見た方位も影響します。

③移転先は拠点から1㎞以上離れていること。１㎞未満の場所に引っ越した場合、望んでいた吉作用が得られなくなります。

日ごろから吉方位を使って運勢アップ

吉方移転が良いことはわかっても、今は引っ越しを考えられないという人もいるでしょう。

その場合は、毎日の生活の中で吉方位を積極的に使い、くり返していくうちに運勢を上昇させていくことができます。

散歩や旅行など、出かける先を吉方位にしていきましょう。

毎月の吉方位は、Ｐａｒｔ８「【目的別】吉方位とラッキー方位」を参照してください。

出かけたい日の吉方位を知りたい場合は、日盤を使って吉方位を割り出します。なお、出かける先は自宅から１km以上離れていることが望ましいです。

毎日の吉方位の求め方

①巻末付録の日盤表を見て、出かける日を探す

日盤表で該当する日を見つけます。表には九星・十幹・十二枝の順で記載されています。たとえば、二黒土星生まれの人が２０２２年（令和4年）4月21日にどこかへ出かけたいとします。巻末資料の日盤表を開きましょう（313ページ）。

日盤表には『二甲辰』と書かれていますが、この日は二黒中宮日《ちゅうきゅうび》で十幹《じゅっかん》が甲《きのえ》、十二枝《じゅうにし》は辰《たつ》ということになります。

②246ページの「日盤の作り方」を見て、その日の日盤を作る

二黒中宮日の基本日盤を開きます。4月21日の十二枝は辰ですから、日破《にっぱ》（246ページ参照）は西北になります。

③凶方位をチェックして、本命から求める吉方位を割り出す

二黒土星生まれと相生・比和になるのは六白金星（南）、七赤金星（北）、八白土星（南西）、九紫火星（東）です。ただし、八白土星が運行する南西は悪殺気《あくさっき》という凶方位のため、使えません。

このことから、二黒土星生まれの人の２０２２年（令和4年）4月21日の吉方位は、南、北、東ということがわかります。

④地図に八方位測定盤をあてて、目的地を決める

目的地の方位はできるだけ正確に測りましょう。少しでもズレると吉方へ行ったつもりが凶方に出かけることにもなりかねません。

2022年（令和4年）4月21日の日盤

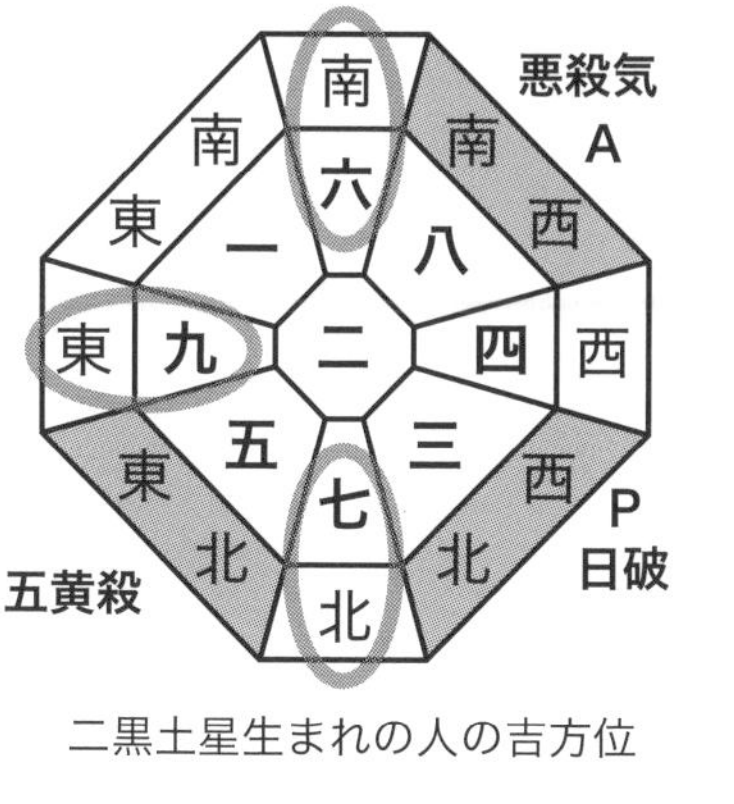

二黒土星生まれの人の吉方位

十大凶方位とその現象

★――しっかりと覚えておきたい凶方位とその影響

悪い結果をもたらす凶方位

凶方位とは、悪い気が満ちている方位です。ショッピングや旅行、受診などで凶方位を使うと、悪い結果につながるだけではなく、引っ越しで凶方位へ移転してしまうと、運勢が大きく下降します。

そのようなことにならないよう、吉方位だけでなく、凶方位についてもしっかり知っておくことが大切です。大きな凶方位は10あり、すべての人に共通する凶方位と、本命、月命によって異なる凶方位があります。ぜひ覚えておきましょう。

移動前には凶方位を必ず確認

すべての人に共通する凶方位は、方位盤でグレーの網かけがしてあります。人によって異なる凶方位については、自分の本命、月命に合わせて確認していかなければなりません。

その方位が自分の九星から見て相生、比和の九星が運行する良い方位であっても、凶方位にあたっていれば、その方位を吉方位として使うことはできません。

たとえば、年盤で吉方位になりうる方位が3つ4つあっても、凶方位と重なっていて使えないことが多いものです。

吉方位と思って移転した方位が凶方位であったら取り返しがつかないことになりますから、移転前に重々確認しておきましょう。

十大凶方位

◆すべての人に共通の凶方位
- 五黄殺《ごおうさつ》
- 悪殺気《あくさつき》（暗剣殺《あんけんさつ》）
- 水火殺《すいかさつ》
- 歳破《さいは》
- 月破《げっぱ》

◆人によって異なる凶方位
- 生まれ年の精気殺《せいきさつ》（本命殺）
- 生まれ月の精気殺（月命殺）
- 生まれ年の対気殺《たいきさつ》（的殺《てきさつ》）
- 生まれ月の対気殺（的殺）
- 小児殺《しょうにさつ》

相剋関係の九星の運行に注意

十大凶方位には入りませんが、自分の本命と相剋関係の九星が運行する方位も凶方位となります。

相剋の凶方位を使うと、健康運がダウンしたり、やる気が失せたりします。家庭や仕事が思いどおりにいかず、気持ちが滅入ります。

59ページの「九星相生《そうしょう》・相剋《そうこく》表」を見て、あなたの本命と相剋関係にある九星を知っておきましょう。

本命が一白水星であれば、相剋する九星は二黒土星、八白土星、九紫火星が運行する方位です。

これらの凶方位を用いて起きる現象については吉方位を用いた現象とともにPart5「吉方位で得られる幸運・凶方位が招く不運」で詳述します。

過去の移転が悪影響を及ぼすこともある

凶方位のおそろしさは、その凶作用がすぐに現れるとは限らないところにあります。気学を考えない増改築では比較的早く凶作用が現れます。この場合、原因がわかりやすく対策が立てやすいといえます。

しかし、移転では凶作用による悪影響（方災《ほうさい》）がすぐに現れないケースがしばしばあります。移転から数年を経て方災が現れると、原因がわからず悩み続ける人もいます。移転による影響は、原則として4年目、7年目、10年目、13年目に現れてきます。

次に説明する現象に思い当たる節があれば、過去に凶方位を用いていないか調べてみてください。

十大凶方位① 五黄殺《ごおうさつ》

★――移転でも日々の生活でも、もっとも避けたい凶方位

強烈な凶作用がある五黄殺《ごおうさつ》

年盤、月盤、日盤の方位盤で、五黄土星がめぐっている方位は「五黄殺《ごおうさつ》」といわれる凶方位です。

五黄土星は土の精気を持っていますが、同じ土の精気の二黒土星や八白土星とは異なり、すべてのものを腐敗させ、消滅させるという強烈な凶の意味があります。五黄土星が運行する方位には、吉の作用はありません。

十大凶方位の中で、五黄殺がもっとも強い方災を持っています。移転の前には真っ先に調べておくべき、ぜひとも避けたい方位です。

五黄殺を使うとどうなる？

もし、五黄殺の方位へ、引っ越しをするとどうなるのでしょうか。

特徴的なのは、突発的な事故、交通事故や災害に見舞われやすくなります。また、命にかかわる病気への心配があります。

凶作用は精神面にも強く影響し、心の中に邪気を帯びてきます。人を恨《うら》んだり、ねたんだり、そねみを持つようになります。やさしかった人が粗暴になったり、真面目で誠実だった人がずるがしこくなったりすることもあります。

精神面がゆがむと対人関係にも影響し、人との争いごとが増え、社会的な信用を落とします。不倫に走るなど、異性間のトラブルが生じるおそれもあるので要注意。

いずれにしろ、運に見はなされてしまう凶作用です。移転、引っ越しだけではなく、就職活動やデートなどでも、この方位を使うのは避けましょう。

方位盤で見る五黄殺

2023年（令和5年）の年盤

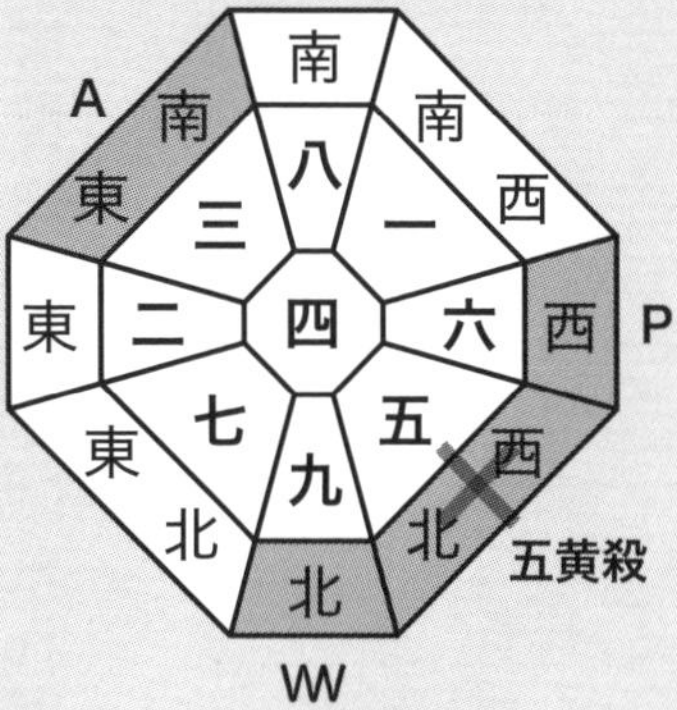

年盤、月盤、日盤の方位盤を見ると、五黄土星がある「五」の方位はグレーになっています。

2022年（令和4年）の年盤

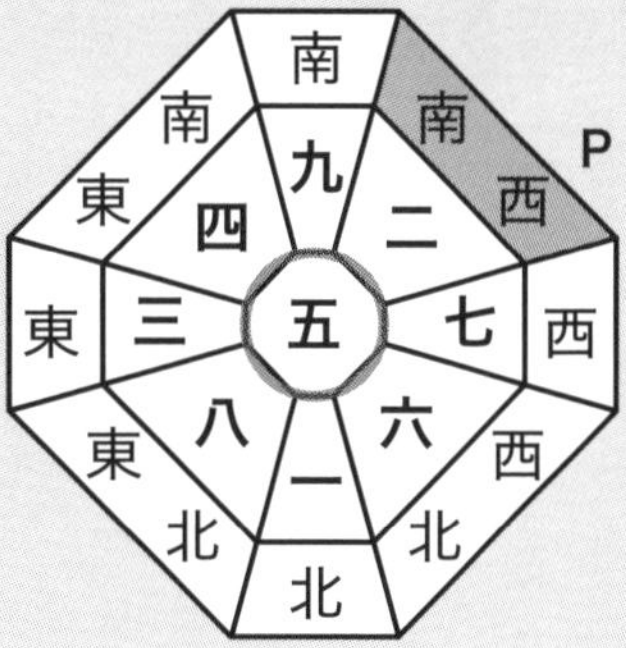

五黄土星が方位盤の中央にくる五黄中宮の年は、五黄殺になる方位はありません。

2022年（五黄土星の年）6月の月盤

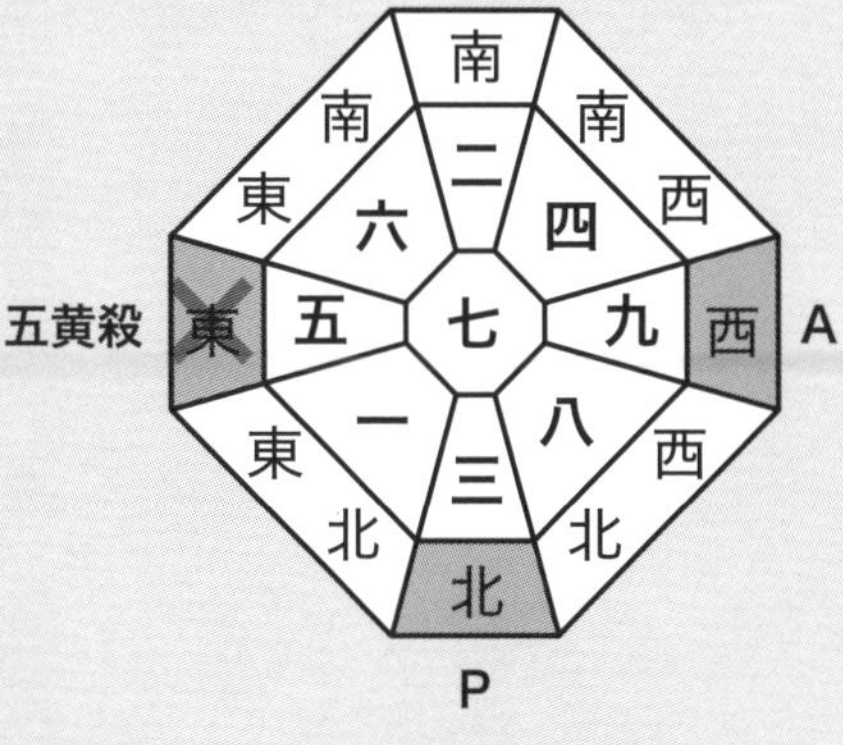

五黄殺がない年でも、月盤に五黄殺があると、その月にその方位は使えません。
たとえば2022年（令和4年）、東の三碧木星が吉方位となる人でも、東に五黄土星がくる6月は東が凶方位になります。

十大凶方位② 悪殺気《あくさっき》（暗剣殺《あんけんさつ》）

★五黄殺とならび忘れてはならない凶方位

二大凶方のひとつ悪殺気

五黄殺とならび二大凶方位といわれるのが「悪殺気《あくさっき》」、またの名を「暗剣殺《あんけんさつ》」といいます。

方位盤で、五黄殺の反対側に位置する九星が悪殺気です。五黄土星が持つ強烈な腐敗・消滅の凶の影響を受け、五黄殺と同様の強い凶作用があります。

五黄殺は、五黄土星が運行する方位であることに対し、悪殺気は方位盤によって九星が変わります。本来なら相生・比和の良い影響を与えあう九星であっても、凶方位となるので注意しましょう（方位盤で「A」が記された方位）。

悪殺気で起こる凶作用

悪殺気は、五黄殺と同じように、突発的な不幸に見舞われやすい凶方位です。

突然の大事故、命にかかわる病気の発症などが心配されます。異性間や対人関係のトラブルも避けられないでしょう。

五黄殺は自らが原因でトラブルを招くのに対し、悪殺気は他者からの災いに巻きこまれやすいという特徴があります。

たとえば、交通事故であれば不注意運転による事故に巻きこまれたり、仕事で悪意を持った人に落とし入れられたり、保証人を引き受けて損失をこうむったりします。

このようなことが続き、次第に運気が落ちていく悪殺気。引っ越しには絶対使いたくない方位です。

方位盤で見る悪殺気

2023年（令和5年）の年盤

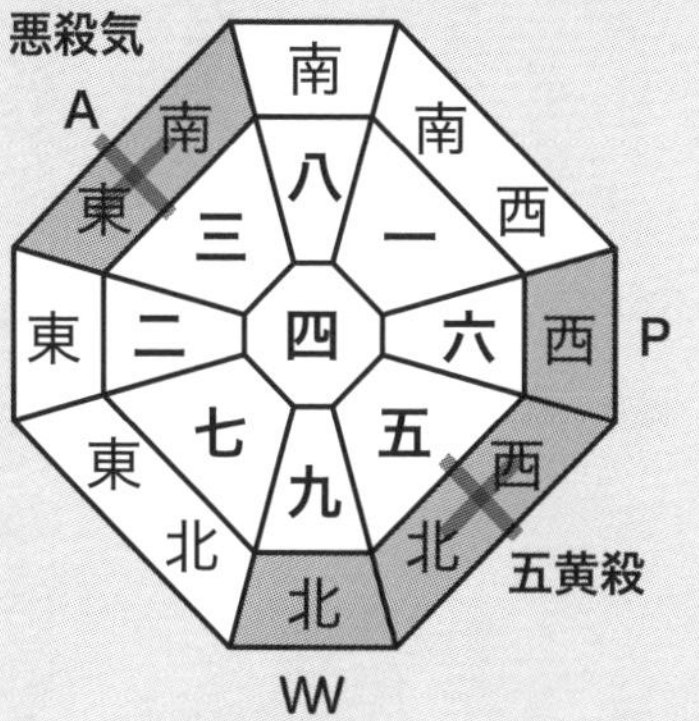

方位盤で「A」が記されたグレーの方位が悪殺気です。九星は違いますが、必ず五黄土星の反対側の方位にあるのがわかります。

2022年（令和4年）の年盤

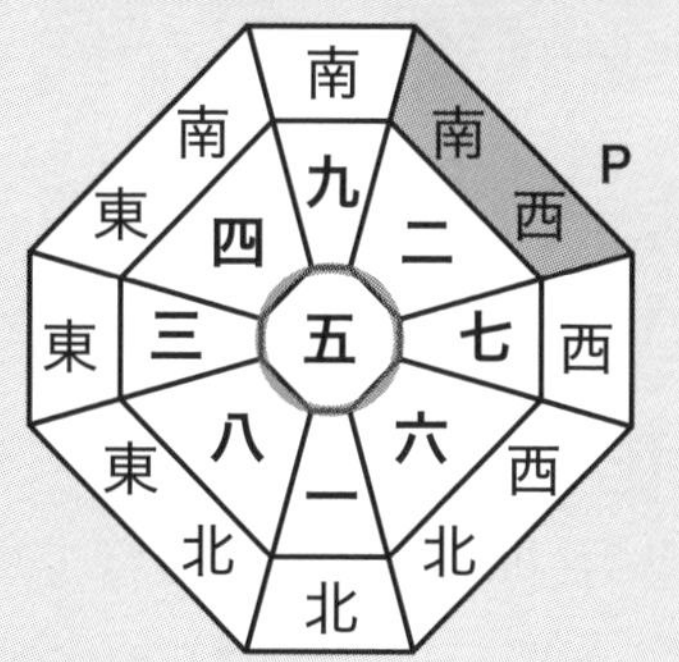

五黄土星が方位盤の中央にある五黄中宮の年は、五黄殺がないことと同様、悪殺気になる方位はありません。

2023年（四緑木星の年）9月の月盤

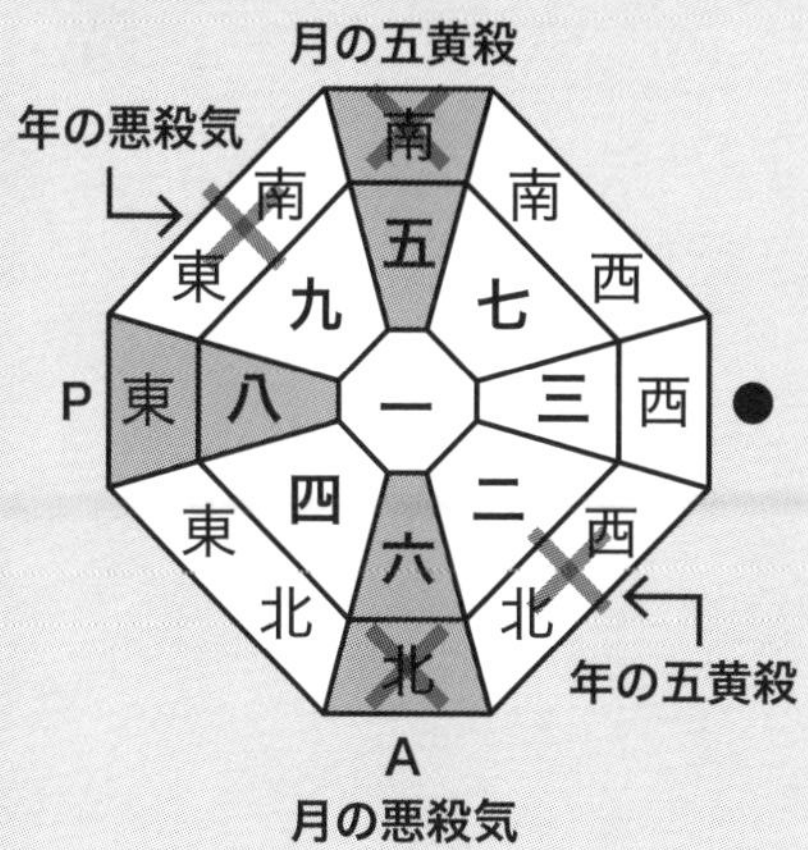

年盤で悪殺気の方位は、月盤で凶方位となっていなくても悪殺気方位ですから移転には使えません。たとえば2023年、東南は悪殺気方位ですから、西北の五黄殺とともに1年間凶方位となります。

十大凶方位③ 水火殺《すいかさつ》

★——水の精気と火の精気の反発から起こる凶方位

五行相剋の反発から

五行の精気のなかで、水と火の精気はもっとも反発し合う相剋の関係です。九星に置きかえると一白水星と九紫火星はもっとも相性の悪い関係ということになります。

この2つが重なると強い凶作用が現れることから、わたしが平成9年に発表したのが「水火殺《すいかさつ》」なのです。

後天定位盤（43ページ参照）の一白水星の位置、つまり北に九紫火星がめぐるとき、あるいは九紫火星の位置、すなわち南に一白水星がめぐるときが水火殺の凶方位となります。

また、年盤と月盤とで一白水星と九紫火星が重なるときも水火殺になります。年盤の九紫火星の方位に月盤の一白水星が運行するとき、そして年盤の一白水星の方位に九紫火星が運行するときです。

水火殺になっていると、本命が一白水星や九紫火星と相生・比和であっても凶方位となるので気をつけてください。

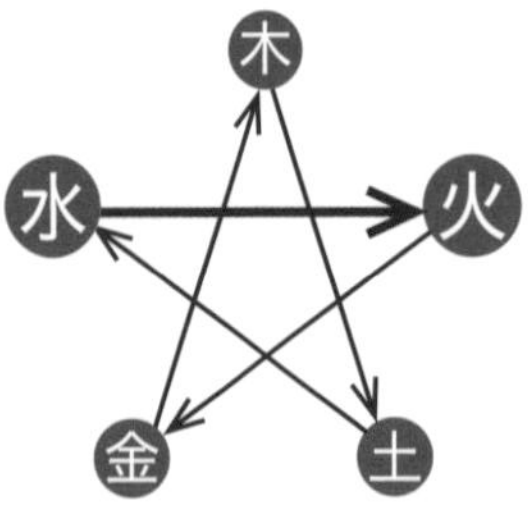

火と水の反発が強い

水火殺の凶作用

水火殺の凶作用の特徴は、突然の病気やケガを負いやすいということ。とくに、強い痛みをともなうケガが多く、重症となるケースもあるので要注意です。

病気は心臓病と首から上（目、口、のど、脳など）の病気にかかりやすくなります。また、水難、火難に遭うこともあります。

なお、凶作用が強く出る順番は次のようになります。

①南の一白水星
②年盤と月盤で水と火が重なったとき
③北の九紫火星

方位盤で見る水火殺

水火殺は方位盤で「W」が記されています。ひとつの方位盤だけに現れるものと、年盤と月盤を重ねて現れるものがあります。

①年盤にある水火殺

後天定位盤で九紫火星のある南に一白水星が運行するとき、一白水星のある北に九紫火星が運行するときの２通りがあります。

六白中宮の年

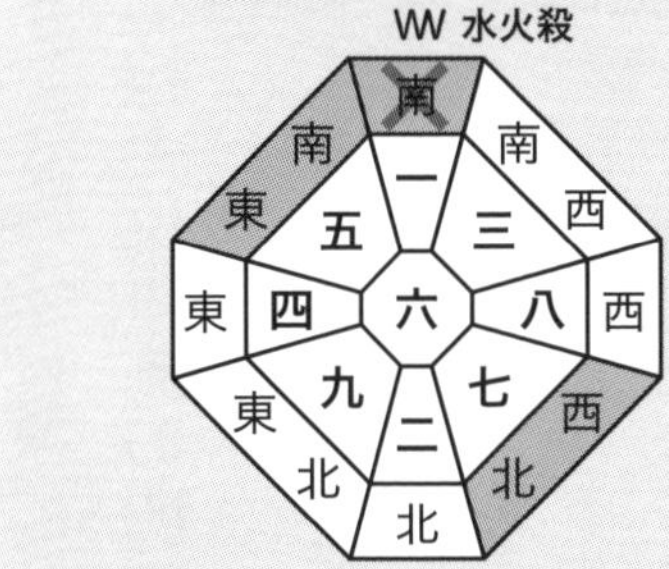

四緑中宮の年

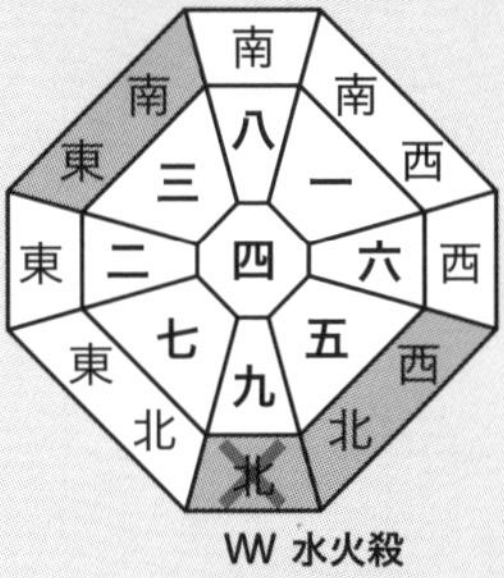

②年盤と月盤を重ねたとき

年盤の一白水星の方位に月盤で九紫火星がくるとき、また九紫火星の方位に一白水星がくるとき。

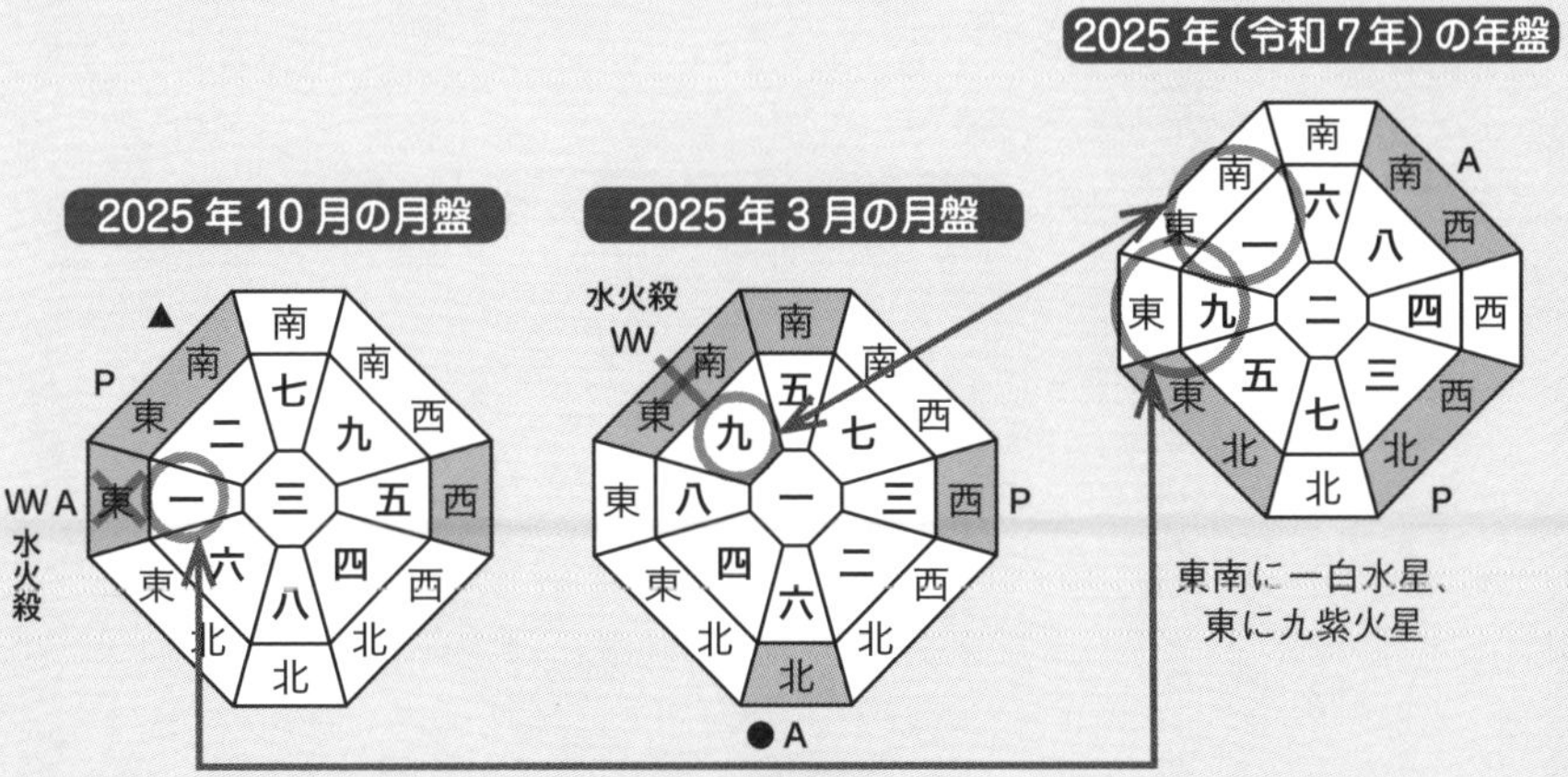

東に一白水星がくる
水火殺

東南に九紫火星がくる
水火殺

十大凶方位④ 歳破《さいは》

★ その年の十二枝と反対側の凶方位

十二枝と方位の関係

十二枝には決められた方位があります。「歳破《さいは》」とは、年の十二枝と反対側の方位のことをいい、歳破が四偶《しぐう》（東南・南西・西北・北東）にある時は60度の範囲すべてが歳破となります。

歳破の凶作用とは

歳破の方位を使うと、争いごとに巻きこまれます。また、業績が思うようにいかず、仕事で大損することもあります。

できるだけ避けたほうがよい方位です。

年盤の歳破対応表

年	歳破
子	南
丑	南西
寅	南西
卯	西
辰	西北
巳	西北
午	北
未	北東
申	北東
酉	東
戌	東南
亥	東南

2023年（令和5年）の年盤

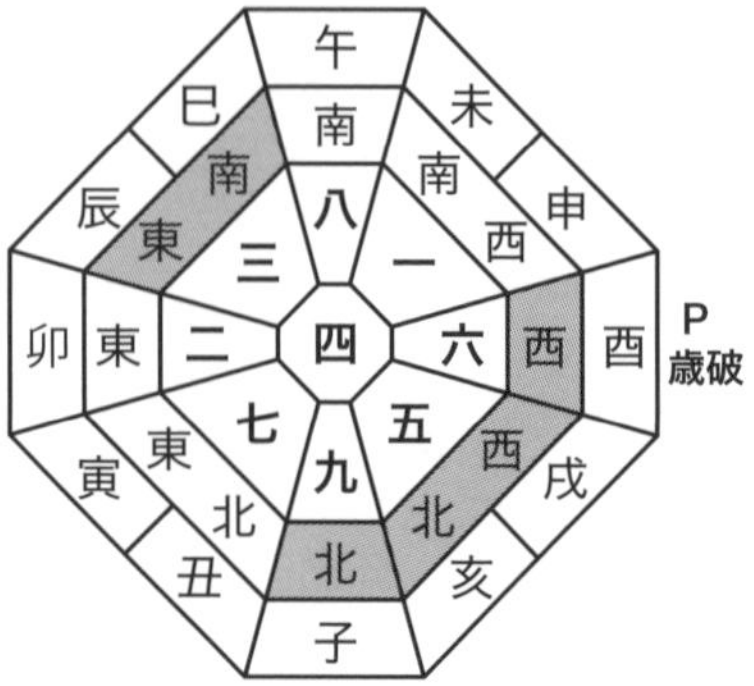

２０２３年は卯年です。歳破対応表を見ると、卯年は西が歳破になります。歳破は方位盤で「Ｐ」で記されています。

十大凶方位⑤ 月破《げっぱ》

★――その月の十二枝と反対側の凶方位

歳破と同じく十二枝と方位の関係

12か月は、それぞれに決まった十二枝が割り当てられています。歳破と同様に、その月の十二枝の反対側に位置する方位が月破《げっぱ》となり、凶作用が現れます。

月破の凶作用とは

月破の方位を使うと、歳破と同じく争いごとに巻きこまれやすく、仕事で大損する可能性があります。できるだけ避けたほうがよい方位です。

2023年（四緑木星の年）8月の月盤

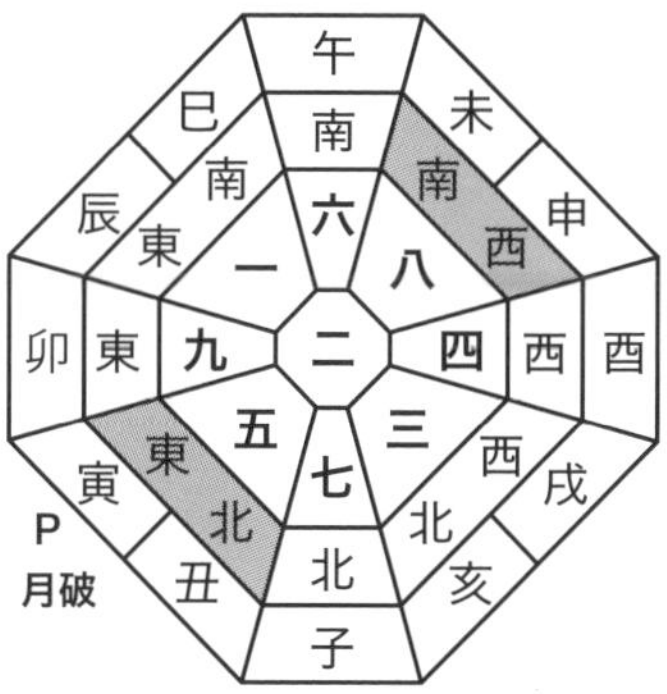

8月の十二支は申で月破対応表を見ると寅のある北東です。月破は歳破と同じく月盤で「P」のマークが付いています。四隅は歳破と同じ60度の範囲となります。

月盤の月破対応表

月	月破
1月・丑	南西
2月・寅	南西
3月・卯	西
4月・辰	西北
5月・巳	西北
6月・午	北
7月・未	北東
8月・申	北東
9月・酉	東
10月・戌	東南
11月・亥	東南
12月・子	南

十大凶方位⑥⑦
生まれ年と月の精気殺《せいきさつ》（本命殺《ほんめいさつ》・月命殺《げつめいさつ》）

★――自分の本命と月命の九星がめぐる凶方位

本命と月命の方位を確認

方位盤で自分の本命（生年精気）の九星がある方位を「精気《せいき》殺《さつ》」または「本命殺《ほんめいさつ》」といい、月命（生月精気）の九星がある方位は「生月の精気殺」または「月命殺」といい、人によって異なる凶方位です。

方位盤を見るときは、自分の九星がどこにあるのかをチェックしましょう。年盤で精気殺になった方位は、その年の月盤にもあてはまります。なお、本命か月命が方位盤の中央にある年・月は、精気殺はありません。

精気殺の凶作用とは

精気殺を使うと、健康運がダウンします。五黄殺・悪殺気・水火殺ほどの強い凶作用はありませんが、原因不明の病気にかかりやすくなり、場合によっては命にかかわる重症となることもあるでしょう。

これらの凶作用は、転居や移転で強く出ます。とくに、自分を痛める作用があります。引っ越しでは極力使用したくない凶方位です。

昭和53年9月17日生まれの場合

本命が四緑木星。２０２３年（令和５年）は四緑中宮の年なので、本命の精気殺はありません。

2023年（令和5年）の年盤

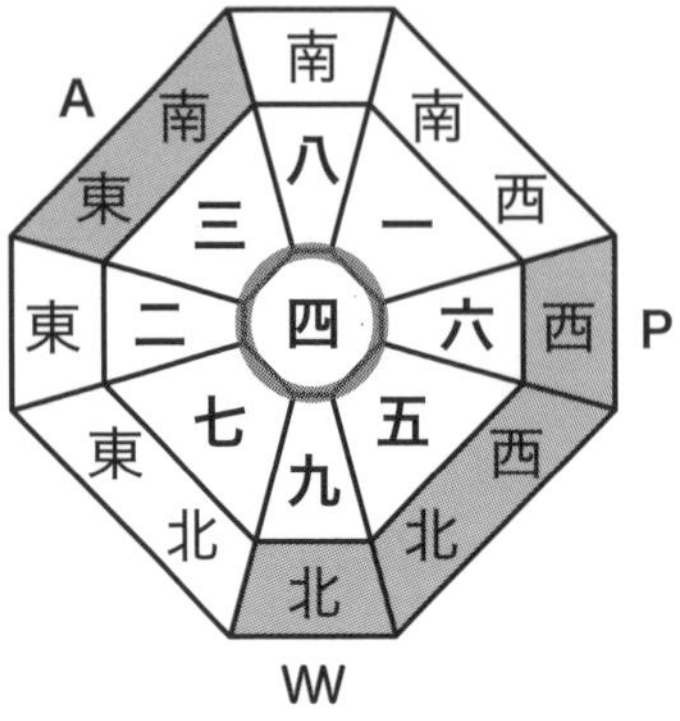

方位盤で見る精気殺

1978年（昭和53年）9月17日生まれの人
本命　四緑木星　　**月命**　一白水星

2022年（令和4年）・年盤の精気殺

2022年（令和4年）の年盤を見ると、本命の四緑木星が東南、月命の一白水星が北にあるため、1年を通して東南と北は、生年、生月の精気殺となり凶方位です。

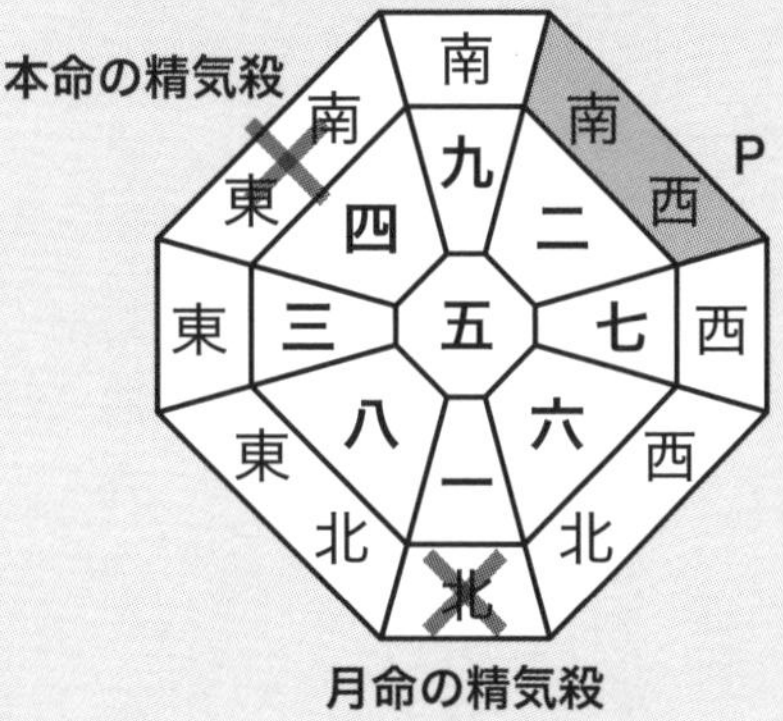

2022年（五黄土星の年）6月・月盤の精気殺

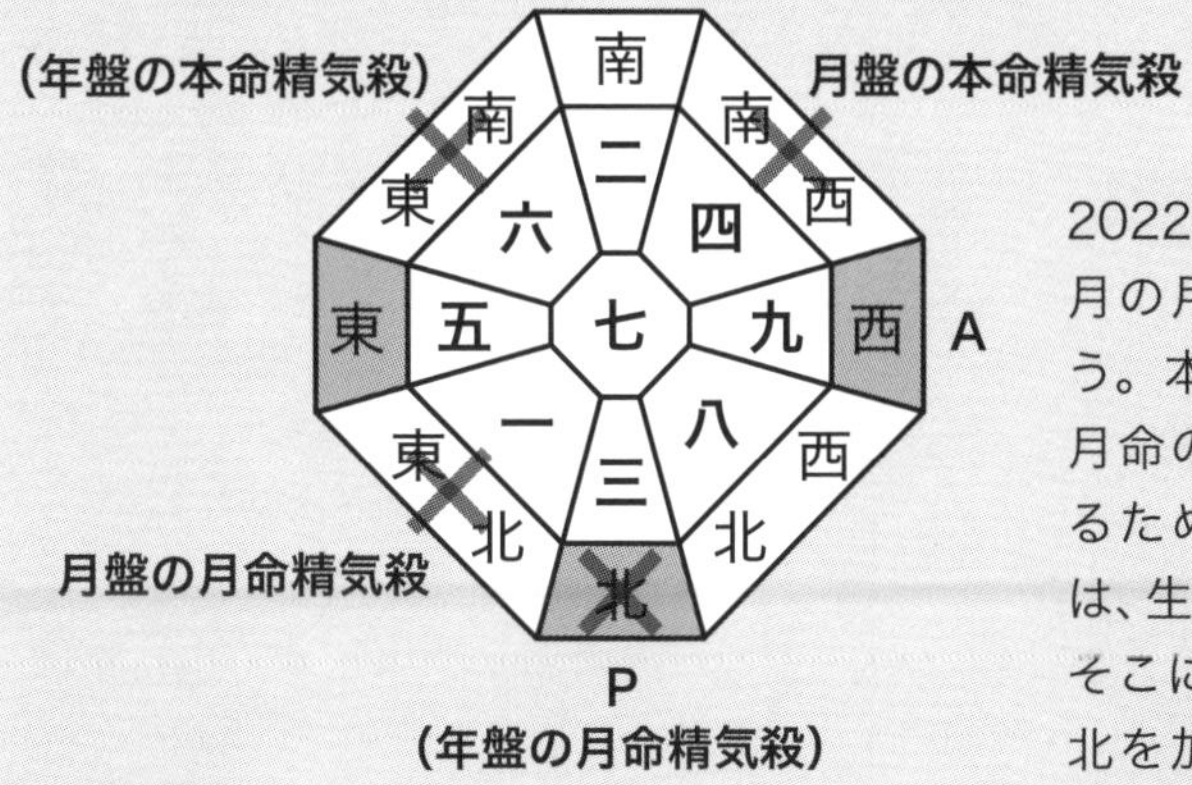

2022年（五黄土星の年）6月の月盤を見ていきましょう。本命の四緑木星が南西、月命の一白水星が北東にあるため、6月の南西と北東は、生年、生月の精気殺です。そこに年盤の精気殺、東南、北を加えて、4つの方位が6月は使えないことになります。

十大凶方位⑧⑨ 生まれ年と月の対気殺《たいきさつ》（的殺《てきさつ》）

★——精気殺の反対にある凶方位

本命と月命の反対側にある

方位盤で本命と月命の九星がある位置は精気殺。その精気殺の反対側にある凶方位を「対気殺《たいきさつ》」、またの名を「的殺《てきさつ》」といい、人によって異なる凶方位です。

精気殺と同様に、年盤で対気殺になった方位は月盤にもあります。また、本命か月命が方位盤の中央にある年・月も、精気殺と同じく対気殺はありません。

なお、精気殺の反対側を運行する九星は盤ごとで異なるため、見落としがちになるので気をつけましょう。

対気殺の凶作用とは

対気殺を使うと、努力をしたわりに成果が上がらないという凶作用が生じます。

計画が思いどおりに進まなかったり、思い上がった態度で周囲から避けられるようになり、協力を得られなかったりします。

夢をなかばで挫折せざるをえないこともあるでしょう。引っ越しや移転には使いたくない方位です。

昭和53年9月17日生まれの場合

本命が四緑木星。２０２３年（令和5年）は四緑中宮の年なので、精気殺と同様に本命の対気殺はありません。

2023年（令和5年）の年盤

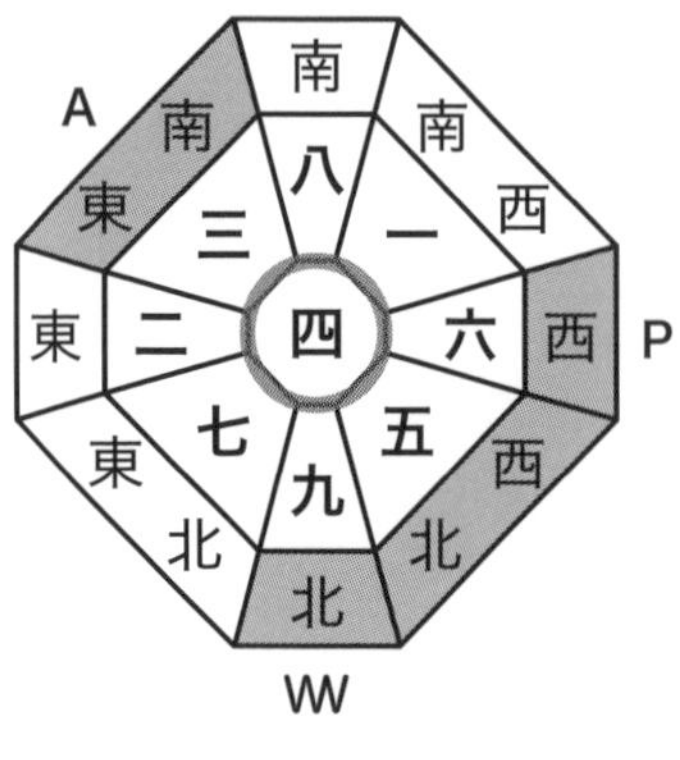

方位盤で見る対気殺

1978 年（昭和 53 年）9月 17 日生まれの人	
本命　四緑木星	**月命**　一白水星

2022 年（令和 4 年）・年盤の対気殺

2022 年（令和４年）の年盤を見ると、本命の四緑木星が東南、月命の一白水星が北にあるため、生年の対気殺は西北、生月の対気殺は南となり、１年を通して凶方位です。

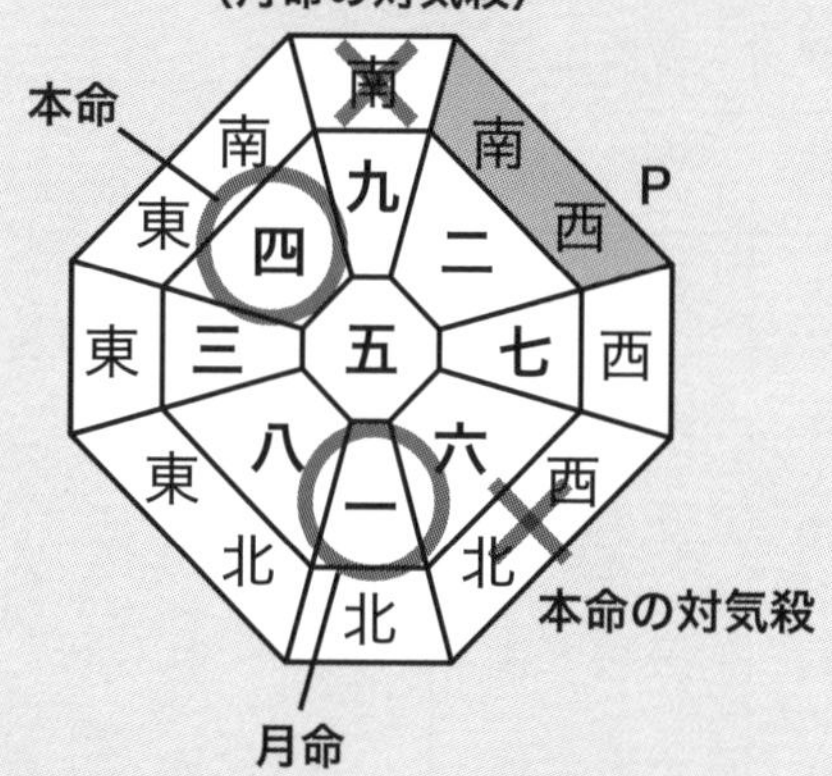

2022 年（五黄土星の年）6 月・月盤の対気殺

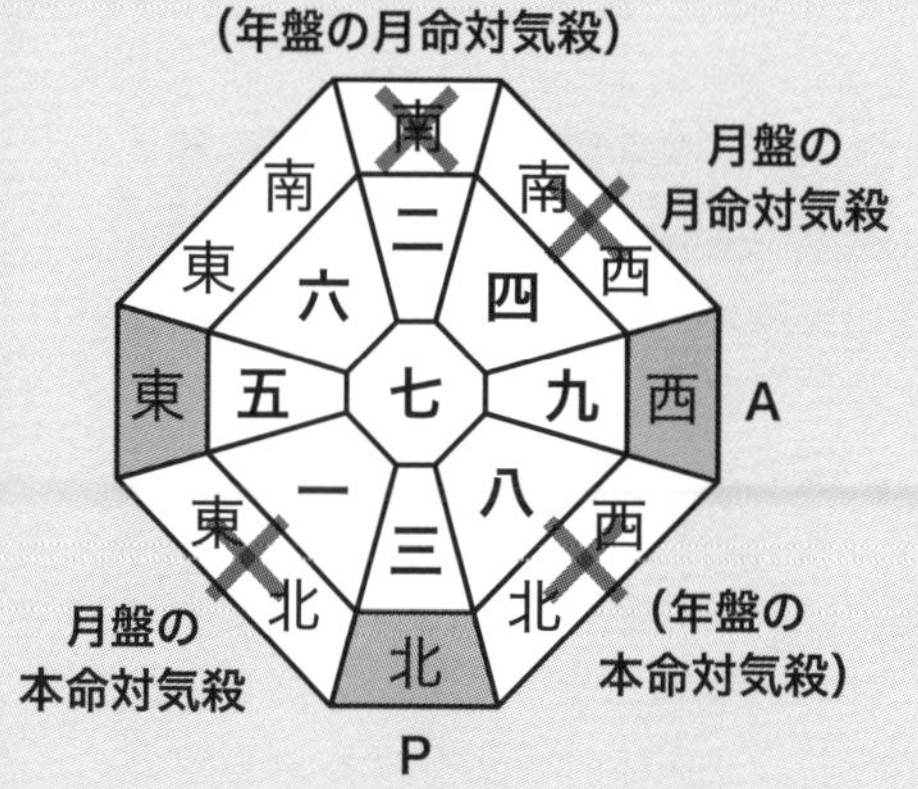

2022 年（五黄土星の年）６月の月盤を見ていきましょう。本命の四緑木星が南西、月命の一白水星が北東にあるため、６月の南西と北東は、生年、生月の対気殺です。
そこに年盤の木命対気殺（西北）、月命対気殺（南）を加え、この４つの方位が６月の対気殺です。

十大凶方位⑩ 小児殺《しょうにさつ》

★――12歳以下の子どもだけに影響する凶方位

お子さんがいる家庭は要注意

数えで12歳以下の子どもにだけ影響のある凶方位を「小児殺《しょうにさつ》」といいます。大人が使っても凶作用はありません。

小児殺は月盤のみに用いられ、年の十二枝に応じて九星が決まります（早見表参照）。

小児殺の凶作用とは

この方位を使って移転をすると、お子さんが事故に遭ったり、病気にかかりやすくなったりします。場合によっては、命にかかわるほどの大ケガや大病になることもあります。お子さんがいる家庭は、小児殺がある方位を引っ越しに使うのは避けましょう。

小児殺早見表

年	小児殺
子	八白土星
丑	九紫火星
寅	二黒土星
卯	三碧木星
辰	五黄土星
巳	六白金星
午	八白土星
未	九紫火星
申	二黒土星
酉	三碧木星
戌	五黄土星
亥	六白金星

5月の月盤の例

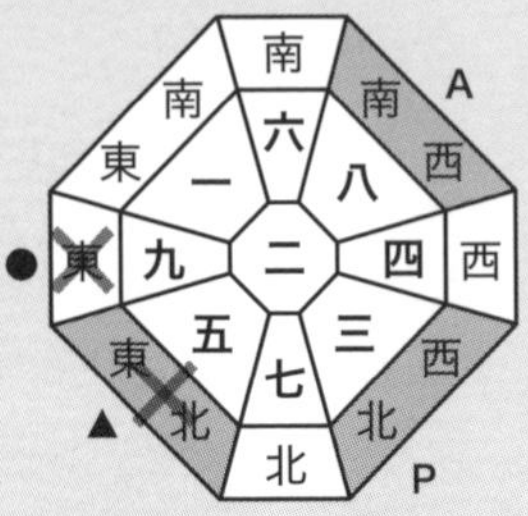

● 丑年と未年の小児殺
▲ 辰年と戌年の小児殺

方位盤での小児殺

小児殺は、月盤のみに用いられる方位で、「●」および、「▲」のマークであらわされています。

2021年（令和3年）は丑年ですから「●」の東が小児殺となります。2024年（令和6年）は辰年「▲」の北東が小児殺になります。

十大凶方位のほかにもある凶方位

★――相剋関係にある九星が運行する方位も忘れずに

相剋《そうこく》方位を確認

十大凶方位以外にも、その人の本命（生年精気）と相剋関係にある九星が運行している方位は、「相剋方位《そうこくほうい》」といって凶方位です。

相剋関係にある九星がある方位は、自分にとって悪い影響を与える精気が満ちている方位ということになります。

59ページにある「九星相生・相剋表」を見て、自分の相剋になる九星を確認してください。

この方位を用いると、体調を崩しがちになったり、理由もなくやる気が失せたりします。仕事や家庭でどうにもスムーズにいかない状態になりがちです。移転に使うのは避けたほうがいいでしょう。

方位盤で見る相剋方位

1989年（平成元年）10月28日生まれの人

本命　二黒土星

相剋方位は、一白水星、三碧木星、四緑木星が運行する方位です。

2022年（令和4年）の年盤

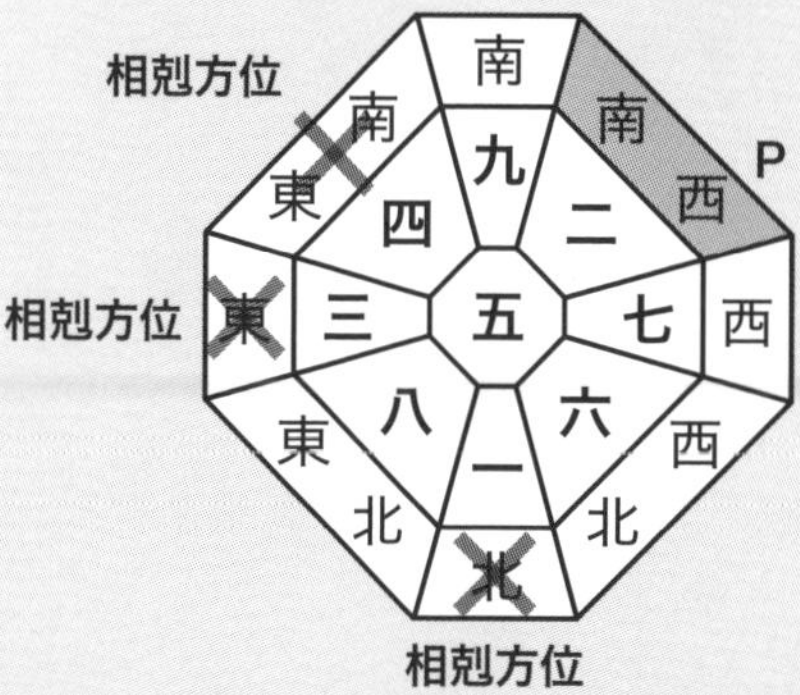

一白水星の北、三碧木星の東、四緑木星の東南が、二黒土星生まれにとって相剋方位となります。

Column 1

「45度均等分解《きんとうぶんかい》説」について

わたしが継承している気学では、八方位を 30 度・60 度にわけますが、以前は 45 度の「均等分解」を使っていました。現在でも、この分解法を取り入れている方位占術家たちはいます。

なぜ、30 度・60 度に割りあてることとなったのかというと、気学の創始者・園《その》田真次郎《だしんじろう》師の経験にさかのぼります。

師の鑑定を受けた人が、「西は吉方だから」と、東京から 45 度分解で西にあたる大阪に移転しました。移転後、2 年ほど経ったころ、関西へ行く機会があった師が、さぞ盛大にやっていることだろうと、相談者のもとに立ち寄りました。

すると盛大どころか、注文流れの品を山のように積み上げ、相談者は頭を抱えていたのです。

こんなはずはないと、師は相談者にいろいろ聞き込みをしました。移転後に起きたことを確かめていくと、西の吉《きち》現象はなにひとつ現れず、南西の凶《きょう》現象ばかりが現れていたことがわかりました。

これ以降、師は東京から見て大阪は西ではなく、南西にあたると考えるようになりました。これが、30 度・60 度分解の事はじめです。

わたしのもとに、吉方に行ったはずなのに悪いことばかり起こると、質問にくる人がいますが、よくよく話を聞いてみると、45 度均等分解を使用しているケースが多いものです。

45 度均等分解図

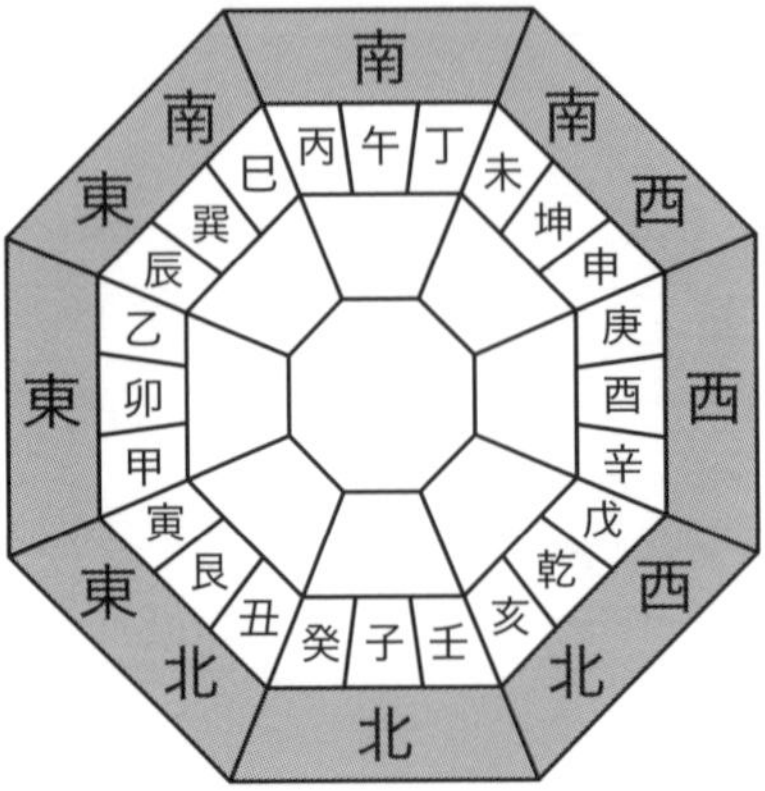

Part 4

九星が持つ意味

九星象意《しょうい》があらわす意味

★——方位を使って現れてくるさまざまな事柄や影響

象意《しょうい》とは九星が持つ吉凶入り交じった意味

九星象意《きゅうせいしょうい》とは、九星それぞれが象徴する意味や起こりうる事象《じしょう》のことをいいます。

象意には、明るく希望に満ちたものがありますが、暗く不穏《ふおん》な意味の象意もあります。このように象意は吉と凶が混在しています。

ここで間違いやすいのは、象意となる事柄が、本命や月命で持つ人の性格や運勢をあらわしているわけではないということです。

たとえば、一白水星の象意に「泥棒」や「スパイ」がありますが、これは一白水星生まれの人が泥棒やスパイに向いているという意味ではありません。象意は、生まれ年の性格や適職を指すのではなく、方位を用いたときに現れてくる事柄や影響を示しています。

移動した方位の象意を見る

「Ｐａｒｔ３」では、みなさんの吉方位と凶方位の求め方がおわかりになったと思います。

象意とは、移動する方位に、どのような事象が現れるのかを示しているのです。

あなたが吉方位を利用して移動したときに現れる事柄、あるいは、凶方位を使ってしまったときに起こりうる事柄です。

吉方位に移動すれば、象意にある良い事柄が起こり、凶方位に移動すれば、象意にある悪い事柄が起こります。

象意の現れ方

それでは、例をあげて見ていきましょう。

本命《ほんめい》が三碧木星の人が一白水星の運行する方位を使って移転したとき、あるいは、一白水星の運行する方位へ出向くとします。そのときに現れるのが一白水星の象意なのです。

三碧木星にとって、一白水星は相生《そうしょう》関係にあり、吉方位として用いて移動したときは、象意の良い点が現れます。

一白水星の象意には、「交わり」、「結ぶ」という意味があります。そのため、吉方位として用いると交際関係がスムーズになり、仕事の幅が広がったり、良い縁談が舞い込んできたりなどの、良い現象が起こります。

ただし、一白水星が運行している方位が三碧木星にとって、つねに吉方位とは限りません。五黄の反対に位置する悪殺気や、自分の本命である三碧木星の反対に位置する対気殺、歳破、月破など、一白水星の運行する方位が凶方位になることもありえます。

そんなときは、人間関係がうまくいかなくなる、縁談が破談になる、泥棒に遭う、トラブルを起こすなどの悪い現象が現れることが考えられます。

八方位にも九星の象意が適用できる

では、一白水星の良い象意は、一白水星と相剋《そうこく》関係にある、たとえば本命が二黒土星の人に現れることはないのでしょうか。

決してそんなことはありません。「Ｐａｒｔ５」で詳細を説明しますが、象意は、運行している九星だけでなく、八方位それぞれにも適用されます。たとえば、北方位には一白水星の象意があてはめられます。

一白水星が運行している方位は相剋凶方位になるため使えない二黒土星の人でも、北方位を使って吉方位移転をすると、交流関係が広がる、愛情面で恵まれるなど、一白水星の良い象意が、吉方効果として現れます。

一白水星《いっぱくすいせい》の象意《しょうい》

一白水星の基礎

十《じゅっ》幹《かん》…壬《みずのえ》、癸《みずのと》
十《じゅう》二《に》枝《し》…子《ね》
五《ご》行《ぎょう》…水（寒）
季節…12月
時間…23時〜1時（子《ね》の刻《こく》）
色彩…黒、白
味覚…鹹《かん》（塩辛み）
数《すう》象《しょう》…1、6
易《えき》象《しょう》…☵（坎《かん》）
後《こう》天《てん》定《じょう》位《い》…北30度
先《せん》天《てん》定《じょう》位《い》…西30度

生命をつかさどる水の精

九星の中で唯一、水の精である一白水星は、「柔軟性」を象徴しています。

雨露の一滴が集まって川ができ、時にはせせらぎ、時には激しく流れ滝となって落ち、いつしか悠々と大海原へそそぎ込みます。

人びとの暮らしを豊かにする反面、ひとたび荒れると、水害や海難を招くこともあります。

水はすべての生物にとってなくてはならないものです。そのため、一白水星は「生命をつかさどる」という大きな意味も持っています。

象意総説

中年の男性　裏　交わり　暗　穴
奸智《かんち》　秘策　逆行　落胆　失恋
怨恨《えんこん》　妊娠　入浴　水泳　わがまま
礼拝　疑心　秘密　密会　洗濯
尾行　ギャンブル　セックス　不倫
陥《おちい》る　苦しむ　悩む　結ぶ
夢をみる　文字を書く　考え込む
眠る　冷え込む　ごまかす　伏す
手品　万引き　沈着　伸縮　紛失
忘れ物　落とす　下がる　垂れる
差す　縫う　消える　膝《ひざ》をつく
つまずく　墓石を建てる

天象

寒冷　寒気　冷気　雨　雪　霜《しも》
霧《きり》　雲　靄《もや》　水気　水蒸気　寒天
十五夜の月　三日月　闇夜　月光
深夜　汐《しお》の満ち引き　海水　長雨
大雨　北極星　北斗七星

場所・建物

裏門　裏口　ベッド　寝室　浴室
台所　洗面所　トイレ　天井裏
床下　柱　空き家　病院　刑務所
海水浴場　ヨットハーバー　水族
館　プール　海　人通りのない寂
しい場所　湿地　滝　故郷　実家
温泉地　北極　日蔭　落とし穴
水田　水源地　ガソリンスタンド

事物

帯　紐《ひも》　袴《はかま》　袈裟《けさ》　雑巾《ぞうきん》　タオル
伸縮するもの　ひだのあるもの
針　竹　染料　液体塗料　石油
ガソリン　人形　仏像　ロボット
インク　ペン　釣り道具　錨《いかり》
万年筆　鏡　ゴム

人事

僧侶　尼僧　哲学者　作家　書家
表具師《ひょうぐし》　鮮魚商　漁師　外交員
クリーニング業者　スパイ　空き巣
泥棒　貧困者　目の不自由な人
アザやホクロのある人　妊婦

飲食物

栄養素　脂肪分　牛乳　魚肉　塩
醤油　スポーツドリンク　ジュース
ソフトクリーム　ジェラート　酒
ワイン　漬物　刺身　吸い物
塩辛　塩鮭

身体

腎臓　脊髄《せきずい》　背中　陰部　膀胱《ぼうこう》
子宮　睾丸《こうがん》　卵巣　尿道　精液
鼻孔　鼻梁《びりょう》　耳孔《じこう》　眼球　瞳
涙腺　あご　痔　ホクロ　皺《しわ》
瘢痕《はんこん》　傷跡　冷え性

動物・昆虫

キツネ　ネコ　ラッコ　ブタ　白熊
コウモリ　フクロウ　アヒル
ペンギン　イルカ　クラゲ　魚
魚卵　イカ　タコ　オタマジャク
ミミズ　ナメクジ　夜行性の動物
水鳥

植物

柊《ひいらぎ》　檜《ひのき》　寒椿《かんつばき》　寒紅梅　水仙
福寿草　蓮《はす》の花　藤の花
ウラジロ蘭　垂れて咲く花　水草
浮き草　蓮根《れんこん》　白菜　白葱《しろねぎ》　大根
うど　イチジク　トゲがある植物

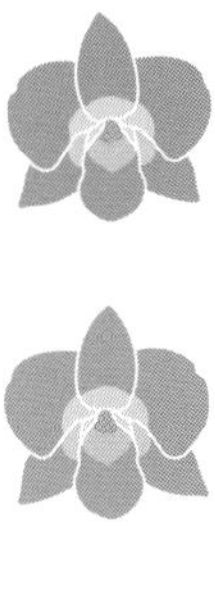

二黒土星《じこくどせい》の象意《しょうい》

二黒土星の基礎

十二枝《じゅうにし》…未《ひつじ》、申《さる》
五行《ごぎょう》…土（湿）
季節…7月～8月
時間…13時～15時（未《ひつじ》の刻《こく》）
15時～17時（申《さる》の刻《こく》）
色彩…黄、黒
味覚…甘
数象《すうしょう》…5、10
易象《えきしょう》…☷（坤《こん》）
後天定位《こうてんじょうい》…南西60度
先天定位《せんてんじょうい》…北30度

作物を育てる母なる大地

土の精を持つ二黒土星は、作物を耕すのに適した黒土を象徴しています。

土を耕すとやわらかくなり、雨をしみこませて作物に滋養《じよう》を与えます。その生産力と状況に応じた柔軟性、花や実を育てあげるねばり強さを兼ねそなえています。

作物は、やがて地上の動物たちの生命をも育《はぐく》みます。それは母親が子を産み、育てあげることに似ています。

このことから、二黒土星は「母なる大地」の象意が与えられています。

象意総説

母　老女　主婦　大地　迷い
気苦労　物思い　心労　安静　温厚
丁寧《ていねい》　倹約　謙虚《けんきょ》　忠実　従順
頑固　慎重　勤勉　努力　労働
培養　飼育　用意周到　柔和
準備中　相談中　考慮中　不決断
弛緩《しかん》　油断　心中が複雑
コレクション　技芸　開墾《かいこん》　従う
応じる　受ける　求める　辛抱強い
蓄積《ちくせき》　貯蔵　数多し　採集

天象

曇天《どんてん》　無風でおだやかな日和
※二黒土星の年は、南に六白金星が運行し、後天定位盤《こうてんじょういばん》の九紫火星との相反作用が起こり、爆発や雷雨の多い年となります。

場所・建物

大地（大地という意味から地球全体を二黒土星とみなします） 平地
野原　公園　球場　城址《じょうし》　田畑
農家　埋め立て地　生まれた土地
実家　平屋　寝室　仕事場
押し入れ　物置　ＪＡ（農協）
居酒屋　陶芸教室　アウトレット
コンビニ　スーパーマーケット
工場　洞窟　相撲の土俵

事物

コットン製品　リサイクル衣類
肌着　パジャマ　シーツ　寝袋
くずかご　盆　重箱　懐石《かいせき》膳
将棋盤　土地　土砂　石灰
セメント　粘土　レンガ　陶磁器
手頃な価格の工芸品　ブレスレット
プラスチック製品

人事

皇后　妃《きさき》　婦人　母　妻　老女
姪　副社長　次席　大衆　団体
相撲取り　迷子　無知な人
土木建築業者全般　土木技師
リサイクルショップ経営者
不動産業者　技術者　職人

飲食物

米　玄米　大麦　小麦　大豆　小豆《あずき》
きび　栗《くり》　そば粉　麩《ふ》　麺　煮豆
餅《もち》　おにぎり　くず餅　五目そば
寄せ鍋　おでん　豚肉　ラム肉
蒲鉾《かまぼこ》　竹輪《ちくわ》　泥つき芋　じゃがいも
甘藷《かんしょ》　里芋　豆腐　やき鳥
にんにく　おはぎ　ポテトサラダ
たい焼

身体

脾臓《ひぞう》　腹部　腸　右手　臍《へそ》　胃潰瘍《いかいよう》
胃がん　腹膜炎　下痢　便秘
食欲不振　消化不良　胃下垂《いかすい》　黄疸《おうだん》
肩こり　不眠症　しゃっくり
皮膚病　にきび　あせも

動物・昆虫

牝馬《めうま》　牝牛《めうし》　ヤギ　ヒツジ　サル
モグラ　ダチョウ　ホトトギス
カラス　土蜘蛛《つちぐも》　蟻《あり》

植物

樹幹《じゅかん》　ナズナ　パンジー　スミレ
レンゲソウ　苔《こけ》　蕨《わらび》　シイタケ

三碧木星《さんぺきもくせい》の象意《しょうい》

三碧木星の基礎

十幹《じゅっかん》…甲《きのえ》、乙《きのと》
十二枝《じゅうにし》…卯《う》
五行《ごぎょう》…木（暖）
季節…3月
時間…5時〜7時（卯《う》の刻《こく》）
色彩…青、碧《あお》
味覚…酸
数象《すうしょう》…3、8
易象《えきしょう》…☳（震《しん》）
後天定位《こうてんじょうい》…東30度
先天定位《せんてんじょうい》…北東60度

暖かい春の日差しに芽吹く草木

三碧木星は、芽吹いた草木がぐんぐん成長していく若さや発展性をあらわしています。

暖かさが増す春の日差しをあらわすことから、青春を象徴し、若さゆえの「活発さ」、「大胆さ」、「焦《あせ》り」、「あやうさ」も意味します。

また、雷鳴の意味もあり、激しくとどろく音をあらわします。音はあっても姿は見えず、やがて何ごともなかったかのように過ぎ去っていくようすから、「驚き」、「激しさ」、「淡泊」、「迅速《じんそく》性《せい》」なども象徴しています。

象意総説

長男　若者　発芽　春　青春　雷
音　昇る　伝達　応答　質問　討議
争論　叱咤《しった》　ケンカ　詐欺《さぎ》　脅迫《きょうはく》
冗談　迅速　軽率　短気　感情
銃声　悲鳴　くしゃみ　しゃっくり
吐息《といき》　叫ぶ　口笛　音声　音響
楽器の音　拍手喝采　失言　漏電《ろうでん》
感電　震《ふる》える　進む　爆発　淡白
現れる声あって形なし　動く
揺らぐ　起きる　飛び上がる　驚き
語る　述べる

天象

雷雨　にわか雨　雷鳴　稲妻
地震　地滑《じすべ》り　大きな雹降《ひょうこう》　噴火
津波　竜巻　東風

場所・建物

震源地　戦地　森林　生け垣
並木　原野　春の庭園　春の田畑
河口　青物市場　植木売り場
発電所　コンサート会場
ライブハウス　講演会　楽器店
放送局　踏切　交差点　寿司店
ゲームセンター　植物園
みかん畑　携帯ショップ

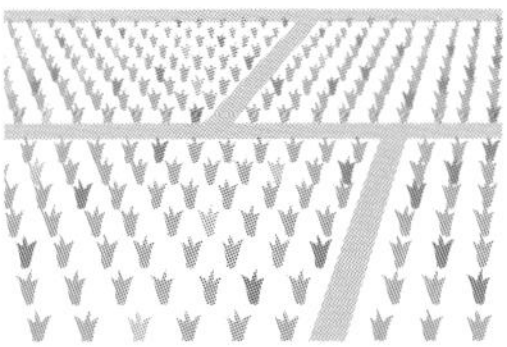

事物

ピアノ　オルガン　バイオリン
管楽器（フルート、トランペット）
三味線　太鼓　木魚　鐘　ＤＶＤ
ラジオ　テレビ　電話
スマートフォン　スニーカー
スリッパ　歯ブラシ　ヘアブラシ

人事

長男　青年　通信事業者
放送関係者　ＩＴ産業事業者
アナウンサー　声優　司会者
コメンテーター　噺家《はなしか》　歌手
ブラスバンド　詐欺師《さぎし》　植木屋
海産物商　寿司職人　庭師

飲食物

若い芽　野菜　海草類　海鮮丼
柑橘《かんきつ》類（ミカン、レモンなど）　茶
海鮮丼　酢の物　酸味のある食べ物

身体

肝臓　のど　喉頭《いんとう》　喘息《ぜんそく》　百日咳《ひゃくにちぜき》
パニック障害　リウマチ　神経痛
子どもの疳《かん》の虫　脚気《かっけ》　打ち身
脛《すね》・肘《ひじ》のケガ

動物・昆虫

ウグイス　ヒバリ　メジロ　雛鳥《ひなどり》
さえずる小鳥すべて　鈴虫
マツムシ　クツワムシ　キリギリス
セミ　ヒグラシ　ムカデ　ハチ
ノミ　ウサギ　カエル

植物

草木　草木の新芽　海草　薬草
丈の低い観葉植物　朝顔
かすみ草　沈丁花《じんちょうげ》　菜の花　盆栽《ぼんさい》
野菜　柑橘類　茶

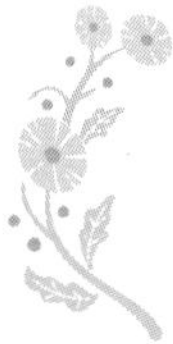

四緑木星《しろくもくせい》の象意《しょうい》

四緑木星の基礎

十二支《じゅうにし》…辰《たつ》、巳《み》
五行《ごぎょう》…木（暖）
季節…4月～5月
時間…7時～9時（辰《たつ》の刻《こく》）
9時～11時（巳《み》の刻《こく》）
色彩…青、緑
味覚…酸
数象《すうしょう》…3、8
易象《えきしょう》…☴（巽《そん》）
後天定位《こうてんじょうい》…東南60度
先天定位《せんてんじょうい》…南西60度

成熟・充実、すべてがととのう

四緑木星は木の精を持っていますが、三碧木星が若い新芽をあらわすのに対し、四緑木星は成長した樹木をあらわします。

太陽の暖かさが増し、樹木は生い茂り、成熟した状態です。このことから、「斉《ととの》う（調《ととの》う）」、「結婚」などを意味します。

また、四緑木星は風や空気も象徴します。風は遠くからやってきて、つかみどころがないので、「のんき」、「遠方」などの意味もあります。

九星の中でいちばんおだやかな象意です。

象意総説

長女　風　斉《ととの》う　整理　遠方
部下　目下　従業員　従う　信用
縁談　結婚　精神　旅行　通勤
世話　心の往来　物品の往来　評判
テイクアウト　デリバリー
テレワーク　リモコン　通知
アロマテラピー　報告　宣伝
交渉　行き違い　考え違い　誤解
早熟　迷い　運搬　ものを整理する
のんき　歓迎　揃《そろ》う

天象

四季の風全般（春風、そよ風、涼風、北風、木枯らしなど）
※四緑中宮の日、あるいは時間には晴雨にかかわらず風が吹きやすい。

場所・建物

玄関　道路　郵便局　宅配営業所
旅行会社　道の駅　ヘアサロン
高速道路のサービスエリア
材木置き場　ラーメン店　うなぎ屋
空港　出入り口　林野

事物

玄関　道路　郵便局　宅配営業所
建具一式　通信機器のコード　針金
木刀《ぼくとう》　棟木《むなぎ》　敷居《しきい》　梁《はり》　屏風《びょうぶ》
引き出し　糸　紐《ひも》　縄　帯　草履《ぞうり》
靴　扇風機　扇子《せんす》　団扇《うちわ》　凧《たこ》
風船　飛行機　気球　風　煙　羽
ハンググライダー　匂い袋
毛髪　手紙　ハガキ　宅配　香水
香具一式　線香

人事

長女　美容師　大工　建具屋《たてぐや》　林業
材木商　セールスマン　運送業者
宅配業者　郵便配達員　仲介人
パイロット　営業マン　そば店
広告業者　CM制作会社
物を伝達する人　旅行中の人
道に迷っている人

飲食物

麺類　大根の繊維質《せんいしつ》　芋
肉や魚の燻製《くんせい》品　ベーコン
ヌードル　ウナギの蒲焼き　酸味

身体

腸　左手　太もも　頭髪　気管
食道　動脈　神経　筋　呼吸器

動物・昆虫

蛇《へび》　細長い虫類　ウナギ　蝶《ちょう》
トンボ　ハチ　鳥類

植物

木の葉　枯れ草　マコモ　葦《あし》
トクサ　松　杉　茶　蘭《らん》　百合
バラ　ハーブ・香草類　香木類
ニラ　ニンニク　菖蒲《しょうぶ》　蔓《つる》
葡萄《ぶどう》の蔓　蔓で巻きつく植物

五黄土星《ごおうどせい》の象意《しょうい》

五黄土星の基礎

十《じゅっ》幹《かん》…戊《つちのえ》、己《つちのと》
五《ご》行《ぎょう》…土（湿）
季節…四季の土用
色彩…黄
味覚…甘、酸《す》っぱみ
数《すう》象《しょう》…5、10
易《えき》象《しょう》…☷（坤《こん》）
後天定位《こうてんじょうい》…中央座

生《せい》と滅《めつ》の両極を意味する

後天定位盤で中央に位置する五黄土星は、ほかの九星を支配し、従える「帝王」を意味します。

土の精は、二黒土星の黒い耕土とは異なり、黄土をあらわします。黄土は中国大陸の土壌でもあり、大地や地球そのものをあらわしています。

土は植物や動物を生み出す力を持っていますが、一方で、すべてを腐敗させ、死滅させる強力な作用もあります。

この「生《せい》」と「滅《めつ》」の両極端の意味をあわせ持つのが五黄土星の特徴です。

象意総説

無　反逆　謀反《むほん》　残虐《ざんぎゃく》　残忍　殺意
裏切り　強欲　強奪《ごうだつ》　廃棄物
スキャンダル　渋滞　腐食　絶望
破産　失業　偽造行為　詐欺行為
自殺　殺人行為　葬式　名《めい》誉《よ》毀《き》損《そん》
寄生虫的態度　営業の失敗
生物の死　植物が枯れる
家屋の破損　植物の腐敗　古いもの
モルヒネ・コカインなどの麻薬
カフェイン　インフルエンザや新型コロナなどウイルス
がん　古い問題の再起
病気の再発　塵芥《じんかい》汚物処理

天象

どんよりした曇り空　天候の変化
ゲリラ豪雨　洪水　水害　暴風雨
大地震　大荒れの天気

場所・建物

ゴミ集積所　産業廃棄物処理場
火事の跡　古戦場跡　廃校舎
リサイクルショップ　老舗《しにせ》店舗
骨董《こっとう》品店　火葬場　墓　汚いところ
暗いところ　日陰　未開地
かつて残虐行為が行われていた場所
荒野　荒れ地　古城

事物

壊れたもの　腐ったもの　不要品
荒廃した建物　古着　古道具
家伝の宝物（古いもの）　骨董品
遺書　棚ざらしの品　売れ残りの品
疵物《きずもの》　いびつなもの　錆《さ》びたもの
役に立たないもの

人事

老人　元老《げんろう》　先達《せんだつ》　総理大臣
家屋取り壊し業者　古物商
発酵食品業者　ゴミ処理業者
居候《いそうろう》　失敗者　特殊詐欺グループ
反社会的勢力　横領人　強盗
殺人犯　自殺者　惨死者　変死人
強欲な人　クレーマー

飲食物

味も香りもない食べもの
栄養のない食べもの　古いもの
カビが生えた食品　腐敗したもの
臭気を放っているもの
売れ残りのもの　食べ残し
だしがら　納豆　酒粕《さけかす》　味噌
発酵食品

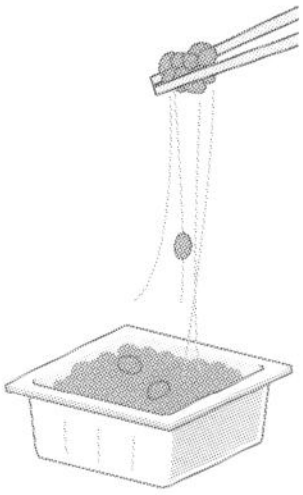

身体

大腸　便秘　下痢　チフス　流産
胃がん　子宮がん　新陳代謝の低下
腹部に発生する病気
※五黄は毒素を意味し、外部に腫《は》れ物などとして現れ、内部に凝りを生じます。

動物・昆虫

ゴキブリ　ノミ　ダニ　ムカデ
スズメバチ　ハエ　蚊　毒アリ
毛虫　人畜に害を及ぼす毒虫すべて
カマキリ　寄生虫　ウツボ　サメ
フグ　マムシ　野犬　熊

植物

トリカブト　ドクセリ　ドクウツギ
シキミ　毒草　毒キノコ
トゲがある植物

六白金星《ろっぱくきんせい》の象意《しょうい》

六白金星の基礎

十二枝《じゅうにし》…戌《いぬ》、亥《い》
五行《ごぎょう》…金（冷）
季節…10月～11月
時間…19時～21時（戌《いぬ》の刻《こく》）
21時～23時（亥《い》の刻《こく》）
色彩…白
味覚…辛
数象《すうしょう》…4、9
易象《えきしょう》…☰（乾《けん》）
後天定位《こうてんじょうい》…西北60度
先天定位《せんてんじょうい》…南30度

磨くと光る「貴石《きせき》」の意味

六白金星は、「天」や「太陽」を意味します。

天はもっとも高いところにあり、私たちが生きるための光や雨といった恵みを与えてくれる尊い存在です。そのため、六白金星には「高貴」の意味が込められています。

六白金星の金は「鉱石」や「原石」の金属をあらわしています。これらの金属は見た目は素朴で硬い鉱物ですが、磨けば「貴石」となりうる最高の資質を隠し持っています。

磨けば磨くほど輝き、努力して大きなチャンスをつかみます。

象意総説

天　太陽　父　充実　完全　上等
高級品　健《すこ》やか　目上　指導　強硬
堅固　特許権　円　車　多忙　寄付
投機《とうき》　相場　世話事　供養　鋭進
動いて止まず　施《ほどこ》す　戦う
ワクチン

天象

青天　青空　悪く変化する暴風雨
旋風《せんぷう》　霜害《そうがい》

場所・建物

神社仏閣　名所旧跡　御陵《ごりょう》墓地
教会堂　鐘楼《しょうろう》　衆参議員会館
防衛省舎　運動場　競技場　野球場
トレーニングジム　博覧会会場
博物館　劇場　都市　雑踏《ざっとう》　繁華街
山の手　高級住宅地　貴金属店

事物

珊瑚《さんご》　瑪瑙《めのう》　翡翠《ひすい》　真珠
ダイヤモンド　金　銀　鉱石
象牙《ぞうげ》　ガラス　ガラス細工　刀
弾丸　球　時計　指輪　ネックレス
イヤリング　ブレスレット
貴石を使ったアクセサリー
風呂敷　包み　マスク　オーバー
帽子　冠　兜《かぶと》　羽織　傘　手袋
靴下　電車　新幹線　自動車
自転車　オートバイ　機械　歯車
水車　猟銃　大砲　缶詰　印章
パソコン

人事

父　天皇　賢人　高貴な人　大臣
社長　会長　管長　主人　資本家
リーダー　僧侶　守衛　占術家
外国人　嬰児《えいじ》　アスリート
ボランティア　自衛官　弁護士
投資家　ＩＴ事業者
コンピューター技師　自動車業者
機械業者　貴金属業者

飲食物

メロン　スイカ　梨　栗《くり》　ミカン
オレンジ　ザボン　文旦《ぶんたん》　リンゴ
バナナ　その他果物全般　氷
アイスクリーム　氷砂糖　柏餅《かしわもち》
飴《あめ》　饅頭《まんじゅう》　カステラ
紙や銀紙で包んだ菓子　落花生
天ぷら　精進揚《しょうじんあ》げ　とんかつ
いなり寿司　のり巻き
上等な食べもの　辛い味の食べもの

身体

頭　肋骨《ろっこつ》　左肺　肋膜《ろくまく》　血圧作用
汗　発熱　腫《は》れもの

動物・昆虫

龍　大蛇　象　鳳凰《ほうおう》　鯨《くじら》　鶴　牡馬《おうま》
犬　鯉　鯛　抜け殻

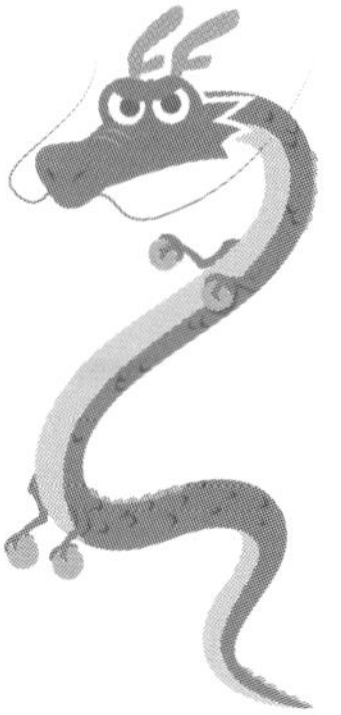

植物

薬草　ザクロ　牡丹《ぼたん》　彼岸花《ひがんばな》　橙《だいだい》
果樹　菊　神木《しんぼく》

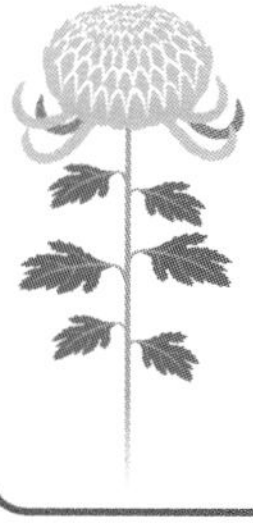

七赤金星《しちせききんせい》の象意《しょうい》

七赤金星の基礎

十幹《じゅっかん》…庚《かのえ》、辛《かのと》
十二枝《じゅうにし》…酉《とり》
五行《ごぎょう》…金（冷）
季節…9月
時間…17時〜19時（酉《とり》の刻《こく》）
色彩…白、赤
味覚…辛、甘
数象《すうしょう》…4、9
易象《えきしょう》…☱（兌《だ》）
後天定位《こうてんじょうい》…西30度
先天定位《せんてんじょうい》…東南60度

収穫、飲食、結婚の喜び

実りの秋を象徴する七赤金星は、収穫による「喜び」や「笑い」など、明るい象意がある一方、収穫後の「目減り」や「不足」などの不安要素も含まれています。

七赤の「金」は、鉱物を意味する六白の「金」と異なり、お金や洗練された金属、および金属加工品や金属装飾品をあらわします。

また、七赤金星には口の喜びという意味もあり、「飲食」をあらわします。さらに「生殖」、「結婚」という象意も含まれています。

象意総説

少女　沢　秋　喜び　酒食　金銭
金にまつわる相談　口論　甘言《かんげん》
祝典　祝賀会　結婚式　不足
不十分　不注意　欠陥　皮肉な言動
舗装工事　天井の修理　内装の修理
遊興《ゆうきょう》　食事の最中　陰気な場所
笑う　集まる　取り替える
激しく苦情を言う　散財　食べ過ぎ

天象

西風　暴風雨　荒れ模様　降雨
天気が変わりやすい　新月

場所・建物

沢　窪地《くぼち》　沼　低地　溝《みぞ》　断層
山崩れ　石垣　湖　水たまり
浅い海　川端　湖畔《こはん》　養鶏場
飲食店　ネオン街　花柳界《かりゅうかい》　喫茶店
飲食店　パン屋　パティスリー
甘味処　テーマパーク
レジャー施設　貯蔵庫　造船所

事物

金物　刃物　刀のこぼれた刀剣
上部に凹みがあるもの
頭部のないもの　先のないもの
破損したもの　修理したもの
楽器　釣鐘《つりがね》　半鐘《はんしょう》　鈴　金貨　借金
ゴールドのアクセサリー

人事

少女　歌手　芸者　ホステス
料理屋の仲居《なかい》　不良少女　後妻
妊婦　飲食店主　金融業者
銀行員　歯科医師　講演者
仲介者　セールスマン

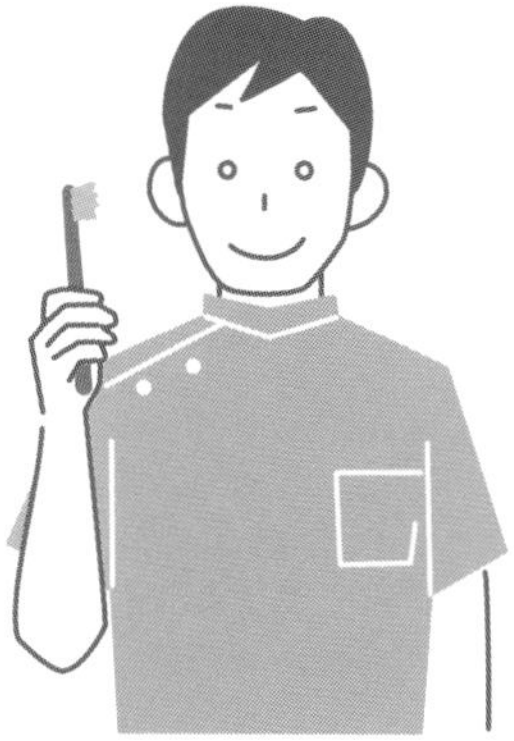

飲食物

鶏肉　親子丼　鶏飯《とりめし》　酒　ビール
ワイン　甘酒　甘茶　お汁粉《しるこ》
コーヒー　紅茶　ココア　牛乳
餅菓子　飴《あめ》　紅ショウガ　辛味の
あるもの

身体

右肺　口中　歯　舌　咽頭《いんとう》
神経衰弱　気管支

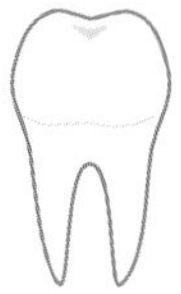

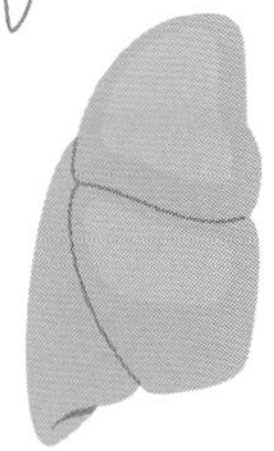

動物・昆虫

ヒツジ　サル　ニワトリ　トラ
セミ

植物

桔梗《ききょう》　尾花《おばな》　藤袴《ふじばかま》　撫子《なでしこ》　月見草
女郎花《おみなえし》　コスモス　南天　リンドウ
金木犀《きんもくせい》　萩《はぎ》　秋に咲く花　秋の草木
スイカ　ショウガ

八白土星《はっぱくどせい》の象意《しょうい》

八白土星の基礎

十二枝《じゅうにし》…丑《うし》、寅《とら》
五行《ごぎょう》…土（湿）
季節…1月〜2月
時間…1時〜3時（丑《うし》の刻《こく》）
3時〜5時（寅《とら》の刻《こく》）
色彩…黄、白
味覚…甘
数象《すうしょう》…5、10
易象《えきしょう》…☶（艮《ごん》）
後天定位《こうてんじょうい》…北東60度
先天定位《せんてんじょうい》…西北60度

山のように高い土、ものごとの節目

土の精を持つ八白土星は、土が高く積み重なった「山」を意味します。

二黒土星や五黄土星は耕地や大地といった低い土地を意味していますが、八白土星は「高地」、「山岳」など高い土地をあらわします。低い土は陰性であるのに対し、八白土星の高いところにある土は陽性の土です。

季節は立春の頃、新しい年のはじまりにあたるため、物事の「移り変わり」や「節目」を意味します。この節目には「はじまり」、「終わり」、そして「終始混合」の意味が含まれています。

象意総説

故郷　山　親戚　知己《ちき》　節　相続
曲がり角　継ぎ目　終始　節目
変わり目　少男《しょうなん》（男の子）
変化（変化には次の3つの意味があります）

「終わりの意味」…断絶　停止　満期
完了　閉店　廃業　全滅　止む
止まる　打ち切る　戻す　返す
断られる

「はじまりの意味」…開始　開業
復活　再起　出発　発送
はじめる　出直す　やり直し

「終始混合の意味」…切り替え　交換
連結　接続　交代　移転　急速
改造　イノベーション（技術革新）
改革　売買　両替　思案中
方針未定　取り次ぐ　引き継ぐ

天象

曇天　天候の変化　気候の変わり目

場所・建物

家屋　倉庫　物置　小屋　ホテル
高層建築物　旅館　ペンション
船宿《ふなやど》　停車場　駐車場　山　高台
土手　堤防　石段　石垣　門
階段　トンネル　交差点　境界線
つきあたりの家　行き止まりの家
建て直しをした家屋

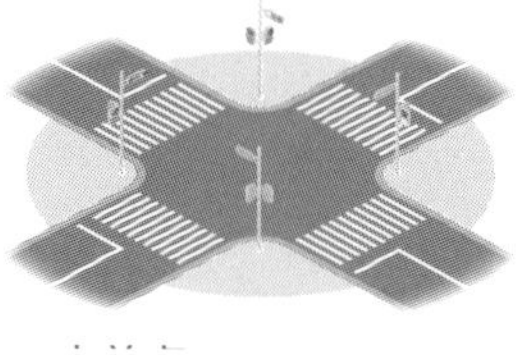

事物

2個を合わせて1個としたもの
連結したもの　つなぎ合わせたもの
積み重ねたもの　継ぎ目　合わせ目
幹と枝のまた　枝と葉の付け根
チェーン　積み木　重箱　岩石
椅子　腰掛け　机　縁台　テーブル
ベッド　屏風《びょうぶ》　竹細工品
台の上のもの　2両以上の列車

人事

親子　幼児　相続人　兄弟　少男
肥満の人　山中にいる人　山寺の僧
土木業者　仲介業者　仲介者
売買周旋《しゅうせん》業者　ホテル・旅館経営者
駅員　橋上の人　階段にいる人
不動産業者　不精《ぶしょう》な人
リサイクル業者

飲食物

牛肉　牛肉を使った料理
骨や皮のない肉類　数の子　いくら
魚卵　ハンバーガー　サンドイッチ
団子　最中《もなか》　甘味のあるもの

身体

耳　鼻　腰　筋肉　瘤《こぶ》　関節　背中
脊髄《せきずい》

動物・昆虫

ウシ　トラ　シカ　キリン　ヒョウ
山鳥《やまどり》　足の長い鳥類

植物

セリ　ツクシ　タケノコ
キノコ類　蔦《つた》　馬鈴薯《ばれいしょ》　甘藷《かんしょ》
山芋　百合根《ゆりね》

九《きゅう》紫《し》火《か》星《せい》の象《しょう》意《い》

九紫火星の象意

十《じゅっ》幹《かん》…丙《ひのえ》、丁《ひのと》
十《じゅう》二《に》枝《し》…午《うま》
五《ご》行《ぎょう》…火（暑）
季節…6月
時間…11時〜13時（午《うま》の刻《こく》）
色彩…赤、紫
味覚…苦
数《すう》象《しょう》…2、7
易《えき》象《しょう》…☲（離《り》）
後《こう》天《てん》定《じょう》位《い》…南30度
先《せん》天《てん》定《じょう》位《い》…東30度

文化や精神をあらわす

九星の中で唯一、火の精を持つ九紫火星は、季節でいうと、日差しが強く暑い盛りの夏をあらわします。

太陽の光、燃えさかる炎は暗闇さえも明るく照らします。明るく華やかなようす、美しさも象徴しています。

すべてを明るく照らすところから、「文化」や「知恵」という意味もあり、人の尊い「精神」もあらわします。

また、火が次つぎと燃え移る性質を持つことから、「着く」、「集まる」、「離れる」、「別れる」など離合集散《りごうしゅうさん》の意味もあります。

象意総説

夏　中年の女性　火　熱　光
明かり　太陽　付着　離別　天命
生命　精神　情　灯明　陽炎《かげろう》
光線　権利　義務　発覚　発見
発明　生別　死別　切断　手術
分離　脱退　辞職　除名　立腹
破壊　競争　ケンカ　注意　提案
道理　解決　乾燥　華美　装飾
結婚式　披露宴　葬式　お祭り
火災　浮気性　のぞき　診察
放火　火葬　賭博《とばく》　勝負事
神社仏閣への参詣《さんけい》　照る　輝く
裂ける　割る　広がる　論争
踊り騒ぐ　読書する　見物する
鑑定する　測量する

天象

太陽　暑気《しょき》　南風《はえ》

場所・建物

裁判所　警察署　交番　検査場
信号　灯台　消防署　試験場
国会議事堂　書籍・文具店　デパート
化粧品店　アクセサリー店　映画館
図書館　博物館　プラネタリウム
ギャラリー　インテリアショップ
ワイナリー　フラワーショップ
カルチャースクール　学校　役所
教会　式場　宴会場　競技場
火事場　噴火口　山の南部
川の北部　華美な場所

事物

株券　債権《さいけん》　手形　証書　書画
地図　設計図　書類　原稿　契約書
委任状　推薦状　離婚届　領収書
教科書　名刺　表札　学用品
国旗　押し絵　ハサミ　サングラス
インターネット　アニメーション
フィギュア　アクセサリー
貝の工芸品　熱帯魚の工芸品

九谷焼《くたにやき》　絣《かすり》　友禅《ゆうぜん》　刺繍《ししゅう》
華やかな模様　勲章《くんしょう》　神棚　拝殿《はいでん》
五重塔　御殿　金像　木像　土像
鏡　神仏具　紙幣

人事

学者　占術家　医師　鑑定士
審判員　裁判官　検査官　監督
測量技師　監視者　参謀　教員
試験官　会計士　美容師　理髪師
警察官　公務員　新聞記者
アナリスト　神主　画家　書家
小説家　美人　俳優　ダンサー
デザイナー
インテリアコーディネーター
スタイリスト　妊婦　双生児
好色家　放火魔　染色家
栄耀栄華《えいようえいが》な人　正装の人

飲食物

海苔　貝類　色彩の鮮やかな食品
エビ・カニ料理　火鍋　干貝　干物

身体

心臓　目　首　頭脳　視力　頭部

動物・昆虫

鳳凰《ほうおう》　孔雀《くじゃく》　雄のキジ　七面鳥
錦鯉《にしきごい》　金魚（熱帯魚）　貝　亀　エビ

植物

紫陽花《あじさい》　レンゲ草　芍薬《しゃくやく》　牡丹《ぼたん》
百日紅《さるすべり》　ヒマワリ　シソ　紅葉
南天　蕗《ふき》　榊《さかき》　すべての花

Column 2

吉方《きっぽう》のお水取り

できるだけ遠くの吉方からお水を取り寄せて飲むと運勢が良くなるという「吉方のお水取り」。神社や良い水が湧《わ》くパワースポットなどに通い、お水取りをしている人がいるようです。わたしのもとへは、この「お水取り」に関する相談が多く寄せられます。

気学の考え方からすれば、吉方へ移動すると運勢が良くなることは、これまでのデータから明らかですが、残念ながら、吉方のお水を飲むと運勢が良くなるということは、いまだ明白になっていません。

吉方の水を飲んで運勢が良くなるのだとしたら、凶方のお水を飲むと運勢が下がることになります。

たとえば、訪問先で出されたお茶があなたにとって凶方のお水を使っていたとしたら、運気が下がるのでしょうか。いいえ、そんなことはありません。

実際には、訪問先が吉方であれば、良いことが起き、凶方であれば悪いことが起こりますが、そこで飲んだお水による作用で運気が上がったり下がったりしたというデータはないのです。

また、お水取りの習慣がない人でも、気学を使って健康や幸福を手にした人たちを、わたしはたくさん見てきました。お金や時間をかけて、吉方のお水を取り寄せる必要はありません。やらないよりはやったほうがよい、くらいに考えておくといいでしょう。

Part 5

吉方位で得られる幸運・凶方位が招く不運

方《ほう》徳《とく》と方《ほう》災《ざい》

★——方位を用いたときに得られる幸運と不運

方徳《ほうとく》とは気学で得られる幸運

気学の単純明快な考え方に従うと、吉方位に移動すると運気がアップし、凶方位を使ってしまうと運気はダウンします。

気学では、吉方位を使って得られる幸運を「方徳《ほうとく》」と呼びます。一方、凶方位を使って起こる不運のことを「方災《ほうざい》」といいます。

なるべくたくさんの方徳を受け、できるだけ方災を避けようというのが、気学の目的だといえます。

吉方位を上手に使い、運勢をアップできれば、幸運な人生を手にすることができるわけです。

方災《ほうざい》を知って不運は最小限に

方徳と方災の内容をきちんと知っておくと、気学をより効果的に使うことができるはずです。

方徳を利用すれば、あなたの目的に合わせた開運を手にすることができます。吉方位を使って移転や移動をしたあとなら、どのような幸運が訪れるのか楽しみになることでしょう。

また、方災を知っておくことも、気学を使う上でとても大切です。

凶方位とは知らずに移転してしまったり、仕事などの都合でどうしても凶方位へ移動しなければならなかったりしたときは、方災の効果を知って、受ける不運を最小限にとどめることができるのです。

有益《ゆうえき》の気に触れて方徳を得る

あなたが吉方位に移動したとき、そこには「有益《ゆうえき》の気」が流れています。五行でいえば相生《そうしょう》であり、調和し高めあう精気が流れているのです。

この目に見えない「有益の気」に触れることで、方徳を受けることができます。では、どうしたら効果的に有益の気に触れることができるのでしょうか。

いちばん効果的な方法は、吉方位に移転（引っ越し）することです。本命、月命の九星から見た、吉方位に移転すると、確実に有益の気に満たされ、その方徳を享受できます。

移転の機会がめぐってきたら、それは幸運を手に入れるまたとないチャンスです。できるだけ効果的に、方徳を受ける方位と時期に吉方移転を実践してください。

日頃からできる運気アップ術

吉方移転が幸運を得られるチャンスだと理解していても、そう簡単に移転ができるわけではありません。転居には、時間、労力、費用が必要です。仕事や家族の都合で、いたしかたない事情を抱えている人も多いことでしょう。

もっと手軽に方徳を受けようとするなら、日常生活のなかに、有益の気に触れるチャンスを増やしていくという方法があります。

運気を大きく好転上昇させるには、吉方位への移転が第一ですが、毎日の行動に吉方位やラッキー方位（197ページから参照）をとり入れると、人生にプラス面が広がります。たとえば旅行、買物、散歩、医者にかかるときなどは、それぞれに合った幸運が味方につく方位を活用しましょう。

毎日の生活に方徳を取り入れるには

では実際に、散歩やちょっとした外出で、吉方位に移動する方法を説明していきましょう。

巻末資料の日盤表を見てください。もしその日が「一甲子《きのえね》」とあれば、「一白中宮《ちゅうきゅう》」で十二枝は「子」ということになります。

あなたの本命が一白水星であるとしましょう。どの方位が吉方になるのかを探していきます。

一白中宮・子の日の日盤

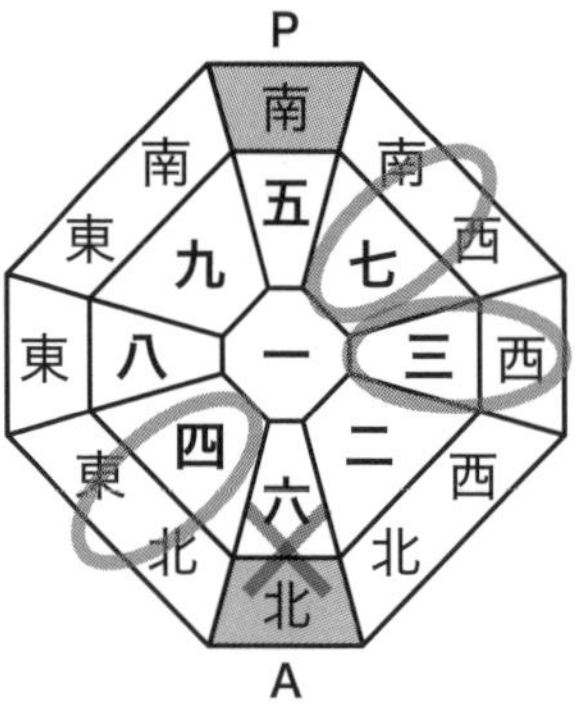

本命が一白水星の人の場合、相生・比和の関係となる九星が運行している方位を探していけばいいのです。59ページの【九星相生・相剋表】を見ると、相関関係にあるのは、三碧木星、四緑木星、六白金星、七赤金星であることがわかります。

次に、一白中宮・子の日の日盤を見てみると、西に三碧木星、北東に四緑木星、南に六白金星、南西に七赤金星が運行しています。

ただし、六白金星の運行している南は、五黄土星の反対側にある悪殺気という凶方位となり吉方にはなりません。

そのため、この日は三碧木星の西、四緑木星の北東、七赤金星の南西が、一白水星が本命の人にとって吉方位となります。

吉方位を使うことができたら

吉方位に出かけたら、寝転んでもいいし、友人とおしゃべりをしてもいいでしょう。有益《ゆうえき》の気が満ちた方位で時間を過ごし、エネルギーに接触して帰ればいいのです。

これを何度か繰り返していくだけで、その後の運勢にプラスが生じます。デートなど簡単な外出にも、なるべく吉方位を用いるようにしたいものです。

ただし、有益の気の効果を十分に得るには、1年以上住んでいる場所から1km以上離れている必要があります。

また、方位と方位の境界線ギリギリの場所は避けたほうが無難です。少しでもズレがあると、せっかく吉方位を用いたつもりが凶方位だったということにもなりかねません。

有益の気に触れるときは、これらのことに気をつけましょう。

原則的な効果を有効に使う

有益の気による方徳は、それぞれの八方位によって違います。また、どの九星が運行しているのかによっても、現れてくる方徳の効果が違ってきます。これは方災についても同様です。

方位による効果は、Ｐａｒｔ4の象意に基づき、良く現れれば方《ほう》徳《とく》、悪く現れれば方災《ほうざい》となります。

次ページからは、八方位と九星の原則的な効果について説明します。八方位と九星は、後天定《こうてんじょう》位盤《いばん》の定位置に深く関係しています。北は一白水星、南西は二黒土星などと、方位と九星を結びつけて方徳と方災を紹介しています。

これらの原則的な効果を利用して、自分にはどんなことが必要か、それを得るためには、どの方位を用いたら良いかを判断していきましょう。

なお、知らずに凶方を用いてしまった場合や、仕方なく凶方に出向いた場合は、凶方位による方災をわきまえて対処しましょう。そして、できるだけ早く吉方位を使って難を避けてください。

北および一白方位の原則的な効果

北および一白方位の方徳

・新規の仕事、事業がはじまります。
・取引が小から大へと変化します。
・良い部下を得て仕事がしやすくなります。
・交際が広くなります。
・良い人との交友関係ができ、悪い人との交友関係が消滅します。
・血液の循環が良くなります。
・精力旺盛となり、若返ります。
・子宝に恵まれます。
・独身者には良縁が持ちあがります。

北および一白方位の方災

・新しい仕事で失敗します。
・悪い交友関係が生まれます。
・経済的に行き詰まります。
・陰部の病気をわずらいます。
・妊娠、出産に困難が生じます。
・異性関係のトラブルが生じます。
・女性は中年男性の誘惑に陥ります。
・水難に遭いやすくなります。
・よくころびます。
・泥棒《どろぼう》に入られます。

南西および二黒方位の原則的な効果

南西および二黒方位の方徳

・勤労意欲が増します。
・営業の得意先が開拓されます。
・腰が低くなります。
・ものを大切にするようになります。
・土地の関係で利益を受けます。
・土地持ちから援助を受けることもあります。
・高齢の女性に関することで利益を得ます。
・胃腸の働きが良くなります。
・古いもの（アンティーク、代々受け継がれた品）によって開運します。

南西および二黒方位の方災

・仕事で怠《なま》けるようになります。
・主婦や高齢の女性がもとで失敗します。
・目上や社会的地位の高い人からの援助が打ち切られ、交友関係はお金に困っている人や社会的地位の低い人ばかりになります。
・ケチになります。
・不動産を失います。
・異常に太ります。
・内臓の病気になります。

東および三碧方位の原則的な効果

東および三碧方位の方徳

・運勢がどんどん発展します。
・良い部下に恵まれます。
・ほかに類をみない斬新なアイデアで成功します。
・何ごとにおいても積極的になります。
・ファイトがわきます。
・人気が高くなります。
・話術がうまくなります。
・若者が力を貸してくれます。
・健康になります。

東および三碧方位の方災

・発展が止まります。
・若い部下から損害をこうむります。
・噂話や他人への中傷、しゃべりすぎなどの舌禍《ぜっか》で人に嫌われます。
・人の口車に乗って損をします。
・口やかましくなります。
・神経痛で悩みます。
・肝臓をわずらいます。
・火難に遭いやすくなります。

東南および四緑方位の原則的な効果

東南および四緑方位の方徳

・すべてのことが整います。
・世間からの信用が増します。
・遠方から良い取引が持ちあがります。
・交際が広くなります。
・人気が出ます。
・おだやかで円満な人柄になります。
・義理人情を大切にし、人付き合いが円滑に進みます。
・従順になります。
・良縁が舞い込みます。
・すべてのことに行き届きます。

東南および四緑方位の方災

・信用を失って行き詰まります。
・遠方との取引で損失を出します。
・部下に迷惑をかけられます。
・常識を欠くようになります。
・風邪をこじらせて肺を痛めます。
・縁談が遠のきます。
・家庭不和になり、とくに長女のことで悩まされます。
・整理、整頓《せいとん》が下手になります。
・腸をわずらいます。

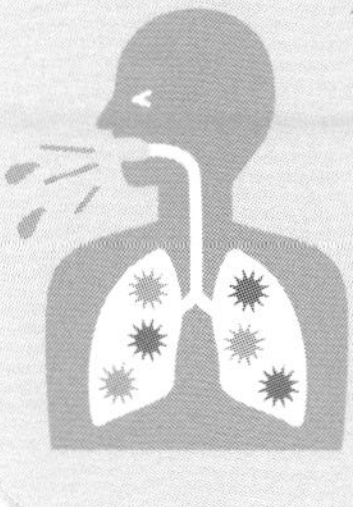

五黄方位の原則的な効果

※五黄は後天定位盤では中央に位置し、八方位に定位がありません。
また、五黄方位には方徳の効果はなく、方災のみとなります。

五黄方位の方災

- 積極性を欠くようになります。
- 無気力になります。
- 信用とお金がなくなり生活は困窮します。
- 意地悪やねたみ、そねみを持つようになります。
- 頭の働きが鈍くなります。
- 変質的な考えを持つようになります。
- 食中毒になります。
- 慢性の下痢で衰弱します。
- 昔にわずらった病気が再発します。
- 化膿性の病気になります。
- 大やけどを負います。

西北および六白方位の原則的な効果

西北および六白方位の方徳

・目上の人から引き立てがあります。
・発明、発見で成功します。
・新しい仕事がスムーズにはじまります。
・独立精神が旺盛になります。
・実行力が身につきます。
・勝負運が強くなります。
・投機で成功を収めます。
・博愛的な気持ちを持つようになります。
・信仰心が厚くなります。
・リーダーシップを発揮します。

西北および六白方位の方災

・新しい事業をはじめて失敗します。
・目上の人から引き立てを受けられなくなります。
・自信過剰になります。
・争いごとを好むようになります。
・投機やギャンブルに手を出し損失を出します。
・頭脳に異常をきたします。
・大ケガを負います。
・交通事故に遭います。
・プライドが高すぎて嫌われます。
・融通《ゆうづう》がきかなくなります。

西および七赤方位の原則的な効果

西および七赤方位の方徳

・良いコネクションができます。
・会食を通じてチャンスをつかみます。
・スタミナがつきます。
・話術が巧みになり、何気ないひとことが開運につながります。
・現金に関して喜びがあります。
・仲介で現金が入ります。
・若い女性に関して良いことが起こります。
・独身者は恋愛や結婚のチャンスに恵まれます。
・独身者には良縁が持ちあがります。
・食べ物に不自由しなくなります。

西および七赤方位の方災

・人の嫌がることを言うなど、言葉で大きな失敗をします。
・さまざまなことで不足が生じます。
・経済的に苦しみます。
・若い女性に関することで損害をこうむります。
・異性関係で失敗します。
・食中毒にかかります。
・口の中、口腔《こうくう》の病気を発症します。
・肺をわずらいます。
・刃物に関する災難に遭います。
・冷淡になります。

北東および八白方位の原則的な効果

北東および八白方位の方徳

・すべてにおいて良い意味の変化があります。
・相続人、跡取《あとと》りができます。
・人の仲介や世話をして喜ばれ、自分にも利益が入ります。
・家屋や山林などの不動産で利益が得られます。
・貯蓄心が起きます。
・財産が増えます。
・行き詰まりが打破されます。
・親戚から援助を受けます。
・家庭が円満になります。

北東および八白方位の方災

・家運が衰えます。
・新旧交代から損害をこうむります。
・相続人に恵まれません。
・親類や縁故から大損害をこうむります。
・財産を失います。
・強欲になります。
・関節や脊髄《せきずい》を痛めます。
・転職を重ねます。
・協調性がなくなります。
・移り気になります。

南および九紫方位の原則的な効果

南および九紫方位の方徳

・地位や名誉を得ます。
・官公庁関係の仕事で成功します。
・知識が広がります。
・時代の流れに敏感になり、目先がきくようになります。
・良いアイデアが浮かびます。
・決断力に富みます。
・中年の女性から良いことが舞い込みます。
・心臓、血液の循環が良くなります。
・美的感覚にすぐれます。

南および九紫方位の方災

・地位と名誉を失います。
・観察眼、洞察力が鈍ります。
・服装や行動が華美になり、悪い交友関係が生じます。
・悪知恵が働きます。
・警察や裁判に関する問題が生じます。
・文書や印鑑にまつわるトラブルが生じ、損失を招きます。
・目や脳の病気をわずらいます。
・アルコール依存症になります。
・生別・死別を経験します。
・家族が離ればなれになります。

九星が八方位を運行しているときの効果

★――いつ・どの方位に動いたのかでわかる方徳と方災

方位盤を運行する九星の効果とは

九星は、後天定《こうてんじょう》位《い》盤《ばん》で本来の位置が決まっています。しかし実際は、毎時、毎日、毎月、毎年という期間ごとに、八方位を運行しています。これを示したのが、年ごとの年盤であり、月ごとの月盤であり、日ごとの日盤ということになります。

後天定位盤と、二黒中宮の方位盤を見くらべてみましょう。後天定位盤では北に一白水星がありますが、二黒中宮の盤では七赤金星が入っています。

後天定位盤

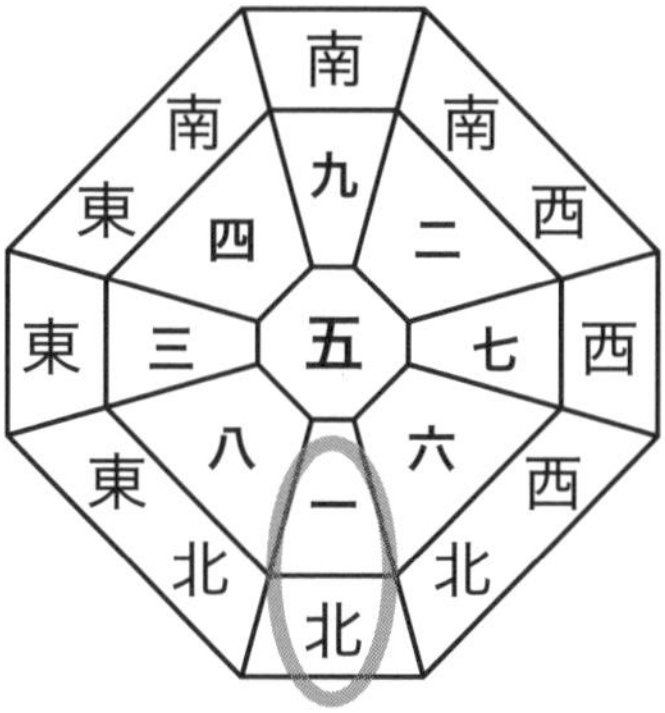

二黒中宮盤

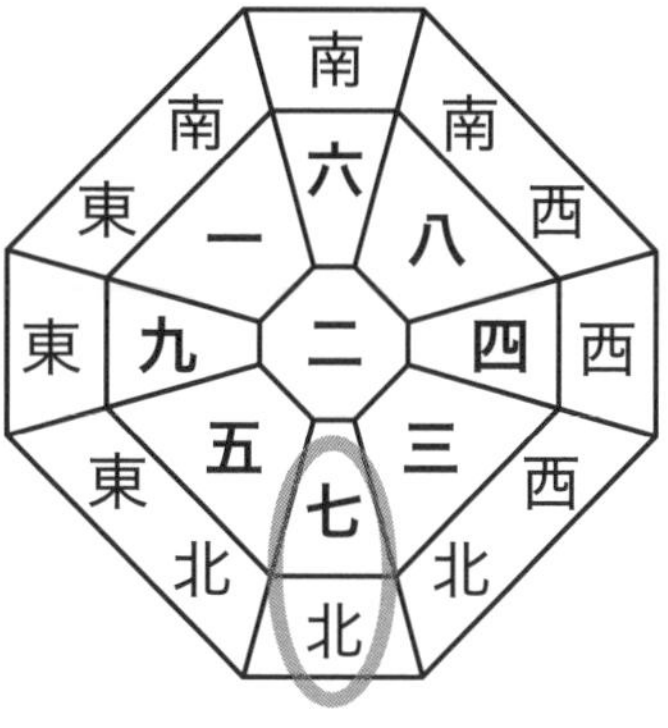

それぞれの方位に入る九星は、中宮している九星によって、すべて違います。北に七赤金星が入るのは二黒中宮の盤のみです。

九星と方位の効果を勘案して判断する

　では、二黒中宮のときに北の方位を用いるとしたら、どのような効果が得られるのでしょうか。それは、北の効果でしょうか。それとも七赤の効果でしょうか。

　結論を言えば、北の効果だけではなく、七赤の効果だけでもありません。このときの方位による効果は、北方位と七赤金星の、両方の影響を受けるのです。そのため、どちらの効果も象意をふくめて判断していかなければなりません。

　しかし、両方の象意を勘案して判断するのは、気学の勉強を進めている人にとってもたいへん難しいものです。

　そこで、各方位にそれぞれの九星が運行していると、どんな意味を持つのか、また具体的にどのような効果が現れるのかを説明していきましょう。

　ここでは、8つの方位にわけて、その方位を運行する九星ごとの「方徳」と「方災」を解説していきます。吉方位で移動した場合は「方徳」、凶方位で移動した場合は「方災」の効果が現れます。

　過去であっても将来であっても判断法は同じです。動いた、あるいは動く予定のある年月と方位を、巻末資料294ページからの「年盤表」「月盤表」に照らし合わせて、その方位を運行している九星を求めていきましょう。

　過去の移動によってどんな効果がもたらされているのか、これから方位を使って運勢をアップさせたいのならどんな効果が期待できるのか、確認してください。

九星が各方位を運行しているときの効果

「北」を用いたときの方徳と方災

年や月の**北**方位が**一白水星**のとき

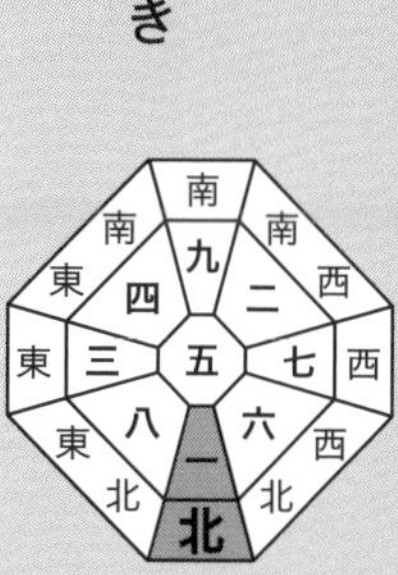

吉方位《きっぽう》として用いたときの方徳《ほうとく》

対人関係がスムーズになり、取引や交渉がうまく運びます。新しい交友関係を築くことができ、新しい分野の人との交流がはじまります。それによって大きな利益を得ることができるでしょう。

秘密の恋がはじまる暗示があります。また、熟睡できるようになり、頭が冴えて良いアイデアに恵まれます。

凶方位《きょうほう》として用いたときの方災《ほうざい》

交友関係がこじれたり、異性間でトラブルを引き起こしたりします。それをきっかけに、運気は急激に下がります。泌尿器系、婦人科系、血行不順に悩まされるおそれがあります。

年や月の北方位が 二黒土星のとき

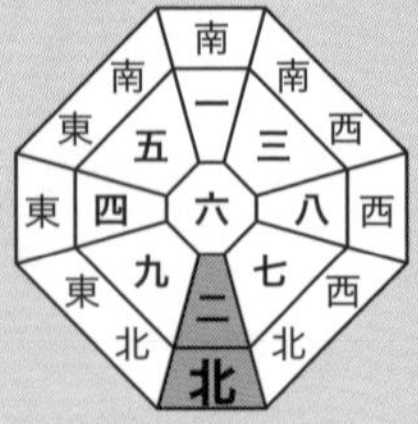

吉方位として用いたときの方徳

徐々に仕事運と愛情運がアップします。対人関係は良好で、職場では部下に恵まれます。仕事に対して前向きになり、業績は確実にアップします。

家庭は円満、親戚関係で有利に物事が進むでしょう。表立たない収入があり、財運は上昇します。良い不動産が手に入る可能性があります。

凶方位として用いたときの方災

悪意を持つ人が周囲に集まりやすくなります。盗難や詐欺《さぎ》に遭い、金運が落ちるでしょう。

異性関係でトラブルが生じやすくなります。

健康面では、胃腸などの消化器官がウィークポイントです。ストレスにも弱く注意を要します。

年や月の北方位が 三碧木星のとき

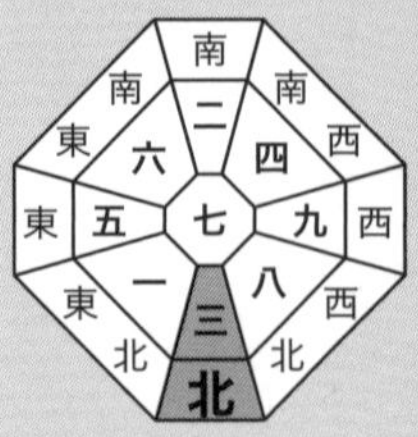

吉方位として用いたときの方徳

「人と話す」ことで運気が上がります。話題が豊富になり注目されます。交友関係が活発になり、人間関係が広がります。新しい友人からチャンスをつかむこともあるでしょう。目立たなくても着実に成果が上がります。新しいことをはじめる基礎を作るのに適しています。

凶方位として用いたときの方災

新しい計画に失敗したり、人にだまされたりして、運気を落とします。一度運気が下がると坂道を転がり落ちるように悪くなります。タチの悪い異性が近づき、トラブルに巻きこまれるでしょう。

肝臓、腎臓の病気に注意が必要です。

年や月の**北**方位が **四緑木星**のとき

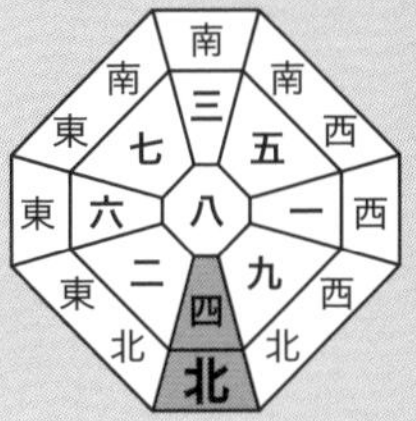

吉方位として用いたときの方徳

一生の宝ともいえる友人、同僚、部下、支援者とめぐりあえるでしょう。仕事の成果が徐々に上がり、それとともに人から信頼されるようになります。

表面には現れない隠れた喜びごとが多くなります。

独身の人は、良き配偶者と出会うチャンスがやってきます。

凶方位として用いたときの方災

判断力の低下から失敗が多くなり、周囲の信頼を失います。恋愛面では、危険な恋に走りがちで、不倫関係になることも。

健康面は冷えに注意。いったん病気になると長引くおそれがあります。

年や月の**北**方位が **五黄土星**のとき

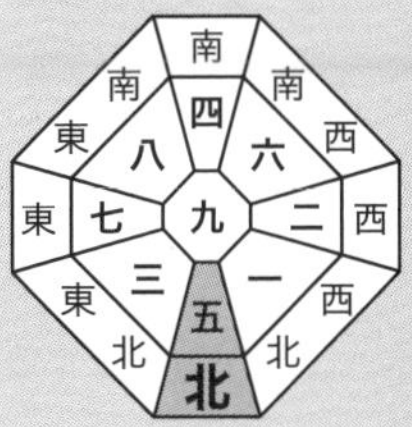

五黄殺は誰が用いても凶方位

五黄土星が運行している方位はもっとも強力な凶方位、五黄殺となります。九紫中宮の方位盤では、五黄土星は北を運行しています。この方位は、年・月ともに方災しかありません。引っ越しはもとより、旅行やデート、仕事の取引などで用いるのは極力避けたほうがよいでしょう。

北に五黄土星があるときは、人間関係で問題が起こります。タチの悪い友人に振りまわされたり、悪い企みを持った異性が近づいてきたりします。詐欺や盗難に遭うこともあるので要注意。良縁に恵まれることは、まずありません。

不摂生《ふせっせい》な生活による泌尿器系、婦人科系など下半身の病気が心配されます。水難にも要注意。

年や月の**北**方位が **六白金星**のとき

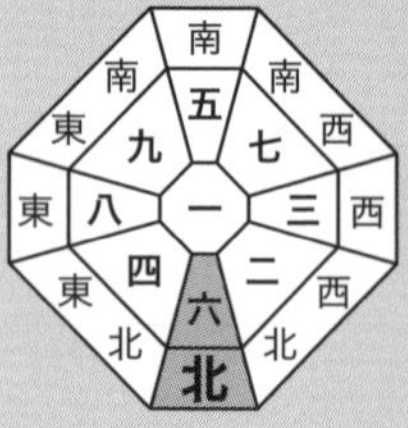

北の六白金星は誰が用いても凶方位

北の六白水星は、南の五黄土星の対面にある悪殺気です。この方位は誰にとっても凶方位となり、方災しかありません。

対人関係がスムーズにいかず、行く先ざきでトラブルが生じます。それが原因で支援や引き立てをもらえなくなります。金運が悪くなり、将来性もなくなるでしょう。無理な計画や投機に手を出すと大損害をこうむります。

恋愛面は波乱が多く、健全な恋愛関係とはいきません。だまされて心も体も傷つくことにも。

交通事故や機械によるケガに注意。健康上は、高血圧や脳溢血、泌尿器系の疾患が心配され、女性は血行が悪くなり、冷え性に悩まされることがあるでしょう。

年や月の**北**方位が **七赤金星**のとき

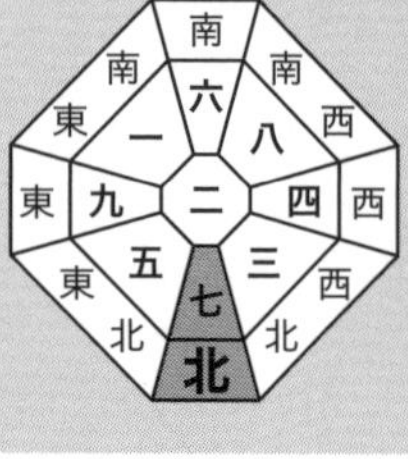

吉方位として用いたときの方徳

飲食を通して交際が活発になり、人間関係の幅が広がります。将来につながる人との出会いがあるでしょう。不動産による収益が上がったり、支出をしっかり抑えて貯金が増えるような形でも金運が大きくアップします。

それまでの恋愛関係が実を結ぶなど、結婚運もアップします。

凶方位として用いたときの方災

対人関係では「口は災《わざわ》いのもと」となり、話がこじれます。異性関係でもトラブルが絶えないでしょう。

肺や腎臓の病気、冷え性などに注意が必要です。

年や月の北方位が 八白土星のとき

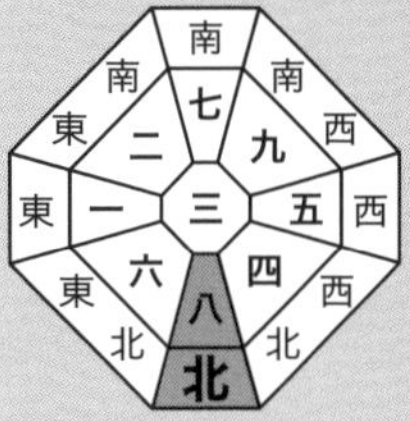

吉方位として用いたときの方徳

これまでの交友関係が一変して、良い人間関係に恵まれます。良いコネクションが広がり、将来性のある基盤を築くことができるでしょう。不動産運にも恵まれます。

親類縁者との関係が良好です。独身の人には結婚話が持ち上がるでしょう。

凶方位として用いたときの方災

交友関係が悪いほうへ向かい、悩みや苦労が絶えません。恋愛や家庭で別れがあるかもしれません。金銭トラブルに巻き込まれ、財産を失う可能性があります。

腰や関節、泌尿器系の不調に注意しましょう。

年や月の北方位が 九紫火星のとき

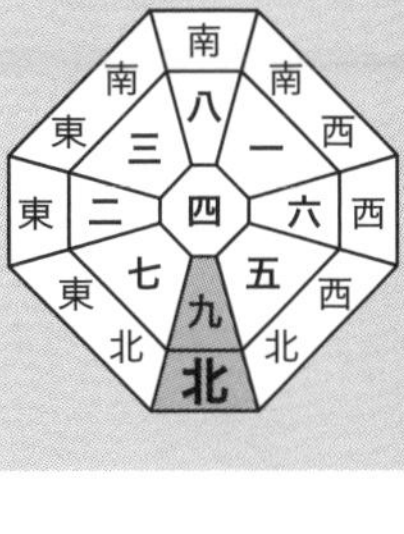

北の九紫火星は誰が用いても凶方位

四緑木星が中央にある四緑中宮の方位盤では、一白水星の定位置である北に九紫火星が運行しています。これは、一白水星の水の精気と九紫火星の火の精気が反発し合う水火殺の凶方位となり、誰が用いても方災しかありません。

判断力や分析力が鈍くなり、仕事では失敗が多くなります。とくに頭脳労働をしている人にとっては、もっとも良くない方位だといえるでしょう。

親しい人に裏切られたり、なぜか突然別れを切り出されたりします。身内との悲しい別れを経験するかもしれません。

心臓や目、泌尿器系の病気に注意が必要です。

九星が各方位を運行しているときの効果

「南西」を用いたときの方徳と方災

年や月の南西方位が 一白水星のとき

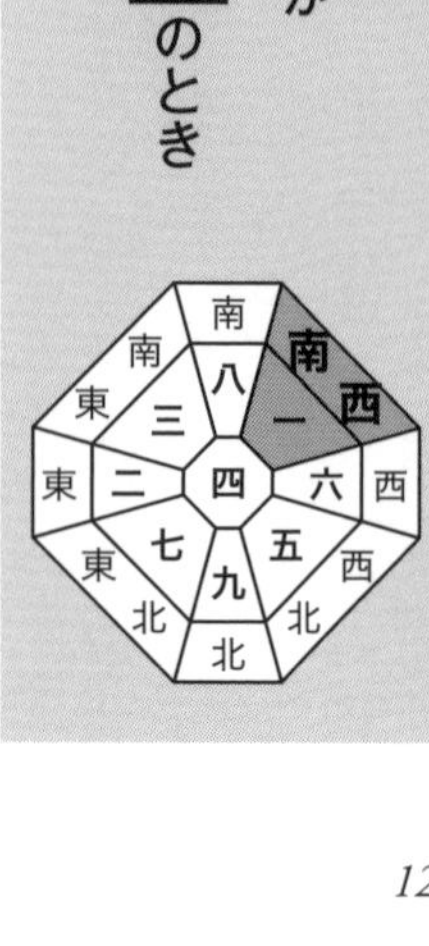

吉方位として用いたときの方徳

古い友人と再会したり、古い取引先との取引が再開したり、「復活」がキーワードとなって、運気が上昇します。仕事への意欲が高まり、今までマイナスだった事態が好転します。土地関係の不動産運が良好です。

子どものいない家庭で子宝に恵まれ、あきらめていた縁談が急に決まることもあるでしょう。

凶方位として用いたときの方災

働く意欲がなくなり、仕事運の低下にともないお金に困窮します。ついには不動産を手放すことにもなるでしょう。恋愛におぼれて何もかも失ってしまう危険があります。

胃腸、皮膚、肩、泌尿器系の病気に注意。

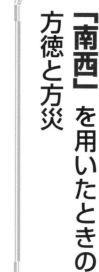

年や月の南西方位が 二黒土星のとき

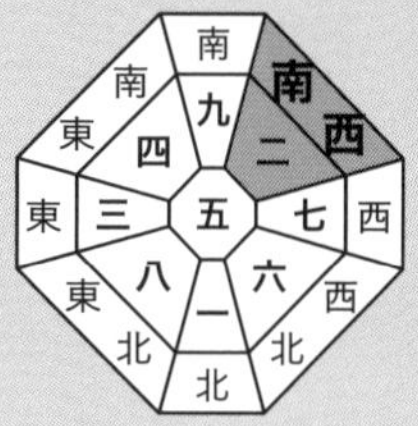

吉方位として用いたときの方徳

仕事に対して意欲がわき、功績が上がります。コツコツと積み重ねた努力は必ず報われるでしょう。とくに技術者、専門職で、才能を大きく開花させることができます。

家庭は安泰で、不動産などの財産を手に入れることができます。未婚の人は良縁に結びつきます。

凶方位として用いたときの方災

やる気がなくなり、仕事に身が入りません。事業がうまくいかず、気持ちが萎《な》えてしまうため、立ち直るのは難しくなります。サラリーマンの場合は、勤務態度などが悪くなり、職を失うことがあるかもしれません。

事故に遭うおそれがあります。

年や月の南西方位が 三碧木星のとき

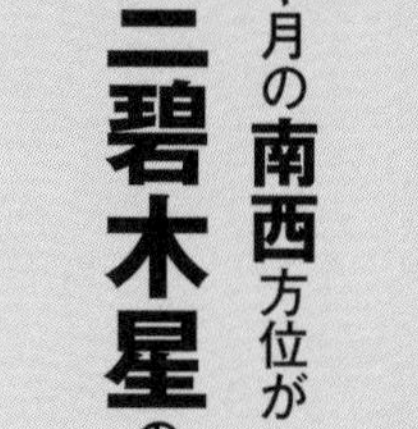

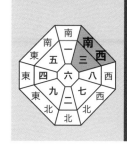

吉方位として用いたときの方徳

この方位を用いると、活動的で、何ごとにも意欲的になります。古いことに新しいアイデアを加え、進展する運気が訪れます。

とくに仕事運に恵まれ、大成功も夢ではないでしょう。良い部下にも恵まれ業績は上り調子です。

また、笑顔の絶えない家庭を築けるでしょう。

凶方位として用いたときの方災

堅実性と実行力を欠いた無計画な仕事ぶりで、評判を落とします。言葉によるトラブルが起きやすいでしょう。不動産で大損害をこうむる可能性があります。

肝臓や胃腸の病気に注意。

年や月の**南西**方位が
四緑木星のとき

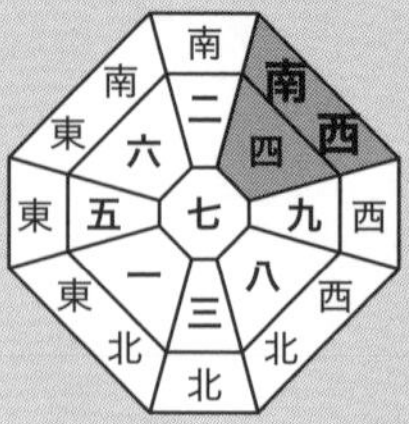

吉方位として用いたときの方徳

粘り強さが功を奏して仕事が順調に進みます。着実に成果が得られるでしょう。実績が上向いていくにつれて、次第に人気運も高まります。

未婚の人は、この上ない配偶者と縁がありしっかり結ばれるでしょう。

凶方位として用いたときの方災

粘り強さに欠けるようになり、何をやってもやる気が出ません。次第に周囲から信用されなくなり、事業は下降線をたどります。失敗を立て直すのもたいへん難しくなります。

体力が低下し、風邪や胃腸の病気にかかりやすくなるので要注意です。

年や月の**南西**方位が
五黄土星のとき

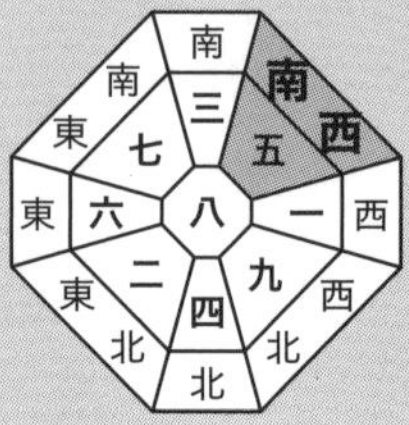

五黄殺は誰が用いても凶方位

五黄土星が運行している方位は強力な凶方位、五黄殺となります。八白中宮の方位盤では、五黄土星は南西を運行しています。この方位は、年・月ともに方災しかありません。引っ越しで用いるのはできるだけ避けましょう。

また、仕事運に影響が出るのもこの方位の特徴です。やる気がなくなり、すべてのことが投げやりになります。誠実さに欠け、怠け者になります。職を失い、精神的に追いつめられることにもなりかねません。

手に入れた土地を手放すなど、不動産で損失をこうむります。母親との縁が薄くなり、既婚男性は離別を迎えるかもしれません。

高熱を出す病気や胃腸疾患にかかりやすくなります。

年や月の南西方位が 六白金星のとき

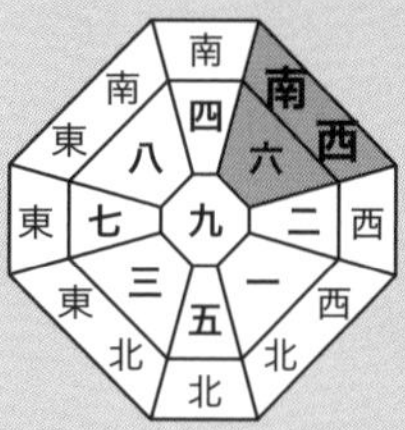

吉方位として用いたときの方徳

仕事への意欲が出て、目上の人から評価されるようになります。支援を受けて発展するでしょう。事業拡張が成功して、収入や地位が大きく上がる方位です。

土地関係で利益を得ることがあります。胃腸が丈夫になり、体力が高まるでしょう。

凶方位として用いたときの方災

仕事への意欲を失い、上司から見放されます。お金に対しての執着が強くなります。欲をかきすぎるあまり、つまらない失敗をしでかして、かえって財産を失うことになりかねません。

健康面では、胃腸が弱くなります。

年や月の南西方位が 七赤金星のとき

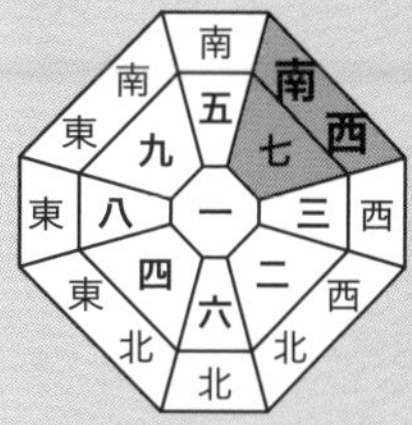

吉方位として用いたときの方徳

不動産関係で思わぬ収入を得たり、飲食関係の事業で大成功を収めたりします。予想がつかないほど、お金儲けができる方位です。

これまで相手がいなかった人は、良い出会いに恵まれる可能性があります。

凶方位として用いたときの方災

不動産で失敗するなど、思わぬ出費が増えて、金運が落ち込みます。仕事への意欲がなくなり、信用は失墜します。不動産関係で、大きな失敗をするかもしれません。

家庭でもトラブルに事欠きません。

胃腸、肩、歯、舌の異常に気をつけてください。

年や月の南西方位が八白土星のとき

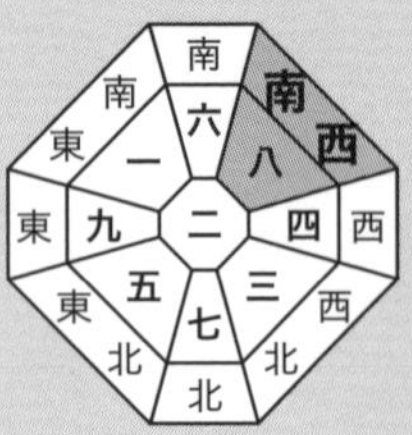

南西の八白土星は誰が用いても凶方位

南西の八白土星は、五黄殺の向かいにある悪殺気。すべてが悪い方向へ向かいます。

すべてにおいて悪い変化が訪れます。仕事に行き詰まり、働く意欲がなくなります。金銭的に余裕がなくなり貯金を使い果たすでしょう。

家庭内や親戚関係で何かとゴタゴタが続き、心の落ち着くことがありません。独身者は、恋愛や結婚のチャンスが遠のきます。

この方位を使うと、交通事故に遭いやすくなるので要注意です。

健康面では、背骨や関節、腕、肩などにとくに注意を要します。

年や月の南西方位が九紫火星のとき

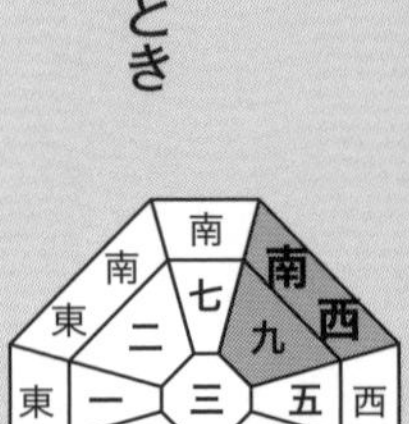

吉方位として用いたときの方徳

真面目に仕事へ取り組み、それが周囲の評価を得て、やがて大きな力になってくれます。商売や事業が順調に運び、収入も上がるでしょう。それとともに地位も向上します。

古い知人から有益な話が持ち込まれるかもしれません。とくに共同事業が成功の近道になります。目先がきくので、株式や土地購入で利益が得られます。

凶方位として用いたときの方災

集中力がにぶり、ミスが多くなります。これまで協力してくれていた人が離れていきます。母親と意見が対立することが多くなります。

胃腸、肩、目、心臓の病気に注意しましょう。

九星が各方位を運行しているときの効果

「東」を用いたときの方徳と方災

年や月の東方位が一白水星のとき

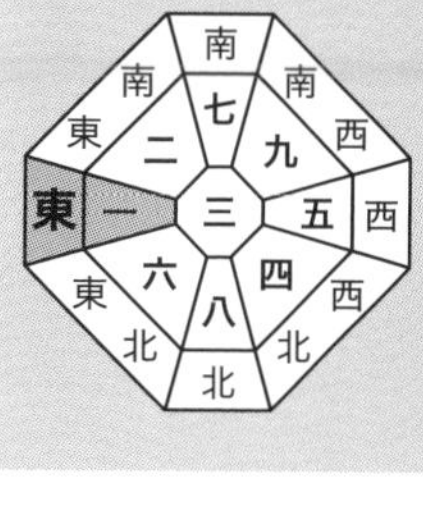

東の一白水星は誰が用いても凶方位

東の一白水星は、五黄殺の向かいの悪殺気で誰にとっても凶方位です。

悪い交友関係や異性関係でトラブルが生じ、評判を落とします。また、それまで隠していた悪事が発覚することがあります。

悪殺気は、火事や事故などの災難が起こりやすい方位です。また、詐欺や盗難などの災難に見舞われやすくなります。健康面では肝臓病や性病に注意しましょう。

年や月の**東**方位が **二黒土星**のとき

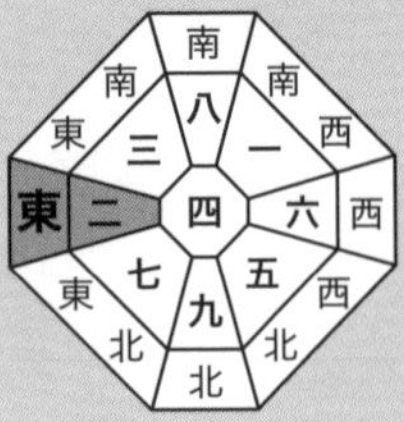

吉方位として用いたときの方徳

活動的になり、持っている実力を存分に発揮して、チャンスをつかむことができます。新しいアイデアが次つぎに浮かび、それが生活面でも仕事面でも良い結果につながるでしょう。実力が認められてリーダー的な存在になります。

また、古くからの友人が良い情報、良い人間関係をもたらしてくれるかもしれません。

凶方位として用いたときの方災

いくら努力をしても成果が得られません。昔のトラブルが蒸し返して、悩みごとが絶えないでしょう。

健康面では、咽頭《いんとう》、肝臓、胃腸などの内臓疾患に気をつけることです。

年や月の**東**方位が **三碧木星**のとき

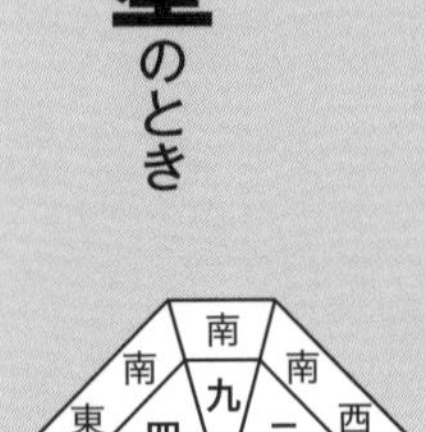

吉方位として用いたときの方徳

物事を新しくはじめることで発展する方位です。新しい計画は積極的に進めて吉と出ます。バイタリティにあふれ忙しく動き回りますが、それを苦に感じることはないでしょう。

話し上手になるので、話術で人をひきつける仕事に向いています。過去の実績が認められ、一躍、成功に結びつくこともあります。

凶方位として用いたときの方災

すべてのことで発展が止まり、やる気を失います。かつてついたウソが発覚するおそれもあります。

火に関する災難に遭いやすく、肝臓病、足のケガに注意しましょう。

年や月の東方位が四緑木星のとき

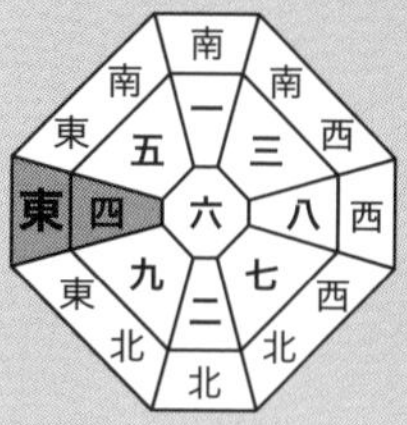

吉方位として用いたときの方徳

行動力が増して、仕事は急速に発展します。周囲の信頼も増し、これまでの実績が認められて出世することもあるでしょう。

四緑木星の象意である「風」が良いことを運んでくれます。遠方の知人から良い知らせが届くかもしれません。恋愛運、結婚運も良好です。

凶方位として用いたときの方災

いくら努力をしても報われません。失言や聞き間違いなど、コミュニケーション上のトラブルが起こり、信用を失います。

古い病気が再発する可能性があります。

年や月の東方位が五黄土星のとき

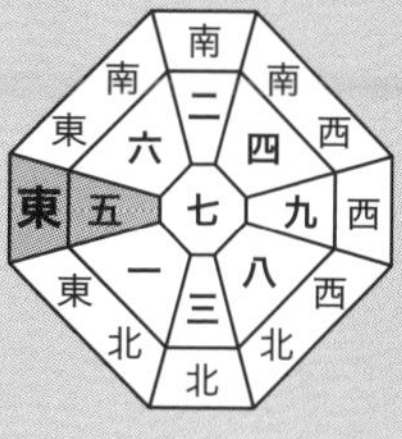

五黄殺は誰が用いても凶方位

五黄土星が運行している方位は強烈な凶方位の五黄殺となります。七赤中宮の方位盤では、五黄土星は東を運行しています。このときの東は、誰が用いても方災しかありません。その方災は、五黄殺の凶作用と東を定座とする三碧木星の凶作用が入り交じったものとなります。できる限り避けたい方位です。

すべてのことにおいて発展性がなくなり、気力も減退します。打開策のプランを立てても、思うように進まず失敗に終わるでしょう。持てる才能をほとんど発揮することができません。また、軽口や大口を叩くなど口が災いして、周囲から信頼されなくなります。

火難や思わぬ事故に遭いやすくなります。また、肝臓やのど、足の病気に気をつけましょう。

年や月の東方位が 六白金星のとき

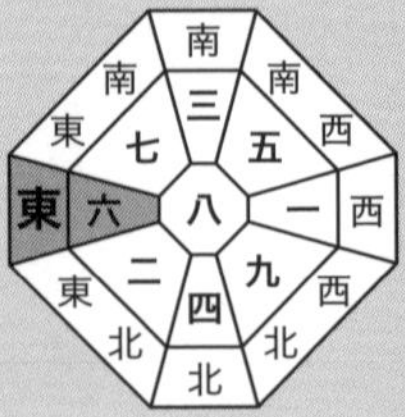

吉方位として用いたときの方徳

新しい運勢が開けて、公私ともにめざましい発展をします。活動力にあふれ、万事順調に運びます。上司や先輩から引き立てられ、良き協力者となってくれます。斬新なアイデアが次つぎと浮かび、それが機動力となって大きな事業を立派に成功させることができるでしょう。

凶方位として用いたときの方災

分不相応な計画を立てますが、思いどおりにことは進みません。部下や年下の人から損害をこうむることがあります。悪口や陰口など、口がもとでトラブルに巻き込まれることがあります。

脳血栓や肝臓の病気、神経痛などに注意しましょう。

年や月の東方位が 七赤金星のとき

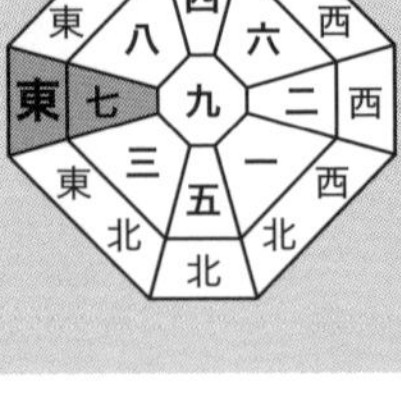

吉方位として用いたときの方徳

活動力と発展力に恵まれ、財産が次第に増えていきます。新しいプランやアイデアが成功し、運が開けます。名声を手にすることもでき、サラリーマンであれば昇進するでしょう。

発展に合わせて金銭運も上昇します。

未婚の人は理想の人にめぐり会い、電撃的な結婚をするかもしれません。

凶方位として用いたときの方災

意欲がなくなり、ネガティブな言動が目立つようになります。そのために周囲の人が離れていきます。できない約束をして、評判を落とすこともあるでしょう。口により招かれる災いには、注意が必要です。

年や月の東方位が八白土星のとき

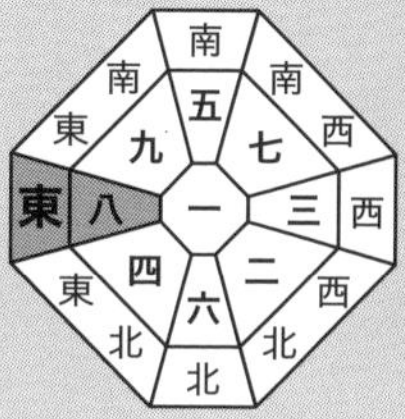

吉方位として用いたときの方徳

大きな発展が期待できる方位です。行動力が上がり、どんなことでもテキパキと処理できるようになります。今までやってきたことに新風を吹き込み、大きな成果を上げることができます。事業主は新しいプロジェクトが成功して事業が拡大し、サラリーマンは能力を認められて昇級するでしょう。過去の悪い付き合いが一掃されます。

凶方位として用いたときの方災

不運続きで苦労します。活動力が低下して、出世街道からはずれてしまいます。親類や知人との間で争いごとが起こるでしょう。肝臓病、神経痛、足のケガに要注意です。

年や月の東方位が九紫火星のとき

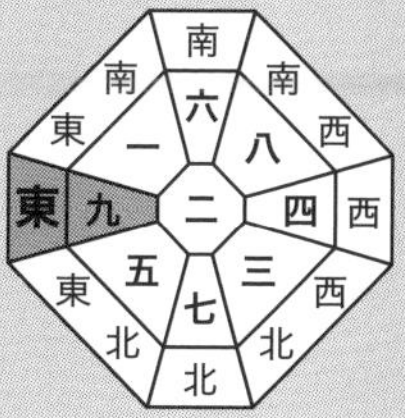

吉方位として用いたときの方徳

今までの努力が実って発展します。新しいアイデアや企画が評価され、周囲をリードします。人気と信頼を集めて、仕事運は上昇するでしょう。とくに、知性と想像力を必要とする仕事が向いています。

相手がいない人は情熱的な恋愛をするでしょう。結婚後は落ち着いた家庭を築けます。

凶方位として用いたときの方災

計画性と粘り気に欠ける行動から、周囲の人が離れていきます。名誉欲に駆られ、人から煙たがられることもあるでしょう。

新しい企画やアイデアはことごとく失敗に終わります。肝臓病、心臓病、神経痛が心配です。

九星が各方位を運行しているときの効果

「東南」を用いたときの方徳と方災

年や月の東南方位が一白水星のとき

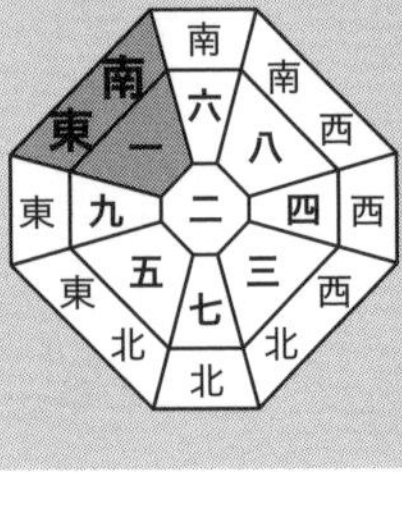

吉方位として用いたときの方徳

社会的な信頼を得るようになり、何ごともスムーズに運びます。これまでの目標が達成できる日がやってきます。とくに遠方との取引がうまくいくなど、遠方から良いことが訪れます。

恋愛運、結婚運も良好です。未婚の人は良縁に恵まれ、幸せになります。

凶方位として用いたときの方災

周囲との信頼関係がくずれて、次第に運気が下がります。知らず知らずに身を誤る方向に進んでしまいます。異性問題で妙なうわさを立てられ、未婚の人は良縁に恵まれにくいものです。

年や月の東南方位が 二黒土星のとき

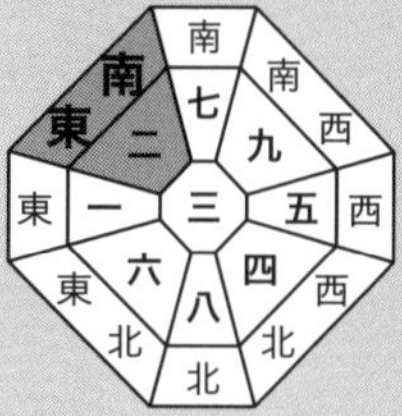

吉方位として用いたときの方徳

活気にあふれ、何に対しても全力投球のあなたに周囲の人気が集まります。今までやりたかったことが成し遂げられます。仕事の成果も上がり、収入は確実に増加します。未婚の人には良い縁談が持ち上がります。

不動産関係や遠方の事柄で良いことが起こります。良縁にも恵まれます。

凶方位として用いたときの方災

周囲からの信頼を失い、目標を達成できなくなります。遠方の知人と縁が切れ、交際範囲がせばまります。契約や約束事は無効になります。独身の人は結婚のチャンスが遠のくでしょう。

年や月の東南方位が 三碧木星のとき

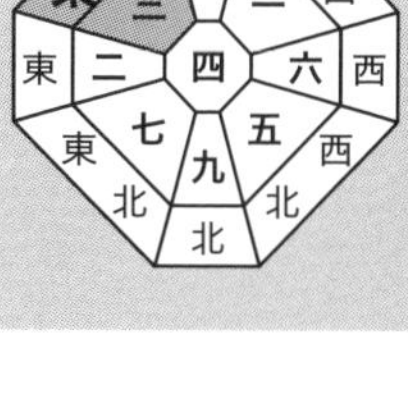

東南の三碧木星は誰が用いても凶方位

東南の三碧木星は、五黄殺の向かいの悪殺気で、凶方位となります。自分勝手な行動が和を乱し、対人関係でトラブルが絶えません。部下や後輩から思わぬ災難を受けることがあります。目標が達成できず、やる気が失せて、投げやりになることもあり、そのために社会的な信用を落とすことになります。人の言葉にだまされたり、裏切られたりすることもあるでしょう。結婚話はまとまりにくくなります。

事故による足のケガ、肝臓病、胃腸障害に気をつけることです。

年や月の**東南**方位が **四緑木星**のとき

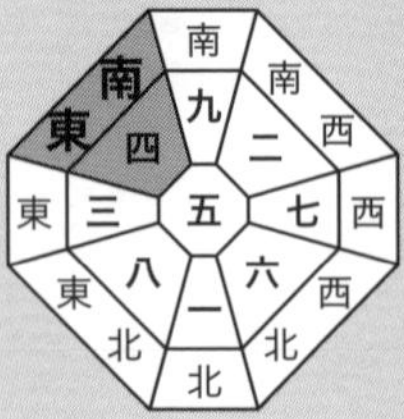

吉方位として用いたときの方徳

多くの人から信頼を集めます。その結果、交際範囲が広がり、良い仕事仲間や支援者に恵まれます。仕事では大きな業績を上げることができます。かねてからの目標や希望が叶えられるでしょう。

独身の人は恋愛、結婚のチャンスがやってきます。

凶方位として用いたときの方災

人間関係がうまくいかなくなり、目標が遠のきます。対外的な信用を失って、大打撃を受けます。部下から損害をこうむることもあるでしょう。遠方の知人と連絡が途絶えます。縁談はまとまりません。

とくに腸の病気や風邪に注意することです。

年や月の**東南**方位が **五黄土星**のとき

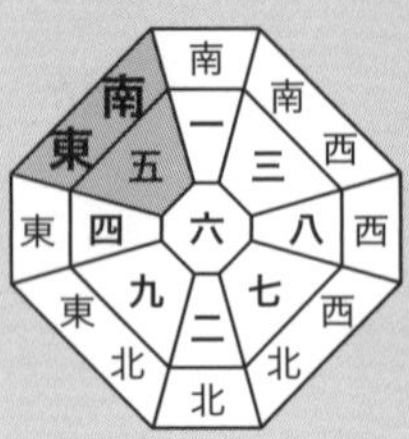

五黄殺は誰が用いても凶方位

六白中宮の東南は、五黄土星が運行する五黄殺の凶方位です。この方位は、年でも月でも方災しかありません。成し遂げられるはずだったものが停滞し、すべてのことがたち行かなくなります。

人からの信用を失い、仕事面で窮地に落ち入ります。やりかけの計画や目標、今後の希望などは、すべて達成される見込みがなくなります。悪い交友関係ができて、詐欺や裏切りに遭い、大損失をこうむります。

これまで信頼していた人、とくに遠方の知人と縁が切れます。結婚運は悪く、決まりかけていた縁談が破談になるかもしれません。

健康面ではケガが多くなり、がんの心配もあります。

年や月の東南方位が六白金星のとき

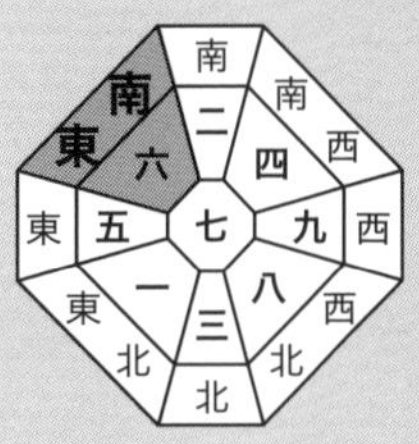

吉方位として用いたときの方徳

周囲から信用されるようになり、順調に発展します。社会的秩序や規則に忠実なことから、上司や目上の人から可愛がられ、大きなチャンスをものにするでしょう。遠方の人から思わぬ幸いがもたらされます。

気力、体力ともに充実し、健康に暮らしていけます。

凶方位として用いたときの方災

無計画な行動が周囲の不信を招き、身を滅ぼしかねません。血気盛んな態度がから回りし、人間関係にトラブルが生じます。それが仕事や生活に影響するでしょう。まとまりかけていた縁談は不成立に終わり、しばらく良縁には恵まれません。

年や月の東南方位が七赤金星のとき

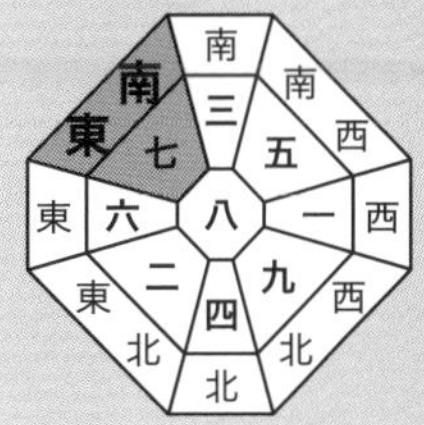

吉方位として用いたときの方徳

機転のきく柔軟さによって、周囲の評判が上がります。商売や事業は順調に発展し、大きな利益を得ることができます。

未婚の人は、理想的な相手とめぐり会うことができるでしょう。

凶方位として用いたときの方災

無気力になり、運気を下げてしまう方位です。信用を失い、やがて財産も底をつきます。タチの悪い交友関係からトラブルが生じることも。縁談は良い結果にはなりません。

風邪をこじらせた肺炎に注意が必要です。

年や月の東南方位が八白土星のとき

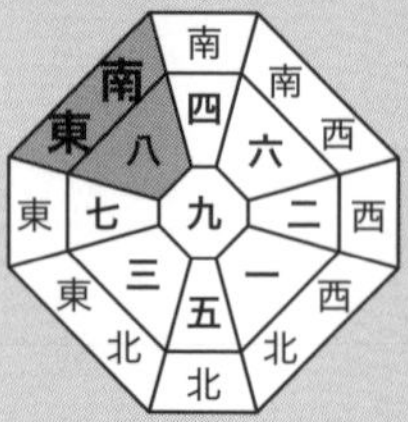

吉方位として用いたときの方徳

プライベートでも仕事でも人気運があり、実力を発揮して充実します。良い結果に結びつくでしょう。それまで縁が薄かった親戚や知人と交流が深まり、良き協力者になってくれます。

凶方位として用いたときの方災

信用を失い、仕事では業績が落ち込みます。それまで親しかった人も次第に離れていくでしょう。やがて財産も底をつきます。不動産がらみのトラブルに注意。

年や月の東南方位が九紫火星のとき

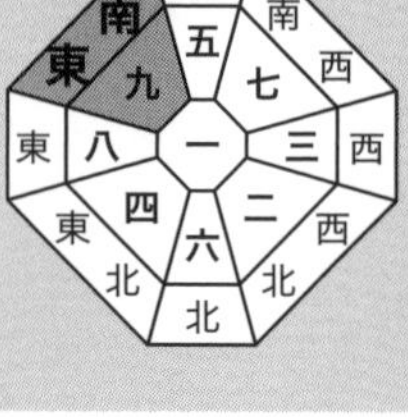

吉方位として用いたときの方徳

頭が冴《さ》えて、斬新なアイデアやプランが次つぎに浮かびます。時流に乗って発展していくでしょう。マスコミ関係の仕事に最適です。やりたかったことは完成し、なかなか進まなかったことがスムーズに進行するようになります。地位や名誉を得ることができます。

独身の人は良縁にめぐり会えるでしょう。

凶方位として用いたときの方災

評判が悪くなり、これまでの地位や名声を失います。これまで応援してくれていた人が次つぎと離れていきます。また、文章上のトラブルが発生し、契約が台無しになることも。縁談はまとまりにくくなります。

九星が各方位を運行しているときの効果

「西北」を用いたときの方徳と方災

年や月の**西北**方位が **一白水星**のとき

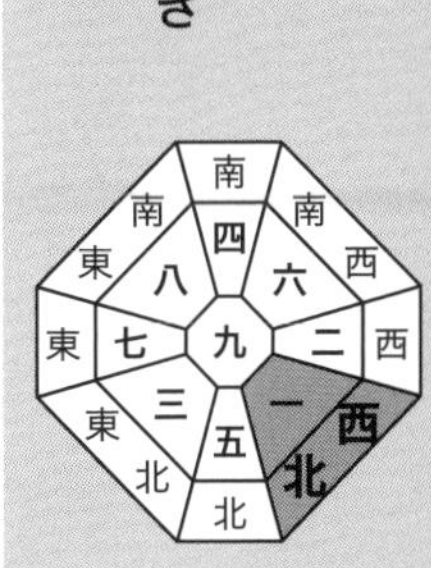

吉方位として用いたときの方徳

社会的に地位の高い人から目をかけられ、力添えをしてもらえます。自信を持って仕事ができるようになり、後輩をもり立てるという好循環になります。新しい企画は成功を収め、新たな後継者が現れます。体が弱かった人は丈夫になり、健康を取り戻すことができるでしょう。

凶方位として用いたときの方災

目上の人と対立して不利な立場になります。自信過剰となり、分不相応な仕事に手を出して信用をなくします。急激に運気が下がり、新興宗教に手を出す人もいます。投資による損失や事故にも注意しましょう。

年や月の**西北**方位が **二黒土星**のとき

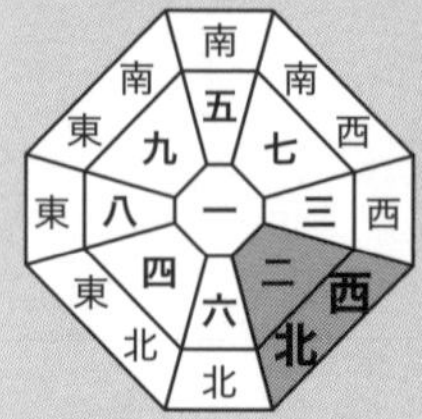

吉方位として用いたときの方徳

意欲的に仕事に取り組むようになります。真面目な仕事ぶりが認められて、目上の人から引き立てられるでしょう。新しい計画や企画に着手し、目標を着実にクリアすることができます。

生活面においても、充実した毎日を過ごせます。家庭も安泰です。

凶方位として用いたときの方災

高慢な態度で周囲の評判を落とします。自分の能力以上のことを企てて失敗したり、ギャンブルや株に手を出して大損失をこうむったりする可能性があります。

交通事故やケガに注意することが必要です。

年や月の**西北**方位が **三碧木星**のとき

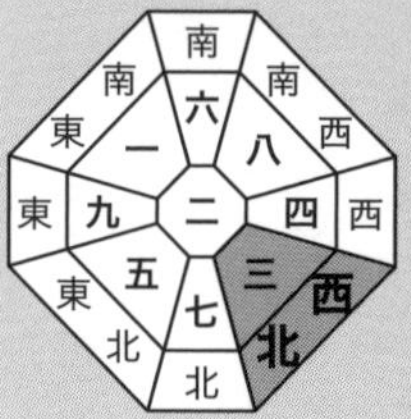

吉方位として用いたときの方徳

新しい企画や大きなプロジェクトで実力を発揮し、大成功を収めるでしょう。困難な問題にぶつかってもしっかり対処し、最後にはきちんと成果を出すことができます。発明の才能にも恵まれます。投資や投機で利益を得られる可能性があります。

凶方位として用いたときの方災

新しいことにチャレンジしてもうまくいきません。何かをやろうとしても勇み足で周囲と溝ができます。結果的に出世コースから外れてしまいます。投資やギャンブルなどに手を出すと損失が出ます。落ち着きがないので事故に注意しましょう。

年や月の西北方位が四緑木星のとき

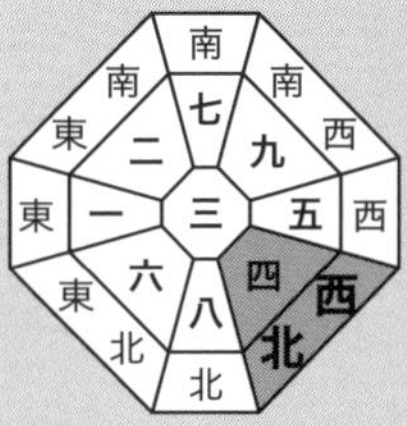

吉方位として用いたときの方徳

目上の人や、遠方の知人から支援を受けて運気が上がる方位です。自信と実力がついて活躍でき、長年の夢が叶うでしょう。

大きな成功と実力が身につきます。株や証券の売買に成功し、大きな利益を得られます。

凶方位として用いたときの方災

周囲の協力、とくに目上の人からの援助がなくなり、思うように才能を発揮できません。打開策を練っても運気は落ち込む一方です。イチかバチかの投機も失敗するでしょう。

脳溢血や肝炎にかかる危険性があります。

年や月の西北方位が五黄土星のとき

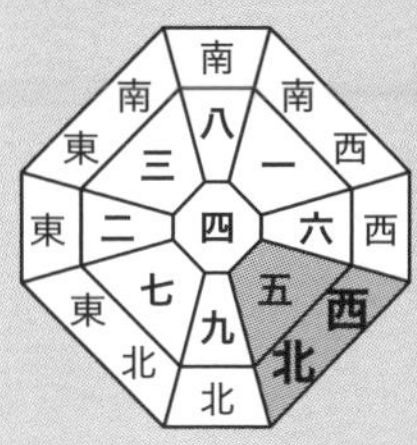

五黄殺は誰が用いても凶方位

五黄殺の凶方位です。

気持ちが大きくなって分不相応な計画を立てますが、ことごとくうまくいきません。目上の人に見限られて援助をもらえなくなります。最後には、すべてのことにやる気をなくし、投げやりになってしまいます。投資や投機で大損失をこうむる方位でもあります。

健康面では、五黄殺特有のがん、脳溢血、脳腫瘍など、命にかかわる病気にかかりやすくなります。

年や月の西北方位が 六白金星のとき

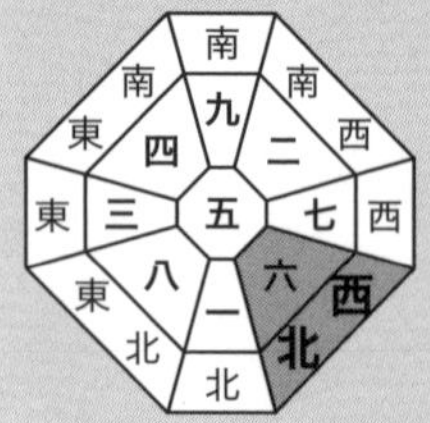

吉方位として用いたときの方徳

気力、体力ともに充実して、バリバリ仕事をこなすことができます。人望が厚く、リーダーとしての風格を備えるようになります。出世して大人物になりたいと願うなら、この方位を使うとよいでしょう。物質的にも恵まれた生活が送れます。株式、投機などで大きな利益を生みます。

凶方位として用いたときの方災

実力以上のものに手を出して失敗します。新しい企画もスムーズには進まないでしょう。目上の人と衝突して、援助を受けられなくなります。

交通事故や頭、足の病気に要注意です。

年や月の西北方位が 七赤金星のとき

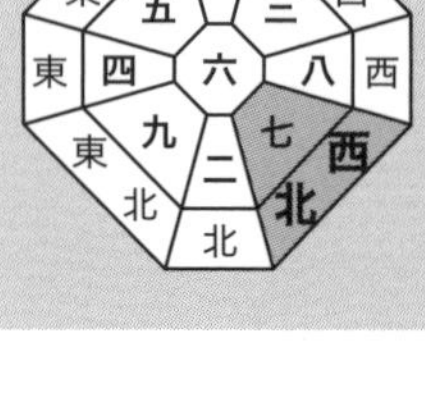

西北の七赤金星は誰が用いても凶方位

西北の七赤金星は五黄土星の向かいにあり、誰が用いても悪殺気の凶方位となります。トラブルに巻き込まれやすい方位となるので、できるだけ避けましょう。ちょっとした言葉づかいが目上の人や上司から反感を買って、仕事での成功を望めなくなります。新規事業や大きな投機に出るものの、損失を招くおそれがあります。

悪だくみを持った異性が近づいてくる可能性があります。また、これまでお付き合いしていた人と口ゲンカが絶えなくなります。

この方位は突発的な事故や災難に遭いやすく、刃物による被害が暗示されています。交通事故や食中毒、手術のミスなどが心配されます。

年や月の西北方位が 八白土星のとき

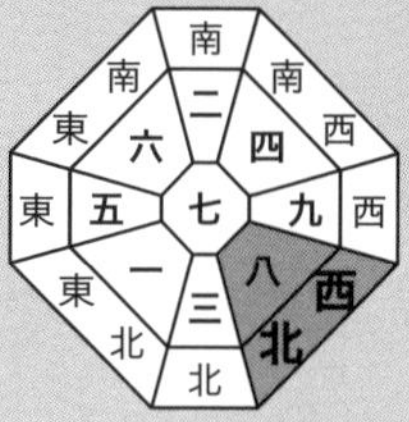

吉方位として用いたときの方徳

活力にあふれ、気力が充実します。これまで行き詰まっていたことが次つぎと解消して前途が開けてきます。目上の人から力強い支援を受け、新しい計画や企画の成功に結びつきます。財産運にも恵まれ、不動産売買や投機で大きな利益を得る期待があります。

凶方位として用いたときの方災

一時的に儲かっても、ギャンブルや投資につぎ込み、使い果たしてしまいます。支援者が離れていき、社会的な信用も落ち込みます。また、異性とのトラブルが多く、縁談はまとまりにくいでしょう。

体の動きが鈍く、体力が落ちやすいので要注意。

年や月の西北方位が 九紫火星のとき

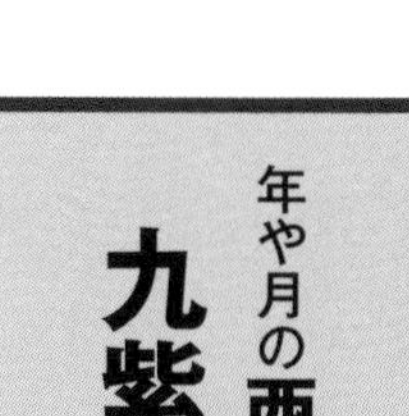

吉方位として用いたときの方徳

目上の人や、地位の高い人から引き立てられ、発展します。とくに学問や芸術の分野で大きな評価を得て、成功するでしょう。新しい分野の計画を実行し、すばらしい成果を上げます。特許権や株式で利益を得ることもあります。

未婚の人は、気に入った相手にめぐり会えます。

凶方位として用いたときの方災

見通しが外れて不利になります。信用していた人に裏切られたり、儲け話が裏目に出て損失をこうむったりします。ストレスから精神的に不安定になります。

事故で足に大ケガを負う可能性があります。

九星が各方位を運行しているときの効果

「西」を用いたときの方徳と方災

年や月の**西**方位が**一白水星**のとき

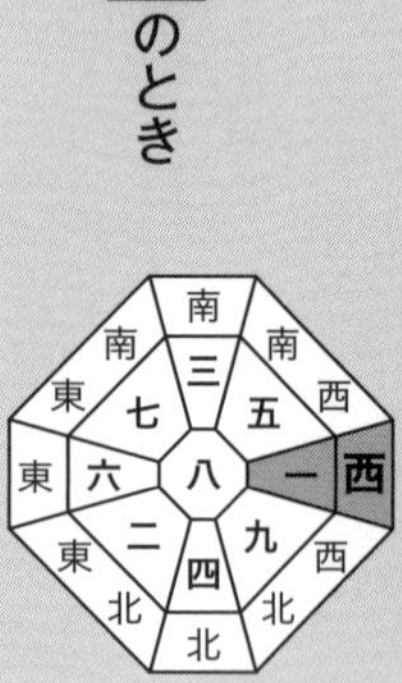

吉方位として用いたときの方徳

お金に困らない方位です。とくに飲食にまつわることで金運がアップします。接待で交渉がまとまったり、会食で有益な人脈が広がったりします。それが業績アップにつながります。若い人は、仕事にレジャーに恋愛にと、人生をエンジョイできるでしょう。

凶方位として用いたときの方災

ギャンブルや酒色にお金をつぎ込み、金運を逃してしまいます。口が災《わざわ》いして交友関係がこじれたり、異性問題を引き起こしたりしがちです。それをきっかけに運気は下がります。

泌尿器系、婦人科系、血行不順に悩まされるおそれがあるので、要注意です。

年や月の西方位が 二黒土星のとき

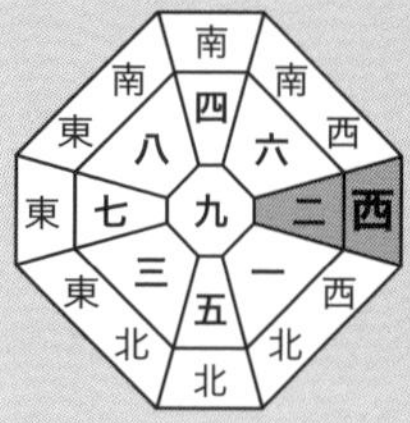

吉方位として用いたときの方徳

金運に恵まれます。この方位を用いると、労働以上の収入を得ることができます。不動産売買で利益が出るなど、臨時収入もたびたびあります。事業の資金繰りもうまくいくでしょう。独身の人は、真剣な交際から結婚へとつながります。

凶方位として用いたときの方災

怠けぐせが出て、仕事に身が入りません。今まで真面目で盛り場に縁がなかった人が、夜遊びに興じ、異性関係でトラブルを起こしたり、出費がかさみ借金をくり返したりするようになります。不摂生から体調をくずします。

年や月の西方位が 三碧木星のとき

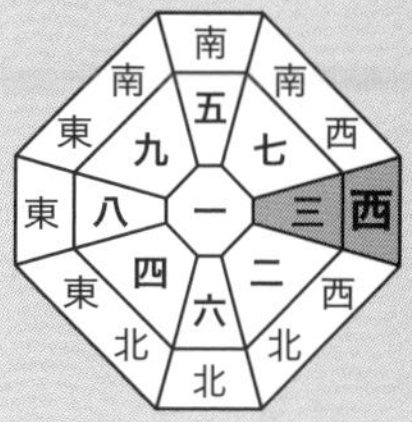

吉方位として用いたときの方徳

新しい企画やプロジェクトが成功して、大きな収入を得ることができます。とくに音響関係、電気関係の業種で成功を収めます。交渉ごとでは説得力のある話術が役立つでしょう。積極性が大いにプラスになります。

独身の人は、友情から恋愛へと発展して幸せな結婚ができるでしょう。

凶方位として用いたときの方災

派手な遊びにうつつを抜かして、散財します。性根の悪い異性にお金を巻き上げられたり、人にだまされて借金を背負ったりすることもあるでしょう。口の災いがもとで、人から信用されなくなるかもしれません。

年や月の西方位が 四緑木星のとき

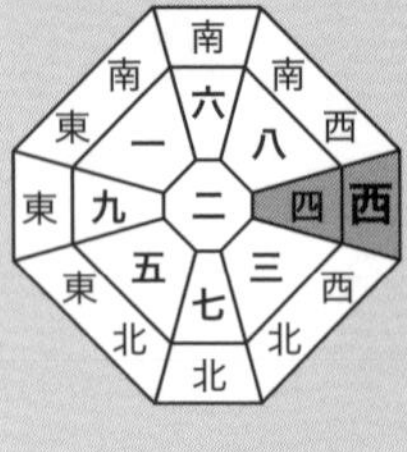

吉方位として用いたときの方徳

飲食をともなう交際が活発になり、金運がアップします。大きな取引が決まったり、収入につながる人脈ができたりするでしょう。社会的な信用も高まり、金運もアップして豊かな人生となります。

これまで出会いのチャンスがなかった人も、最高のパートナーとめぐり会えます。

凶方位として用いたときの方災

金銭トラブルが絶えません。部下の失態で損害をこうむることもあります。結果的に社会的な信用を落とします。また、仕事よりも遊びに夢中になり、貯金を使い果たすでしょう。

風邪をこじらせた末の大病に注意しましょう。

年や月の西方位が 五黄土星のとき

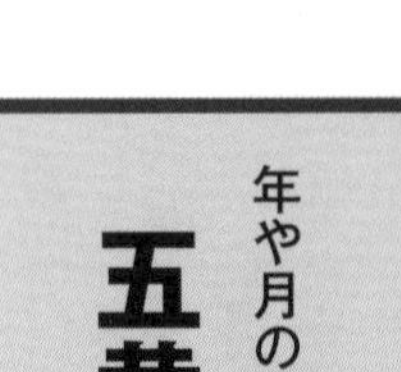

五黄殺は誰が用いても凶方位

五黄殺による凶方位です。

向上心がなくなって仕事にやる気を失い、賭け事や遊びに熱中します。それが原因で経済的に困窮するでしょう。悪びれた物言いが仇《あだ》となり、口論から刃物で傷つけられる傷害事件に発展する可能性もあります。

気力、体力ともにおとろえ、呼吸器系や口、口腔の病気にかかりやすくなります。

年や月の西方位が **六白金星**のとき

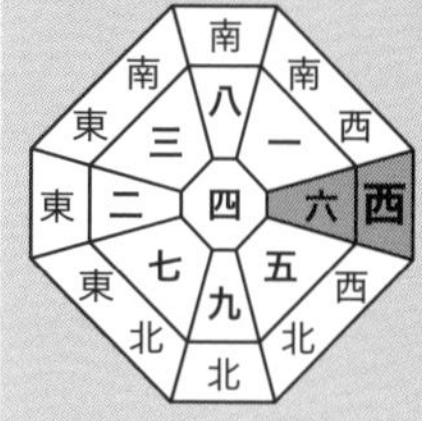

吉方位として用いたときの方徳

長年抱いていた夢が実り、成功を手にすることができます。また、大きな金運をつかめる方位でもあります。お金がお金を呼ぶようになり、事業経営は順調に進みます。

交際は華やかで人気も集めます。火遊びをしないかぎり、良縁を得ることができるでしょう。

凶方位として用いたときの方災

遊びやギャンブルなど、無駄な出費が増えて手元にお金が残りません。争いを好むようになり、口論など口が災いして、ケンカやトラブルが起きるでしょう。呼吸器系の病気に要注意です。また、手術をともなうような大病や大ケガが心配されます。

年や月の西方位が **七赤金星**のとき

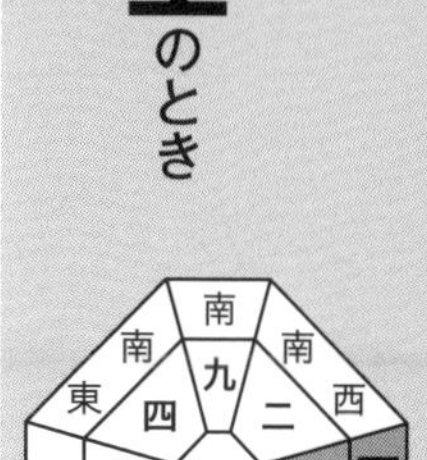

吉方位として用いたときの方徳

金運に恵まれ、臨時収入が手に入ることもあるでしょう。社交的になり、口下手な人も驚くほど雄弁になります。そのため、上司から引き立てられ、思いがけないチャンスをつかみます。

また、家庭運に恵まれる方位です。幸せな家庭を築くことができるでしょう。まだ独身の人は、ぜひ取り入れてほしい方徳です。世界中の珍しい食べ物に縁があります。

凶方位として用いたときの方災

異性との付き合いや、酒の席ばかりにお金を費やし、金運を逃します。盗難や詐欺に遭うこともあります。金銭面の苦労から家庭でもゴタゴタが続きます。

年や月の西方位が 八白土星のとき

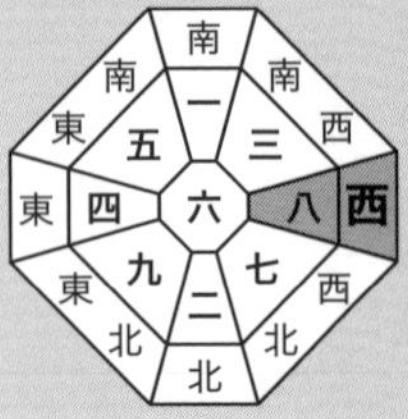

吉方位として用いたときの方徳

人づきあいがうまくなり、仕事運も上々です。話し上手になり、とくに営業成績が伸びるでしょう。収入がアップしても無駄づかいせず、臨時収入があるなど、知らぬ間に貯蓄が増えていきます。未婚の人は良縁に恵まれる楽しみがあります。

凶方位として用いたときの方災

お金への執着が強くなり、それが嫌味と思われて対人関係を悪化させます。無駄な投資をするなどして、結局は経済的に苦しくなります。

親類や知人との関係が悪化します。腰、歯、舌、肺の病気に要注意です。

年や月の西方位が 九紫火星のとき

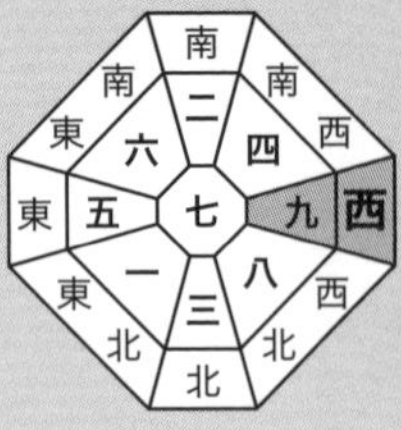

西の九紫火星は誰が用いても凶方位

西の九紫火星は、悪殺気の凶方位となります。金銭的なトラブルが多く、損失が続きます。この方位を使うと、金運に見放されることになるでしょう。異性関係やギャンブルに大金をつぎ込み、財産を使い果たしてしまうことも。また、口約束を裏切られたり、口論からケンカになったり、口に関する災難に巻き込まれます。

精神的に不安定になりやすいので注意しましょう。

九星が各方位を運行しているときの効果

「北東」を用いたときの方徳と方災

年や月の**北東**方位が **一白水星**のとき

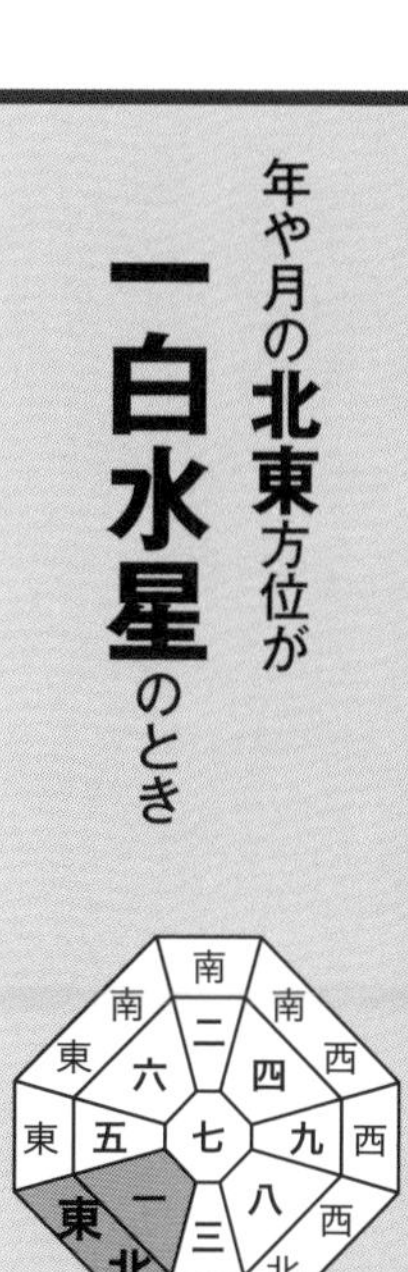

吉方位として用いたときの方徳

行き詰まっていたことが急展開して、良い方向へ動き出します。失業中の人は適職に就けるでしょう。疎遠になっていた知人や親戚と交流が再開し、アドバイスや支援を受けてチャンスをつかみます。

結婚に縁がなかった人も良縁が舞い込みます。

柔軟性に富んでいるため、どんな分野の職業についても、器用にこなすことができます。

凶方位として用いたときの方災

目新しい企画や発想を実現しようとしますが、すべてが裏目に出てうまくいきません。とくに技術者や自営業者は欲張ったために大損をします。

健康面では、腰や脊髄《せきずい》を痛めやすいので要注意です。

年や月の北東方位が 二黒土星のとき

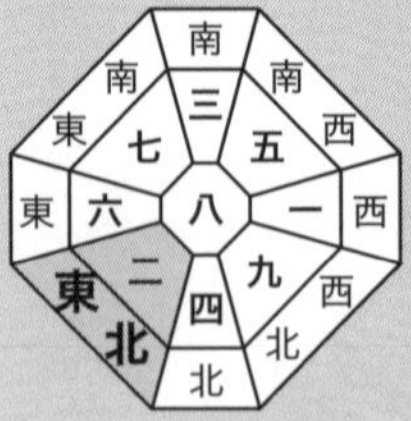

北東の二黒土星は誰が用いても凶方位

北東の二黒土星は、五黄殺の向かいにある悪殺気です。

物事に行き詰まり、大切な人との縁が切れます。強欲さが表に出て、周囲からうとまれる存在になります。家庭内でも不協和音が鳴り響くでしょう。相続についても悩むことになります。

交通事故など突発的な災難に巻きこまれやすくなります。胃腸、背骨、関節の病気に注意しましょう。

年や月の北東方位が 三碧木星のとき

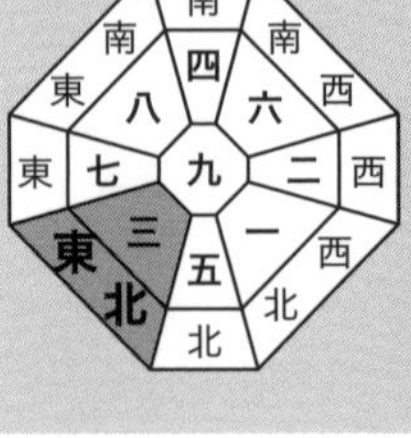

吉方位として用いたときの方徳

新しい発想が発展への鍵《かぎ》となります。あなたのアイデアが良い方向に展開して、大きな成果を上げることができます。そのため、事業は大きく発展します。親類縁者との交流が活発になって、援助を受けることもあるでしょう。家屋や山林など、不動産に関しての喜びもあります。家族運が良く、跡継ぎにも恵まれます。

凶方位として用いたときの方災

集中力を欠いて、すべてのことが思いどおりにいきません。家庭でのトラブルが多く、親類の相続問題に巻き込まれるおそれもあります。

腰や関節、筋肉の病気に注意しましょう。

年や月の**北東**方位が **四緑木星**のとき

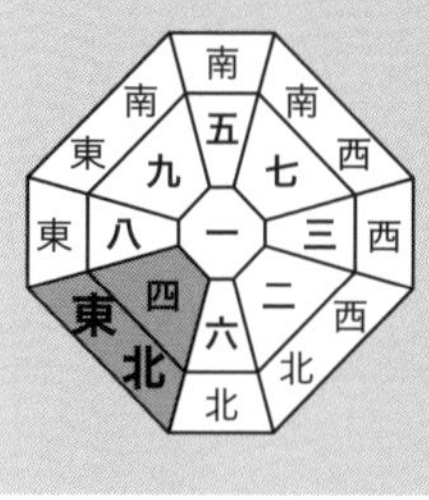

吉方位として用いたときの方徳

運勢を一気に好転できる方位です。長年の夢が叶い、悩み続けていた問題が解決します。人間関係も新しく広がり、あなたを良い方向へと導いてくれるでしょう。仕事面では信用が高まり、大きな取引が成功するなど業績は大きく向上します。また、親類や友人が力を貸してくれます。良縁にも恵まれるでしょう。

凶方位として用いたときの方災

悪い方向への変化が訪れます。天職や転勤、商売替えなど、まわりの環境が一変しますが、良い業績は残せません。ひとつのことに集中できず気分にムラが出やすいため、家族、親戚との関係がこじれます。

腰、脊椎、関節を痛めやすいので注意しましょう。

年や月の**北東**方位が **五黄土星**のとき

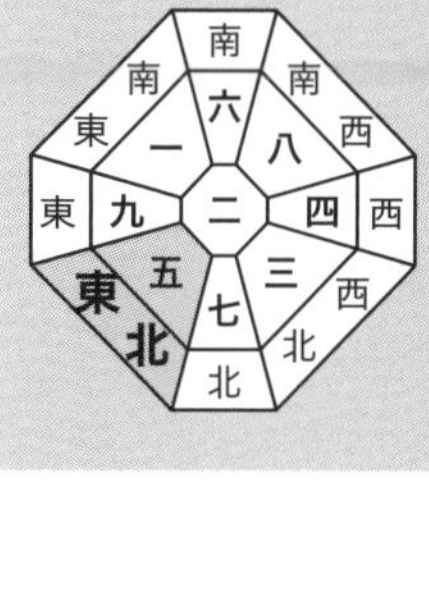

五黄殺は誰が用いても凶方位

五黄殺による凶方位です。すべてが悪い方向へ向かいます。仕事では、何をやっても業績が下がり報われません。目先の欲に走って失敗することもあるでしょう。家族、親類との仲がこじれて、修復できなくなります。不動産売買で大損失をするおそれがあります。

健康面では背骨、腰、関節、筋肉に異常が出ます。がんの発症にも要注意です。

年や月の北東方位が 六白金星のとき

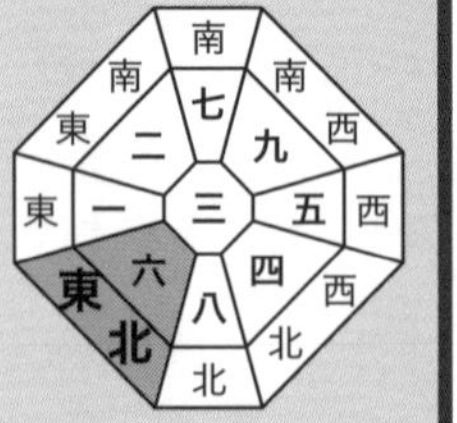

吉方位として用いたときの方徳

資産家や大企業の社長など、トップクラスの人と交流ができます。大きな援助を得て、自らもトップクラスの道へと躍進できるでしょう。投機や不動産で臨時収入を得ることができます。後継者もよい地位につくなど、相続人の喜びもあります。

独身の人は、育ちの良い相手と縁ができるでしょう。

凶方位として用いたときの方災

欲が出て、さまざまなことにトライしますが、ことごとく失敗に終わります。目上の人や親戚の信頼を失い、援助が受けられなくなります。

健康面では、背骨や関節の痛みに悩まされるでしょう。

年や月の北東方位が 七赤金星のとき

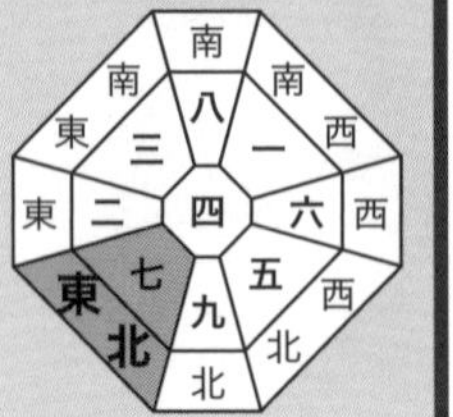

吉方位として用いたときの方徳

人間関係が様《さま》変わりして、良い人脈がつくれます。仕事面でもすべてが順調に動き出し、金運がアップするでしょう。親しい友人や親戚から思わぬ援助があり、それが大きなチャンスにつながります。不動産で利益を得ることもあるでしょう。

凶方位として用いたときの方災

今まで順調に進んでいたことが突然停滞します。金銭への執着心が強くなるため、周囲から嫌われてしまいます。親戚の金銭トラブルに巻き込まれることもあります。子どもが放蕩するようになり、跡継ぎ問題に苦しみます。

年や月の北東方位が八白土星のとき

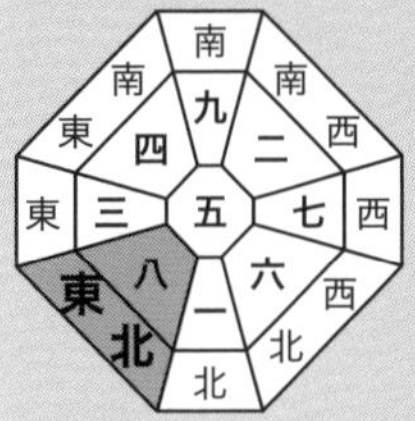

吉方位として用いたときの方徳

今までなかなか進まなかった問題を改革する意欲がわきます。前向きな姿勢は周囲の信頼を集め、物事は良い方向へ変わっていくでしょう。山林や土地の売買で大きな利益を得ます。独身の人は、恋愛のチャンスに恵まれるでしょう。

凶方位として用いたときの方災

何をやってもうまくいかず、気持ちばかりがから回りします。あせって方針を変更しても逆効果。家族へもその影響が及び、ギスギスした雰囲気で家に寄りつかなくなります。

腸、関節、骨の異常に注意。

年や月の北東方位が九紫火星のとき

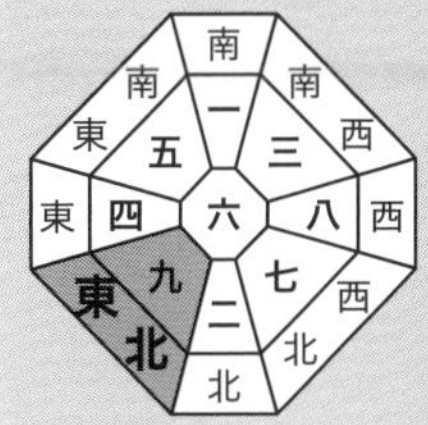

吉方位として用いたときの方徳

悪い気が一掃されて、良い気に包まれます。良い影響を与えてくれる人と知り合い、新しいプランが次つぎと浮かびます。気力も充実し、成功へ結びつくでしょう。結果的に地位が向上し、収入面もプラスに転じます。

独身の人は親類から良縁を紹介されます。

凶方位として用いたときの方災

順風に向かっていたことの雲行きがあやしくなります。打開策を練りますが、かえって裏目に出ます。

家族や親戚のトラブルに巻き込まれます。ことに、後継者や相続問題に悩まされるでしょう。

火難に遭うという暗示も出ています。

九星が各方位を運行しているときの効果

「南」を用いたときの方徳と方災

年や月の南方位が一白水星のとき

南の一白水星は誰が用いても凶方位

水火殺《すいかさつ》にあたる方位で、五黄殺、悪殺気とならび強烈な凶作用を起こします。移転ではどうしても避けるべき凶方位です。

この方位を用いると、分析力や判断力が鈍り、勝手な思い違いや考え違いで、大きな失敗をくり返すようになります。将来への見通しも立ちません。盗難に遭ったり、隠し事が露見したりすることもあるでしょう。スキャンダルで名誉や地位が著しく傷つけられたりします。

親しい人との離別、死別があるかもしれません。目や心臓の病気にかかりやすくなります。大事故による手足の大ケガも暗示されています。

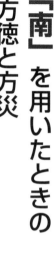

年や月の南方位が 二黒土星のとき

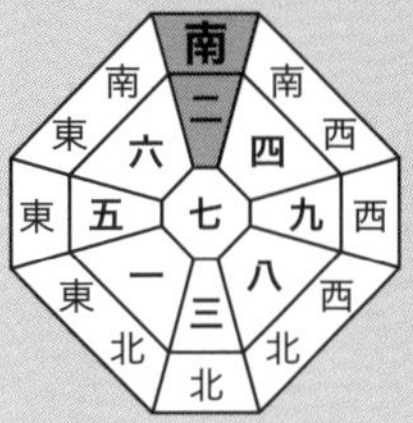

吉方位として用いたときの方徳

ひらめきや勘《かん》が働いて、仕事で成功を収めます。とくに知的労働で実績を上げます。また、大衆にアピールするような企画で大当たりをします。会社の名誉職に就任するなど名声が高まります。この方位は、共同事業が向いています。不動産や株式などで大儲けする可能性ありです。

凶方位として用いたときの方災

気力がおとろえ、努力をしなくなるので人が離れていきます。つまらないことで不動産を手放すことになるかもしれません。

胃腸や心臓、首から上の病気に気をつけましょう。

年や月の南方位が 三碧木星のとき

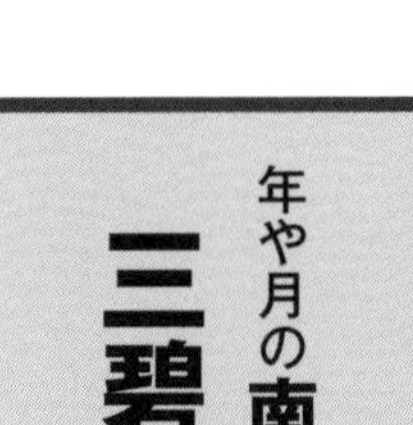

吉方位として用いたときの方徳

説得力のある独創的な発想が次から次へとわき、周囲からの共感を得られます。それもあって新しい計画や研究は好発進するでしょう。発明や発想でチャンスをものにする方位です。

判断力が冴え、知的欲求も高まります。その能力は高く評価され、地位や名誉をステップアップすることができるでしょう。

凶方位として用いたときの方災

判断力が低下して、ミスが多くなります。軽率な言動から友人を失います。書類や印鑑の紛失が多発します。契約関係のトラブルに悩まされることもあるでしょう。親しい人との離別、死別が訪れます。

年や月の南方位が **四緑木星**のとき

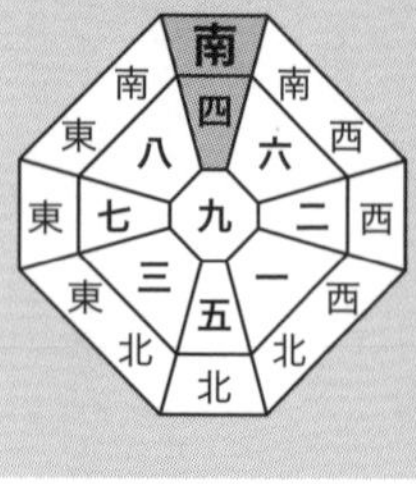

南の四緑木星は誰が用いても凶方位

南の四緑木星は、五黄殺の向かいにある悪殺気です。地位や名誉が下降線をたどります。刑事事件や訴訟に巻き込まれて評判を落とし、親しい人が離れていきます。不渡り手形を出したり、返済能力のない人にお金を貸したりして、経済的な痛手を受けます。

家庭では不和が続き、一家離散のおそれがあります。

健康面は目、心臓、首から上のケガや病気に要注意です。脳溢血にも注意しましょう。

年や月の南方位が **五黄土星**のとき

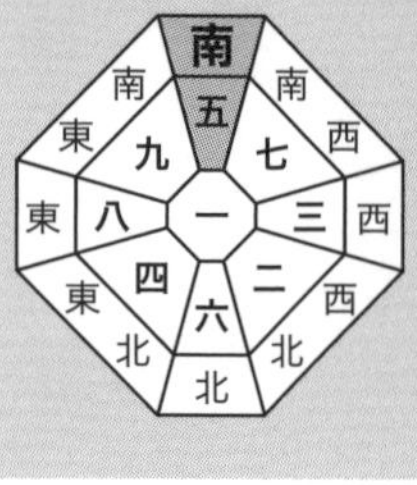

五黄殺は誰が用いても凶方位

五黄殺による凶方位です。判断力や洞察力が鈍り、自分の置かれた状況を見誤ります。常識や善悪の判断もあいまいになって、人びとの失望を買います。長年の親友と仲たがいすることになるかもしれません。家庭内でもお互いの不満がたまり、離婚へと向かいます。訴訟問題に巻き込まれるかもしれません。

九紫火星の象意である火難に注意しましょう。心臓病、脳溢血、がんなども心配されます。

年や月の南方位が 六白金星のとき

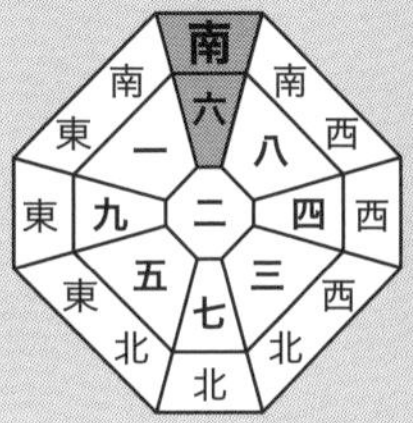

吉方位として用いたときの方徳

頭脳明晰で活力にあふれます。発想力も高まり、発明、発見で高評価を得ます。名誉や地位のある人から認められ、支援を受けることもあるでしょう。やがて自分自身もしかるべき地位へと登りつめ、名声を手に入れるでしょう。

政治家を目指す人には最適な方位です。

金運は良好で、株式や投機で利益を挙げます。

凶方位として用いたときの方災

判断ミスから大損します。見栄《みえ》をはるところがあり、周囲からうとまれます。それまでの協力者が離れていくおそれがあります。

健康面では心臓病、高血圧の病気に注意しましょう。

年や月の南方位が 七赤金星のとき

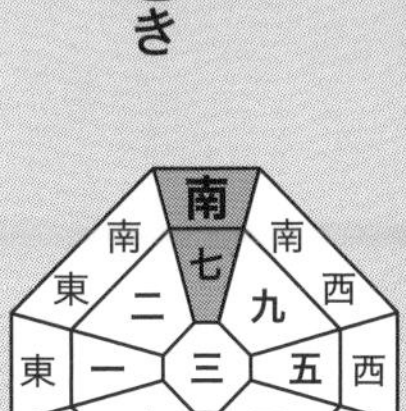

吉方位として用いたときの方徳

感性が鋭くなり、それが発展へとつながります。独創的なアイデアを発表し、それを実行に移して高い評価を得ます。とくに、学問や芸術の分野で才能を発揮できるでしょう。多くの人から認められる栄進のチャンスです。金運にも恵まれ、株や不動産などで利益が得られるでしょう。

凶方位として用いたときの方災

口が災いを招く方位です。虚勢をはって、物事を大きく話してみせたり、いい加減なことをしゃべったりしてトラブルを招きます。家庭もうまくいかないでしょう。首から上の病気やケガ、やけど、心臓病、肺病に要注意です。

年や月の**南**方位が **八白土星**のとき

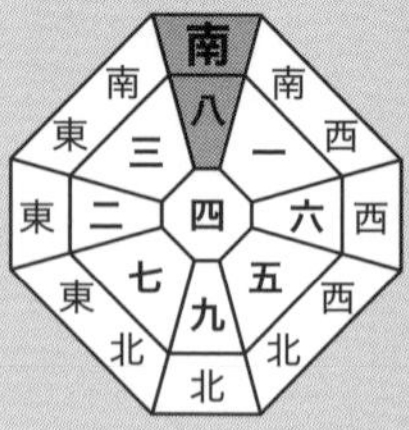

吉方位として用いたときの方徳

創造力にあふれ、人びとが驚くようなアイデアや改革を打ち出します。とくに学術的な研究、発明ですばらしい成果を得るでしょう。それは地位や名誉へと結びつき、発展への大きなチャンスとなります。

目先がきき、商売や取引の予想がズバリ当たって大きな利益を得ます。

凶方位として用いたときの方災

思い違いでつまらない判断ミスを犯し、すべてがうまくいきません。実力はあっても、世間の評価につながらず、出世コースから外れてしまいます。親しい人と訴訟問題を起こし、敗訴する暗示があります。離婚の危機も見えています。

年や月の**南**方位が **九紫火星**のとき

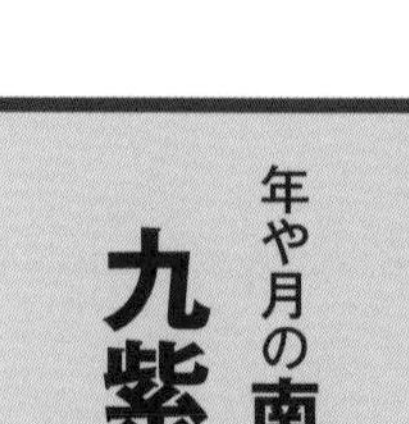

吉方位として用いたときの方徳

状況判断、洞察力にすぐれ、株式や投資で大きな利益を獲得します。これまでの堅実な努力が評価されるようになり、名声を手に入れます。時代を読んだ斬新なプランが周囲から認められ、昇進することも大いにあります。

凶方位として用いたときの方災

新しいプランを立ち上げますが、ピントがズレていて周囲から認められません。書類に関するトラブルが多く、公文書や印鑑の取り扱いには注意が必要です。頼りにしていた人が離れていき、逆に将来マイナスとなるような人物との交際がはじまります。

眼や脳、心臓の病気に注意しましょう。

Part 6

幸・不幸が現れる時期とつかみ方

方徳《ほうとく》と方災《ほうざい》の現れるとき

★——方徳と方災の知識をさらにかしこく活用するために

吉作用・凶作用の現れるときを知る

ここまで、気学には吉方位と凶方位というものがあり、八方位を運行する九星の象意《しょうい》によって、現れる吉作用・凶作用が決まってくることを説明しました。

このときに現れる吉作用のことを「方徳《ほうとく》」、凶作用のことを「方《ほう》災《ざい》」と呼びます。これらのことを理解していただけたでしょうか。

では、方徳と方災はいつ現れるのでしょうか。そして、その効果はどれくらい続くのでしょうか。Ｐａｒｔ６では、このことについて説明していきましょう。

気学を使って、吉方位に移転したとしても、その恩恵はすぐに現れてくるとは限りません。

後述するように、用いた方位が中宮《ちゅうきゅう》したときや、自分の精気（本命や月命）が用いた方位を運行したときなど、いくつかの現れ方があります。

また、吉作用・凶作用が続く期間については、用いた方位盤が年盤なのか、あるいは月盤や日盤なのかによって変わってきます。それぞれ定められた期間に、方徳や方災が現れることになります。

方徳や方災の現れる時期や期間を理解して、気学をよりかしこく活用していきましょう。

方位作用の続く期間

★——どれくらいの期間、方徳と方災の作用は続くのか

方位作用を受ける期間の原則

移動による方位作用が続く期間は、用いた方位盤によって異なります。いちばん期間が短いのは日盤で、月盤、年盤と期間が長くなります。

この場合の移動は、引っ越しによる移転だけでなく、旅行や毎日の散歩などすべての移動を指します。

吉凶の作用を受ける期間は、原則として次のとおりです。

- 日（日盤）を用いた作用は60日間（2か月）続きます。
- 月（月盤）を用いた作用は60か月（5年）続きます。
- 年（年盤）を用いた作用は60年続きます。

日盤を用いたとき

日盤の方位を用いたときは、吉作用にせよ凶作用にせよ、その影響は60日程度で終わります。

かりに日帰り旅行などで凶方位を用いてしまったとしても、さして気にならない程度の凶作用ですむでしょう。

だからといって、凶方位を用いてもかまわないというわけではありません。滞在すれば、必ず悪い影響は受けますので、避けられるなら避けるべきです。とくに五黄殺、悪殺気、水火殺の凶作用は強いので、避けるほうが無難です。

もちろん吉方位を用いると、滞在中に良い影響を受けるばかりではなく、有益《ゆうえき》の気を受けることができるので、運気アップにもつながります。

月盤を用いたとき

次に、自分が移動したときに月盤で見てから、どの九星が運行しているかを見ていきます。

この移動による方徳、方災の作用は60か月、5年間続くとされています。散歩や日帰り旅行であれば、その期間にまた別の方位に移動することになるため、大きな影響はないといえるでしょう。

ただし、移転（引っ越し）となると、その影響を見過ごすわけにはいきません。

吉方移転できたとしたら、良い影響を5年間も受けることができることになります。方徳のうれしい影響が5年間続くとなれば、人生設計の立て直しに十分な期間となるはずです。周りの状況はみるみる好転していくことでしょう。

しかし、やむを得ず凶方位に移転してしまったとしたら、5年間も悪い影響を受け続けなければならないことになります。

これはなんとしても避けたいことです。方災を見ていくと、事業の衰退や経済的な落ち込み、人間関係や家庭内での不和、数かずの病気や健康上の心配が方災で暗示されています。

5年というのは、これらのことが最悪の状況になる可能性を含んだ期間です。取り返しがつかない事態に追い込まれることがあるかもしれません。

そのため、こと移転に関しては、月の九星をしっかり確認することが重要です。移動する月の移動先の方位が、自分にとって吉方か凶方か。移転の前に調べておきましょう。

なかでも、五黄殺《ごおうさつ》、悪殺気《あくさっき》、水火殺《すいかさつ》の強い凶作用を持つ方位は、極力避けるべきです。

どうしても都合がつかず、月盤の移動では凶方位を用いらざるをえない場合は、やがてくる凶作用に備えて対処が必要になります。196ページの「凶方位を使ってしまったら」を参考にして、凶作用をできるだけ最小限に抑えるか、凶作用が続く期間に、吉方へ移転することで、大難を小難へと変えていきましょう。

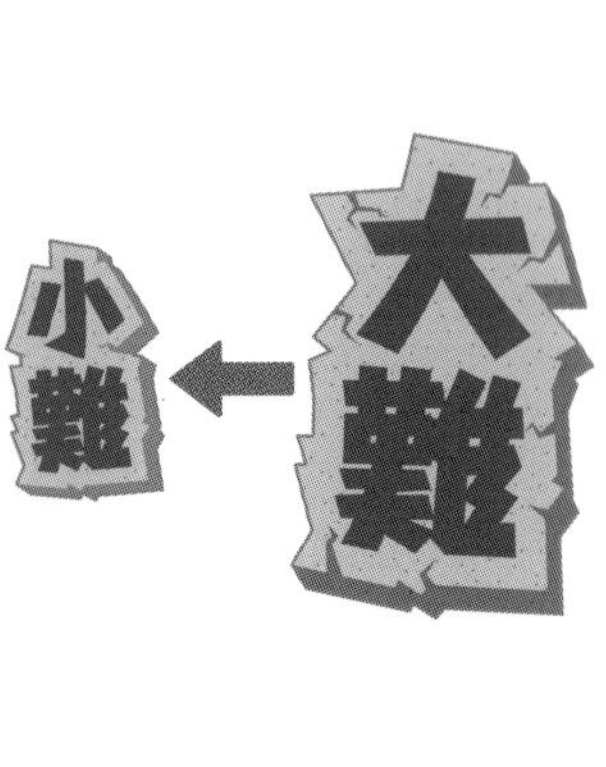

年盤を用いたとき

年盤の方位を用いたときは、その影響は60年に及びます。いったん、年の凶方位を使ってしまうと、ほとんど一生にわたってその影響を受けることになります。

吉方移転できたとしたら、安泰は60年続きます。それはそれで幸福なことで、吉方移転をした人は、幸運を呼び込む体質が備わります。さらなる吉方への移転が叶う状況となり、60年を待たずして、望むべく方徳がある次の吉方位へと、移転できる可能性が高くなります。

一方、年盤で凶方位へ移転してしまった場合、残念ながら悪い作用は60年続くことになります。

五黄殺、悪殺気、水火殺の強烈な凶作用を持つ凶方位は何が何でも避けたいところです。やむをえない事情で、どうしても凶方位に移転せざるをえない場合は、できるだけ早い時期に吉方位へ移転し直すことをおすすめします。

では、月盤では吉方位であっても年盤で凶方位へ移転しなければならない場合はどうでしょうか。

この場合、原則はじめの5年ほどは好調ですが、その後は年盤の凶作用に支配されます。ですから、年盤の凶作用が現れる前に、吉方移転ができれば理想的です。

凶方位に移転してしまい、その凶作用が見過ごすことができない場合は、取り急ぎ月の吉方を使って仮移転をするという手段もあります。このケースは、最終的には年と月の吉方で移転をし直す必要があります。

ただし、年盤で五黄殺、悪殺気、水火殺の凶方位を用いてしまった場合は、月盤の吉作用は無に帰すことになります。これらの方災は非常に強力なため、はじめから凶作用に支配されることがあります。

万が一、この強力な凶作用を持つ方位に移転せざるをえない場合は、できるだけ早急に吉方位に移転し直す必要があります。

方位作用の現れる時期

★——方徳と方災は、いつやってくるのか

7つの出現時期

方位作用は、必ずしも方位を用いてすぐに現れるものではありません。また、仮に年の凶方位を用いたとして、60年間毎日、悪いことだけが起き続けるわけでもありません。

良い作用にしても、悪い作用にしても、少しずつ現象が重なっていき、ある時期がくると大きな現象として姿を現すのです。

気学を勉強していると、凶方を用いた後、どのくらいでどういう凶作用が訪れるのか、ある程度予見できます。

しかし、気学を知らない人は、ある日突然不幸におそわれて、その原因がわからないという事態が起きてしまいます。ここが方災のおそろしいところです。

方災を、しっかり理解して、あらかじめ対処をするということは、いつ大きな現象として現れるのかを知っておくことが重要なポイントとなります。

もちろん方徳の良いことが、いつ大きな喜びとして訪れるのかを知っておくと、毎日の生活がよりいっそう明るく楽しいものになるでしょう。

方位の作用が現れる時期には次の7つがあります。

方位の作用が現れる時期

①用いた方位にあった九星が中宮したとき
②用いた方位に自分の九星が運行したとき
③用いた方位の定座《ていざ》に自分の精気が運行したとき
④用いた年盤や月盤と同じ中宮の年、月（10年目あるいは10か月目）
⑤用いた方位と同じ十二枝の年、月
⑥用いたときから数えて4年、7年、10年、13年目
⑦悪殺気、歳破、月破を用いた場合で、自分の精気が悪殺気、歳破、月破を帯びたとき

①用いた方位にあった九星が中宮したとき

巻末資料の「年盤表」を見てみましょう。ケース1の二黒土星の吉方を用いて移転をした場合、二黒中宮の年を探します。すると、2025年、2034年が二黒中宮の年だとわかります。この年に方徳の大きな喜びが訪れます。

一方、ケース2の三碧木星の凶方を用いて移転をした場合は、三

1993年（平成5年）生まれの人が、2023年（令和5年）に移転するとします。

ここは、本命（生年精気）のみで説明していきます。七赤中宮の年生まれなので、自分の精気は七赤金星ということになります。

七赤金星生まれの人が移転する場合

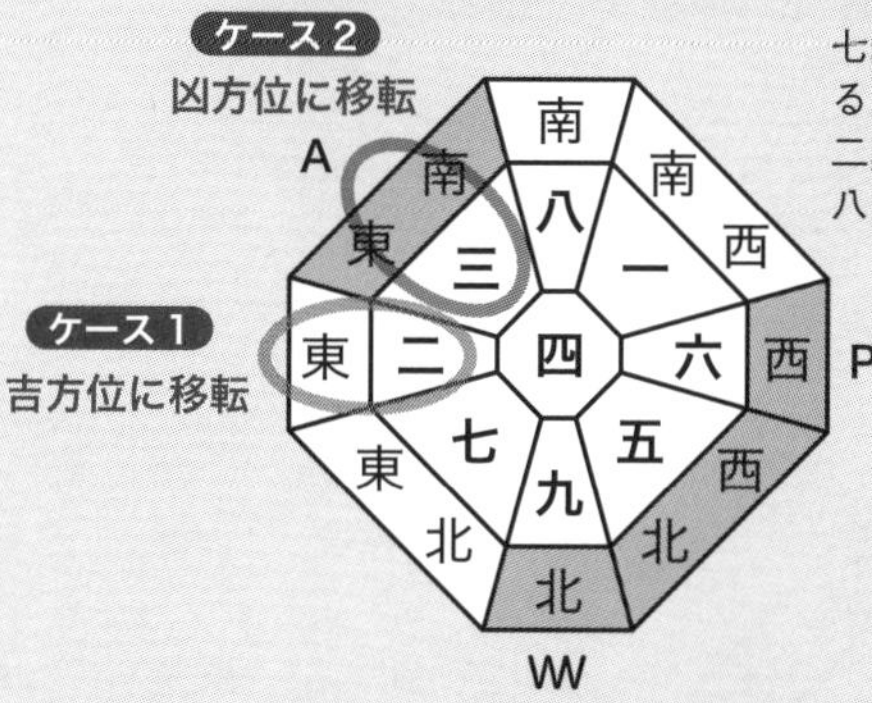

七赤金星の吉方位となる九星は、一白水星、二黒土星、六白金星、八白土星です。

2023年（令和5年）の年盤

ケース1

二黒土星が運行する東を用いて移転します。吉方移転となり、方徳が訪れます。

ケース2

三碧木星が運行する東南へ移転します。悪殺気と相剋の凶方位に移転することになり、やがて方災が訪れます。

ケース1

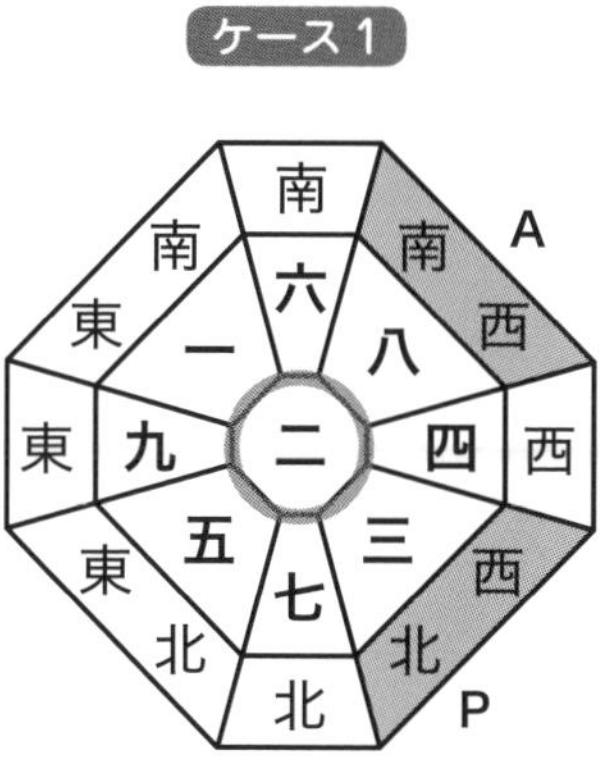

2025年（令和7年）の年盤

ケース2

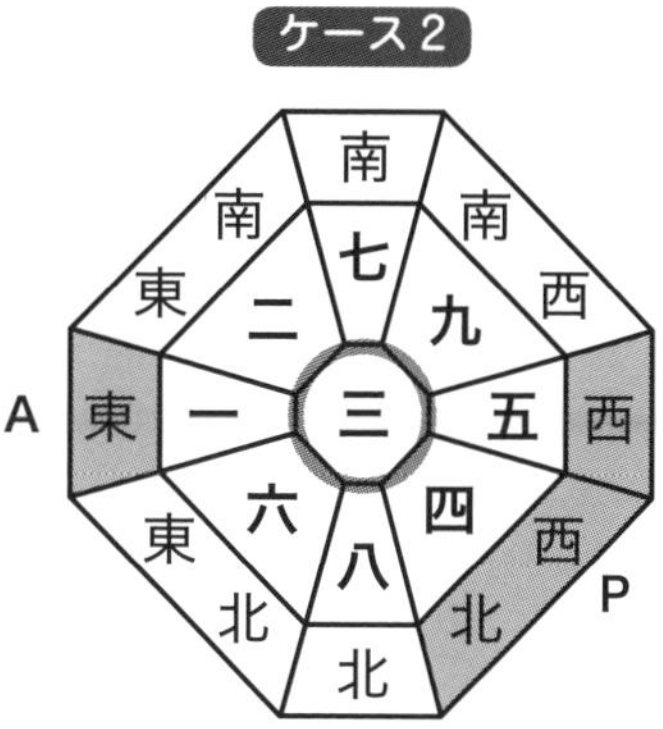

2024年（令和6年）の年盤

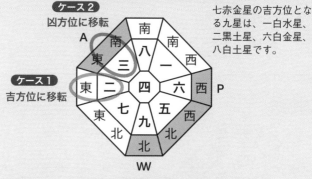

碧中宮の年、２０２４年、２０３３年に方災の大きな影響を受けることになります。

　九星が中宮し吉凶が発現するのは左の早見表を参考にしてください。はじめに中宮した年、月から、10年目（10か月目）にふたたび中宮します。

吉凶発現時期の早見表

	東南	南西	南	西
年	2年目	4年目	6年目	8年目
月	2か月目	4か月目	6か月目	8か月目
	東	北	北東	西北
年	3年目	5年目	7年目	9年目
月	3か月目	5か月目	7か月目	9か月目

②用いた方位に自分の九星が運行したとき

　東を用いて移転したケース１の場合、東に自分の精気である七赤金星が運行する年に、方徳の大きな恵みを受け取ることができます。

　ケース２の場合は、東南に七赤金星が運行する年に、大きな方災に悩まされることとなります。

　年盤表を見ると、東に七赤が入るのは２０２７年、東南に七赤が入るのは２０２８年になります。

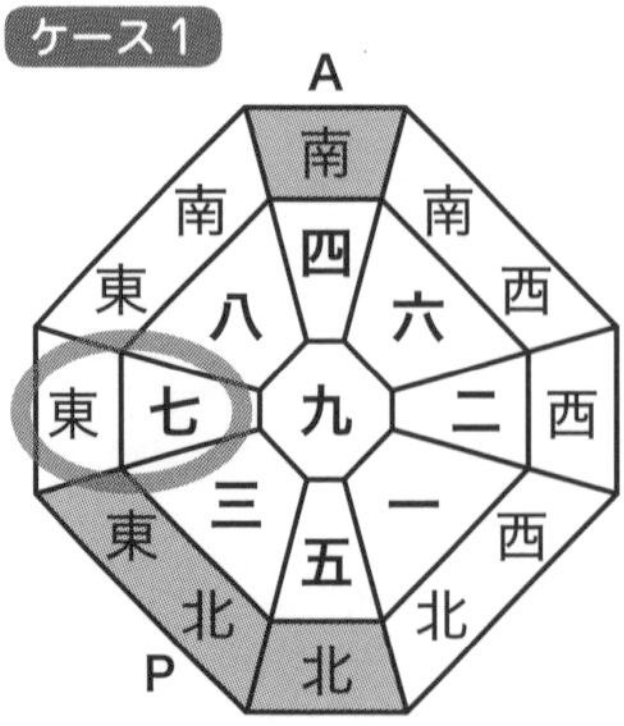

2027年（令和９年）の年盤

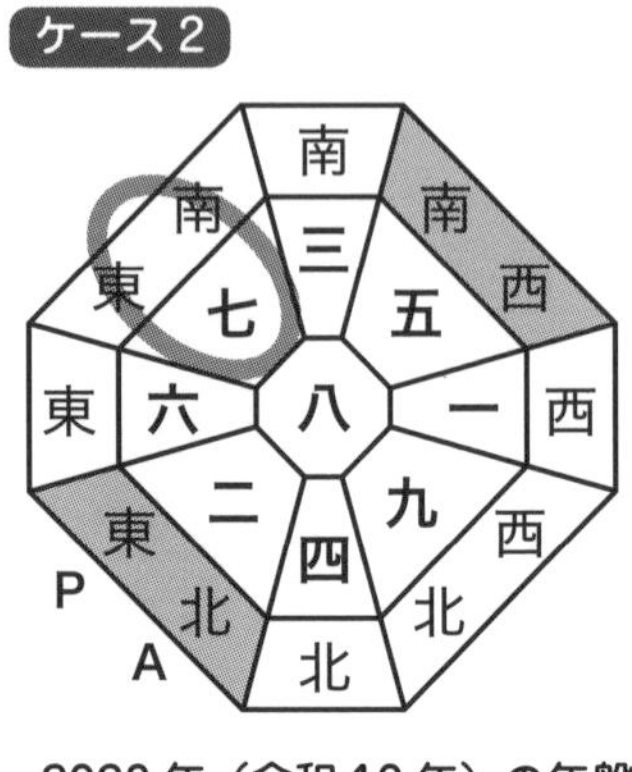

2028年（令和10年）の年盤

③用いた方位の定座に自分の精気が運行したとき

　定座とは、後天定位盤で配置された、各九星の定位置のことです（42ページ参照）。

　ケース１は二黒土星を用いていますから、南西に七赤金星が運行する年を探します。すると、２０２６年であることがよくわかります。

　ケース２の場合は、三碧木星を

用いていますから、東に七赤金星が運行する年を探すと、２０２７年であることがわかります。

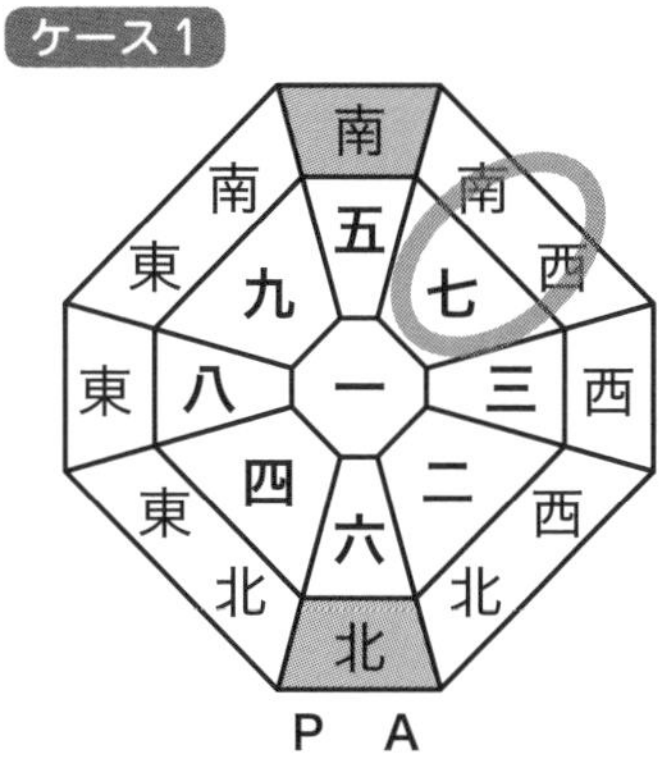

2026年（令和８年）の年盤

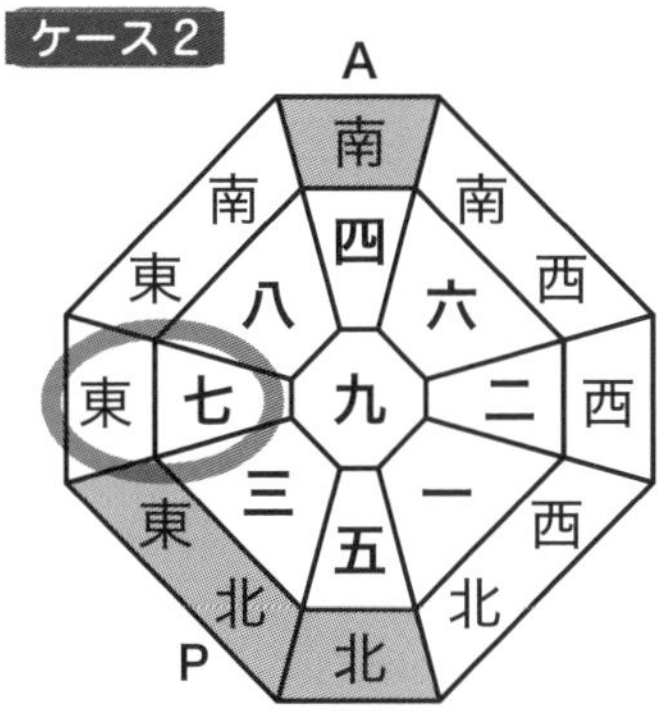

2027年（令和９年）の年盤

④用いた年盤や月盤と同じ中宮の年、月

九星は、年盤・月盤・日盤の中央および八方位を順番に運行しています。ひとつの九星がまた同じ方位に戻ってくるまでに、9サイクル必要となります。つまり、年盤なら10年目、月盤なら10か月目が、同じ中宮の年、月というわけです。

どちらのケースも、四緑中宮の年、２０２３年に移転するのですから、次に四緑中宮になる２０３２年が方位作用の現れるときということになります。

吉方位を使って東へ移転したケース1の場合は、方徳の大きな影響が、凶方位を使って東南へ移転したケース2の場合は、方災の強い影響を受ける年となります。

⑤用いた方位と同じ十二枝の年、月

50ページを見てください。十二枝にはそれぞれ定位置があります。方位作用は、用いた方位にあたる十二枝の年にも強く現れます。

ケース1の東は、「卯《う》」の方位ですから卯年、近いところでは２０３５年が、その年にあたります。２０２３年がちょうど卯年ですから12年後になりますが、方徳の良い効果を受けられる年です。

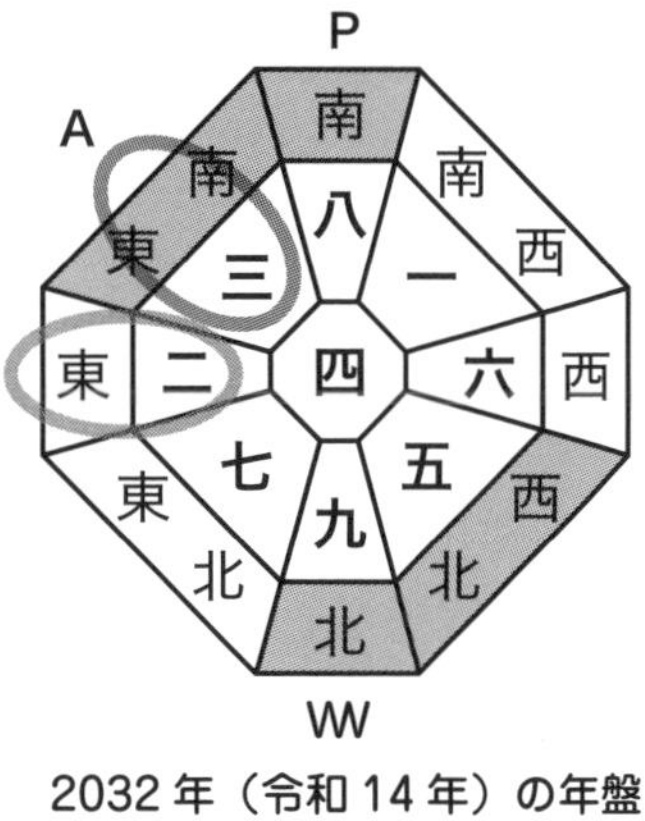

2032年（令和14年）の年盤

ケース2の場合は、東南の「辰《たつ》、巳《み》」の方位ですから、辰年の2024年、巳年の2025年に方災の作用が強く現れます。

⑥用いたときから数えて4年、7年、10年、13年目

自分の精気や運行する九星には関係なく、動いたとき（この場合は移転したとき）から数えて4年、7年、10年、13年目に、方位作用が強く現れます。

これは、十二枝が「子卯午酉」「丑辰未戌」「寅巳申亥」の3つのブロックに分けられることを根拠としています。これを原因・結果観法といいます。

どちらのケースも2023年卯《う》年に移転したのですから、4年目にあたる2026年午《うま》年、7年目にあたる2029年酉《とり》年、10年目にあたる2032年子《ね》年、13年目の2035年卯《う》年に、吉凶の強い作用が現れることになります。

なお、十二枝がひとまわりする13年目を気学では「帰線《きせん》」と呼び、吉方位で用いても凶方位で用いても、方位作用の総決算がつくとされています。良い影響、悪い影響がひと通り出そろうということです。

⑦悪殺気、歳破、月破を用いた場合で、自分の精気が悪殺気、歳破、月破を帯びたとき

この方位作用は、凶方を用いたときのみに現れるものです。ケース1は吉方移転しているので、これには当てはまりません。

ケース2の場合は、悪殺気を用いていますから、自分の精気である七赤金星が悪殺気を帯びる六白中宮年、つまり2030年に凶作用が強く現れるのです。

なお、六白中宮の月にも凶作用が現れます。

この凶作用は悪殺気だけでなく、歳破、月破を用いた場合も、同じように現れます。

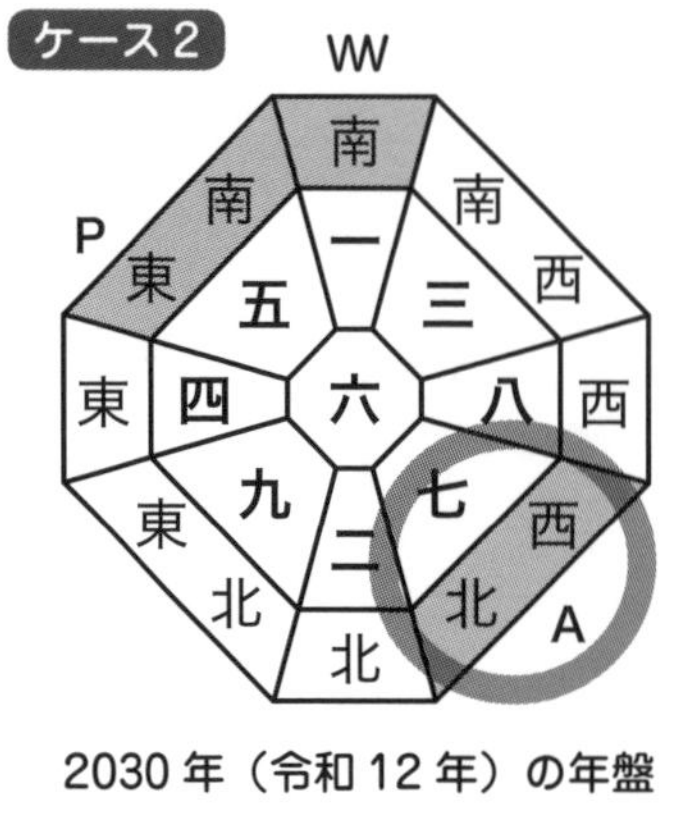

2030年（令和12年）の年盤

Part 7

その年・その月の運勢の見方と判断法

運勢を占う同会判断法《どうかいはんだんほう》

★――九星と方位を使った「その年、その月、その日」の運勢の占い方

その年の運勢を知る

気学では、年、月、日、それぞれの運勢を占う際に、同会判断法《どうかいはんだんほう》を用います。同会判断法とは、基本となる方位盤に占いたいときの方位盤を重ねて、九星がどの方位を運行しているかで見ていく判断法です。

後天定位盤

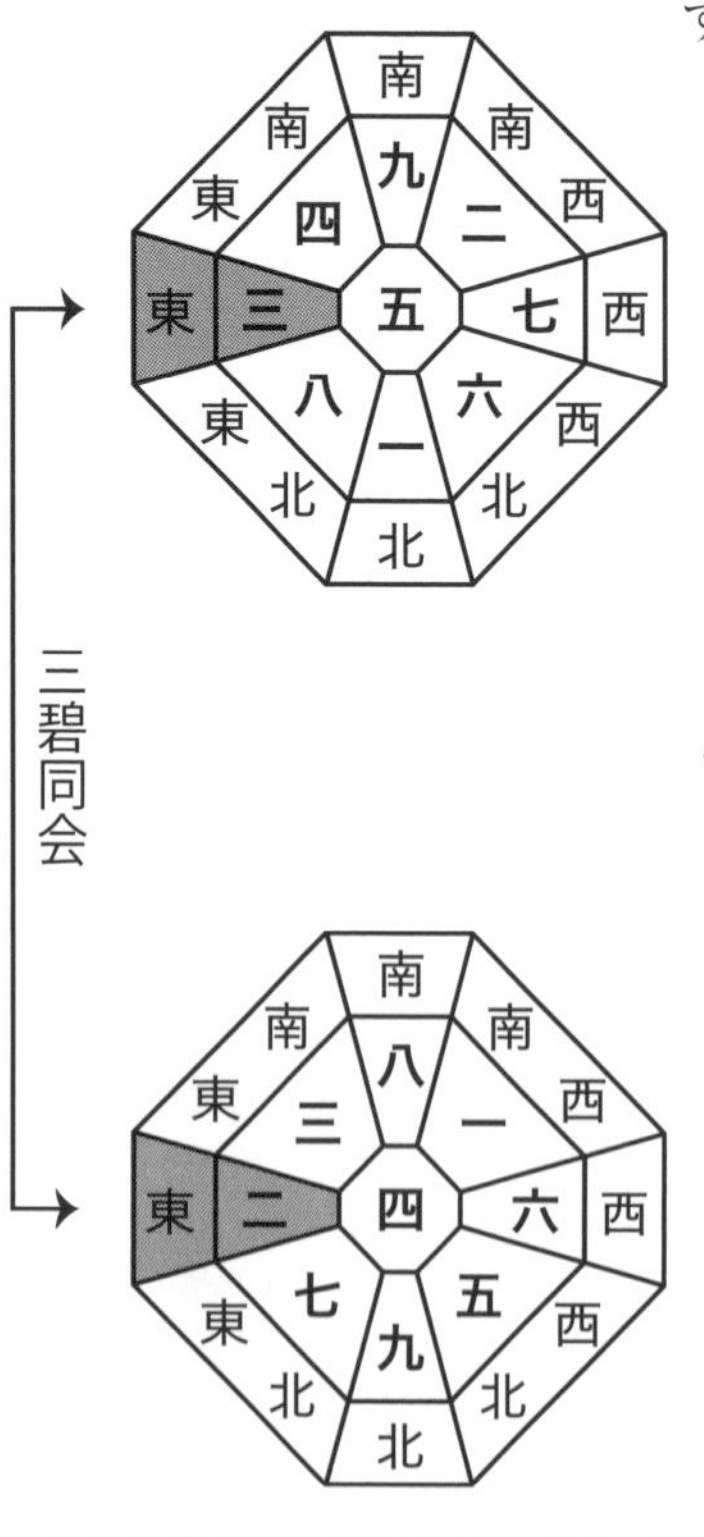

2023年（四緑中宮）の年盤

まず、年の運勢を占う方法から説明しましょう。年の運勢を見るときは、基本となる方位盤は後天《こうてん》定位盤《じょういばん》になります。後天定位盤の上に占いたい年の年盤を重ねます。自分の本命（生年精気）が、後天定位盤で、どの九星が位置する方位にあるかを見るのです。

例をあげていきましょう。本命が二黒土星の人が、２０２３年（四緑中宮の年）の運勢を見るとします。２０２３年、二黒土星は東に運行しています。これを後天定位盤に重ねてみて、東にどの九星があるのかというと、三碧木星があります。

後天定位盤は各九星の定座《ていざ》でもありますから、東であれば三碧木星と覚えておきましょう。同会判断法では、このときの運勢を「三《さん》碧《ぺき》同会」と呼びます。

２０２３年、二黒土星生まれの人は、三碧木星の象意の影響を受けると考えるのです。

同様に、三碧木星生まれの人を見ると、四緑木星の東南にあるので「四緑同会」、四緑木星生まれの人は中央にあるので「五黄同会」ということになります。

ここで出た同会を、172ページからはじまる「同会の原則的判断」に照らすことで、その年の運勢の傾向を判断していきます。

その月の運勢を知る

では次に、月の運勢を調べていきましょう。

月の運勢を見るときは、基本となる方位盤は、その年の年盤になります。年盤の上に占いたい月の月盤を重ね、自分の本命（生年精気）がどの位置に運行しているかを見て判断します。

本命が二黒土星の人の、２０２３年10月の運勢はどうでしょうか。

２０２３年10月は、九紫中宮の月盤です。本命の二黒土星は、西を運行しています。それを２０２３年の年盤に重ねて見ると、西に六白金星がきていることがわかります。

このことから、二黒土星生まれの10月の運勢は「六白同会」となり、六白象意の影響を受けることになります。

毎日の運勢も同様に判断します。日の運勢は、その月の月盤が基本の方位盤となります。246ページの「日盤の作り方」を参考に、占いたい日の日盤を作っていきましょう。

その日、本命が運勢している方位に、月盤ではどの九星が運行しているかを見て、同会を判断します。

2023年（四緑中宮）の年盤

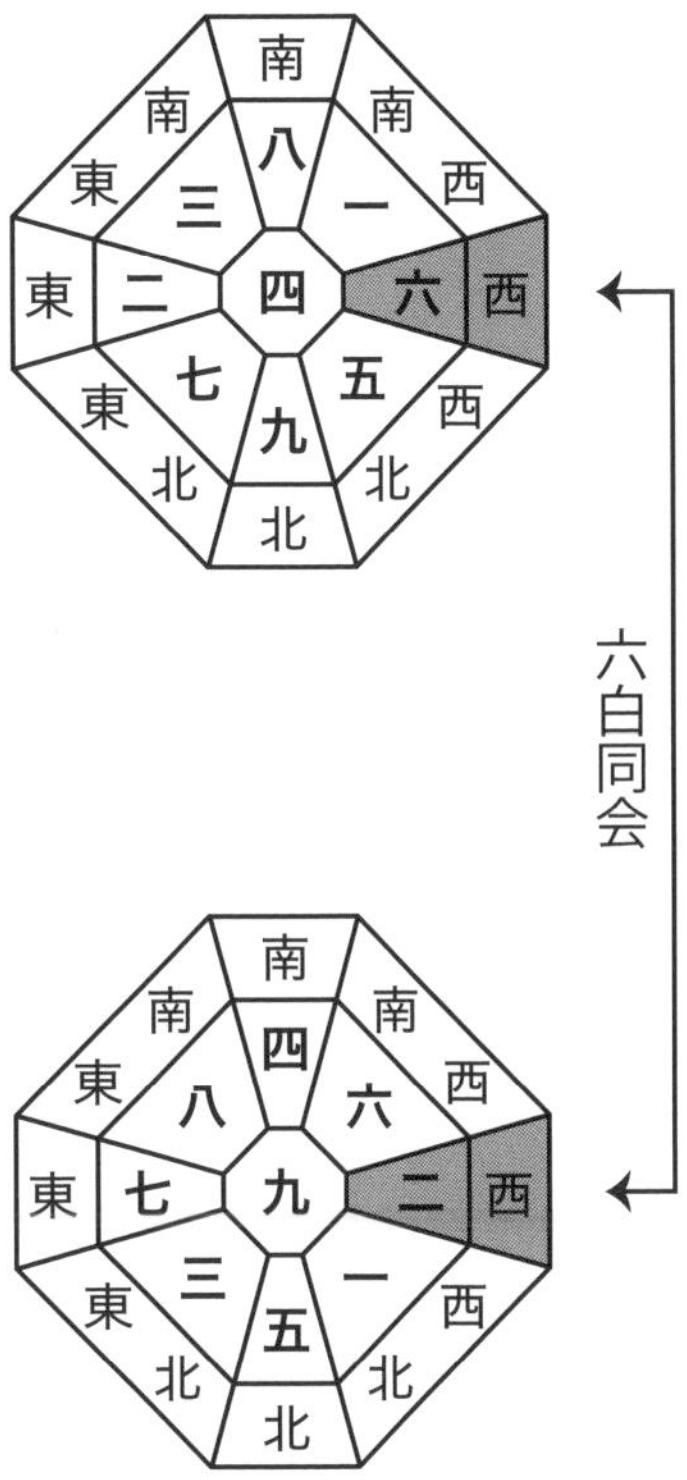

2023年10月（九紫中宮）の月盤

同会の原則的判断

★——それぞれの同会でどのようなことが起きるのか

同会判断法とは

同会判断法は、占いたいときは同会する九星の象意に影響された運勢になるという考え方です。

次のページから、「一白同会」から「九紫同会」まで、それぞれの基本的な判断を紹介しましょう。

知っておいていただきたいのは、ここに書かれた判断がすべて起きるわけではなく、このなかのいくつかが、現象として出てくるということです。

同会で起きる現象は、過去に吉方位を用いて移動をしているならば吉作用が、凶方位を用いた過去があるならば凶作用が現れます。

たとえば、一白同会を例にしてみましょう。過去に吉方移転をした人は、一白同会をする時期に、新しい交際がはじまって運勢が開けてきます。あるいは、新規の取引がはじまり、スムーズに発展していく年・月となります。

しかし、過去に凶方位を用いた移転をしていたら、悪い交際がはじまり、人間関係に問題が生じます。新規の取引が暗礁に乗り上げたり、詐欺《さぎ》や盗難に遭うなど、凶現象が起こることになります。

このことから、吉方位を使って移転することがいかに重要であるか、おわかりいただけると思います。

同会の原則的判断の次ページ(178ページ)から、実際に自分の本命がどの方位にあるかによってわかる「年の運勢」を紹介します。占いたい年の、自分の運勢を見ていきましょう。

一白同会の原則的判断

自分の本命（生年精気）が北へ運行した年や月、または基本となる方位盤の一白水星と同会した月や日には、次のような事象が現れます。

・新しい交際がはじまります。
・新しい取引がはじまります。
・部下や雇い人に関する問題が生じます。
・陰の援助を受けることがあります。
・悩みや苦労が生じます。
・戸籍に関する問題が起きます。
・盗難や詐欺に遭います。
・移転、移動、旅行をしたくなります。
・新しい恋愛や縁談が生じます。
・人に隠れた恋愛やデートをします。
・体が冷え込みます。
・健康を害します。

二黒同会の原則的判断

自分の本命（生年精気）が南西へ運行した年や月、または基本となる方位盤の二黒土星と同会した月や日には、次のような事象が現れます。

・仕事への意欲がわきます。
・堅実な考え方で行動します。
・労働、仕事に関する問題が起きます。
・部下などに関する問題が起きます。
・古い問題が蒸し返されます。
・母親、妻に関する問題が起きます。
・不動産関係のトラブルが生じます。
・昔からの知人と再会します。
・故郷に何らかの用事ができます。
・物忘れをひんぱんにするようになります。
・胃腸や肩、腕をわずらいます。
・古傷や以前わずらった病気が再発します。

三碧同会の原則的判断

自分の本命（生年精気）が東へ運行した年や月、または基本となる方位盤の三碧木星と同会した月や日には、次のような事象が現れます。

・活動力と積極性が出てきます。
・過去の努力が認められて報われます。
・今までの良いことや悪いことが表面化します。
・新しい着想がわきます
・言葉での過失が起きます。
・調子の良い話が持ち込まれます。
・新しいものが目につきます
・驚くことが起きます。
・人におだてられます。
・外出しがちになります。
・神経が高ぶります。
・肝臓やのど、咽頭《いんとう》をわずらいます。

四緑同会の原則的判断

自分の本命（生年精気）が東南へ運行した年や月、または基本となる方位盤の四緑木星と同会した月や日には、次のような事象が現れます。

・物事が整います。
・社会的立場が向上して人気が出ます。
・遠方に用事ができます。
・人の出入りが盛んになります。
・交友関係が広がります。
・恋愛のチャンスに恵まれます。
・気持ちにゆとりが生まれます。
・気迷いが生じます。
・旅行をしたくなります。
・縁談が持ちあがります。
・風邪をひきます。

五黄同会の原則的判断

自分の本命（生年精気）が中央を運行した年や月、または基本となる方位盤の五黄土星と同会した月や日には、次のような事象が現れます。

- 古い問題が再燃します。
- 昔からの知人に迷惑をかけられます。
- 物事が停滞します。
- 大きな欲望を抱きます。
- 失恋、裏切り、三角関係が生じます。
- 忘れ物をします。
- スリに遭います。
- 運動不足になります。

《本命が中央を運行したときのみの判断》

- 周囲の注目を浴び、中心人物になります。
- 過去数年もしくは数か月の行動結果が、はっきり吉凶の結果となって現れます。

六白同会の原則的判断

自分の本命（生年精気）が北西へ運行した年や月、または基本となる方位盤の六白金星と同会した月や日には、次のような事象が現れます。

- 目上の人に関する問題が起きます。
- 忙しくなります。
- ファイトがわいてきます。
- 自信過剰になり、わがままをしがちです。
- 争いごとを好む傾向になります。
- ギャンブルや勝負をしたくなります。
- 繁華街に行きたくなります。
- 享楽やぜいたくに走りたくなります。
- 子どもに関する問題が起きます。
- 過労から発熱します。
- 肺や足をわずらいます。

七赤同会の原則的判断

自分の本命（生年精気）が西へ運行した年や月、または基本となる方位盤の七赤金星と同会した月や日には、次のような事象が現れます。

- 祝いごとが起きます。
- 予測より少なめのことしかできません。
- すべてにおいて不足がちになります。
- 金銭の出入りが多くなります。
- 気力が衰えます。
- 口論が増えます。
- 飲食やレジャーを楽しむ機会が増えます。
- 女性に関する問題が起こります。
- 恋が芽生えます。
- 縁談が舞い込みます。
- 手術をします。

八白同会の原則的判断

自分の本命（生年精気）が北東へ運行した年や月、または基本となる方位盤の八白土星と同会した月や日には、次のような事象が現れます。

- 精神面に変化が起きます。
- 物事の進展が一時停滞します。
- 目標が変わります。
- 知人などと共同で事業をしたくなります。
- 貯蓄心が起きます。
- 不動産に関する問題が起きます。
- 仕事や住居など環境を変えたくなります。
- 相続人や後継者に関する問題が起きます。
- 親類や家族に関する問題が起きます。
- 運動不足になります。
- 胃腸や骨、関節をわずらいます。

九紫同会の原則的判断

自分の本命（生年精気）が南へ運行した年や月、または基本となる方位盤の九紫火星と同会した月や日には、次のような事象が現れます。

・昇進や名誉、名声に恵まれます。
・良いアイデアが生まれます。
・良い面も悪い面も、隠れていたことが明るみに出ます。
・物事が明白になります。
・離合集散があります。
・贅沢《ぜいたく》を好み華美になります。
・争いごとが起きます。
・文書に関する問題が起きます。
・警察や裁判に関する問題が起きます。
・生別や死別があります。
・眼病、血行障害、発熱などに悩まされます。

本命（生年精気）が北に運行した年の運勢

本命が北に運行

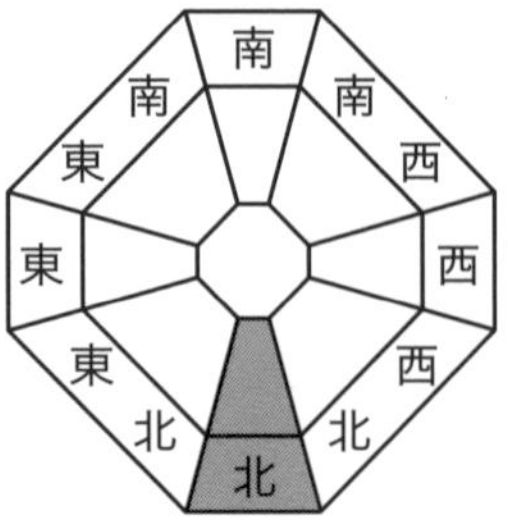

総体運

季節にたとえると冬で、厳しい寒さにじっと耐えて春を待ちわびるときです。運気も冷え込んで衰え、いわゆる厄年《やくどし》にあたります。

予期せぬアクシデントが発生して強い衝撃を受けたり、人生の歯車が狂うような問題に直面したりと、多事多難です。ピンチを打開しようと行動を起こしても思いどおりにいかず、焦りと不安にかられるでしょう。

この時期に、一気に形勢の挽回を図るのは無理というものです。大きなことを考えず、小さな成果をひとつずつ積み重ねるように努力しましょう。大きな夢や希望を持って勝負に出ると、痛手を受けて苦しむ結果となります。

仕事運

悩みや苦労が多く全般的には不調ですが、交際面は活発になります。人脈の広がりが見られることが、この時期の救いです。パーティーや集会、グループ旅行やサークル活動など、人の集まる場所に積極的に出かけ、いろいろな人と交流を結ぶことが大切です。

交際の広がりは、今後の仕事に役立つとともに、あなた自身の成長にもつながるでしょう。

金銭運

思うような収入が得られないにもかかわらず、何かと支出が増え、金銭的には苦しい年となります。コツコツと貯めてきたものを少しずつ吐き出し、窮地を乗り切ることになりがちです。生活面を見直してムダを省き、上手なやり繰りをしてください。事業をしている人は資金繰りに苦労しそうです。

恋愛運

運勢が停滞するなか、恋愛運については盛り上がりをみせます。これまで恋愛面のツキに見放されていた人も、チャンスのときです。人の集まる場所には積極的に出かけるようにして、知人や友人の紹介は素直に受けましょう。

デートをするなら、海辺や湖畔など、水にまつわる場所を選ぶと運気が上がります。二人の関係はスムーズに進展するでしょう。

健康運

運気の衰えるこの年、とくに注意が必要なのが健康面です。大ケガや大手術をする年回りとなっていますので、少しでも異変を感じたら、早めに医師の診察を受けてください。病気をこじらせると慢性化するときでもあり、早期発見と早期治療が重要ポイントとなります。

健康に自信がある人でも無理はせず、疲労やストレスをためないように気をつけましょう。定期的な健康診断を怠らないことです。

本命（生年精気）が南西に運行した年の運勢

本命が南西に運行

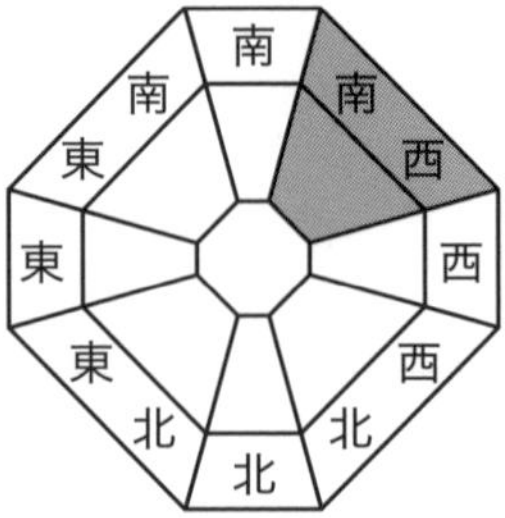

総体運

年の前半は、昨年の不調の影響が残りますが、年の後半からは良いリズムに乗って、物事がスムーズに動き出すでしょう。前半はあまり焦らず、着実な方針を心がけてください。年の後半に入ると、思いがけない後援者が現れるなど、明るい兆《きざ》しが見えるようになります。

盛運を迎える一歩手前の段階ですから、急いだり欲張ったりするのは、控えたほうがいいでしょう。翌年からの発展のための準備期間と位置づけ、視野を広げてさまざまなものを吸収し、実力を養うようにしたいものです。

かねてからマイホーム購入を計画している人は、資金の確保にメドがついたり、気に入った土地が見つかったりします。

仕事運

これまで実力を認められず気力も失せがちでしたが、周囲の期待が高まり、ようやく真価を発揮するチャンスに恵まれそうです。気分的にも闘志がわき、明るいムードにあふれてくるでしょう。

新規の仕事のスタートや、研究成果の発表にも、グッドタイミングです。ただし、計画を進める際は独断では行わず、周囲との協調を図るほうが効果的です。協力を求める姿勢を忘れないように。

金銭運

一気に大きな収穫を望むことはできません。しかし、収入面は仕事運の好調にともなって少しずつ上向きになります。手にできるものは確実に手に入れる心がけが必要です。あまり欲を出さず、小さな収穫をコツコツと積み上げましょう。また、困ったときは先輩や友人に相談すると、良いヒントを得られます。

恋愛運

恋愛面は好調で、すばらしい出会いが期待できる年です。友人の紹介や趣味やサークルを通じ、良い相手と出会えるときですから、積極的に行動してください。恋愛が結婚につながることが、この年の特長です。恋人や婚約者がいる人は、ゴールに向けて進展が見られるでしょう。

健康運

健康面では、とくに胃腸に注意が必要です。暴飲暴食や不規則な生活に落ち入りやすく、慢性的な胃腸疾患をわずらうおそれがあります。

胃腸が丈夫な人は太りやすくなる傾向があり、前年から胃腸障害を引きずっている人は、さらに悪化させてしまうかもしれません。規則的な生活を心がけるとともに、病気は確実に完治させましょう。

また、肩や腕のケガや変調にも気をつけてください。

本命（生年精気）が東に運行した年の運勢

本命が東に運行

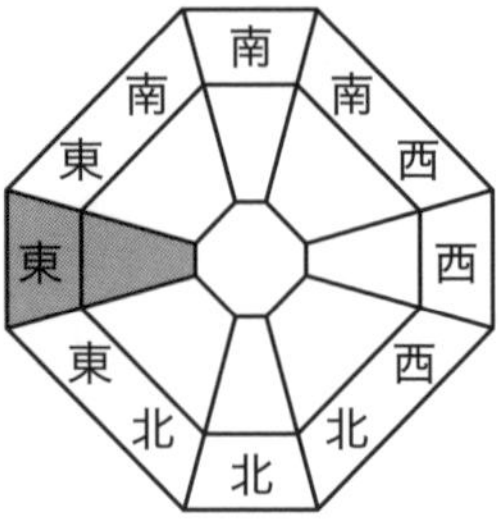

総体運

生き生きとした活力が身体にみなぎり、9年に1度だけめぐってくる飛躍の年を迎えます。これほどの発展期に手をこまねいていては、運気が上昇するときがありません。これまで胸に秘めながら実現できなかったプランなどを、どんどん実行に移すと成果が上がります。たとえ、少なからず立場が悪くなることがあっても、粘り強く押していくことで最終的には勝利を手にすることができるでしょう。

ハイクラスの人たちとの交際が広がるときですから、いつもとは違う分野にも目を向け、勇気を持って未知の世界と接触していきましょう。

仕事運

良い環境に恵まれ、良い仕事ができそうです。過去に中途半端に終わった仕事があれば、再度チャレンジしてみることです。

性急になりがちで、周囲から浮いてしまうことがあります。対人関係には気を配り、独走や早合点をしないように注意してください。上司や友人の好意を受けることで、有利に物事が運ぶときです。妙なプライドや反発心は捨て、素直に協調していくと、さらに運気は上がります。

金銭運

金銭運はまずまずといったところです。それなりに収入は上がりますが、行動のわりに思うほど稼げず、手元にはほとんど残らないこともあるでしょう。さまざまな投資が必要なときですから、資金繰りも忙しくなりそうです。

また、仕事の好調と収入の伸びに気をよくして調子に乗るのは危険です。散財で貯金を使い果たしてしまうこともあるでしょう。堅実さを忘れないように。

恋愛運

対人関係が活発化し、恋愛面も好調な年です。良い相手とめぐり会う可能性も十分ですから、落ち着いて相手を見きわめ、良い関係を築いてください。

過去の恋愛の古傷を蒸し返されたり、秘密にしていたことが露見しやすいときですが、相手に対する思いやりと誠実さを忘れなければ、大事には至りません。

健康運

活動的になり、やや落ち着きに欠けるため、手足のケガが心配されます。また、寝る間も惜しんで活動しがちになるので、オーバーワークにならないよう、きちんと休息や睡眠をとってください。

飲み過ぎによる肝臓病、咽頭《いんとう》の疾患、神経痛などにも注意が必要です。

本命（生年精気）が東南に運行した年の運勢

本命が東南に運行

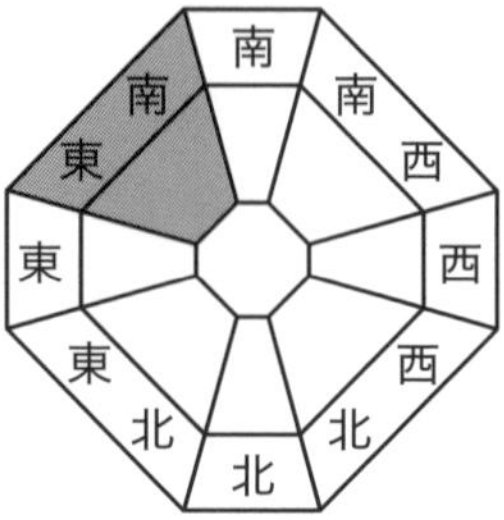

総体運

人がうらやむほどの幸運期を迎えます。社会的な信用や人気が高まり、本業・副業とも忙しさに追われてうれしい悲鳴をあげるでしょう。たくさんのチャンスに恵まれるときですから、あらゆるものに意欲を燃やし、積極的にチャレンジしてください。活気に満ちたこのときを逃さないよう、目標に向けて前進を続けましょう。

ただし、東奔西走《とうほんせいそう》の活躍のなかでも、家庭をおろそかにしないよう配慮が必要です。

仕事運

以前から取り組んでいたプロジェクトが完成するなど、仕事面では良い成果が得られます。仕事や研究に対する評価が高まり、信頼を獲得します。交友関係も広がり、思いがけない協力者を得たり、遠方から良い条件の仕事が舞い込んだりします。

何かと遠くに出かける機会が増えますが、面倒がらず出向くことで、さらなる発展の足がかりをつかむでしょう。飛び込んでくるチャンスを確実にものにしてください。

金銭運

すべてが好結果に結びつく年だけに、実績に応じた収入を手にすることができます。ことに昨年の努力の結果が大きな形となって現れます。その一方で、支出の増加が予測されますが、必要経費や自分に有効な投資は惜しんではいけません。ムダな出費は省き、使うべき場面ではキッチリ使っていきましょう。

恋愛運

交際範囲が広がり、多くの人と知り合うチャンスがある年です。一生の付き合いとなるすばらしい出会いに期待ができます。長く独身を続けてきた人は、良い見合い話が舞い込んできたり、知人の紹介から新しい交際がはじまったりしそうです。

すでに交際中のカップルは、結婚に向けての機運が高まります。好機を逃さないよう積極的に行動し、幸せをつかんでください。

健康運

健康面でも好調が続きます。不調が出るとしたら風邪をひく程度でしょう。しかし、忙しさから生活は不規則になりがちです。体力の消耗もあるでしょう。無理を重ねると、好調期であっても病気を誘発しないとも限りません。今年は乗り切れたとしても、来年以降に疲れや病気の芽を引きずることにもなります。健康への配慮は怠《おこた》らないでください。

本命（生年精気）が中央に運行した年の運勢

本命が中央に運行

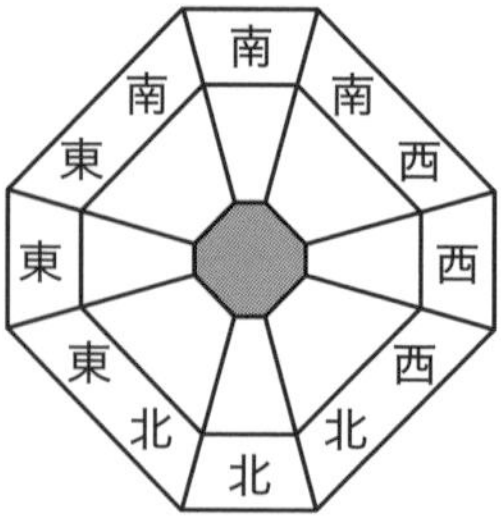

総体運

運気の波が最高潮に達し、過去数年間にやってきたさまざまな努力の総決算が出てくる年です。すべての力を余すところなく発揮し、積極的に行動していきましょう。

目上の人や友人から頼もしい援助を期待できる年でもあります。周囲の注目を浴びて社交運が活性化し、何らかの名誉を受ける人もいるでしょう。一方で、過去の問題が再燃し、トラブルを抱え込む人も出てきそうです。それは、ここ数年怠けていた人に来る報いでもあります。

そうであれば、早急に生活設計を見直す必要があります。翌年からは、しばらく衰運期に入りますので、その直前のシグナルを見逃さず、チャンスを生かしていきましょう。

仕事運

過去の実績が集大成の形になって現れ、大きな成果を得ることができます。しかし、これまでのように前進一辺倒ではなく、今後は積み上げた実績を維持する努力も必要です。

好調さで気が大きくなり、人を甘く見て自信過剰になる年でもあります。そういうときほど、謙虚さを忘れない心がけが大切になります。内面の充実と安定に力を注いでいきましょう

金銭運

収入は大きく増しますが、それなりの出費もかさむ年です。気が大きくなっているので、ついつい無謀な事業拡張や大きな投資に手を出したくなりますが、後あと苦労することになります。予見できるリスクはできる限り回避しましょう。

また、収入アップによってぜいたく思考に走りがちになりますが、ムダを省いて貯蓄に回すなど、将来を見すえた金銭管理を心がけてください。

恋愛運

紆余曲折あって波乱含みの異性関係となりそうです。結婚を考えるも周囲の反対にあったり、相手の裏切り、三角関係、不倫、突然の別れ話など、ゴタゴタに見舞われそうです。あまり深刻にならずに、気楽な気持ちでお付き合いができればベストです。恋愛にのめり込みすぎると、自分が苦しくなるばかりです。

健康運

古傷が痛んだり、完治していない病気が再発したりなどの危険があります。とくに過去に大病を経験している人や、持病を抱えている人は十分に注意し、再発防止と健康管理を徹底してください。

内臓の病気、とくに胃腸の病気には気をつけましょう。疲れやストレスが原因で体調を崩すこともありますから、体力に自信がある人でも、不調を感じたら早めに受診しましょう。

本命（生年精気）が西北に運行した年の運勢

本命が西北に運行

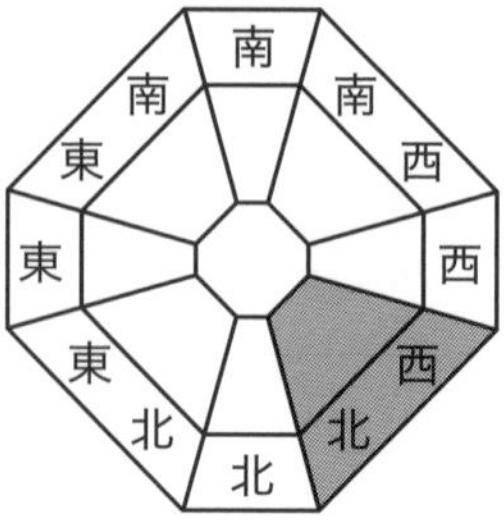

総体運

ここ数年続いた好調の波の影響で、積極的に活動しますが、残念ながら運勢は下降線をたどりはじめています。浮かれた気分は捨て去り、気持ちを引き締めてかからなければならない年です。

むやみに発展や拡張を目指すのではなく、内部の充実にこそ目を向けてください。これまでの好調期に築いたものを足がかりに、しっかりと地盤を固めることが肝要です。

乱れがちだった生活リズムの改善を図ったり、時間がなく取得できなかった資格にチャレンジしたりという、地道な努力が大切になります。また、対人関係のトラブル発生も予測されます。交際範囲を広げるより、従来の関係をいっそう充実させる努力をしていきましょう。

仕事運

やる気に満ち、さらなる発展を望む気持ちが高まりますが、大きなことをはじめるのは危険な年です。5月頃までは前年の余勢から、無難に進行しますが、年の後半に入ると支障が出てきます。

新規の事業やプロジェクトを開始する場合は前半期に。それも計画は控えめにし、信頼できる人と協力しあいながら進めましょう。自分の実力をよくわきまえていないと、勇み足となり失敗します。

金銭運

それなりの収入は期待できますが、昨年までのぜいたく気分が抜けず、高価なものを購入するなど、浪費をくり返してしまいそうです。そのため、手元に残るお金は少なくなります。衝動買いは極力控えて、しっかりした経済観念を持ち、少しのムダも排除していく心構えが必要なときです。

また、リスクの高い投機に目が向きがちですが、良い結果は得られません。

恋愛運

恋愛に関しては、高望みの傾向が見られます。良い出会いがあっても、身の丈にそぐわない相手にばかり目が向き、せっかくのチャンスを逃します。

一方、これまで愛情を育ててきたカップルは、いっそう理解が深まり、関係は進展します。周囲からの援助や祝福にも恵まれる年です。

健康運

頭部や手足、骨全般などをわずらうおそれがあります。とくに交通事故に遭う危険性が高まっているので、車の運転には安全第一を心がけてください。

また心身の疲労がピークに達していることが考えられます。睡眠時間をしっかり確保すると同時に、リラックスできる時間を持つようにしましょう。

本命（生年精気）が西に運行した年の運勢

本命が西に運行

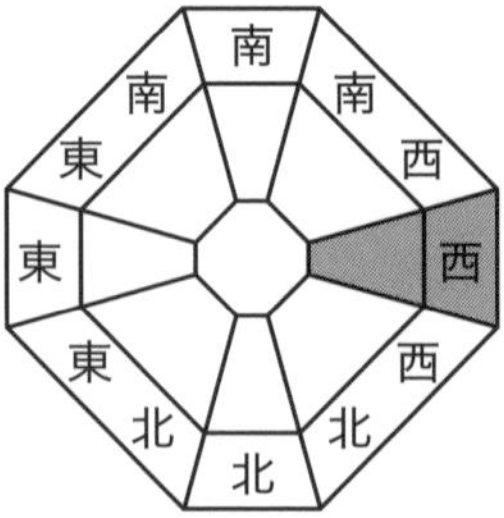

総体運

気持ちにゆるみが生じて、仕事や勉強への熱意が薄れ、これまでのペースに狂いが出てきます。かなり気持ちを引き締めていかないと、これまで築いてきた立場や信用を失墜させることにもなりかねません。

ライバルの出現、自信喪失、焦りなど、不安が募《つの》るようなことが相次ぎます。この時期は落ち着いて行動することが大切です。あまり欲は出さず、実績をキープすることに目標を絞り込むことを考えましょう。成果は「七分《しちぶ》の出来」で満足するほうが無難です。

仕事運

好調だった頃の気持ちのままでいると、足元をすくわれます。この年は気がゆるんで、緊張感を持続しにくい状態です。薄れがちな意欲をかき立てて、ミスのないよう集中力を発揮しましょう。

対人面でのトラブル、不和、口論、誤解などが起こりがちなときですから、取引先や職場での人間関係には注意を払ってください。とくに上司とのトラブルは深刻な結果をもたらします。

金銭運

予定外な出費が重なってしまい、貯金は大幅に減っていくでしょう。表面上はとくに変わっていなくても、実際の懐《ふところ》具合は厳しい状況になりそうです。収入の伸びは望めず、逆に出費の増加はいなめません。とくに家庭内のこと、レジャー費や子どもの学費、交際費などで湯水のようにお金が出ていきます。どこかで歯止めをかけないと困ったことになりそうです。

恋愛運

仕事よりも遊びに目が向く年ですから、自由気ままな恋愛を楽しめるでしょう。年間を通して恋の季節が到来しているような浮かれた気分です。そんなムードに乗って、周囲に祝福されてウエディングベルを鳴らす人もいそうです。ただし、あまり浮かれすぎていると、周囲に誤解を与えたり、悪い相手に引っかかったりすることもあるので注意しましょう。

健康運

心身ともにパワー不足を感じる年です。ただし、どんなに疲れていても遊びとなると張り切って、無理をしてしまいます。休日の疲れを翌日の仕事に持ち込まないよう配慮することが必要です。

一度病気になると長引きそうな気配です。外食する機会が増える年ですが、栄養バランスには気をつかい、適度な運動と十分な休養を心がけ、ふだんから免疫力を養ってください。呼吸器系の疾患、自律神経失調症などに気をつけたほうがよいです。

本命（生年精気）が北東に運行した年の運勢

本命が北東に運行

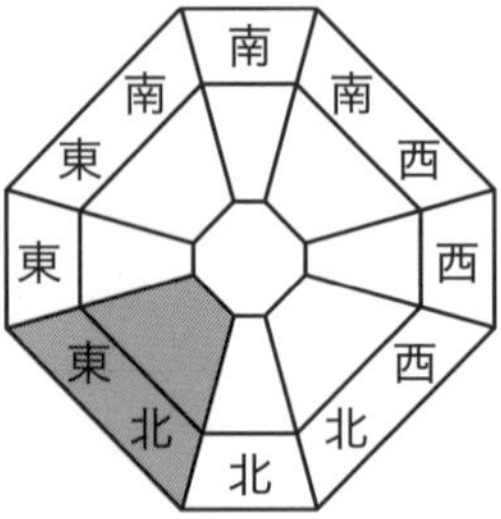

総体運

すべてが思ったとおりに進まない状態になり、焦りを覚えます。活躍できないもどかしさから変動を求める気分が高まりますが、この時期に軽挙妄動《けいきょもうどう》してはたちまち行き詰まって、今後の2年間は身動きできなくなります。

こんなときは積極策を避け、従来の方針を堅く守って内面の充実に力を注ぎましょう。

ただし、対人面では腐れ縁を切るのに絶好のチャンスです。あなたの将来にとってプラスにならない関係は縁を切り、やがてくる好調期にそなえて身辺をすっきりさせましょう。

仕事運

職場を取り巻く環境の変化、ポストの移動などが見られます。また、周囲の事情で業務方針の転換を迫られることもあるでしょう。しかし、安易な打開策を立てたり、新たな投資に挑んだりすると、かえって不利な状況に落ち入ります。今までの方針を変えずに、じっくりと腰をすえ、粘り強く長期戦でのぞんだほうが得策です。良いプランが浮かんでも実行には移さず、じっと好機を待つことです。

また、その月に持ちあがった問題はその月のうちに、その日持ちあがった問題はその日のうちに、問題は繰り越さない努力が必要なときです。

金銭運

やや不安定な運気です。思うような収入は得られないでしょう。不調なときほど儲け話に敏感になりますが、欲を出すと落とし穴にはまります。お金の貸し借りや保証関係の契約にも、慎重な姿勢を守りましょう。収入を増やすことを考えるより支出を減らす努力をし、収支のバランスをうまくコントロールして乗り切ってください。

恋愛運

独身者は幸福な結婚生活を手に入れることができる年です。真剣に交際を続けてきたカップルはゴールインしそうです。縁談は先延ばしするほど支障が出てくるので、なるべく早めにまとめたほうがいいでしょう。相手がいない人は予期せぬ出会いに恵まれたり、良い縁談が舞い込んだりしそうです。

一方、長くお付き合いしていたカップルは、相手の心変わりや急に決まった転勤などから、別れ話が浮上することもありそうです。

健康運

骨折、捻挫《ねんざ》、関節痛、腰痛、リウマチなど、骨や筋肉、関節の故障に注意が必要です。また、環境が変化したことで心労が重なり、体調を崩すおそれがあります。精神的に不安定な時期でもありますから、心因性の病気には、十分気をつけてください。

本命（生年精気）が南に運行した年の運勢

本命が南に運行

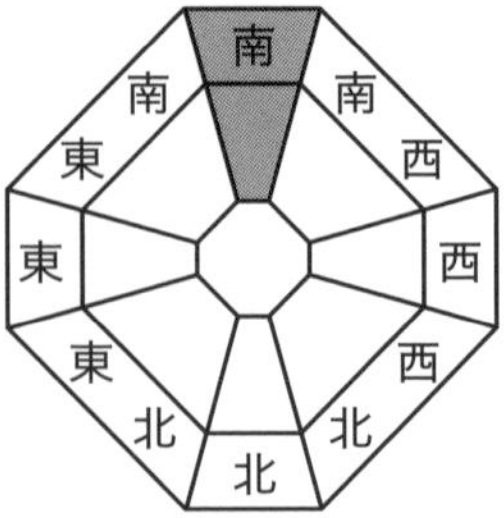

総体運

表面的には活気に満ちあふれ、周囲の注目を浴びますが、内面は苦しい年です。好調なリズムに乗れそうで乗れず、忙しく動き回るわりに収穫に恵まれません。こういうときは下手な野心は捨てて、いま取り組んでいることに全力を傾けましょう。

これまで隠れてきたことが明るみに出るときで、積み重ねた努力が評価されて地位や名声を得る一方、不正などが発覚してせっかくの評判を落とす人も出るようです。

また対人面で変化が見られ、親しい人が急に離れていったり、新たに有益な人間関係が築けたりと、周囲が一変します。

仕事運

頭が冴《さ》えて感性が豊かになります。独自の発想や工夫が生まれ、それが周囲の共感を呼ぶようになります。地道に研究を重ねてきたことが認められたり、良いアイデアや企画が採用されたりして、重要なポジションに就くことがありそうです。一方で、ごまかしや手を抜いてきたことが表に出て、ミスが生じたり非難を浴びたりすることもあるでしょう。

とくに、学問や芸術関係の分野で大きな進展が見られます。多くの人に評価されるような実績を残すこともできるでしょう。

金銭運

生活が派手になる傾向があります。おしゃれをしたくなって高価なものを買い込んだり、豪華な旅行を楽しんだりしがちです。

周囲からは好調に見えますが、実際はお金が出ていくばかりで、収支のバランスは大幅に崩れ、懐《ふところ》具合は非常に苦しい状態です。見栄《みえ》を張ったり、体裁《ていさい》にこだわったりしていては、家計は火の車になりかねません。倹約を心がけ、ムダを省いて乗り切ってください。

恋愛運

知り合うチャンスに恵まれ、華麗な恋愛運となります。しかし、熱しやすく冷めやすい傾向があり、火遊び的なムードが漂うでしょう。

家庭がある人や恋人がいる人は、感情のおもむくままに行動すると、これまでの関係に亀裂《きれつ》を生じて破局に追い込まれることもあります。恋愛面での行動には慎重さが必要でしょう。

また、家庭内は家族の離合集散が続き、落ち着かない雰囲気となります。

健康運

眼や頭の病気など、首から上の疾患が心配されます。不調を感じたら放置せず、早めに医師の診察を受けてください。とくに眼の状態には気を配る必要があり、眼精疲労からくる頭痛などにも気をつけましょう。

そのほか、心臓や血圧など、循環器系の病気にも用心してください。また、うつ病やパニック障害など心の病を発症する可能性があります。ストレスをため込まないよう気をつけて、精神面の安定を図りましょう。

Column 3

凶方位《きょうほうい》を使ってしまったら

みなさんのなかには、本書を知らずに凶方位を使って移転してしまった人がいるのではないでしょうか。また、転勤や子どもの学校が理由で、やむをえず凶方位に引っ越しせざるをえない人もいるでしょう。

そのようなときは、どうしたらいいでしょうか。

①できるだけ早く吉方《きっぽう》移転する

気学は、より多くの吉を得るためだけでなく、凶を吉に変えるための占術です。

過去に凶方位を使って移転をしても、吉方移転で運勢を好転させ、幸福をつかむことができるのです。

本書との出会いをきっかけに、できるだけ早い吉方移転をおすすめします。

②神社へおまいりする

居住している土地の氏神様《うじがみさま》のある神社におまいりをします。

心から、家族の安全と幸福を祈り、定期的に参拝し、なるべく早く吉方移転をしましょう。

③陰徳《いんとく》を積む

陰徳とは、誰かに認められなくても、人知れず善事を行うことをいいます。具体的には次のようなことを心がければよいのです。

- 町内の掃除など地域のボランティア活動をする。
- 困っている人を見たら手をさしのべる。
- 父母や目上の人を敬《うやま》い、誰に対しても敬愛の気持ちを忘れない。
- 人の悪口は慎《つつし》み、良い面をほめる。
- ものを大切にし、粗末《そまつ》にしない。
- 感謝の気持ちを忘れず、人に尽くす。

見返りを期待せずにこれらを実行すれば、大きな凶作用を避けることができます。

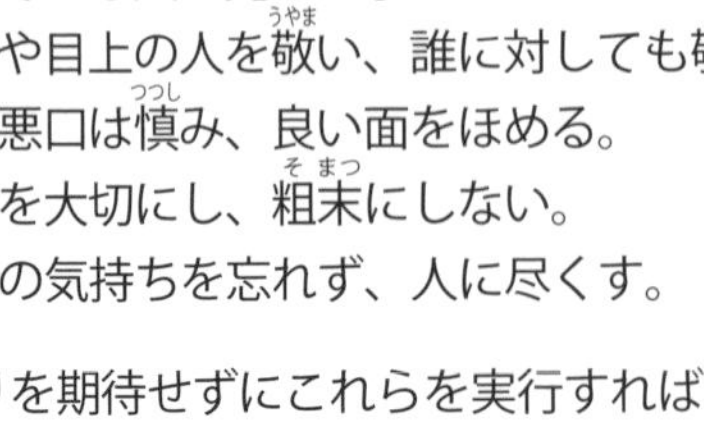

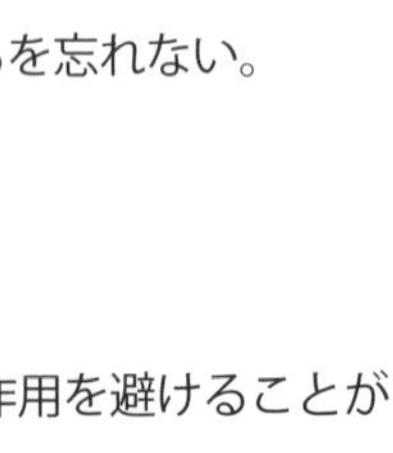

Part 8

【目的別】吉方位とラッキー方位

夢や希望を叶《かな》える方位の使い方

★――自分の目的に合わせた方位活用術

夢を叶える方位はどう探す？

「幸せな結婚をしたい」、「事業を成功させたい」、「家族全員が健康で豊かに暮らしたい」。みなさんの夢を叶えるためには、どうすればいいのでしょうか。

九星にはそれぞれ象意《しょうい》という意味があります。八方位にもまた、九星に準じた意味があります。

九星と八方位の意味は、お互いの相生《そうしょう》・相剋《そうこく》に応じて、吉にもなり、凶にもなり、意味合いも違ってきます。それを、あなたの夢に応じてどう活用していけばいいのでしょうか。吉方位を使いこなすことは多少難しいものです。

わたしは長年にわたって、たくさんの方から方位についての相談を受けてきました。その経験と膨大なデータを用いて、叶えたい夢に応じた吉方位の効果的な活用法を紹介していきましょう。

目的に合わせた11の方位表

本書では、要望の多い夢や希望に合わせて、11の方位表を用意しました。これらの方位表をどのように使っていけばいいかについて、簡単に説明します。

①移転・新居をかまえるのに良い方位
②金運に恵まれる方位
③恋愛・結婚運に恵まれる方位
④実力が発揮できる就職先・転職先
⑤楽しい旅行ができるラッキー方位
⑥良い買い物ができるラッキー方位
⑦良い医師・良い治療法に恵まれる病院の方位
⑧トラブルなく取引・契約できるラッキー方位
⑨入学・転校におすすめの学校・幼稚園・塾方位
⑩散歩で運気アップできる方位
⑪独立・開業のラッキー方位

移転に使う3つの方位表

気学の方徳《ほうとく》を手に入れるなら、吉方位に引っ越すことが一番。

あなたがもし、近ぢか新居購入を考えているのだとしたら、またとないチャンスです。自分の思ったとおりの夢に合わせた吉方位を探しだし、引っ越しの期日を決めましょう。

そのときに使っていただきたいのは、本命をもとに移転に適した年月の吉方位を割り出す方位表です。11の方位表のうち、①〜③がこれにあたります。

幸運な人生、さらなる飛躍、発展を願うのなら、①の「移転・新居をかまえるのに良い方位」を参考にしてください。

金運・財運の上昇を願うのなら、②の「金運に恵まれる方位」で、金運アップが叶う方位への転居先を探してください。

最高の出会い、人生をともにする伴侶《はんりょ》を得たいのであれば、③の「恋愛・結婚運に恵まれる方位」を参考に引っ越しを考えてみてはいかがでしょうか。

日常生活をより豊かにする8つの方位表

今は移転・引っ越しを考えていないという人は、良い方位を活用して日常生活をより豊かなものにしていくことです。④〜⑪までの8つの方位表がこれにあたります。

ここでいう良い方位とは、本命から見た吉方位とラッキー方位です。吉方位は、九星の相生・相剋の判断をもとに割り出した方位です。一方、ラッキー方位とは、そのときその方位にある九星の象意を用いて、良い作用を得られる方位のことです。本命の相生・相剋を見るのとは異なります。

④〜⑪では、望みを叶えたい目的に合わせて、吉方位とラッキー方位を織り交ぜた最適な方位を示してあります。ぜひとも、これらの方位表を活用して豊かな日常生活を手にしてください。

なお、各項目の方法は、ここに挙げたものがすべてではありません。ほかにもあるので、Part5を参考にしてご自分で選んでみてください。

①移転・新居をかまえるのに良い方位

★――吉方位の恩恵を最大限に生かせる引っ越し

引っ越しは方位の効果がいちばん強い

引っ越しは、方位の効果が最も強く現れます。吉方位で引っ越しをすれば、金運、家族運、健康運、仕事運など何ごとにおいても運気がアップします。

反対に凶方位へ引っ越しをすると、すべての運気がダウンしてしまいます。年盤を用いた方位の効果は60年続きますから、良い方位を選ぶことが何より重要です。

ひと月以上の滞在となる長期旅行や留学も、引っ越しと同じ意味を持ちます。高齢者施設への入居も、吉方位を選んでください。

引っ越しの日にちはいつを見る？

気学では、引っ越しをした日、つまり移転日は、その家で寝泊まりをはじめた日となります。賃貸契約を交わした日や家の購入日、住民票を移した日ではありません。

引っ越しでは、年盤と月盤が重要です。左ページの方位表を参考に、引っ越し（新居に住みはじめる日）の年・月と方位を選びます。

方徳をより長く受け取るために

引っ越しは、本命（生年精気）と月命（生月精気）の共通する吉方位を選ぶのが理想です。しかし、共通する吉方位がなかなかめぐってこない場合があり、こういうときは方位も限られます。

方徳による幸運は、早ければ早いほど長く受けられますから、本命・月命の共通する吉方位を待つより、本命から見た吉方位を選んだほうが賢明です。

また、家族で引っ越しをする場合、それぞれの本命が異なるため、吉方位を見つけるのが難しくなります。

基本的には一家を支える主を優先してください。

移転・新居をかまえるのに良い方位

（高齢者施設への入居にも使えます）

【例】本命が八白土星の人が引っ越しを考えている場合

八白土星 生まれ

'26 令8	'25 令7	'24 令6	'23 令5	'22 令4	'21 令3	年／月
西北	北	／	東	南	／	2
／	／	北東	／	西北	北東	3
／	東	東南	北東	西	北東	4
／	東	／	／	／	北	5
／	南	南西	東	南	／	6
東南	北	南西	／	／	／	7
／	南	東南	東	南	／	8
南西	／	／	／	西	／	9
南西	／	北東	東	／	北	10
西北	北	／	東	南	／	11
／	／	北東	／	西北	北東	12
／	東	東南	北東	西	北東	1

2022年（令和4年）4月に移転希望

4月の吉方位は西となっています。西で気に入った物件を見つけましょう。

2022年（令和4年）に引っ越したい。南に良い物件を見つけた

南が吉方位となる2月、6月、11月に引っ越しをするとよいでしょう。

二黒土星 生まれ

'26 令8	'25 令7	'24 令6	'23 令5	'22 令4	'21 令3	年／月
東	東	南	／	南	西	2
／	東	北東	／	／	北東	3
／	／	南西	北東	／	北東	4
／	東	南	南	／	／	5
／	／	南西	北東	西北	／	6
南西	／	南西	南	西	／	7
東	南	／	南	西	／	8
南西	南	／	／	南	／	9
南西	北	北東	／	南	西	10
東	東	南	／	南	西	11
／	東	北東	／	／	北東	12
／	／	北	北東	／	北東	1

一白水星 生まれ

'26 令8	'25 令7	'24 令6	'23 令5	'22 令4	'21 令3	年／月
／	北	／	／	西	東	2
／	／	／	／	／	／	3
南西	／	南	／	東	／	4
西	南	南	／	東南	／	5
西	／	北東	／	東南	／	6
／	／	／	／	東	東	7
西	西	南	／	東南	／	8
北東	西	／	／	西	／	9
北東	南	／	／	西北	東	10
／	北	／	／	西	東	11
／	西	／	／	西	／	12
／	／	南	／	東	／	1

移転・新居をかまえるのに良い方位

（高齢者施設への入居にも使えます）

四緑木星 生まれ

'26 令8	'25 令7	'24 令6	'23 令5	'22 令4	'21 令3	年／月
西	東南	／	／	／	／	2
／	／	／	／	／	／	3
／	／	南西	南西	／	／	4
／	／	／	／	／	／	5
／	／	／	南西	／	／	6
／	／	／	／	／	／	7
／	／	／	／	東	／	8
東南	／	／	／	／	／	9
／	／	南西	／	／	北東	10
西	／	／	／	／	／	11
／	／	／	／	／	／	12
／	／	／	／	／	／	1

三碧木星 生まれ

'26 令8	'25 令7	'24 令6	'23 令5	'22 令4	'21 令3	年／月
／	西	／	／	東南	／	2
北東	／	／	南西	東南	／	3
／	／	南西	／	／	／	4
東南	西	／	／	／	東	5
／	／	／	南西	／	／	6
／	東	／	／	／	／	7
／	／	／	／	南	／	8
東南	／	南西	／	／	／	9
／	／	／	／	／	東	10
／	西	／	／	／	／	11
北東	／	／	南西	東南	／	12
／	／	／	／	／	／	1

六白金星 生まれ

'26 令8	'25 令7	'24 令6	'23 令5	'22 令4	'21 令3	年／月
／	東南	北	／	／	西	2
／	／	南	北東	／	／	3
／	東南	南	／	西	北	4
南西	東南	東南	南西	／	／	5
南西	／	／	南	北東	／	6
／	／	東南	南	北	西	7
／	／	東南	／	西	／	8
西北	／	南	南西	北東	／	9
東	／	北	／	北	北	10
／	／	北	／	／	西	11
／	／	／	北東	／	／	12
／	東南	南	／	西	北	1

五黄土星 生まれ

'26 令8	'25 令7	'24 令6	'23 令5	'22 令4	'21 令3	年／月
東	北	南	東	南	西	2
東南	東	北東	南	西北	北東	3
／	東	東南	北東	西	北	4
南西	東	北	南	／	北	5
東	南	南西	東	南	／	6
東南	北	南西	南	西	西	7
東	南	東南	東	南	／	8
南西	南	東南	／	北東	／	9
東	北	北	東	南	北	10
西北	北	南	東	南	西	11
東南	東	北東	／	西北	北東	12
／	東	東南	北東	西	北	1

移転・新居をかまえるのに良い方位

（高齢者施設への入居にも使えます）

八白土星 生まれ

'26 令8	'25 令7	'24 令6	'23 令5	'22 令4	'21 令3	年／月
西北	北	／	東	南	／	2
／	／	北東	／	西北	北東	3
／	東	東南	北東	西	北東	4
／	東	／	／	／	北	5
／	南	南西	東	南	／	6
東南	北	南西	／	／	／	7
／	南	東南	東	南	／	8
南西	／	／	／	西	／	9
南西	／	北東	東	／	北	10
西北	北	／	東	南	／	11
／	／	北東	／	西北	北東	12
／	東	東南	北東	西	北東	1

七赤金星 生まれ

'26 令8	'25 令7	'24 令6	'23 令5	'22 令4	'21 令3	年／月
東	東南	北東	東	／	北	2
西北	／	／	南	西北	／	3
／	東南	北東	／	／	／	4
／	／	東南	／	／	／	5
東	東南	／	東	西北	／	6
／	／	東南	／	北	／	7
／	／	／	／	北	西	8
西北	／	東南	／	／	／	9
西北	／	／	／	北東	西	10
東	／	北東	東	／	北	11
西北	／	／	／	西北	西	12
／	東南	北東	／	西北	／	1

九紫火星 生まれ

'26 令8	'25 令7	'24 令6	'23 令5	'22 令4	'21 令3	年／月
／	／	東南	／	／	東	2
／	／	／	／	東	東	3
東	／	東南	東	東南	北	4
北東	／	／	東	／	／	5
東	／	／	東	／	西	6
／	／	東南	／	東	西	7
／	／	北	／	東南	北	8
西	／	北	／	／	北	9
北東	／	北	／	／	西	10
／	／	／	／	／	東	11
／	／	／	／	東	東	12
東	／	東南	東	東南	北	1

②金運に恵まれる方位

★——誰もが望む豊かな生活へステップアップ

吉方位を使えば、いずれ豊かな生活に

引っ越しや移転で吉方位を使えば、基本的にはどの方位でも運勢は好転して、いずれは金銭運が上昇します。なかでも、とくに金運アップにつながる方位を左ページから紹介しています。

空欄《くうらん》になっている月は、金運がアップする方位はありません。どうしてもという人は待つしかありませんが、200ページの「移転・新居をかまえるのに良い方位」を使って引っ越しをしても良い結果が得られます。

豊かな生活が待っています。

金運アップできるさまざまな方位

金運が良くなる道のりは、用いる九星と方位の象意《しょうい》によってさまざまです。

なかでも金運に特化するのは、七赤金星がめぐっている方位か西を使った吉方移転です。

この方位には「金銭」の象意があり、吉方位として使うと、どの方位よりも早くお金が入ってきます。

事業で成功したい人、とにかく金銭的な苦労はしたくないという人には、ぜひ使っていただきたい方位です。

個人事業主や経営者の場合は、「信用」という象意を持つ四緑木星か東南を吉方位として用いると、周囲から信頼されるようになり、結果的に商売繁盛につながるでしょう。

また、八白土星か北東の方位には「蓄財」の象意があります。この方位を吉方位として用いると、貯金が増えます。

金運を上げたい人は、自分のほしい運気に合わせて、これらの方位を用いて引っ越しを考えてもいいでしょう。ただし、どんな場合も吉方位で移転することが前提となりますので気をつけましょう。

金運に恵まれる方位

【例】本命が六白金星の人が金運をアップさせたい

六白金星 生まれ						
'26 令8	'25 令7	'24 令6	'23 令5	'22 令4	'21 令3	年／月
／	／	北	／	／	西	2
／	／	南	北東	／	／	3
／	東南	南	／	西	北	4
南西	東南	／	北東	／	／	5
南西	／	／	北東	北東	／	6
／	／	東南	南	西	西	7
／	／	東南	／	西	／	8
南西	／	南	南西	北東	／	9
東	／	北	／	北	西	10
／	／	北	／	／	西	11
／	／	／	北東	／	／	12
／	東南	南	／	西	北	1

2021年(令和３年)の秋頃に金運をアップさせたい

10月と11月の西に金運アップの吉方位がめぐっています。自宅から見て西に物件を探し、10月か11月に移転をすれば金運に恵まれるでしょう。

二黒土星 生まれ						
'26 令8	'25 令7	'24 令6	'23 令5	'22 令4	'21 令3	年／月
東	北	南	／	／	西	2
／	東	南	／	／	北東	3
／	／	南	北東	／	／	4
／	／	北	南	／	／	5
／	／	南西	北東	西北	／	6
南西	／	／	南	西	／	7
東	／	／	南	西	／	8
南西	南	／	／	／	／	9
東	南	北東	／	南	西	10
東	北	南	／	／	西	11
／	東	北東	／	／	北東	12
／	／	南	北東	／	／	1

一白水星 生まれ						
'26 令8	'25 令7	'24 令6	'23 令5	'22 令4	'21 令3	年／月
／	北	／	／	西	／	2
／	／	／	／	／	／	3
南西	／	南	／	東	／	4
西	北	南	／	東南	／	5
西	／	北東	／	／	／	6
／	／	／	／	／	東	7
西	西	南	／	西	／	8
南西	西	／	／	西	／	9
南西	南	／	／	／	／	10
／	北	／	／	西	／	11
／	西	／	／	西	／	12
／	／	南	／	東	／	1

金運に恵まれる方位

四緑木星 生まれ

'26	'25	'24	'23	'22	'21	年
令8	令7	令6	令5	令4	令3	月
西	／	／	／	／	／	2
／	／	／	／	／	／	3
／	／	／	／	／	／	4
／	／	／	／	／	／	5
／	／	／	／	／	／	6
／	／	／	／	／	／	7
／	／	／	／	／	／	8
西	／	／	／	／	／	9
／	／	／	／	／	北東	10
西	／	／	／	／	／	11
／	／	／	／	／	／	12
／	／	／	／	／	／	1

三碧木星 生まれ

'26	'25	'24	'23	'22	'21	年
令8	令7	令6	令5	令4	令3	月
／	西	／	／	／	／	2
北東	／	／	／	／	／	3
／	／	／	／	／	／	4
／	西	／	／	／	／	5
／	／	／	／	／	／	6
／	／	／	／	／	／	7
／	／	／	／	／	／	8
北東	／	／	／	／	／	9
／	／	／	／	／	／	10
／	西	／	／	／	／	11
北東	／	／	／	／	／	12
／	／	／	／	／	／	1

六白金星 生まれ

'26	'25	'24	'23	'22	'21	年
令8	令7	令6	令5	令4	令3	月
／	／	北	／	／	西	2
／	／	南	北東	／	／	3
／	東南	南	／	西	北	4
南西	東南	／	北東	／	／	5
南西	／	／	北東	北東	／	6
／	／	東南	南	西	西	7
／	／	東南	／	西	／	8
南西	／	南	南西	北東	／	9
東	／	北	／	北	西	10
／	／	北	／	／	西	11
／	／	／	北東	／	／	12
／	東南	南	／	西	北	1

五黄土星 生まれ

'26	'25	'24	'23	'22	'21	年
令8	令7	令6	令5	令4	令3	月
東	北	南	／	／	西	2
／	東	南	南	／	北東	3
／	東	南	北東	西	北東	4
南西	／	北	北東	／	北	5
東	／	南西	北東	西北	／	6
南西	北	東南	南	西	西	7
東	／	東南	南	西	／	8
南西	南	南	／	西	／	9
東	南	北	東	北東	西	10
東	北	南	／	／	西	11
／	東	北東	／	／	北東	12
／	東	南	北東	西	北東	1

金運に恵まれる方位

八白土星 生まれ

'26 令8	'25 令7	'24 令6	'23 令5	'22 令4	'21 令3	年／月
東南	北	／	／	／	／	2
／	／	北東	／	／	北東	3
／	東	北東	北東	西	北東	4
／	／	／	／	／	北	5
／	／	南西	北東	西北	／	6
南西	北	／	／	／	／	7
／	／	東南	／	西	／	8
南西	／	／	／	西	／	9
南西	／	北東	東	／	北東	10
／	北	／	／	／	／	11
／	／	北東	／	／	北東	12
／	東	北東	北東	西	北東	1

七赤金星 生まれ

'26 令8	'25 令7	'24 令6	'23 令5	'22 令4	'21 令3	年／月
東	／	北東	／	／	／	2
西北	／	／	南	／	／	3
／	東南	北東	／	／	／	4
／	／	／	／	／	／	5
東	／	／	南	北東	／	6
／	／	東南	／	／	／	7
／	／	／	／	／	西	8
／	／	／	／	／	／	9
／	／	／	／	北東	西	10
東	／	北東	／	／	／	11
西北	／	／	／	／	西	12
／	東南	北東	／	／	／	1

九紫火星 生まれ

'26 令8	'25 令7	'24 令6	'23 令5	'22 令4	'21 令3	年／月
／	／	／	／	／	／	2
／	／	／	／	東	／	3
西	／	北	／	東南	北	4
東	／	／	／	／	／	5
東	／	／	／	／	東	6
／	／	東南	／	／	西	7
／	／	／	／	／	／	8
西	／	北	／	／	／	9
西	／	北	／	／	西	10
／	／	／	／	／	／	11
／	／	／	／	東	／	12
西	／	北	／	東南	北	1

③恋愛・結婚運に恵まれる方位

★——恋愛運・結婚運がアップする吉方位

良縁に恵まれる吉方位へ出かける

良い出会いがしたい、楽しいデートがしたい。恋愛に関する運気アップは、自分の本命（生年精気）から見た吉方位を利用することで叶えられます。

良縁を望むのであれば、吉方位へ移転、もしくは旅行をすると、出会いのチャンスに恵まれるでしょう。

毎日の散歩でも、できるだけ吉方位を利用して出かけると運気は徐々に上昇します。日の吉方位の割り出し方は、245ページからの「アクションを起こす吉日《きちじつ》を選ぶ」を参考にしてください。

パートナーがいる人も、旅行やデートは吉方位を調べてから行き先を決めると良い結果になります。楽しい時間を過ごすことができ、二人の愛が深まります。

これから結婚する人は

結婚が決まり、新婚旅行や新居選びをするときは、しっかり吉方位を選ぶようにしましょう。必ずや幸せな結婚生活を送ることができます。

凶方位を用いると、結婚生活がうまくいかなくなるだけではなく、事故やトラブルに巻き込まれるなどして、大きな苦労を背負うことになります。

気学でいちばん重要になるのは新居の方位です。結婚式の日取りはさほど運勢に影響しません。

結婚が決まったらまず、パートナーと自分の本命から見た吉方位を調べて、二人が吉方移転できる時期と場所を選びます。

引っ越しの日程を先に決めてから、結婚式の日取りを決めていきましょう。そうすれば、幸せな結婚生活をスタートさせることができます。

また、新居選びに吉方位を用いることで、生まれてくる子どもにも吉作用が訪れます。

恋愛・結婚運に恵まれる方位

【例】本命が九紫火星の人が恋愛運・結婚運をアップさせたい場合

2024年（令和6年）前半に結婚予定。新居はどう選ぶ？

2月と4月に東南の吉方位がめぐっています。パートナーの方位も確認し、二人そろって吉方移転ができれば、方位の恩恵を授かり、幸せな新婚生活をスタートさせることができるでしょう。

九紫火星 生まれ

'26 令8	'25 令7	'24 令6	'23 令5	'22 令4	'21 令3	年／月
／	／	東南	／	／	東	2
／	／	／	／	北東	東	3
西	／	東南	東	東南	北	4
北東	／	／	／	／	／	5
／	／	／	／	／	西	6
／	／	東南	／	東	西	7
／	／	北	／	東南	北	8
西	／	北	／	／	北	9
西	／	北	／	／	東	10
／	／	／	／	／	東	11
／	／	／	／	北東	東	12
西	／	東南	東	東南	北	1

2022年（令和4年）に転居予定。恋愛運をアップさせたい

3月は北東、4月は東南に恋愛運アップの吉方位がめぐっています。この方位に移転できれば、運勢は好転し、良い出会いにも恵まれます。

二黒土星 生まれ

'26 令8	'25 令7	'24 令6	'23 令5	'22 令4	'21 令3	年／月
／	北	南	／	南	西	2
／	東	南	／	／	北東	3
／	／	南	北東	／	北東	4
／	東	南	南	／	／	5
／	／	南西	北東	／	／	6
南西	／	南西	南	西	／	7
東	南	／	南	南	／	8
南西	南	／	／	南	／	9
南西	南	北東	／	南	西	10
／	北	南	／	南	西	11
／	東	北東	／	／	北東	12
／	／	南	北東	／	北東	1

一白水星 生まれ

'26 令8	'25 令7	'24 令6	'23 令5	'22 令4	'21 令3	年／月
／	西	／	／	西	東	2
／	／	／	／	／	／	3
南西	／	南	／	東	／	4
西	北	南	／	東南	／	5
西	／	北東	／	東南	／	6
／	／	／	／	東	東	7
西	西	南	／	西	／	8
南西	西	／	／	西	／	9
北東	南	／	／	西北	東	10
／	西	／	／	西	東	11
／	西	／	／	／	／	12
／	／	南	／	東	／	1

恋愛・結婚運に恵まれる方位

四緑木星 生まれ

'26 令8	'25 令7	'24 令6	'23 令5	'22 令4	'21 令3	年／月
西	東南	／	／	／	／	2
／	／	／	／	／	／	3
／	／	南西	南西	／	／	4
／	／	／	／	／	／	5
／	／	／	南西	／	／	6
／	／	／	／	／	／	7
／	／	／	／	南	／	8
東南	／	／	／	／	／	9
／	／	南西	／	／	北東	10
西	／	／	／	／	／	11
／	／	／	／	／	／	12
／	／	／	／	／	／	1

三碧木星 生まれ

'26 令8	'25 令7	'24 令6	'23 令5	'22 令4	'21 令3	年／月
／	東	／	／	東南	／	2
北東	／	／	南西	東南	／	3
北東	／	南西	／	／	／	4
東南	西	／	／	／	東	5
／	／	／	南西	／	／	6
／	東	／	／	／	／	7
／	／	／	／	南	／	8
東南	／	南西	／	／	／	9
／	／	／	／	／	東	10
／	東	／	／	／	／	11
北東	／	／	南西	東南	／	12
北東	／	／	／	／	／	1

六白金星 生まれ

'26 令8	'25 令7	'24 令6	'23 令5	'22 令4	'21 令3	年／月
／	東南	北	／	／	北	2
／	／	南	南	／	／	3
／	東南	東南	／	西	北	4
南西	東南	東南	北東	／	北	5
南西	／	／	北東	北東	／	6
／	／	東南	南	西	西	7
／	／	東南	／	北	／	8
南西	／	南	／	北東	／	9
東	／	北	／	北	西	10
／	／	北	／	／	北	11
／	／	／	北東	／	／	12
／	／	東南	／	西	北	1

五黄土星 生まれ

'26 令8	'25 令7	'24 令6	'23 令5	'22 令4	'21 令3	年／月
東南	南	南	／	南	西	2
東南	東	南	南	／	北東	3
／	東	北	北東	西	北	4
南西	東	南	南	／	北	5
／	南	南西	北東	南	／	6
南西	北	南西	南	西	西	7
東	南	東南	南	南	／	8
南西	南	東南	／	西	／	9
南西	南	北東	東	南	西	10
西北	南	南	／	南	西	11
東南	東	北東	／	／	北東	12
／	東	北	北東	西	北	1

恋愛・結婚運に恵まれる方位

八白土星 生まれ

'26 令8	'25 令7	'24 令6	'23 令5	'22 令4	'21 令3	年／月
東南	北	／	／	南	／	2
／	／	北東	／	／	北東	3
／	東	東南	北東	西	北東	4
／	東	／	／	／	北	5
／	南	東南	北東	南	／	6
南西	北	南西	／	／	／	7
／	南	東南	東	西	／	8
南西	／	／	／	西	／	9
南西	／	北東	東	／	北	10
西北	北	／	／	南	／	11
／	／	北東	／	／	北東	12
／	東	東南	北東	西	北東	1

七赤金星 生まれ

'26 令8	'25 令7	'24 令6	'23 令5	'22 令4	'21 令3	年／月
／	東南	／	／	／	北	2
／	／	／	南	／	／	3
／	東南	東南	／	／	／	4
／	／	東南	／	／	／	5
／	東南	／	南	北東	／	6
／	／	東南	／	北	／	7
／	／	／	／	北	西	8
／	／	東南	／	／	／	9
／	／	／	／	／	西	10
／	／	／	／	／	北	11
／	／	／	／	／	西	12
／	東南	東南	／	西北	／	1

九紫火星 生まれ

'26 令8	'25 令7	'24 令6	'23 令5	'22 令4	'21 令3	年／月
／	／	東南	／	／	東	2
／	／	／	／	北東	東	3
西	／	東南	東	東南	北	4
北東	／	／	／	／	／	5
／	／	／	／	／	西	6
／	／	東南	／	東	西	7
／	／	北	／	東南	北	8
西	／	北	／	／	北	9
西	／	北	／	／	東	10
／	／	／	／	／	東	11
／	／	／	／	北東	東	12
西	／	東南	東	東南	北	1

④ 実力が発揮できる就職先・転職先

★――就職・転職で失敗しない方位を選ぶ

会社として良い象意を持つ方位へ

就職先を選ぶときは、先方の状態を見ます。就職したいと思う会社の方位を運行している九星象意で判断します。

その際、会社との縁がいつ生じたのかがポイントになります。その会社の情報を初めて知り得たのはいつなのかをもとに、方位を調べていきます。

就職先の方位は、自宅から見た方位です。求職活動は、左ページからのラッキー方位表を参考に進めてください。

四緑木星には、「信用」「評判」という象意があります。この方位にある会社は、社会的な信用があり、世間的にも評判の良い会社と思われます。

六白金星は「充実」「多忙」の象意があります。この方位にある会社は実績にすぐれ、これからの仕事にやりがいを感じることができるでしょう。

七赤金星方位にある会社は、経営状態が良く、満足いく給与を得られることができます。

会社選びに適さない方位

一白水星には「貧乏」「悪知恵」「落胆」という象意があります。そのため、就職先にはあまり向かない方位です。

たとえ一白水星のめぐる方位が自分の本命から見て吉方位だったとしても、その会社の内実は資金繰りに苦しんでいる倒産寸前の会社であったり、不正を行っている会社であったりする可能性があります。

また、五黄殺《ごおうさつ》方位、その反対に位置する悪殺気《あくさっき》方位にある会社も、就職後に会社経営が破綻《はたん》していることがわかったり、詐欺《さぎ》経営をしている会社だったりする可能性があります。これらの方位にある会社は、できるだけ避けるようにします。

実力が発揮できる就職先・転職先

（ラッキー方位）

【例】本命が四緑木星の人が就職先・転職先を探す場合

四緑木星 生まれ

'26 令8	'25 令7	'24 令6	'23 令5	'22 令4	'21 令3	年／月
東南	南	南	東	西	西	2
東南	東	北東	南	東南	北東	3
東	東	南	北東	東南	北東	4
東南	北	北	南	東南	東	5
北東	南	東南	北東	西北	北東	6
南西	西	東南	南	西	東	7
東	南	北	東	西	北	8
南西	西	東南	北東	北東	／	9
南西	北	北東	東	西北	西	10
西北	南	南	東	西	西	11
東南	東	北東	／	東南	北東	12
東	東	南	北東	西	北東	1

転職情報を得てから会社を判断

・2023年（令和5年）6月に転職情報を得た場合

6月のラッキー方位は北東となっています。その会社が自宅から見て北東にあれば、転職を決断してもいいでしょう。

方位から会社を探す方法

・2022年（令和4年）5月に求職活動をする

自宅から見て東南にある会社にアプローチします。

・2022年10月に求職活動をする

自宅から見て西北にある会社を探します。

二黒土星 生まれ

'26 令8	'25 令7	'24 令6	'23 令5	'22 令4	'21 令3	年／月
東	北	南	東	西	西	2
南西	東	北東	南	東南	北東	3
東	東	南	北東	東南	北	4
北東	東	北	南	東南	東	5
北東	南	北東	南	西北	北東	6
南西	西	東南	南	西	東	7
東	南	東南	東	西北	東	8
南西	西	東南	北東	西	／	9
南西	南	北東	東	北東	西	10
東	北	南	東	西	西	11
南西	東	北東	／	東南	北東	12
東	東	南	北東	東南	北	1

一白水星 生まれ

'26 令8	'25 令7	'24 令6	'23 令5	'22 令4	'21 令3	年／月
東	北	東南	東	西	西	2
南西	東	北東	南	西北	北東	3
東	西	南	東	西	北東	4
北東	北	北	北東	東南	西	5
北東	南	北東	北東	東南	東	6
西北	西	東南	南	西	東	7
東	西	北	南	東南	東	8
南西	南	東南	北東	北東	／	9
南西	南	北	東	西北	東	10
東	北	北東	東	西	西	11
南西	東	北東	／	西北	西	12
北東	西	南	東	西	北東	1

実力が発揮できる就職先・転職先

（ラッキー方位）

四緑木星 生まれ

'26 令8	'25 令7	'24 令6	'23 令5	'22 令4	'21 令3	年／月
東南	南	南	東	西	西	2
東南	東	北東	南	東南	北東	3
東	東	南	北東	東南	北東	4
東南	北	北	南	東南	東	5
北東	南	東南	北東	西北	北東	6
南西	西	東南	南	西	東	7
東	南	北	東	西	北	8
南西	西	東南	北東	北東	／	9
南西	北	北東	東	西北	西	10
西北	南	南	東	西	西	11
東南	東	北東	／	東南	北東	12
東	東	南	北東	西	北東	1

三碧木星 生まれ

'26 令8	'25 令7	'24 令6	'23 令5	'22 令4	'21 令3	年／月
西北	南	南	東	西	西	2
南西	東	北東	南	東南	北東	3
東	東	南	北東	西	北東	4
東南	北	北	南	東南	西	5
北東	南	東南	北東	東南	北東	6
南西	東	東南	南	西	東	7
東	南	北	東	東南	北	8
南西	西	東南	北東	北東	／	9
南西	北	北東	東	西北	東	10
西北	南	南	東	西	西	11
南西	東	北東	／	東南	北東	12
東	東	南	北東	西	北東	1

六白金星 生まれ

'26 令8	'25 令7	'24 令6	'23 令5	'22 令4	'21 令3	年／月
東南	北	北東	東	西	西	2
南西	東	北東	南	西北	東	3
東	西	南	東	東南	北	4
南西	北	北	北東	東南	北	5
北東	南	北東	南	西北	東	6
東南	西	東南	南	西	東	7
東	南	東南	東	西	北	8
南西	西	南	北東	北東	／	9
南西	北	北	東	北東	北	10
東	北	北東	北東	西	西	11
南西	東	北東	／	西北	東	12
東	西	南	東	東南	北	1

五黄土星 生まれ

'26 令8	'25 令7	'24 令6	'23 令5	'22 令4	'21 令3	年／月
東南	北	北東	東	西	西	2
南西	東	北東	南	東南	東	3
東	西	南	北東	西	北	4
東南	北	北	北東	東南	北	5
北東	南	東南	南	西北	東	6
南西	西	東南	南	西	西	7
東	南	東南	東	西	東	8
南西	西	南	北東	北東	／	9
南西	北	北	東	北東	西	10
東	北	北東	東	西	西	11
南西	東	北東	／	東南	東	12
東	西	南	北東	西	北	1

実力が発揮できる就職先・転職先

（ラッキー方位）

八白土星 生まれ

'26 令8	'25 令7	'24 令6	'23 令5	'22 令4	'21 令3	年／月
東南	北	南	東	西	西	2
南西	東	北東	南	東南	北東	3
北東	西	南	北東	西	北東	4
南西	北	北	南	東南	北	5
北東	南	東南	北東	西北	北東	6
南西	東	東南	南	西	東	7
東	西	東南	東	西	東	8
北東	南	南	北東	北東	／	9
南西	北	北	東	西北	北	10
東	北	南	東	西	西	11
南西	東	北東	／	東南	北東	12
北東	西	南	北東	西	北東	1

七赤金星 生まれ

'26 令8	'25 令7	'24 令6	'23 令5	'22 令4	'21 令3	年／月
東	北	北東	東	西	西	2
南西	東	北東	南	西北	東	3
東	西	北	東	東南	北	4
南西	北	南	北東	東南	北	5
東	南	北東	南	西北	東	6
南西	西	東南	南	西	西	7
東	南	北	東	東南	東	8
北東	西	南	北東	西	／	9
南西	北	北	東	西北	西	10
東	北	北東	東	西	西	11
南西	東	北東	／	西北	東	12
東	西	北	東	東南	北	1

九紫火星 生まれ

'26 令8	'25 令7	'24 令6	'23 令5	'22 令4	'21 令3	年／月
東	西	東南	東	西	西	2
南西	東	北東	南	北東	東	3
東	西	北	東	西	北	4
南西	北	南	北東	東南	西	5
北東	南	北東	南	西北	北東	6
西北	西	東南	南	西	西	7
東	西	北	東	東南	北	8
北東	南	南	北東	北東	／	9
南西	北	北	東	西北	東	10
東	西	北東	東	西	西	11
南西	東	北東	／	北東	東	12
東	西	北	東	西	北	1

⑤楽しい旅行ができるラッキー方位

★――吉方位とラッキー方位を活用して思い出深い旅行を

吉方位旅行で開運を

行き先や時期を、自分で吉方位となるようにコントロールできる旅行は、すぐには引っ越しができない方でも気軽にできる開運法といえます。

金運や恋愛運など方徳《ほうとく》を得るには最低でも1週間以上の滞在が必要ですが、1泊でも吉方位へ旅行すれば、楽しい旅となるでしょう。

1か月以内の短期旅行の場合は、年の五黄殺、悪殺気、水火殺、歳破を避けて、月盤と出発日の日盤の吉方位を使いましょう。1か月以上の長期旅行の場合は、年盤と月盤の吉方位を選ぶようにします。

ラッキー方位で楽しい旅行に

楽しい旅行をしたいと思ったら、象意の効果を狙ったラッキー方位を利用するのがベストです。旅行におすすめの方位は、四緑木星、八白土星、九紫火星が運行する方位です。

家族や友達など複数での旅行では、みんなのラッキー方位を選ぶと、思い出深い旅行となるでしょう。

なお、五黄殺・悪殺気・水火殺・歳破・月破・日破の凶方位は絶対に避けてください。旅行先で盗難や事故などのトラブルに遭ったり、運気が下がり旅行後に災難に見舞われたりする可能性があります。

◆海外の方位は地図とちがう

気学では、外国の方位が必ずしも地図上の方位にあてはまりません。たとえば、アメリカは理論上、北東になりますが、東の作用があらわれます。長年にわたって海外旅行のデータを集めた結果を紹介します。

- アメリカ・ハワイ…東、北海道からは東南
- ヨーロッパ…西
- オーストラリア…北
- グアム…南
- 韓国…東日本からは西、西日本からは西北

楽しい旅行ができるラッキー方位

【例】本命が五黄土星の人が楽しい旅行をしたい場合

五黄土星 生まれ

'26 令8	'25 令7	'24 令6	'23 令5	'22 令4	'21 令3	年／月
東	南	南	東	南	西	2
東南	東	北東	南	西北	東	3
北東	東	東南	北東	西	北東	4
南西	北	南	南	東南	北	5
東	南	南西	北東	東南	東	6
南西	北	南西	南	西	西	7
東	南	東南	南	西	東	8
南西	南	南	北東	北東	／	9
南西	北	北	東	南	西	10
東	南	南	東	南	西	11
東南	東	北東	南西	西北	東	12
北東	東	東南	北東	西	北東	1

2023年（令和5年）5月に家族旅行を計画

5月は南がラッキー方位となっています。家族全員のラッキー方位が南であることが望ましいですが、凶方位ではありませんから南と決めていいでしょう。思い出深い旅行になります。

2022年（令和4年）8月に旅行がしたい

西にラッキー方位がめぐっています。自宅から見て西にある観光地へ出かけましょう。

二黒土星 生まれ

'26 令8	'25 令7	'24 令6	'23 令5	'22 令4	'21 令3	年／月
東	東	南	東	南	西	2
南西	東	北東	南西	東	北東	3
北東	東南	北	北東	東南	北	4
東南	東	南	南	東南	東	5
北東	東南	南西	北東	西北	東	6
南西	東	南西	南	西	／	7
東	南	北	南	西	東	8
南西	南	南西	北東	南	／	9
南西	北	北東	南西	南	西	10
東	東	南	東	南	西	11
南西	東	北東	南西	東	北東	12
北東	東南	北	北東	東南	北	1

一白水星 生まれ

'26 令8	'25 令7	'24 令6	'23 令5	'22 令4	'21 令3	年／月
東南	南	東南	南	西	西	2
南西	東	南	南西	北東	／	3
南西	東	南	東	東	北東	4
東南	南	南	東	東南	西	5
北東	東南	北東	南	東南	北東	6
西北	東	南西	南	東	東	7
西	西	南	南	西	北	8
南西	西	東南	北東	西	北	9
北東	南	南西	東	北東	東	10
／	南	北東	南	西	東	11
南西	西	／	南西	西	西	12
東	東	南	東	東	北東	1

楽しい旅行ができるラッキー方位

四緑木星 生まれ

'26 令8	'25 令7	'24 令6	'23 令5	'22 令4	'21 令3	年/月
西	東南	北	／	西北	東	2
／	東	南	南西	東南	／	3
東	東南	南西	南西	北東	北	4
東	西	東南	南	西	西	5
南西	／	東南	南西	西北	西	6
南西	西	東南	／	西	／	7
東	東	北	東	東	西	8
西	南	北	北東	南	北	9
北東	北	南西	北東	北	北東	10
西	東	北	／	西北	東	11
／	東	／	南西	東南	／	12
東	東南	北	北東	北東	北	1

三碧木星 生まれ

'26 令8	'25 令7	'24 令6	'23 令5	'22 令4	'21 令3	年/月
／	西	東南	／	東南	北東	2
北東	東	南	南西	東南	／	3
東	東南	南西	東	東南	北	4
東南	西	／	南	北	西	5
／	／	北東	南西	西北	北東	6
／	東	東南	／	東	／	7
東	東南	北	東	東南	北	8
北東	南	南西	北東	南	／	9
／	北	北東	／	西北	東	10
／	西	南	／	西	北東	11
北東	東	／	南西	東南	／	12
東	東南	北	東	東南	北	1

六白金星 生まれ

'26 令8	'25 令7	'24 令6	'23 令5	'22 令4	'21 令3	年/月
東	東南	北	／	西	西	2
北東	東	南	北東	北東	北東	3
東	東南	東南	東	西	北	4
南西	東南	東南	北東	北	西	5
南西	南	南西	南	北東	東	6
東南	北	東南	南	西	西	7
東	北	東南	東	西	北	8
南西	南	南	南西	北東	／	9
東	北	北	東	北	北	10
東	西	北	／	西	西	11
北東	東	北東	北東	北東	北東	12
東	東南	東南	東	西	北	1

五黄土星 生まれ

'26 令8	'25 令7	'24 令6	'23 令5	'22 令4	'21 令3	年/月
東	南	南	東	南	西	2
東南	東	北東	南	西北	東	3
北東	東	東南	北東	西	北東	4
南西	北	南	南	東南	北	5
東	南	南西	北東	東南	東	6
南西	北	南西	南	西	西	7
東	南	東南	南	西	東	8
南西	南	南	北東	北東	／	9
南西	北	北	東	南	西	10
東	南	南	東	南	西	11
東南	東	北東	南西	西北	東	12
北東	東	東南	北東	西	北東	1

楽しい旅行ができるラッキー方位

八白土星 生まれ

'26 令8	'25 令7	'24 令6	'23 令5	'22 令4	'21 令3	年／月
東南	東	東南	東	南	西	2
南西	東	北東	南西	西北	北東	3
北東	東	東南	北東	西	北東	4
東南	北	南	南	東南	北	5
北東	南	東南	東	南	北東	6
南西	北	南西	／	北	東	7
東	南	東南	東	西	東	8
南西	西	南	北東	西	／	9
南西	北	北東	東	西北	北	10
西北	東	南	東	南	西	11
南西	東	北東	南西	西北	北東	12
北東	東	東南	北東	西	北東	1

七赤金星 生まれ

'26 令8	'25 令7	'24 令6	'23 令5	'22 令4	'21 令3	年／月
東	東南	北東	東	西	北東	2
西北	東	南	南	西北	東	3
東	東南	北東	北東	東南	北東	4
東南	東	東南	南西	北	西	5
東	東南	北東	東	北東	東	6
東南	西	東南	／	北	／	7
東	東南	北	東	西北	東	8
西北	南	東南	北東	南	／	9
西北	北	北	南西	北東	北	10
東	西	北東	東	西	北東	11
西北	東	／	南西	西北	東	12
東	東南	北東	北東	東南	北東	1

九紫火星 生まれ

'26 令8	'25 令7	'24 令6	'23 令5	'22 令4	'21 令3	年／月
西北	西	東南	南	西北	東	2
西北	東	南	南西	東	東	3
北東	東南	東南	東	東南	北	4
北東	北	／	東	北	西	5
東	南	北東	東	西北	西	6
東南	東	東南	／	東	西	7
西北	東	北	東	東	北	8
北東	南	北	北東	／	北	9
北東	北	北	北東	西北	東	10
西北	西	南西	南	西北	東	11
西北	東	／	南西	東	東	12
北東	東南	東南	東	東南	北	1

⑥ 良い買い物ができるラッキー方位

★――後悔しない買い物をするために

ラッキー方位でショッピング

買い物でも象意《しょうい》の効果が現れます。ショッピングの場合は、買いたい品物に合わせたラッキー方位を用いるのが効果的です。

食品や雑貨など、日常的な買い物は、252ページの「良い買い物ができる日を探して見る」を参考に、できるだけおすすめ方位へ買い物に行くといいでしょう。

良い品物を手に入れるためにおすすめの方位は、「信用」の象意がある四緑木星が運行する方位です。信頼できる商品を適正な価格で手に入れることができるはずです。

宝石や高級車など、高価なものを購入するなら六白金星のめぐる方位が最適です。長く使える良い品を購入することができること受けあいです。

不動産購入は、八白土星が運行する方位を用いると良い物件にめぐり会えます。

高額な買い物ほど方位を考えて

気に入ったものが見つかっても、その場で衝動買いはしないで、一度方位を確かめてから購入することをおすすめします。

とくに大きな買い物をするときは、年・月のラッキー方位を使いましょう。日が良くても月の方位が悪ければ、購入は控えたほうが賢明です。左ページからのラッキー方位表を参考にしてください。

ラッキー方位は吉方位と異なるので、本命から見た相剋方位・精気殺・対気殺を気にする必要はありません。ただし、五黄殺・悪殺気・水火殺・歳破・月破の凶方位がめぐる店で買い物をすると、品質の悪いものを買わされたり、不要なものを買わされたりすることがあります。

高額な買い物であればなおさら、これら凶方位は避けるべきです。

良い買い物ができるラッキー方位

【例】本命が七赤金星の人が良い買い物をしたい場合

七赤金星 生まれ

'26 令8	'25 令7	'24 令6	'23 令5	'22 令4	'21 令3	年／月
東	南	東南	東	南	北東	2
東南	東	南	南	西北	西	3
北東	西	東南	東	東南	北	4
東南	北	南	北東	東南	西	5
東	南	北東	南	東南	東	6
東南	西	南西	／	／	西	7
東	南	北	南	西北	東	8
北東	西	東南	北東	南	／	9
／	北	北	／	北東	西	10
東	西	北東	東	南	北東	11
東南	東	／	／	西北	西	12
北東	西	東南	東	東南	北	1

2023年（令和5年）4月に買い物をしたい

自宅から見て東にあるお店へ出かけましょう。良い買い物ができます。

2022年（令和4年）夏頃に車を購入したい

7月にはラッキー方位がありません。8月になるのを待って、西北にあるカーショップを探すと、満足できる車を購入することができるはずです。

二黒土星 生まれ

'26 令8	'25 令7	'24 令6	'23 令5	'22 令4	'21 令3	年／月
東	西	東南	東	南	北東	2
西北	東	南	南	西北	東	3
東	西	北東	東	東南	北東	4
東南	東	南	南	東南	東	5
東	南	北東	東	東南	東	6
西北	西	東南	／	／	西	7
東	南	北	南	西北	東	8
北東	西	東南	北東	南	／	9
／	北	北東	／	北東	西	10
東	南	北東	東	南	北東	11
東南	東	／	／	西北	東	12
東	西	北東	東	東南	北東	1

一白水星 生まれ

'26 令8	'25 令7	'24 令6	'23 令5	'22 令4	'21 令3	年／月
東	南	東南	東	南	北東	2
東南	東	南	南	北東	東	3
東	西	北東	東	東南	北	4
東南	北	南	北東	東南	西	5
東	南	北東	東	東南	北東	6
西北	東	南西	／	／	西	7
東	南	北	南	西北	東	8
北東	西	東南	北東	南	／	9
／	北	北東	／	西北	東	10
東	西	北東	東	南	北東	11
東南	東	／	／	北東	東	12
東	西	北東	東	東南	北	1

良い買い物ができるラッキー方位

四緑木星 生まれ

'26 令8	'25 令7	'24 令6	'23 令5	'22 令4	'21 令3	年／月
東	西	東南	東	南	北東	2
東南	東	南	南	北東	西	3
東	西	北東	東	東南	北東	4
東南	東	南	南	東南	西	5
東	南	北東	東	東南	北東	6
東南	東	南西	／	／	西	7
東	南	北	南	西北	東	8
東南	西	東南	北東	南	／	9
／	北	北東	／	北東	東	10
東	南	北東	東	南	北東	11
東南	東	／	／	北東	西	12
東	西	北東	東	東南	北東	1

三碧木星 生まれ

'26 令8	'25 令7	'24 令6	'23 令5	'22 令4	'21 令3	年／月
西北	南	東南	東	南	北東	2
東南	東	南	南	北東	西	3
北東	西	北東	東	東南	北東	4
東南	北	南	南	東南	西	5
東	南	北東	東	東南	北東	6
西北	東	南西	／	／	西	7
東	南	北	南	西北	東	8
北東	西	東南	北東	南	／	9
／	北	北東	／	西北	東	10
東	西	北東	東	南	北東	11
東南	東	／	／	北東	西	12
東	西	北東	東	東南	北東	1

六白金星 生まれ

'26 令8	'25 令7	'24 令6	'23 令5	'22 令4	'21 令3	年／月
東	西	東南	東	南	北東	2
西北	東	南	南	西北	西	3
東	西	東南	東	東南	北	4
東南	北	南	南	東南	西	5
東	南	北東	東	東南	北東	6
西北	西	東南	／	／	西	7
東	南	北	南	西北	東	8
北東	西	東南	北東	南	／	9
／	北	北	／	西北	西	10
東	南	北東	東	南	北東	11
西北	東	／	／	西北	西	12
東	西	東南	東	東南	北	1

五黄土星 生まれ

'26 令8	'25 令7	'24 令6	'23 令5	'22 令4	'21 令3	年／月
東	南	東南	東	南	北東	2
西北	東	南	南	西北	西	3
北東	西	北	東	東南	北	4
北東	東	南	北東	東南	東	5
東	南	北東	南	東南	東	6
西北	西	東南	／	／	西	7
東	南	北	南	西北	東	8
東南	西	東南	北東	南	／	9
／	北	北東	／	北東	西	10
東	西	北東	東	南	北東	11
西北	東	／	／	西北	西	12
北東	西	北	東	東南	北	1

良い買い物ができるラッキー方位

八白土星 生まれ

'26 令8	'25 令7	'24 令6	'23 令5	'22 令4	'21 令3	年／月
西北	西	東南	東	南	北東	2
東南	東	南	南	西北	西	3
東	西	東南	東	東南	北東	4
東南	東	南	南	東南	東	5
東	南	北東	東	東南	北東	6
東南	東	南西	／	／	西	7
東	南	北	南	西北	東	8
西北	西	東南	北東	南	／	9
／	北	北	／	北東	東	10
西北	南	北東	東	南	北東	11
東南	東	／	／	西北	西	12
東	西	東南	東	東南	北東	1

七赤金星 生まれ

'26 令8	'25 令7	'24 令6	'23 令5	'22 令4	'21 令3	年／月
東	南	東南	東	南	北東	2
東南	東	南	南	西北	西	3
北東	西	東南	東	東南	北	4
東南	北	南	北東	東南	西	5
東	南	北東	南	東南	東	6
東南	西	南西	／	／	西	7
東	南	北	南	西北	東	8
北東	西	東南	北東	南	／	9
／	北	北	／	北東	西	10
東	西	北東	東	南	北東	11
東南	東	／	／	西北	西	12
北東	西	東南	東	東南	北	1

九紫火星 生まれ

'26 令8	'25 令7	'24 令6	'23 令5	'22 令4	'21 令3	年／月
東	南	東南	東	南	北東	2
西北	東	南	南	北東	東	3
東	西	北	東	東南	北	4
東南	東	南	北東	東南	西	5
東	南	北東	東	東南	北東	6
西北	東	東南	／	／	西	7
東	南	北	南	西北	東	8
北東	西	東南	北東	南	／	9
／	北	北	／	西北	東	10
西北	西	北東	東	南	北東	11
東南	東	／	／	北東	東	12
東	西	北	東	東南	北	1

⑦ 良い医師・良い治療法に恵まれる病院の方位（通院の場合）

★――信頼して長く付き合える病院を探す

病院選びにも方位を活用

信頼できるホームドクターを探したい。持病と長く付き合うために良い医者を見つけたい。このような場合も、方位を用いた病院、医者選びをおすすめします。

病院を選ぶ際には、自宅から見てどの方位にある病院かを判断します。方位の吉凶は、初めてその病院に行く日の方位が基準となります。

通院のたびに日を選ぶのがベストですが、自分で受診日を決められないこともあるでしょうから、最初の受診日を、左ページからの方位表で探していきます。良い医師とめぐり会うことができるはずです。

受診日の割り出し方

まず、自分の本命で方位表が示す方位を探します。たとえば「東南」と出ていたら、自宅から見て東南方位にある病院を探します。

病院が決まったら、できれば次に受診日を決めていきます。246ページの「日盤の作り方」を参考に、五黄殺・悪殺気・水火殺・日破の凶方位ではない日にちを選んでください。

五黄殺・悪殺気・水火殺などの凶方位は、健康な人でも大きな災難をもたらす凶作用があります。緊急事態ではない限り、できるだけ凶方位を避けましょう。

入院の場合は、受診日ではなく入院日が重要となります。できるだけ吉方位を使って入院することをおすすめします。とはいえ、病院を選べないこともあるでしょうから、月と日の大凶方位だけは避けてください。

良い医師・良い治療法に恵まれる病院の方位

（通院の場合）

【例】本命が一白水星の人が良い病院・医師を探したい場合

通院日を決める

東が凶方位になる日は、三碧中宮日、七赤中宮日、と酉の日です。
314ページの日盤表を見て、2月4日から3月5日のあいだ、「三」「七」「酉」でない日を選びます。
たとえば、2月8日は「七丁酉《ひのととり》」で東が凶方位となるため避けたほうがいい日。2月16日は「六乙《きのと》巳《み》」となり、通院日に適しています。

一白水星 生まれ

'26	'25	'24	'23	'22	'21	年／月
令8	令7	令6	令5	令4	令3	
東	西	東南	東	南	北東	2
東南	東	／	南	北東	東	3
東	西	北東	東	東南	北	4
東南	東	南	南	東南	西	5
東	南	北東	南	東南	北東	6
西北	東	南西	／	東	西	7
東	南	北	南	西北	東	8
北東	西	東南	／	南	／	9
南西	／	北	／	西北	東	10
東	西	北東	東	南	北東	11
東南	東	／	／	北東	西	12
東	西	北東	東	東南	北東	1

2023年（令和5年）2月にかかりつけ医を探したい

自宅から見て東にある病院を探しましょう。

二黒土星 生まれ

'26	'25	'24	'23	'22	'21	年／月
令8	令7	令6	令5	令4	令3	
東	南	北東	東	南	北東	2
西北	東	北東	南	東南	東	3
北東	西	北東	東	東南	北東	4
北東	東	南	南	東南	東	5
東	南	東南	東	東南	東	6
西北	西	南西	南	西	西	7
東	南	北	南	西北	東	8
東南	西	南西	北東	南	／	9
南西	北	北東	／	西北	西	10
東	南	北東	東	南	北東	11
西北	東	北東	／	東南	西	12
北東	西	北東	東	東南	北	1

一白水星 生まれ

'26	'25	'24	'23	'22	'21	年／月
令8	令7	令6	令5	令4	令3	
東	西	東南	東	南	北東	2
東南	東	／	南	北東	東	3
東	西	北東	東	東南	北	4
東南	東	南	南	東南	西	5
東	南	北東	南	東南	北東	6
西北	東	南西	／	東	西	7
東	南	北	南	西北	東	8
北東	西	東南	／	南	／	9
南西	南	北	／	西北	東	10
東	西	北東	東	南	北東	11
東南	東	／	／	北東	西	12
東	西	北東	東	東南	北東	1

良い医師・良い治療法に恵まれる病院の方位

（通院の場合）

四緑木星 生まれ

'26 令8	'25 令7	'24 令6	'23 令5	'22 令4	'21 令3	年／月
東	西	東南	東	南	北東	2
東南	東	／	南	北東	東	3
東	西	北東	東	東南	北	4
東南	東	／	南	／	西	5
東	南	東南	東	東南	北東	6
西北	東	南西	／	／	西	7
東	南	北	南	東南	東	8
北東	南	東南	／	南	／	9
／	／	北東	／	西北	東	10
東	西	北東	東	南	北東	11
東南	東	／	／	北東	西	12
東	西	北東	東	東南	北東	1

三碧木星 生まれ

'26 令8	'25 令7	'24 令6	'23 令5	'22 令4	'21 令3	年／月
東	西	東南	東	南	北東	2
東南	東	／	南	東南	東	3
東	西	北東	東	東南	北	4
東南	東	／	南	／	西	5
東	南	東南	南	東南	北東	6
西北	東	南西	／	／	西	7
東	南	北	南	西北	東	8
北東	西	南西	／	南	／	9
西北	／	北東	／	西北	東	10
東	西	北東	東	南	北東	11
東南	東	／	南西	北東	西	12
東	西	北東	東	東南	北東	1

六白金星 生まれ

'26 令8	'25 令7	'24 令6	'23 令5	'22 令4	'21 令3	年／月
東	西	北東	東	南	北東	2
東南	東	南	南	北東	東	3
東	西	北東	東	東南	北	4
東南	東	東南	南	東南	東	5
東	南	北東	東	東南	東	6
西北	西	東南	南	西	西	7
東	南	北	南	東南	東	8
北東	南	南西	南西	南	／	9
東	北	北	／	西北	西	10
東	西	北東	東	南	北東	11
東南	東	／	／	北東	西	12
東	西	北東	東	東南	北東	1

五黄土星 生まれ

'26 令8	'25 令7	'24 令6	'23 令5	'22 令4	'21 令3	年／月
東	南	北東	東	南	北東	2
西北	東	北東	南	東南	東	3
北東	西	北東	東	東南	北東	4
北東	東	南	南	／	東	5
東	南	東南	東	東南	東	6
東南	西	南西	南	西	西	7
東	南	北	南	西北	東	8
東南	西	東南	北東	南	／	9
南西	南	北	東	西北	東	10
東	南	北東	東	南	北東	11
西北	東	北東	／	東南	西	12
北東	西	北東	東	東南	北	1

良い医師・良い治療法に恵まれる病院の方位

（通院の場合）

八白土星 生まれ

'26 令8	'25 令7	'24 令6	'23 令5	'22 令4	'21 令3	年／月
東	南	東南	東	南	北東	2
東南	東	北東	南	東南	東	3
北東	西	北東	東	東南	北	4
東南	東	／	南	／	西	5
東	南	東南	東	東南	北東	6
東南	東	南西	／	／	西	7
東	南	北	南	西北	東	8
東南	西	東南	／	南	／	9
南西	／	北東	東	西北	西	10
東	南	北東	東	南	北東	11
東南	東	北東	／	東南	西	12
北東	西	北東	東	東南	北	1

七赤金星 生まれ

'26 令8	'25 令7	'24 令6	'23 令5	'22 令4	'21 令3	年／月
東	南	北東	東	南	北東	2
東南	東	／	南	北東	東	3
東	西	北東	東	東南	北東	4
北東	東	／	南	／	西	5
東	南	北東	南	東南	北東	6
東南	西	東南	／	北	西	7
東	南	北	南	東南	東	8
西北	南	東南	／	南	／	9
／	／	北	／	西北	西	10
東	南	北東	東	南	北東	11
東南	東	／	／	北東	西	12
東	西	北東	東	東南	北	1

九紫火星 生まれ

'26 令8	'25 令7	'24 令6	'23 令5	'22 令4	'21 令3	年／月
東	西	東南	東	南	北東	2
西北	東	／	南	北東	東	3
東	西	北東	東	東南	北東	4
北東	東	／	南	／	西	5
東	南	北東	南	東南	北東	6
西北	東	東南	／	東	西	7
東	南	北	南	東南	東	8
北東	南	南西	／	南	北	9
西	／	北	／	西北	東	10
東	西	北東	東	南	北東	11
西北	東	／	／	北東	西	12
東	西	北東	東	東南	北	1

⑧ トラブルなく取引・契約できるラッキー方位

★――ラッキー方位を使えば順調に取引成立

取引・契約だけでなく会員登録も

新しく取引をはじめる会社が信用できる良い会社かどうかは、最初に相手先とコンタクトをとった年・月を基準に判断します。その場合、自宅から見た相手先の所在地の方位を見ます。

取引・契約に良い方位は、仕事関係の会社だけでなく、不動産の取得、スポーツジムなどクラブ会員の契約、ネット上での会員登録にも使えます。ネットで手続きする際も、契約先の所在地を確認してください。

次ページからのラッキー方位を用いれば、相手と良好な関係を築きながら大きな利益をもたらします。

ラッキー方位を用いて取引・契約をスタートさせた後も、商談や交渉で相手と会う日は、五黄殺・悪殺気・水火殺・日破の日を避けてください。

大きな取引は準備万端《ばんたん》に

社運をかけた大きな取引をする場合は、あらかじめラッキー方位を調べてから、コンタクトの日程を組むことをおすすめします。

すでに進行中の取引は、初めてコンタクトをとった年・月が五黄殺・悪殺気などの凶方位であれば、白紙に戻すほうが無難です。しかし、一度結んだ契約を取り消すにはリスクをともなうこともあるでしょうから、無理であれば方災《ほうさい》を調べて、できる限りトラブル防止に努めることです。

凶方位を用いた取引・契約は、契約そのものが破綻《はたん》したり、契約後に、相手の抱えるトラブルに巻き込まれたりするおそれがあるので注意が必要です。

トラブルなく取引・契約できるラッキー方位

【例】本命が四緑木星の人が取引を成功させたい場合

四緑木星 生まれ

'26 令8	'25 令7	'24 令6	'23 令5	'22 令4	'21 令3	年／月
東南	南	南	東	西	北東	2
南西	東	北東	南	北東	東	3
北東	西	南	北東	東南	北東	4
東南	北	南	北東	東南	西	5
北東	南	北東	北東	西北	東	6
南西	北	南西	南	西	東	7
東	西	東南	東	西	東	8
東南	南	東南	北東	北東	／	9
北東	南	北東	東	西北	東	10
東	北	南	東	西	北東	11
南西	東	北東	／	北東	東	12
北東	西	南	北東	東南	北東	1

2022年（令和４年）４月に最初にコンタクトをとった

取引先の会社が東南にあれば、良い取引が期待できます。

北東にある会社と取引がしたい

北東にラッキー方位がめぐってくる月にコンタクトをとるといいでしょう。契約日がラッキー方位にあたらない月であっても、最初にコンタクトをとった月がラッキー方位であれば問題ありません。

二黒土星 生まれ

'26 令8	'25 令7	'24 令6	'23 令5	'22 令4	'21 令3	年／月
東南	南	北東	東	西	西	2
東南	東	北東	南	北東	東	3
北東	西	南	東	東南	北東	4
北東	北	南	北東	東南	北	5
北東	南	北東	北東	西北	東	6
南西	西	南西	南	西	東	7
東	西	東南	東	西北	東	8
南西	南	南	北東	西	／	9
東	南	北東	東	北東	西	10
東	北	南	東	西	西	11
東南	東	北東	／	北東	東	12
北東	西	南	東	東南	北東	1

一白水星 生まれ

'26 令8	'25 令7	'24 令6	'23 令5	'22 令4	'21 令3	年／月
東	北	南	東	西	西	2
南西	東	北東	南	北東	東	3
東	西	南	東	西	北	4
東南	北	南	北東	東南	西	5
北東	南	北東	北東	東南	北東	6
西北	北	南西	南	西	東	7
東	西	東南	南	西	東	8
北東	西	東南	北東	北東	／	9
南西	南	北東	東	西北	東	10
東	南	北東	東	西	西	11
南西	東	北東	／	北東	東	12
東	西	南	東	西	北	1

トラブルなく取引・契約できるラッキー方位

四緑木星 生まれ

'26 令8	'25 令7	'24 令6	'23 令5	'22 令4	'21 令3	年／月
東南	南	南	東	西	北東	2
南西	東	北東	南	北東	東	3
北東	西	南	北東	東南	北東	4
東南	北	南	北東	東南	西	5
北東	南	北東	北東	西北	東	6
南西	北	南西	南	西	東	7
東	西	東南	東	西	東	8
東南	南	東南	北東	北東	／	9
北東	南	北東	東	西北	東	10
東	北	南	東	西	北東	11
南西	東	北東	／	北東	東	12
北東	西	南	北東	東南	北東	1

三碧木星 生まれ

'26 令8	'25 令7	'24 令6	'23 令5	'22 令4	'21 令3	年／月
西北	北	東南	東	西	北東	2
南西	東	北東	南	北東	東	3
北東	西	南	北東	東南	北東	4
東南	北	南	北東	東南	東	5
北東	南	北東	北東	西北	北東	6
西北	西	南西	南	西	東	7
東	西	東南	東	西	北	8
北東	南	南	北東	北東	／	9
東	北	北東	東	西北	東	10
西北	南	南	東	西	北東	11
南西	東	北東	／	北東	東	12
北東	西	南	北東	東南	北東	1

六白金星 生まれ

'26 令8	'25 令7	'24 令6	'23 令5	'22 令4	'21 令3	年／月
東南	南	北東	東	西	西	2
南西	東	北東	南	西北	東	3
東	西	南	東	西	北	4
北東	北	南	北東	東南	北	5
北東	南	北東	北東	西北	東	6
東南	北	東南	南	西	東	7
東	西	東南	南	東南	北	8
南西	西	南	北東	西	／	9
東	南	北東	東	北東	西	10
東	北	北東	東	西	西	11
南西	東	北東	／	西北	東	12
東	西	南	東	西	北	1

五黄土星 生まれ

'26 令8	'25 令7	'24 令6	'23 令5	'22 令4	'21 令3	年／月
東	北	南	東	西	西	2
東南	東	北東	南	西北	東	3
北東	西	南	北東	西	北	4
南西	北	南	北東	東南	西	5
東	南	北東	北東	東南	北東	6
南西	西	東南	南	西	西	7
東	西	東南	南	西北	東	8
南西	南	南	北東	西	／	9
南西	北	北東	東	北東	東	10
東	南	北東	東	西	西	11
東南	東	北東	／	西北	東	12
北東	西	南	北東	西	北	1

トラブルなく取引・契約できるラッキー方位

八白土星 生まれ

'26 令8	'25 令7	'24 令6	'23 令5	'22 令4	'21 令3	年／月
東南	南	東南	東	西	西	2
東南	東	北東	南	西北	東	3
北東	西	南	東	西	北東	4
東南	北	南	北東	東南	東	5
北東	南	北東	北東	東南	北東	6
西北	北	南西	南	西	東	7
東	西	東南	東	西北	北	8
南西	西	南	北東	北東	／	9
南西	南	北東	東	西北	西	10
東	北	南	東	西	西	11
東南	東	北東	／	西北	東	12
北東	西	南	東	西	北東	1

七赤金星 生まれ

'26 令8	'25 令7	'24 令6	'23 令5	'22 令4	'21 令3	年／月
東	北	北東	東	西	西	2
東南	東	北東	南	西北	東	3
東	西	南	東	東南	北	4
北東	北	南	北東	東南	北	5
北東	南	北東	北東	西北	東	6
東南	北	東南	南	西	西	7
東	西	東南	南	東南	東	8
南西	西	南	北東	北東	／	9
南西	北	北東	東	西北	東	10
東	南	北東	東	西	西	11
東南	東	北東	／	西北	東	12
東	西	南	東	東南	北	1

九紫火星 生まれ

'26 令8	'25 令7	'24 令6	'23 令5	'22 令4	'21 令3	年／月
東	北	東南	東	西	西	2
西北	東	北東	南	北東	東	3
東	西	南	東	東南	北	4
東南	北	南	北東	東南	西	5
北東	南	北東	北東	西北	北東	6
西北	西	東南	南	西	西	7
西北	西	東南	南	東南	東	8
北東	南	南	北東	北東	／	9
北東	北	北東	東	西北	西	10
東	南	北東	東	西	西	11
西北	東	北東	／	北東	東	12
東	西	南	東	東南	北	1

⑨ 入学や転校におすすめの学校・幼稚園・塾方位

★——良い学校を選ぶなら吉方位《きっぽうい》またはラッキー方位にある学校へ

吉方位で学校を選ぶ

子どもにとって良い学校を選ぶなら、子どもの本命から見た吉方位またはラッキー方位を選ぶのが最適です。運気が上がり、学業においても学校生活においても、充実したものとなります。

学校・幼稚園・塾は、入園する日、入学する日、入塾する日を基準に自宅から見た方位を選びます。毎日通う学校が、凶方位にあたる時期がいずれ訪れますが、最初に通いはじめるときを考えます。

入学式、または通いはじめる年・月・日が吉方位であれば、いうまでもありません。しかし、入学する日は選ぶことはできませんから、年・月で吉方位が運行する方位の学校を選ぶと、子どもにとって良い結果をもたらすことになります。

いくつかの学校を選ぶ余裕があるときは、入学する年・月を優先して、吉方位にある学校を選ぶことをおすすめします。

受験日は実力を発揮できる方位で

これまでは、最初の縁ができたときに吉方位やラッキー方位を選ぶと、良い結果をもたらすと説明してきました。しかし学校選びの場合は、その学校を最初に知ったときではなく、入学・入園したときの方位で判断するということを覚えておいてください。

また、受験日の吉凶を気にする人が多くいます。これはもちろん、本人の実力があっての話ですが、四緑木星、八白土星、九紫火星が運行するラッキー方位にある学校を受験すると、実力をあますところなく発揮でき、良い結果を期待できます。

入学や転校におすすめの学校・幼稚園・塾方位

【例】本命が七赤金星の人が最適な学校に入学したい場合

※小学校入学前のお子さんの場合、保育園・幼稚園は
子どもの生まれ月の九星＜精＞より見ます。

七赤金星 生まれ

'26 令8	'25 令7	'24 令6	'23 令5	'22 令4	'21 令3	年／月
東	西	北	東	東南	北	2
西北	東	／	南	北東	東	3
東	東南	東南	東	東南	北	4
東南	西	東南	南	北	西	5
東	東南	北東	南	東南	北東	6
西北	西	東南	／	北	／	7
東	東南	北	東	東南	東	8
東南	西	南西	／	南	／	9
西北	／	北	／	北東	北	10
東	西	北	東	／	北	11
西北	東	／	／	北東	東	12
東	東南	東南	東	東南	北	1

2024年（令和6年）7月から夏期講習に通塾したい

東南が吉方位となっていますから、自宅から見て東南にある塾を探しましょう。

2022年（令和4年）4月から通学する学校を見つけたい

自宅から見て東南にある学校を探すとよいでしょう。充実した学校生活を送ることができます。

二黒土星 生まれ

'26 令8	'25 令7	'24 令6	'23 令5	'22 令4	'21 令3	年／月
東	東	北東	／	南	西	2
南西	東	北東	／	東南	北東	3
北東	／	南	北東	東南	北東	4
／	北	南	南	東南	東	5
北東	／	北東	北東	東南	東	6
南西	西	南西	南	西	／	7
東	南	北	南	南	東	8
南西	南	南西	北東	南	／	9
南西	北	北東	／	西北	北東	10
東	東	北東	／	南	西	11
南西	東	北東	／	東南	北東	12
北東	／	南	北東	東南	北東	1

一白水星 生まれ

'26 令8	'25 令7	'24 令6	'23 令5	'22 令4	'21 令3	年／月
東南	南	北東	南	西	東	2
東南	東	南	／	北東	／	3
南西	東	南	／	東南	北東	4
東南	北	北	南	東南	西	5
西	／	北東	南	東南	西	6
南西	東	南西	南	東	東	7
西	西	南	南	西	／	8
北東	西	北	／	西	／	9
南西	南	南西	／	北東	東	10
／	南	北東	南	西	東	11
東南	東	／	／	北東	／	12
西	東	南	／	東南	北東	1

入学や転校におすすめの学校・幼稚園・塾方位

四緑木星 生まれ

'26 令8	'25 令7	'24 令6	'23 令5	'22 令4	'21 令3	年／月
西	東	北	／	東南	北東	2
／	東	／	南西	東	／	3
東	東南	南西	南西	北東	北	4
東南	西	／	南	北	西	5
／	／	／	南西	／	北東	6
／	東	／	／	東	／	7
西	東南	北	／	南	西	8
東南	／	北	／	南	／	9
／	／	南西	／	北	北東	10
西	東	北	／	／	北東	11
／	東	／	南西	東	／	12
東	東南	北	／	北東	北	1

三碧木星 生まれ

'26 令8	'25 令7	'24 令6	'23 令5	'22 令4	'21 令3	年／月
／	西	北	／	／	北東	2
北東	東	／	南西	北東	／	3
／	／	南西	／	東南	／	4
東南	西	／	南	北	西	5
／	／	／	南西	北東	東	6
／	東	／	／	／	／	7
／	／	北	／	南	西	8
東南	／	南西	／	南	／	9
／	／	／	／	北	東	10
／	西	北	／	／	北東	11
北東	東	／	南西	北東	／	12
／	／	北	／	東南	／	1

六白金星 生まれ

'26 令8	'25 令7	'24 令6	'23 令5	'22 令4	'21 令3	年／月
西北	西	北	／	／	西	2
南西	東	南	南西	北東	北東	3
東	西	東南	／	西	北	4
北東	東南	東南	南	北	西	5
北東	／	南西	北東	北東	東	6
東南	東	東南	南	西	東	7
東	東南	東南	／	西	北	8
南西	／	南西	北東	南	／	9
東	／	北	／	南	西	10
西北	西	北	／	／	西	11
南西	東	／	南西	北東	北東	12
東	西	東南	／	西	北	1

五黄土星 生まれ

'26 令8	'25 令7	'24 令6	'23 令5	'22 令4	'21 令3	年／月
東	南	北東	東	南	西	2
東南	東	北東	南	東南	北東	3
北東	西	南	東	東南	北	4
南西	北	北	南	東南	東	5
東	南	東南	北東	南	東	6
東南	北	南西	南	西	西	7
東	南	東南	東	南	北	8
南西	西	南西	北東	北東	／	9
南西	北	北	東	北東	北東	10
東	南	北東	東	南	西	11
東南	東	北東	／	東南	北東	12
北東	西	南	東	東南	北	1

入学や転校におすすめの学校・幼稚園・塾方位

八白土星 生まれ

'26	'25	'24	'23	'22	'21	年
令8	令7	令6	令5	令4	令3	月
西北	東	東南	東	南	西	2
南西	東	北東	南	東南	北東	3
北東	西	北東	北東	東南	北東	4
東南	北	北	南	東南	東	5
北東	南	南西	北東	南	北東	6
東南	東	南西	／	西	東	7
／	西	東南	東	南	北	8
西北	西	南西	北東	北東	／	9
南西	北	北東	東	北東	東	10
西北	東	北東	東	南	西	11
南西	東	北東	／	東南	北東	12
北東	西	北東	北東	東南	北東	1

七赤金星 生まれ

'26	'25	'24	'23	'22	'21	年
令8	令7	令6	令5	令4	令3	月
東	西	北	東	東南	北	2
西北	東	／	南	北東	東	3
東	東南	東南	東	東南	北	4
東南	西	東南	南	北	西	5
東	東南	北東	南	東南	北東	6
西北	西	東南	／	北	／	7
東	東南	北	東	東南	東	8
東南	西	南西	／	南	／	9
西北	／	北	／	北東	北	10
東	西	北	東	／	北	11
西北	東	／	／	北東	東	12
東	東南	東南	東	東南	北	1

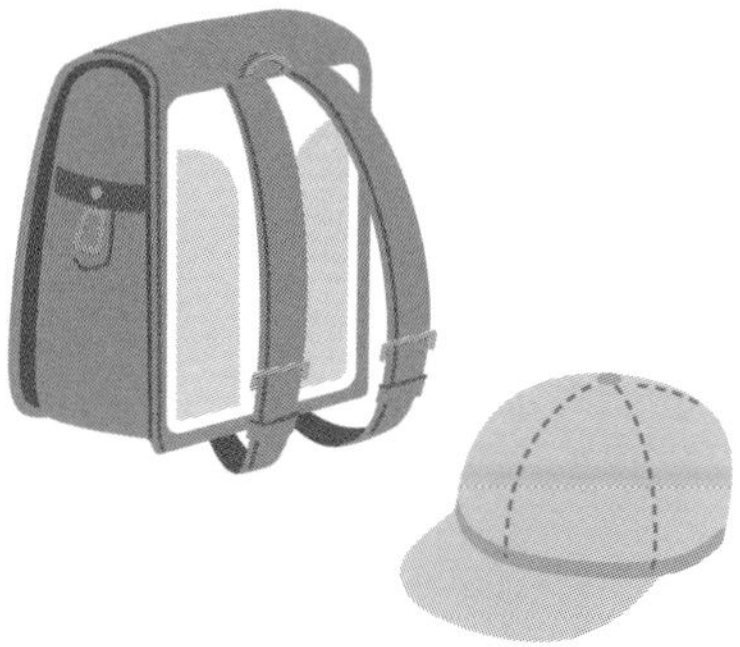

九紫火星 生まれ

'26	'25	'24	'23	'22	'21	年
令8	令7	令6	令5	令4	令3	月
／	西	東南	／	東	東	2
／	東	／	／	北東	東	3
東	西	東南	東	北東	北	4
北東	／	／	東	南	西	5
東	／	東南	東	南	東	6
／	西	東南	／	東	西	7
／	東	北	／	東南	北	8
西	／	北	／	／	北	9
西	／	北	／	／	東	10
／	西	南西	／	東	東	11
／	東	／	／	北東	東	12
東	西	東南	東	北東	北	1

⑩ 散歩で運気アップできる方位

★——わずか1㎞の散歩で叶う開運術

吉方散歩で運気アップを

運気を大きく好転させるには、吉方位への移転が第一。でも毎日の行動に吉方位を取り入れるだけでも、運気は徐々にアップします。

たとえば、散歩に出かけるときに自分の吉方位を調べて、その方位を目指しましょう。基本的には月・日の吉方位を用います。

まず次ページから自分の本命にある「散歩で運気アップできる方位」を調べます。この方位をもとにして、その月の散歩コースを決定します。

そして、246ページの「日盤の作り方」を参考に、その方位が吉方位になる日を散歩に出かける日とします。さらなる効果を期待するなら、293ページの「刻盤《こくばん》表の使い方」を参考に、時刻の吉方位を用いてみましょう。

ただこれができれば最高ですが、なかなかそうはいきません。月の方位の吉方散歩でも十分です。毎日の積み重ねが大切です。

毎日の散歩を実践していくために

出かける先は、自宅から1㎞以上離れた場所にしてください。方徳は1㎞以上の距離を移動しないと得られないからです。一方で、凶方位を使って移動すると、1㎞以内でも凶作用が出ることがありますので注意しましょう。

毎日決まったコースで散歩することを日課にしている人もいることでしょう。しかし、その方位が凶方位になる日は必ずやってきます。そういう日は、気分転換をかねてコースの変更をしてみるのもよいものです。

散歩で運気アップできる方位

【例】本命が二黒土星の人が散歩で運気をアップさせたい場合

二黒土星 生まれ

'26 令8	'25 令7	'24 令6	'23 令5	'22 令4	'21 令3	年／月
東	東	南	東	南	西	2
／	東	南	／	東	北東	3
北東	東南	北	北東	東南	北	4
西	東南	南	南	東南	東	5
北東	東南	南西	南	東南	東	6
南西	西	東南	南	西	／	7
東	南	東南	東	西北	東	8
南西	南	東南	南西	南	／	9
南西	北	北東	南西	南	西	10
東	東	南	東	南	西	11
／	東	北東	／	東	北東	12
北東	東南	北	北東	東南	北	1

2021年（令和3年）10月の散歩コースを決める

西に吉方位がめぐっています。自宅から西へ1㎞以上の範囲で散歩コースを組んでみましょう。

散歩に出かける日を決める

西が凶方位になる日は、三碧中宮日、七赤中宮日と、卯《う》の日です。
313ページの日盤表を見て、「三」「七」「卯」でない日を選びます。

二黒土星 生まれ

'26 令8	'25 令7	'24 令6	'23 令5	'22 令4	'21 令3	年／月
東	東	南	東	南	西	2
／	東	南	／	東	北東	3
北東	東南	北	北東	東南	北	4
西	東南	南	南	東南	東	5
北東	東南	南西	南	東南	東	6
南西	西	東南	南	西	／	7
東	南	東南	東	西北	東	8
南西	南	東南	南西	南	／	9
南西	北	北東	南西	南	西	10
東	東	南	東	南	西	11
／	東	北東	／	東	北東	12
北東	東南	北	北東	東南	北	1

一白水星 生まれ

'26 令8	'25 令7	'24 令6	'23 令5	'22 令4	'21 令3	年／月
東南	南	東	南	西	東	2
東南	／	／	／	北東	／	3
南西	東	南	南西	東	北東	4
西	東南	南	東	東南	北	5
西	東南	北東	／	東南	北東	6
西北	東	南西	南	東	東	7
西	東南	北	南	東南	北	8
南西	西	東南	北東	西	北	9
北東	南	南西	南西	南	東	10
／	南	東	南	西	東	11
東南	／	／	／	北東	／	12
東	東	南	東	東	北東	1

散歩で運気アップできる方位

四緑木星 生まれ

'26 令8	'25 令7	'24 令6	'23 令5	'22 令4	'21 令3	年／月
西	東南	南	／	西北	北	2
／	／	／	／	東南	／	3
／	／	南西	南西	北東	／	4
東	西	東南	南	西	／	5
／	／	東南	南西	／	西	6
／	／	／	／	／	／	7
東	南	／	／	東	西	8
西	／	北東	／	／	北	9
西北	／	北東	北東	／	北東	10
西	／	南	／	西北	北	11
／	西	／	／	東南	／	12
／	／	／	北東	北東	／	1

三碧木星 生まれ

'26 令8	'25 令7	'24 令6	'23 令5	'22 令4	'21 令3	年／月
西北	西	南	／	東	北	2
北東	／	／	北東	東南	／	3
／	／	南西	東	／	／	4
東南	西	／	南	西	西	5
南西	／	東南	南西	北東	北東	6
南西	東	／	／	東	／	7
／	南	／	東	東南	西	8
東南	／	南西	北東	／	／	9
／	／	／	／	西北	東	10
西北	西	南	／	東	北	11
北東	／	／	北東	東南	／	12
／	／	／	東	／	／	1

六白金星 生まれ

'26 令8	'25 令7	'24 令6	'23 令5	'22 令4	'21 令3	年／月
東南	東南	北	／	東南	西	2
／	東	北東	南	東	北東	3
西	東	南	／	西	北	4
南西	東南	東南	南西	東南	／	5
南西	南	南西	南西	北東	東	6
東南	西	東南	南	西	西	7
／	西	東南	／	北	／	8
南西	南	南	南西	北東	／	9
東	北	北	東	北	北	10
／	／	北	／	／	西	11
／	東	北東	北東	東	北東	12
西	東	南	／	西	北	1

五黄土星 生まれ

'26 令8	'25 令7	'24 令6	'23 令5	'22 令4	'21 令3	年／月
東	北	北東	東	南	西	2
東南	東	南	南	西北	東	3
西	西	北東	北東	西	北東	4
南西	東南	南	北東	東	北	5
東	南	南西	東	南	東	6
東南	西	東南	南	西	西	7
東	南	東南	南	南	東	8
南西	西	南	南西	南	／	9
南西	北	北	東	北東	北東	10
東	北	北東	東	南	西	11
東南	東	北東	／	西北	東	12
西	西	北	北東	西	北東	1

散歩で運気アップできる方位

八白土星 生まれ

'26 令8	'25 令7	'24 令6	'23 令5	'22 令4	'21 令3	年／月
東南	東	南	東	南	西	2
／	／	北東	南	西北	東	3
北東	東	北東	北東	西	北東	4
／	東南	北	南	東南	北	5
北東	南	東南	東	南	／	6
東南	北	南西	／	北	西	7
／	南	東南	東	西	東	8
西北	西	南	南西	西	／	9
南西	／	北	南西	北東	北東	10
西北	東	南	東	南	西	11
／	／	北東	／	西北	東	12
北東	東	北東	北東	西	北東	1

七赤金星 生まれ

'26 令8	'25 令7	'24 令6	'23 令5	'22 令4	'21 令3	年／月
東	東南	北東	東	東南	北	2
西北	東	南	南	西北	東	3
西	東南	東南	／	東南	北東	4
／	東	東南	南西	東	／	5
東	南	／	東	南	東	6
東南	西	東南	／	北	／	7
／	北	／	／	北	西	8
西北	南	南	／	南	／	9
西北	／	北	南西	北東	西	10
東	／	北東	東	／	北	11
西北	東	／	北東	西北	東	12
西	東南	東南	／	東南	北東	1

九紫火星 生まれ

'26 令8	'25 令7	'24 令6	'23 令5	'22 令4	'21 令3	年／月
／	／	北東	南	西北	北東	2
南西	東	／	南	東	東	3
東	東南	東南	東	北東	北	4
東	北	／	南西	北	／	5
東	南	北東	東	西北	東	6
／	北	東南	／	東	西	7
／	東南	北	／	東南	北	8
西	／	北	北東	／	北	9
北東	北	北	北東	西北	西	10
／	／	北東	南	西北	北東	11
南西	東	／	南西	東	東	12
東	東南	東南	東	北東	北	1

⑪ 独立・開業のラッキー方位

★――会社設立・開店で快調なスタートを切るために

気学を使って独立・開業

会社を設立したい、お店の経営をはじめたい。独立・開業は、これからの人生を左右する大きな決断です。これまで蓄《たくわ》えてきた資金、実績を有効に使い、夢を叶えるために、気学を大いに活用すれば結果良しです。

独立・開業で方位を判断する場合は、開業する年・月が基準になります。方位は、自宅から見た会社・お店の所在地となる方位です。

方位の決め手は、開業時にその方位を運行する九星の象意《しょうい》から導き出します。九星の象意が、開業にふさわしいラッキー方位であるかどうかです。

「歓迎」象意で順風なスタートを

おすすめは、四緑木星、八白土星、九紫火星が運行している方位がベストです。

これらの方位は、共通して「歓迎」の象意があり、まわりに好意的に受け入れられる効果があります。新しい事業やお店の開店には、最適の方位となります。

すでに開業先が決まっていたら、左ページからのラッキー方位表で良い年月を調べて、開業してください。なお、日盤でその方位が凶方位でないかを確認して、開業日とするといいでしょう。

事業場所、店舗場所、開店時期がまだ決まってない場合は、ラッキー方位表を参考に物件を探すようにします。

独立・開業のラッキー方位

【例】本命が三碧木星の人が独立・開業を考えている場合

2024年（令和6年）9月に店を開店したい

9月は南西がラッキー方位となっています。南西で気に入った物件を探すようにします。

2021年（令和3年）、西で新しい事業をはじめたい

西にラッキー方位がめぐってくる5月、8月に開業を決めて準備をはじめます。

三碧木星 生まれ

'26	'25	'24	'23	'22	'21	年
令8	令7	令6	令5	令4	令3	月
／	西	北	／	／	北東	2
北東	東	／	／	東南	／	3
／	／	南西	南西	東南	／	4
東南	西	／	南	／	西	5
／	／	／	南	北東	北東	6
／	東	／	／	／	／	7
／	／	北	／	東南	西	8
東南	／	南西	／	南	／	9
／	／	／	／	北	東	10
／	西	北	／	／	北東	11
北東	東	／	南西	東南	／	12
／	／	北	／	東南	／	1

二黒土星 生まれ

'26	'25	'24	'23	'22	'21	年
令8	令7	令6	令5	令4	令3	月
東	東	南	／	南	西	2
南西	東	南	／	東南	北東	3
北東	／	北	北東	東南	北東	4
／	東	北	南	東南	東	5
北東	／	南西	南	東南	東	6
南西	西	南西	南	西	／	7
東	西	北	南	南	東	8
南西	南	南西	北東	北東	／	9
南西	北	北東	／	南	西	10
東	東	南	／	南	西	11
南西	東	北東	／	東南	北東	12
北東	／	北	北東	東南	北東	1

一白水星 生まれ

'26	'25	'24	'23	'22	'21	年
令8	令7	令6	令5	令4	令3	月
東南	西	北東	南	南	北東	2
東南	東	北東	／	北東	北東	3
東	東	北東	／	北東	北東	4
東南	北	北	南	東南	西	5
／	／	南西	南	東南	東	6
南西	東	南西	南	西	東	7
東	西	北	南	東南	東	8
北東	西	北	／	北東	／	9
南西	北	南西	／	南	東	10
／	西	北東	南	南	北東	11
東南	東	北東	／	北東	西	12
東	東	北東	／	北東	北東	1

独立・開業のラッキー方位

四緑木星 生まれ

'26 令8	'25 令7	'24 令6	'23 令5	'22 令4	'21 令3	年／月
西	／	北	南	／	北東	2
／	東	／	／	東南	／	3
西	東南	南西	南西	東南	／	4
東	西	／	南	／	西	5
／	／	／	南	／	東	6
／	西	／	／	／	／	7
西	東	北	／	南	西	8
東南	／	北	／	南	／	9
／	／	南西	／	／	北東	10
西	／	北	南	／	北東	11
／	東	／	／	東南	／	12
西	東南	北	／	東南	／	1

三碧木星 生まれ

'26 令8	'25 令7	'24 令6	'23 令5	'22 令4	'21 令3	年／月
／	西	北	／	／	北東	2
北東	東	／	／	東南	／	3
／	／	南西	南西	東南	／	4
東南	西	／	南	／	西	5
／	／	／	南	北東	北東	6
／	東	／	／	／	／	7
／	／	北	／	東南	西	8
東南	／	南西	／	南	／	9
／	／	／	／	北	東	10
／	西	北	／	／	北東	11
北東	東	／	南西	東南	／	12
／	／	北	／	東南	／	1

六白金星 生まれ

'26 令8	'25 令7	'24 令6	'23 令5	'22 令4	'21 令3	年／月
東南	西	北	／	／	西	2
南西	東	南	南	北東	東	3
東	東	北	北東	東南	北	4
南西	東南	東南	北東	東南	西	5
南西	／	東南	南	南	東	6
東南	西	東南	南	西	西	7
東	西	北	／	西	／	8
南西	／	南西	北東	南	／	9
東	／	北	東	南	西	10
／	西	北	／	／	西	11
南西	東	／	北東	北東	東	12
東	東	北	北東	東南	北	1

五黄土星 生まれ

'26 令8	'25 令7	'24 令6	'23 令5	'22 令4	'21 令3	年／月
東	東	南	東	南	西	2
東南	東	北東	南	東南	東	3
北東	東	北	東	東南	北東	4
南西	東	北	南	東南	東	5
東	南	南西	南	南	東	6
南西	西	南西	南	西	西	7
東	南	北	南	南	東	8
東南	南	東南	北東	北東	／	9
南西	北	北	東	北東	西	10
東	東	南	東	南	西	11
東南	東	北東	／	東南	東	12
北東	東	北	東	東南	北東	1

独立・開業のラッキー方位

八白土星 生まれ

'26 令8	'25 令7	'24 令6	'23 令5	'22 令4	'21 令3	年／月
東南	東	東南	東	南	西	2
南西	東	北東	南	東南	北東	3
北東	西	北	東	東南	北東	4
東南	北	北	南	東南	東	5
北東	南	南西	東	南	北東	6
東南	西	南西	／	／	西	7
／	南	北	南	西	東	8
西北	西	南西	北東	北東	／	9
南西	／	北	東	南	北東	10
西北	東	南西	東	南	西	11
南西	東	北東	／	東南	北東	12
北東	西	北	東	東南	北東	1

七赤金星 生まれ

'26 令8	'25 令7	'24 令6	'23 令5	'22 令4	'21 令3	年／月
東	西	東南	東	南	北東	2
西北	東	／	南	北東	東	3
東	東南	北	東	東南	北東	4
東南	東	／	南	／	西	5
北東	東南	東南	南	東南	東	6
西北	西	東南	／	北	／	7
東	東南	北	東	東南	東	8
西北	西	南西	／	南	／	9
西北	／	北	／	北東	西	10
東	西	南西	東	南	北東	11
西北	東	／	／	北東	東	12
東	東南	北	東	東南	北東	1

九紫火星 生まれ

'26 令8	'25 令7	'24 令6	'23 令5	'22 令4	'21 令3	年／月
／	／	東南	南	／	北東	2
／	東	／	南	北東	東	3
東	西	北	東	東南	北	4
東	／	／	東	南	西	5
東	／	東南	東	南	東	6
／	西	東南	／	東	西	7
西	東	北	東	東南	／	8
北東	／	南西	／	南	／	9
西	／	北	／	／	東	10
／	／	南西	南	／	北東	11
／	東	／	／	北東	東	12
東	西	北	東	東南	北	1

東京を中心とした各方位

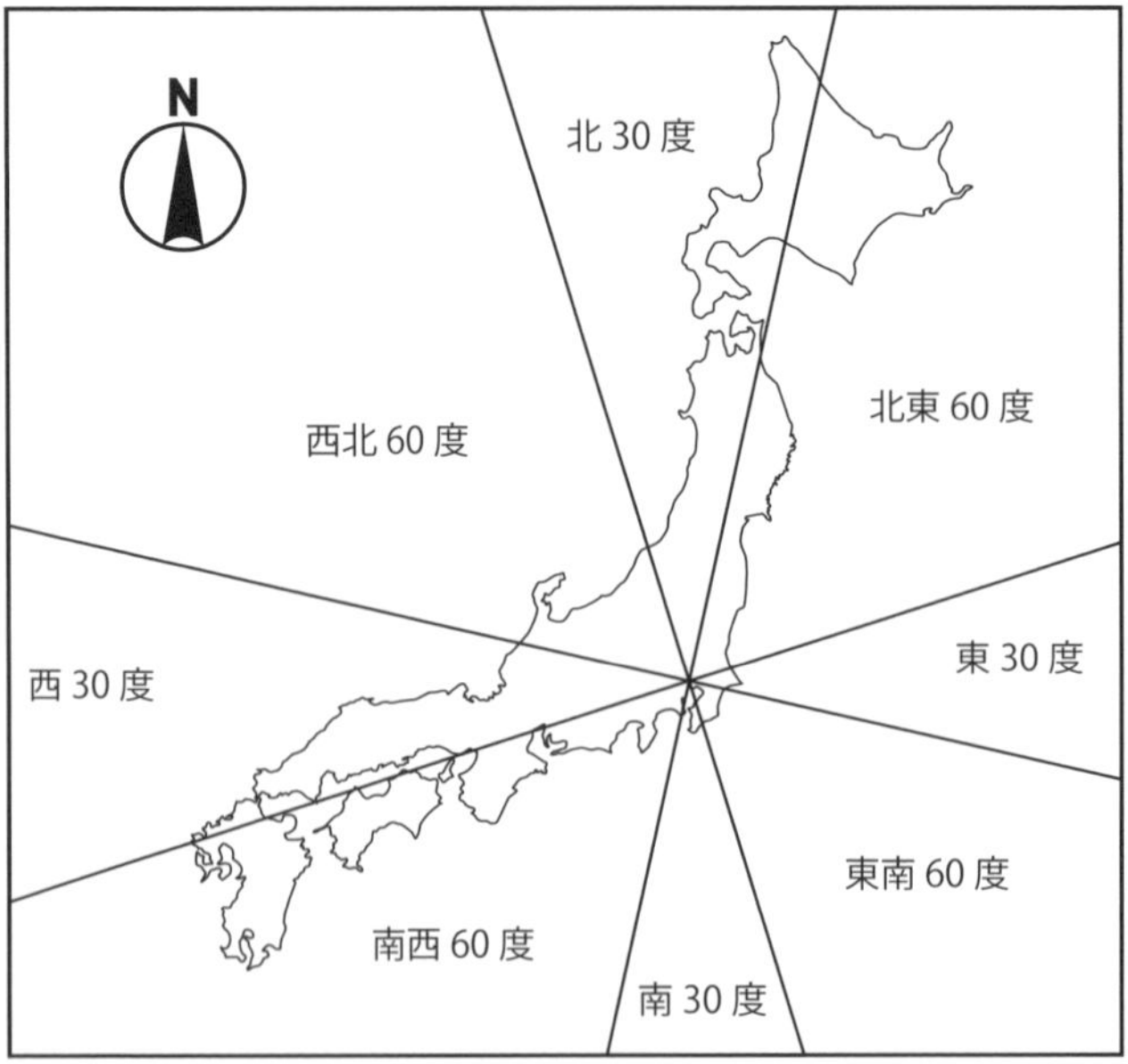

方位は真北《しんぼく》（地図の北）を基準にします。
境界線付近は、さらに詳しい地図を使って間違いのないようにしましょう

東京を中心とした各都市の方位

東・卯	成田・船橋・銚子・習志野
東南・辰巳	千葉・木更津・勝浦・鴨川・茂原
南・午	横須賀・小笠原諸島・城ヶ島
南西・未申	横浜・鎌倉・伊豆・奈良・大阪・四国・熊本・鹿児島
西・酉	甲府・名古屋・滋賀・京都・広島・福岡
西北・戌亥	長野・富山・金沢・熊谷・足利・桐生
北・子	宇都宮・日光・山形・秋田・青森・札幌
北東・丑寅	水戸・仙台・筑波・松戸・土浦・日立

Part 9

アクションを起こす吉日《きちじつ》を選ぶ

日盤《にちばん》の作り方

★——毎日の吉方位、ラッキー方位を知るために

どの日どの方位を選ぶのか

冠婚葬祭《かんこんそうさい》、ビジネスの節目、引っ越し、旅行、デート、医者にかかるときなど……。

日常生活でどの日がいちばん大切か、また、どの日のどの方位を選んだらスムーズに物事が運んで幸運が得られるのかは、誰しもが気になるところです。

そうしたアクションを起こす日の選び方をわかりやすく、ご自分で選べるようにご紹介していきましょう。Ｐａｒｔ８の方位表を活用する際にも参考にしてください。

日にちを選ぶときは日盤を使います。年盤や月盤を見るときと同様に、日盤でもあなたの本命から見た吉方位を用います。吉方位にあたる九星については、59ページの「九星相生・相剋表」を参照してください。

また、目的によっては吉方位だけでなく、ラッキー方位を用いることもあります。

忘れてならないのは、日盤にも五黄殺、悪殺気、水火殺、そして日破の共通する凶方位があることです。これらの凶方位は、できるだけ避けてください。日破の方位は、その日の十二枝によって決定します。左上の《日破対応表》を確認しましょう。

日破《にっぱ》対応表

日破	日
南	子
南西	丑
南西	寅
西	卯
西北	辰
西北	巳
北	午
北東	未
北東	申
東	酉
東南	戌
東南	亥

一白中宮《ちゅうきゅう》日《び》～九紫中宮日の基本日盤

三碧中宮日

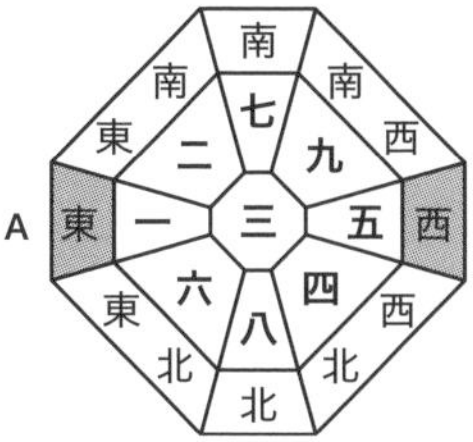

二黒中宮日

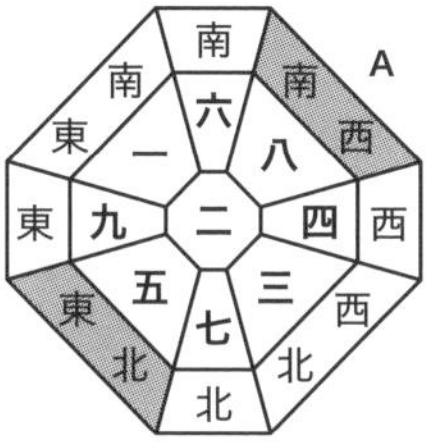

一白中宮日

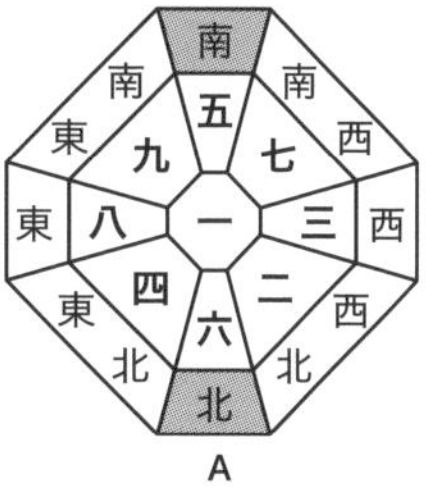

六白中宮日

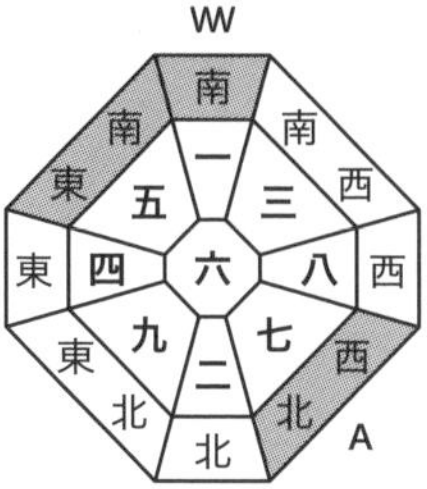

五黄中宮日

四緑中宮日

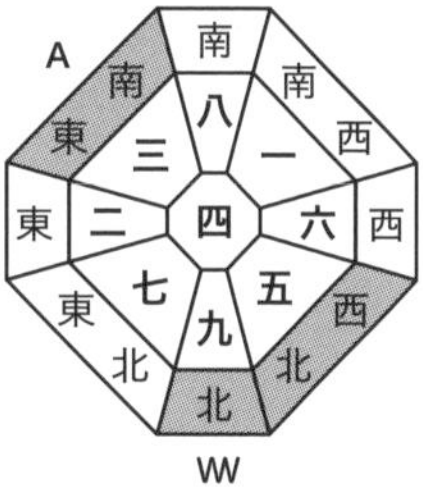

九紫中宮日

八白中宮日

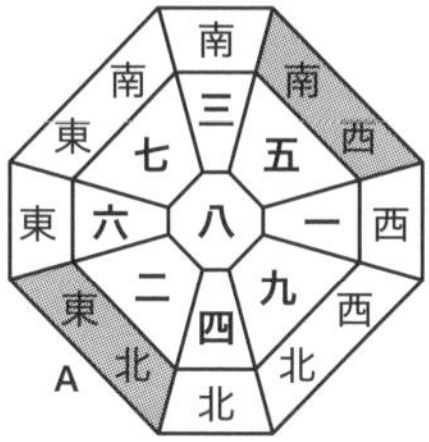

七赤中宮日

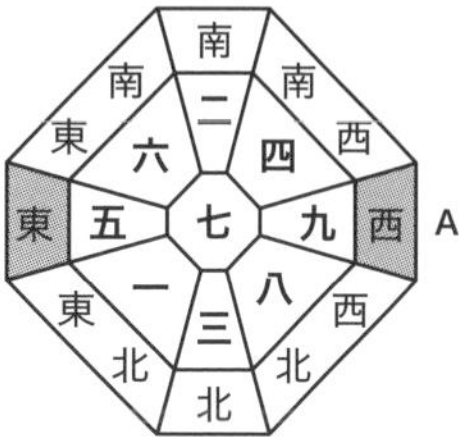

五黄殺・A悪殺気・W水火殺・日破は凶方位です。
日盤と月盤の一白と九紫の重なりも水火殺で凶方位となります。

日盤を作ってみましょう

①巻末資料の日盤表を開く

Ｐａｒｔ８の方位表をもとに、アクションしたい日にちを選んでいきます。

たとえば２０２４年（令和６年）３月６日に、アクションを起こすとします。

日盤表314ページを開いて確認してください。

②選んだ日の九星と干支をチェック

２０２４年の日盤表を見ると、３月６日は「三己巳」と書かれています。これは三碧中宮日で干支《えと》は己巳（つちのとみ）を表しています。

月	月の九星干支	節入り日時	1日	2日	3日	4日	5日	6日	7日	8日	9日	10日
2月	五丙寅	4日 17:25	五乙未	六丙申	七丁酉	八戊戌	九己亥	一庚子	二辛丑	三壬寅	四癸卯	五甲辰
3月	四丁卯	5日 11:25	七甲子	八乙丑	九丙寅	一丁卯	二戊辰	三己巳	四庚午	五辛未	六壬申	七癸酉
4月	三戊辰	4日 16:00	二乙未	三丙申	四丁酉	五戊戌	六己亥	七庚子	八辛丑	九壬寅	一癸卯	二甲辰
5月												

《日盤表の見方》

☆節《せつ》入《い》り日がその月の初日になります。（節入り日以前は前月）

３月の節入り日は５日ですから、６日の月盤は３月を使います。

２０２４年の日盤表で３月は……

四丁卯《ひのとう》

とありますから「四緑木星丁卯の月」、６日は……

三己巳

「三碧中宮己巳の日」となります。

③基本日盤から日盤を立ち上げます

247ページの基本日盤から三碧中宮日を選びます。西に五黄土星がくる五黄殺、東がその対面に位置する悪殺気ということがわかります。

三碧中宮日

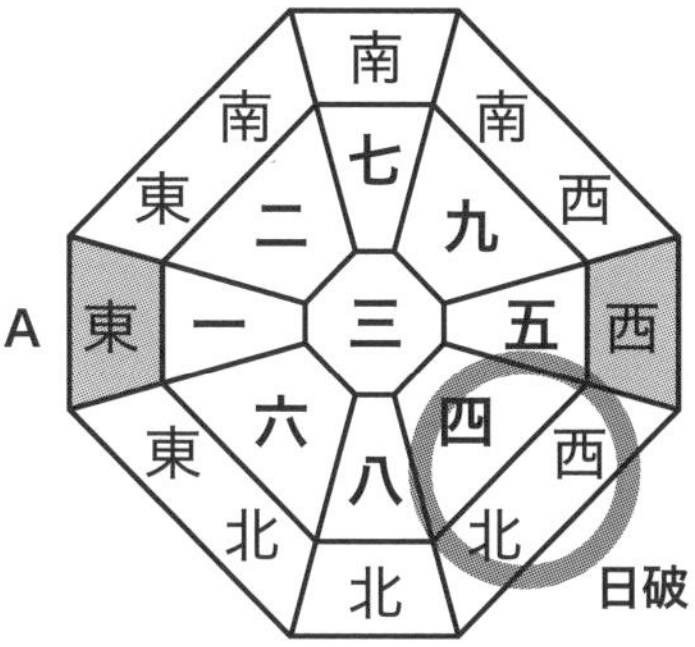

④そのほかの凶方位をチェック

《日破《にっぱ》対応表》で日破をチェックします。3月6日は巳の日なので、日破は西北になります。

今度は月盤を参照してみましょう。「四緑木星丁卯の月」ですから月盤は左のとおりです。

2024年（三碧木星の年）3月の月盤

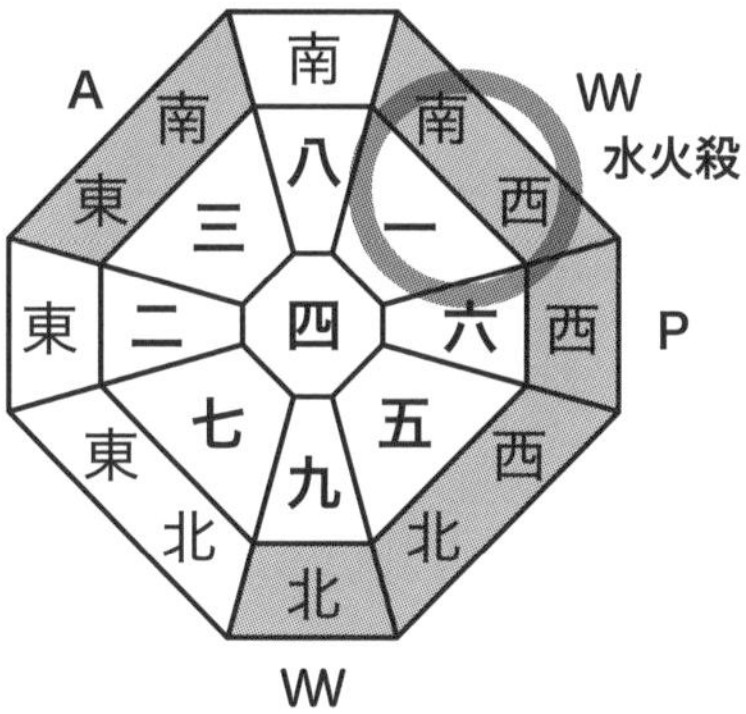

日盤で南西の九紫火星は、月盤の一白水星と重なりあうため、この日の南西方位は水火殺となります。

これらのことから、2024年3月6日の日盤に、すべての凶方位を加えると次のようになります。

2024年3月6日の日盤

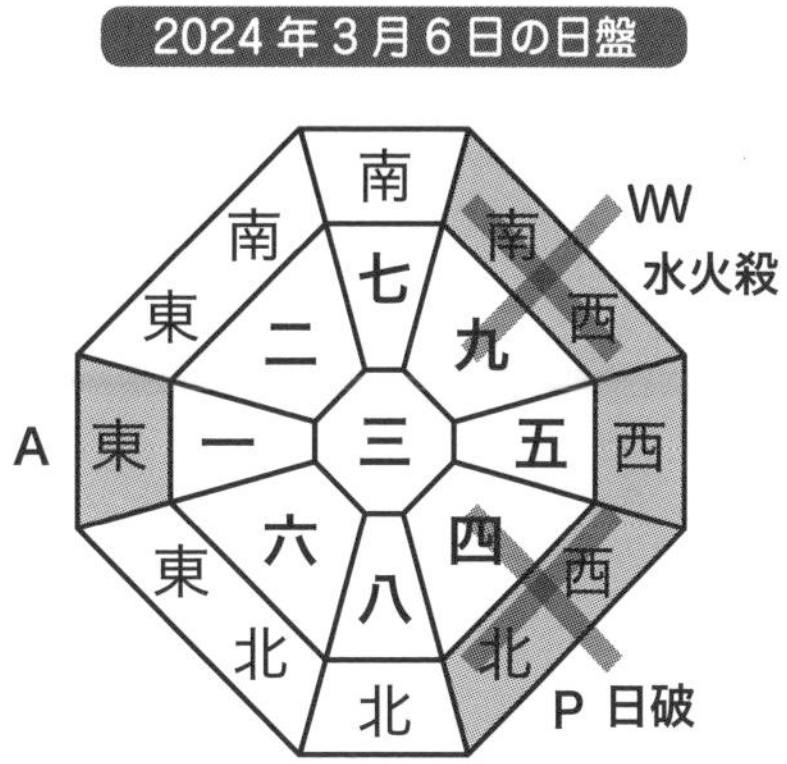

この日盤で示された方位がアクションによる影響を読み取る手がかりとなります。ただし、アクションの目的によっては本命の吉方位を選ぶ場合と、ラッキー方位を選ぶ場合があります。ラッキー方位は九星象意の恩恵を授《さず》かる方位のことで、買い物や通院、会社選びなどに活用できます。くわしくはPart8をご覧ください。

旅行に最適な日を探してみる 実占例①

★――旅行に出発する日にちを割り出す手順

旅行の出発日を探す

では、Ｐａｒｔ８の目的別の方位表を参考に、旅行に行くならどの日どの方位が良いのか、探していきましょう。旅行に出かけるのに最適なのは、吉方精気《きっぽうせいき》と四緑木星が運行する方位です。

本命が一白水星生まれの人が、２０２４年（令和６年）10月に旅行を計画している場合……

①その月の旅行に最適な方位を出す

217ページの「楽しい旅行ができるラッキー方位」を見てみましょう。２０２４年（令和６年）10月なら、南西で楽しく旅行ができることがわかります。

②吉方精気か四緑木星が南西を運行している日盤を探す

一白水星生まれと相生・比和の関係のある吉方精気は、三碧木星、四緑木星、六白金星、七赤金星です。

ラッキー方位の四緑木星は吉方精気に含まれているので、247ページの「基本日盤」で、それぞれの九星が南西に運行している日盤を選びます。

一白中宮日

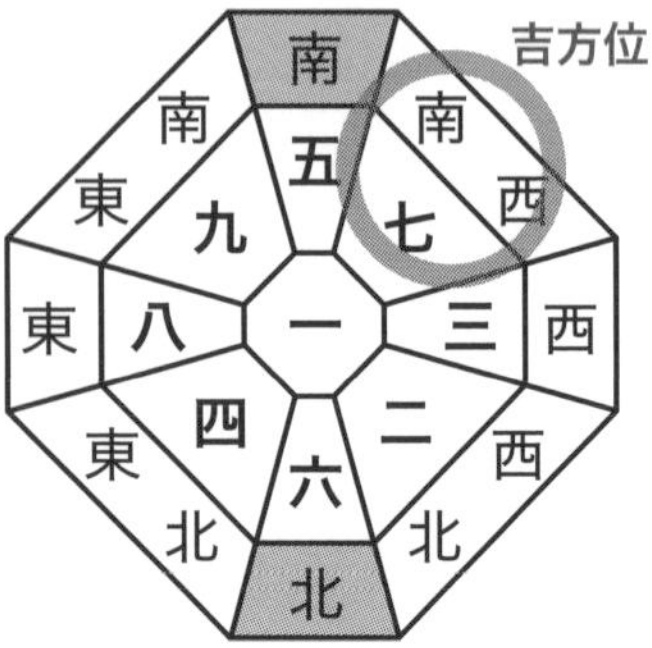

六白中宮日

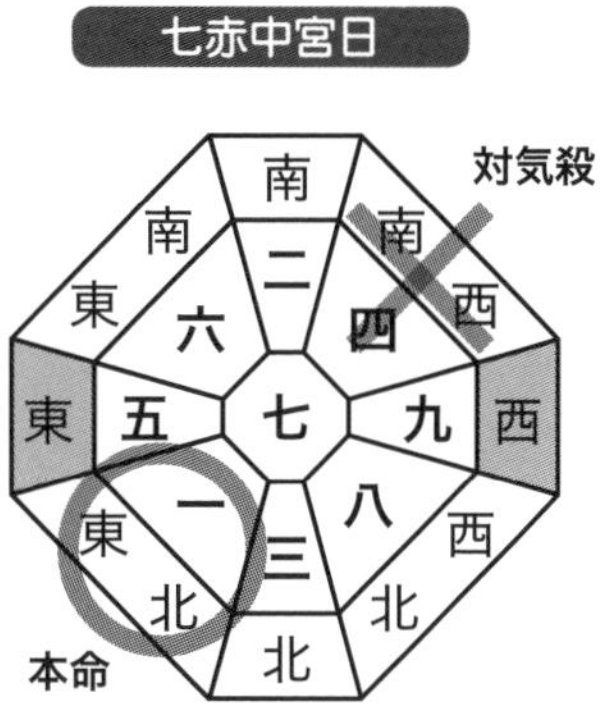

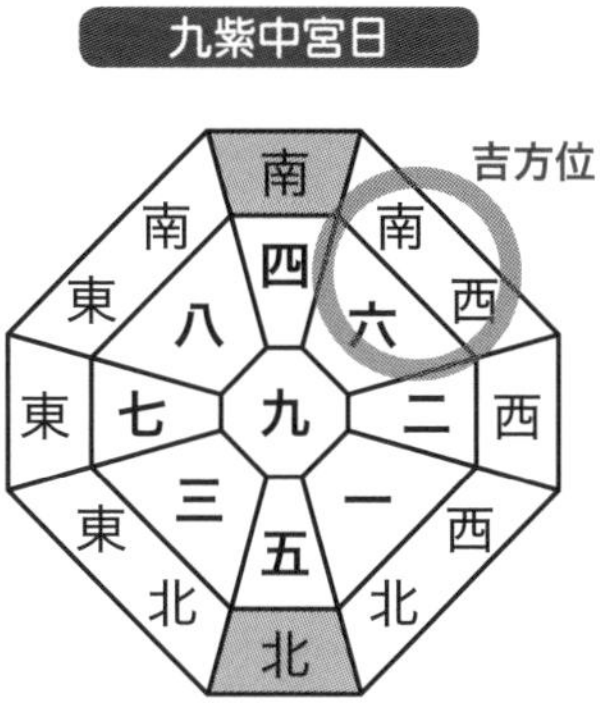

③日盤の凶方位をチェック

選び出された日盤は、一白水星が中央にある一白中宮《ちゅうきゅう》日、六白金星が中央にある六白中宮日、七赤金星が中央にある七赤中宮日、九紫火星が中央にある九紫中宮日の4つです。

ただし、七赤中宮日の南西は一白水星の反対側にあるので、対気殺の凶方位となります。

このことから、日盤で使えるのは一白中宮日、六白中宮日、九紫中宮日の3つだけとなります。

④日盤表から②と③で割り出した中宮日をピックアップする

314ページの2024年の日盤表を開いてみましょう。

10月の欄から六白・九紫・一白の中宮日をピックアップすると、次の日にちがあてはまることがわかります。

気学でいう月のはじまりは節入り日からとなるので10月8日から11月6日までを10月としています。

10月9日（六丙午）　14日（一辛亥）
15日（九壬子）　18日（六乙卯）
23日（一庚申）　24日（九辛酉）
27日（六甲子）
11月1日（一己巳）　2日（九庚午）
5日（六癸酉）

⑤南西に日破《にっぱ》がないかをチェック

246ページの「日破対応表」を見ると、南西が日破の凶方位になるのは丑《うし》または寅《とら》の日となります。

そうすると、日破にあてはまる日はないようです。今回あげたすべての日にちは「南西が日の吉方位」となります。

旅行に出かけるなら、これらの日にちを出発日として予定を立ててください。良い運気が流れる旅先で、楽しく思い出深い旅行となるでしょう。

良い買い物ができる日を探してみる 実占例②

★――ショッピングに最適な日にちを割り出す手順

買い物に最適な日を探す

「ほしかったものが見つかる」、「値段以上のものを手に入れられる」。良い買い物をするために、どの日どの方位がよいのか。

買い物に適しているのは、四緑木星と六白金星が運行している方位です。

本命が六白金星生まれの人が、2023年（令和5年）4月に買い物へ行く場合

①その月の買い物に最適な方位を出す

222ページの「良い買い物ができるラッキー方位」を見てみましょう。2023年（令和5年）4月なら、東で良い買い物ができることがわかります。

②四緑木星か六白金星が東を運行している日盤を探す

良い買い物ができる方位は、本命の吉方位とは関係なく、四緑木星か六白金星が運行しているラッキー方位を用います。

247ページの「基本日盤」で、四緑木星か六白金星が東に運行している日盤を選びます。

六白中宮日

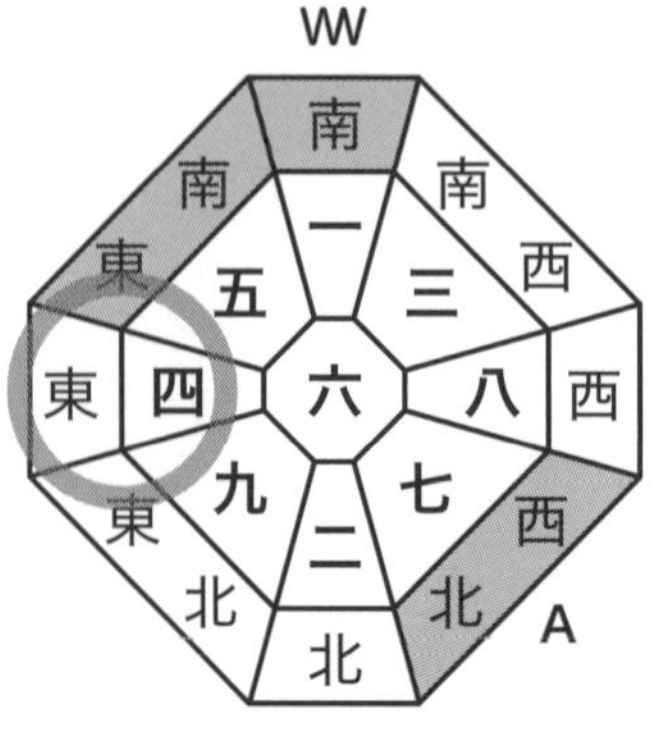

八白中宮日

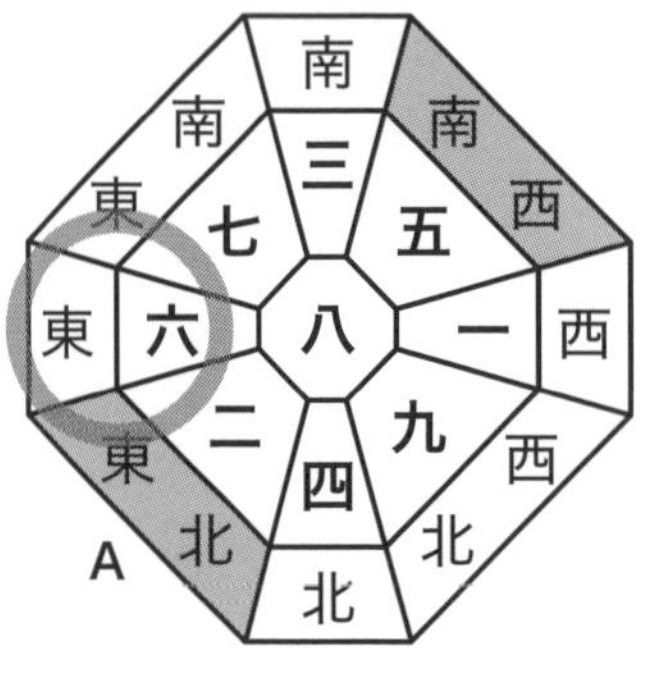

③日盤の凶方位をチェック

選び出された日盤は、六白金星が中央にある六白中宮日、八白土星が中央にある八白中宮日、の2つです。

どちらも東に悪殺気や水火殺などの凶方位はありません。

なお、八白中宮日は東の六白で、自分の精気の精気殺《せいきさつ》となりますが、「良い買い物ができるラッキー方位」を使う場合は精気殺、対気殺を考える必要はありません。

④日盤表から②と③で割り出した中宮日をピックアップする

314ページの2023年の日盤表を開いてみましょう。4月の欄《らん》から六白・八白の中宮日をピックアップすると、次の日にちがあてはまることがわかります。

ここでも月のはじまりは節入り日からとなるので4月5日から5月5日までを4月とします。

4月11日（六己亥）　13日（八辛丑）
20日（六戊申）　22日（八庚戌）
29日（六丁巳）
5月1日（八己未）

⑤東に日破《にっぱ》がないかをチェック

246ページの「日破対応表」を見ると、東が日破の凶方位になるのは酉《とり》の日となります。

そうすると、日破にあてはまる日はないようです。今回あげたすべての日にちが、東で良い買い物ができるラッキーデーとなります。

ラッキー方位は、本命にとっての吉方位や、精気殺《せいきさつ》・対気《たいき》殺《さつ》といった凶方位を考えずに選ぶことができます。良い買い物以外に、「良い医師・良い治療法に恵まれる病院の方位」「トラブルなく取引・契約できるラッキー方位」「独立・開業のラッキー方位」なども同様です。

引っ越しの日取りを決める　実占例③

★――引っ越しに良い日取りを割り出す手順

吉方移転の日取りを決める

運勢を大きく好転させることができる吉方位への引っ越し。吉方移転を目指すなら、日取りも吉方位を選べば、さらに良い精気に恵まれることになります。

本命が三碧木星生まれの人が２０２４年（令和6年）の春に移転を計画している場合

①年と月の吉方位を出す

202ページの「移転・新居をかまえるのに良い方位」を見ると、２０２４年（令和6年）は4月に南西へ引っ越しをすれば吉方移転となることがわかります。

引っ越しは4月に南西と決めればベストです。

②吉方位に吉方精気が運行している日盤を探す

三碧木星生まれが吉方になる精気は一白水星、四緑木星、九紫火星です。

さっそく247ページの「基本日盤」で、それぞれの九星が南西に運行している日盤を探していきましょう。

③日盤の凶方位をチェック

選び出された日盤は、三碧木星が中央にある三碧中宮日、四緑木星が中央にある四緑中宮日、七赤金星が中央にある七赤中宮日となります。

どの日盤も南西に五黄殺、悪殺気、対気殺の凶方位はありませんが、水火殺を確認しましょう。

２０２４年4月の月盤は三碧中宮月で南西に九紫火星が運行しています。四緑中宮日の日盤のみ、南西に一白水星が運行している水火殺にあたり凶方位となり、使えません（左ページ参照）。

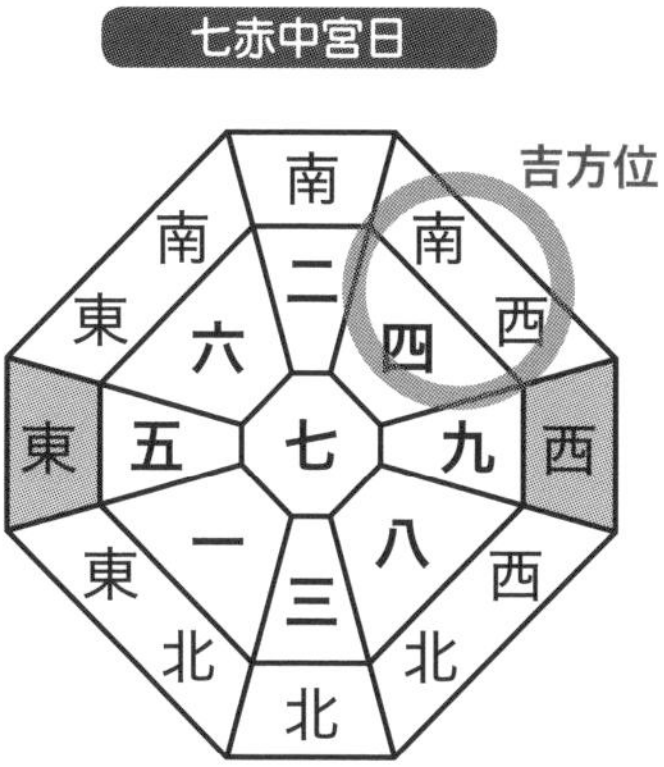

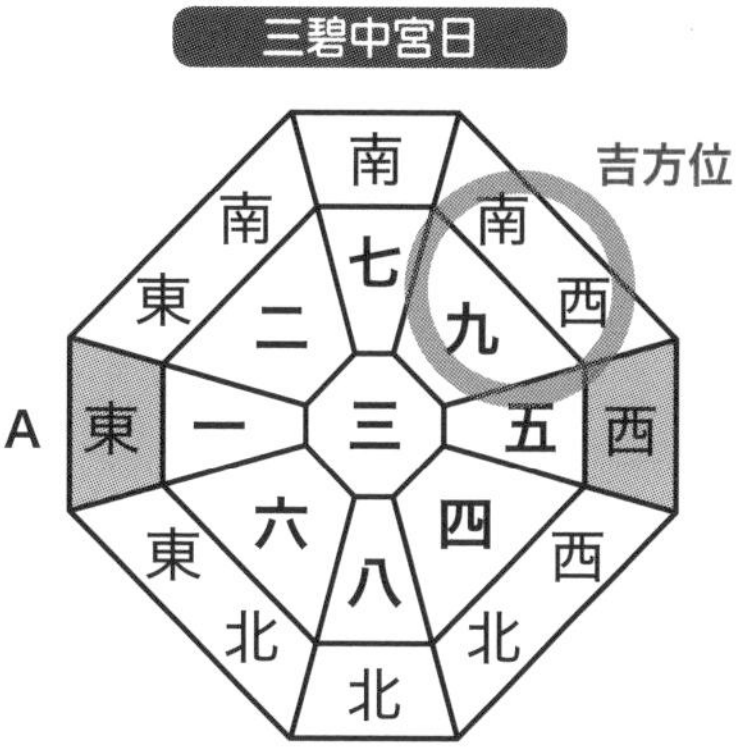

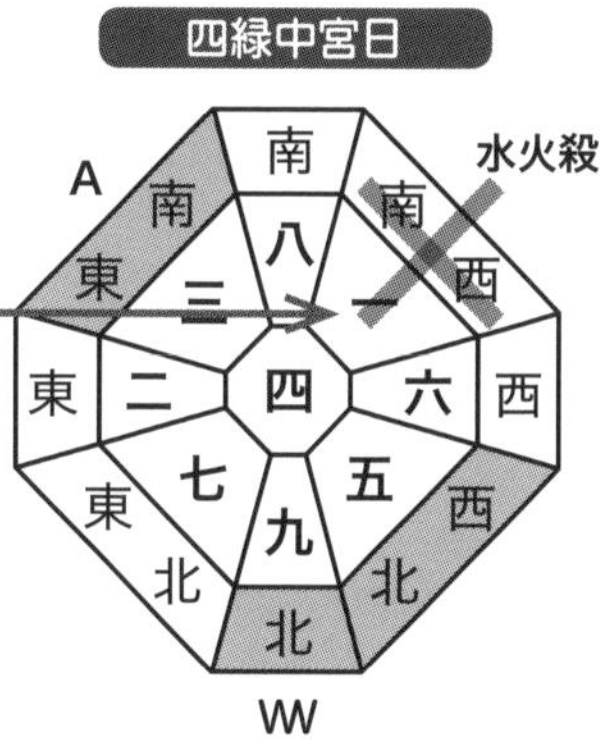

月盤の「九」と日盤の「一」が重なる

④日盤表から②と③で割り出した中宮日をピックアップする

314ページの2024年の日盤表を開いてみましょう。4月の欄から三碧・七赤の中宮日をピックアップすると、次の日にちがあてはまることがわかります。

2024年4月は、節入《せつい》り日から翌月節入り日の前日までとなりますから、4月4日から5月4日まで選んでいきます。

4月6日（七庚子）　11日（三乙巳）
15日（七己酉）　20日（三甲寅）
24日（七戊午）　29日（三癸亥）
5月3日（七丁卯）

⑤南西に日破《にっぱ》がないかをチェック

南西が日破の凶方になるのは丑《うし》または寅《とら》の日となります。

④でピックアップした日のなかでは、4月20日が寅の日で日破ですから避けるようにします。

Column 5

仮移転《かりいてん》の正しいやり方

やむをえず凶方位に引っ越さなければならないとき、年・月の吉方位がどうしてもめぐってこないとき、いったん他所へ移転し、目的地が吉方位になったときに再び移転する方法が「仮移転」です。

仮移転で年・月の吉方位を使用できない場合は、月の吉方位を使います。
ただし、１年以上は仮移転先で寝起きすることが必要となります。

なぜかというと、住みはじめて１年未満の住居には、自分の精気がしっかりと根付いていないため、方位を見るときは以前住んでいた家から見た方位と考えるからです。これは重要なポイントです。
１年以上仮移転先で過ごした後、年・月の吉方位へ移転することで、方徳による吉作用に恵まれます。これが気学でいうところの、正しい仮移転のやり方です。

しかし、この仮移転に関してさまざまな情報が飛び交っています。
「仮移転の期間は問題ではない。１か月で吉方位がまわってくるようなら早めに引っ越しをしたほうがよい」だとか、「45 日間、多くの制約のもと仮移転をすれば吉方移転が叶う」というものもあります。

ひどいものになると仮移転さえ必要なく、吉方になる地点を経由して引っ越しをするだけで凶作用をまぬがれ、方徳を手に入れられるという説もあるほどです。これでは方災を避けられるはずがありません。

仮移転は、家族の生活や費用の面で負担になりますが、吉方移転による効果を得るためには、正しい仮移転をおすすめします。

Part 10

気学による恋愛・結婚判断

出会った人の性格・環境を知る

★——九星方位気学でわかる恋愛相手の人柄や社会的状況

気学でわかる恋愛相手のこと

人の出会いとは不思議なものです。ワクワクするような、もしくはハラハラするような、思いがけない出会いを誰しも経験したことがあるでしょう。とくに一生をともにする伴侶《はんりょ》との出会いとなれば、人生のキーポイントになります。

気学では、いつ、どの方位の相手と恋愛がはじまったのか、またはいつ、どの方位から見合いや紹介などの話があったのかによって、相手の性格や社会的状況、家庭環境などについて判断することができます。

この判断は、初めて出会ったとき、あるいは初めて見合いや紹介の話がきたとき、あなたの住居から見て相手がどの方位に住んでいたのかを知ることが必要です。つまり、その相手といちばん初めに縁ができたとき、相手がどの方位に住む人かということが重要なポイントとなります。

このとき勘違いしやすいのが次の3点ですから、よく注意してください。

①自分や相手の生年月日、本命、月命は関係ありません。

②初めて出会ったときは恋愛感情がなく、その後しばらくたってから恋愛関係に発展した場合でも、あくまで最初の出会いのときにお互いが住んでいた方位で判断します。

③「住んでいる場所」とは、自分でも相手でも1年以上寝起きしている場所を指します。たとえば、引っ越しして2か月しかたっていない場合は、以前に住んでいた場所を基準にします。

また、住んでいるところは実家や住民票がある場所ではなく、あくまで日常生活を送っている場所で判断します。

出会った相手の判断方法

出会った相手を調べるときは、年盤と月盤の両方を使います。原則として、年盤で相手の先天的な環境がわかり、月盤で相手の性格や現在の状況がわかります。

その人を判断するには、月盤の判断が決め手となりますが、出会った月までは思い出せない場合は、年盤を使って判断しましょう。

この場合の判断は、これまでのように自分の本命にとって相生・比和であるか、相剋であるかという相性《あいしょう》を考えるものではありません。そのときその方位を運行する九星象意によって、その人が自分にとってどういう人物かを判断します。

しかし、出会ったときに五黄殺、悪殺気、水火殺、歳破、月破など凶方位にあたっている場合は、あなたにとって良くない影響を与える人物と考えられます。

では、実際に出会った人をどう判断するのか、例をあげていきましょう。

2022年（令和4年）4月、自分の住んでいる場所から見て東南に住む人と、心ときめく出会があったとします。

2022年（令和4年）の年盤

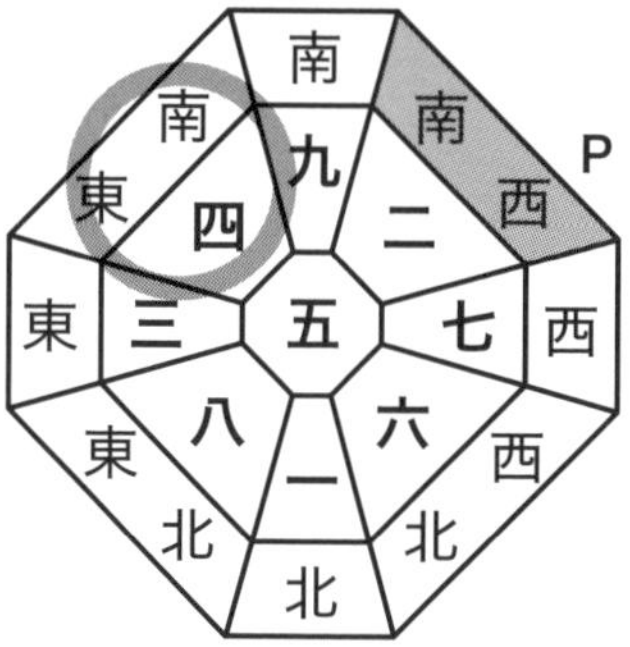

2022年（五黄土星の年）4月の月盤

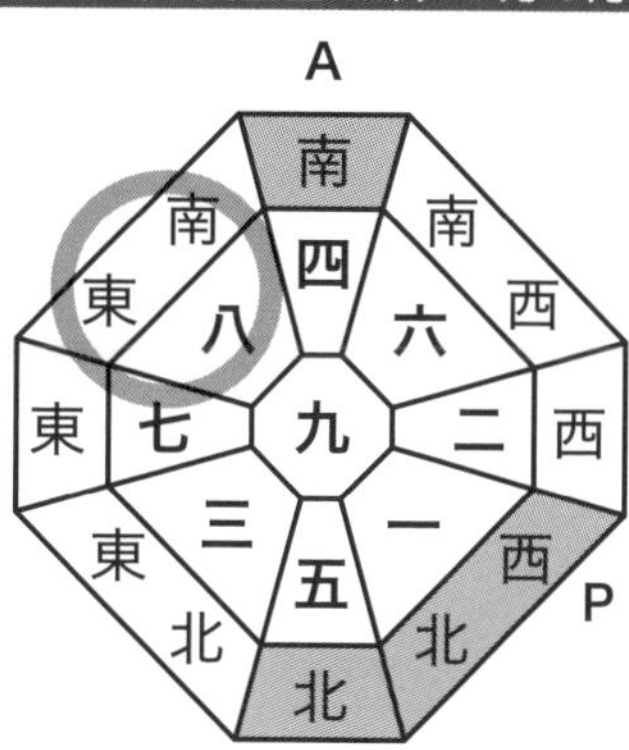

この相手は、年盤で四緑木星の象意があてはまる人、月盤では八白金星の象意人物と判断します。年盤・月盤とも悪殺気、歳破、月破の凶方位はありませんから、次ページから紹介するそれぞれの相手の「性格」「環境」「特徴」「恋愛」「注意点」を念頭に置いて、お付き合いを進めていきましょう。

九星ごとの相手の判断

★――自分が住んでいる場所から見た相手の人物像

出会ったとき一白方位に住む相手

性格

人当たりが柔らかく優雅な人柄です。争いを起こすことは滅多にありませんが、芯《しん》は強く、ことを決する場面では実に頼りがいのある言動を示します。

環境

その土地の旧家ではなく、どこか遠方から来て住み着いた家です。住居の近くには、水に縁のあるもの（池、沼、川など）があるでしょう。

特徴

肉体か精神に悩みを持っています。重症ではないものの慢性的な疾患《しっかん》を抱えている場合が多く、とくに女性は冷え性であったり虚弱体質であったりします。男性の場合は、泌尿器系など外見ではわかりにくい疾患に苦しんでいるかもしれません。

身体的に万全という場合には、経済状況が思わしくない状態であり、健康面も金銭面も問題なしという場合は、異性関係のトラブルがつきまとっている可能性があります。

何かしらの悩みを抱えている人物です。

恋愛

秘密めいた恋愛をしがちな人です。交際中はひたむきに愛を注いで、あなたを楽しませてくれるでしょう。しかし、誰にでも優しくモテるタイプなので、相手への嫉《しっ》妬《と》に悩まされることになるかもしれません。

注意点

健康面と異性関係に不安がつきまとう相手です。

とくに東に住む相手は悪殺気にあたり、より慎重になるべきです。深刻な問題を抱えていたり、悪質な異性関係のトラブルが進行したりしている可能性があります。

出会ったとき 二黒方位に住む相手

性格

真面目な性格の働き者で、腰の低い人です。機転のきくタイプではありませんが、やさしい心を持ち、頼まれたら嫌と言えないお人好しでもあります。庶民的な人ですから、自然体で付き合える相手でしょう。

環境

その土地に古くからある旧家か、もしくは大きな農家です。さほど現金を持っているわけではありませんが、不動産を所有しています。

特徴

相手の母親か祖母が乗り気になれば、縁談は意外なスピードで進展します。

恋愛

誠実な情熱を内に秘め、誠心誠意で尽くしてくれるでしょう。恋愛に不器用なタイプで、デートでおしゃれな演出や刺激的な会話は望めません。しかし、いったん恋愛関係になると大きな愛で相手を包み、どんな犠牲もいとわず、一人の人を愛します。暖かみにあふれ、安心できる人です。

注意点

北東の二黒方位は悪殺気を帯びています。この方位で出会った相手は無収入であるか、無教養で身勝手な人です。ともすると、職場では無能のレッテルを貼られているかもしれません。

二黒方位が歳破、月破の場合も同様です。

出会ったとき 三碧方位に住む相手

性格

誰とでもすぐに打ち解け、和《なご》やかに談笑できる如才《じょさい》ない人です。人気があり、エネルギッシュな行動派ですが、勇み足による失敗を犯しがちなところがあります。

環境

新たな事業をはじめて日の浅い家、もしくは開店したばかりの店を持っています。古くからの土地に住んでいる場合は、分家して間もない家です。

特徴

自分に自信を持っているがゆえに、やや調子に乗りすぎる傾向があります。また、すぐに嘘《うそ》とバレるような自慢話をしたがります。大きな話が出たときは、話半分に聞いておくほうが無難です。

恋愛

ジメジメしたところがなく、明るく楽しい恋愛を好む人です。結婚を急ぐ傾向にあり、せっかちに結婚を迫る人でもあります。

うっかり相手のペースにはまって後悔しないように、じっくりと愛をはぐくむ姿勢でいることが肝心です。

注意点

東南の三碧方位は悪殺気を帯びています。この方位で出会った人は、誠意に欠けていたり、口先でだましたりします。結婚詐欺《さぎ》のおそれもありますから十分注意しましょう。

出会ったとき四緑方位に住む相手

性格

温厚で寛大な常識人です。誰とでもそつなく付き合える人気者でしょう。人を押しのけて進む強引さはなく、ややファイトに欠けると感じることもありますが、状況を把握して最善の道を考えています。ファッションセンスが良く、話術も巧みで上品です。

環境

事業や商売をしていれば、順調に業績を伸ばしている状況です。サラリーマン家庭の場合は、出世街道を進む明るい評判の良い家庭です。

特徴

先方はこの縁談に乗り気で、おおむねまとまる話です。ただしゴールインまでには、かなりの時間がかかるでしょう。

恋愛

時間をかけて少しずつ愛を深めていくタイプです。一気に燃え上がって愛におぼれるようなことはまずありません。

まじめな堅物《かたぶつ》なので、どこか物足りないこともあるでしょうが、結婚の対象としては申し分のない相手といえます。

注意点

南の四緑木星は悪殺気を帯びています。この方位で出会った相手は、煮え切らない態度をとる人で、常にイライラさせられるでしょう。また、気分が変わりやすく、部屋が散らかり放題だったり、服装が派手でアンバランスだったりします。こちらが振り回されることがありそうです。

四緑方位が歳破、月破のときも同様な人と出会います。

出会ったとき五黄方位に住む相手

性格

物事を深く考えないタイプの人です。最初の印象が良くて付き合いはじめても、次第に化けの皮がはがれてくるでしょう。

恵まれない状況を抱えながら向上を図ることができず、頭の回転が遅くて意思も薄弱です。生活態度はだらしなく、経済観念もありません。人との約束も平気で破るような人です。

環境

土地の旧家で、かつては大地主や名家として資産を保有していましたが、今は衰微《すいび》して活気がありません。商家の場合は、大きな店構えがかつての繁栄をしのばせますが、現在は閑散として斜陽ぶりがうかがえます。

特徴

既婚者にもかかわらず、独身を装っていることがあります。場合によっては、子どもがいるケースもあるようです。

恋愛

相手があなたに夢中のときは、強い独占欲や嫉妬心《しっとしん》を見せますが、いったん冷めると手のひらを返し、平然と裏切るタイプです。

秘密主義のため、交際をオープンにしたがらず、健全な恋愛とはほど遠いものを感じるでしょう。

注意点

この方位は五黄殺となり、出会った相手とは幸せな結末を迎えることは困難かもしれません。スキャンダルに発展するような、危険な恋愛に落ち入るおそれもあります。

五黄方位が歳破や月破のときは、より顕著《けんちょ》に現れます。

出会ったとき 六白方位に住む相手

性格

責任感の強い正義派で、自分の信念は必ず貫き通します。目立つポジションで派手な活躍を見せ、最終的にはトップに登りつめますが、それだけにエリート意識の強い自信家です。人に頭を下げるのを嫌い、自分は常に正しいと自負するタイプといえます。

教養は高く、流行にも敏感で、都会的なセンスを身に付けた人でもあります。

環境

由緒《ゆいしょ》正しい家柄で、貴族や武将、あるいは豪商の血筋をひいています。現在は父親が名誉職や公職に就いていたり、業績良好の老舗やチェーン店を経営しています。

特徴

プライドが高く、すべてが高級志向の人です。プレゼントは高級ブランド品、デートは話題のスポット、食事は高級レストラン。それがうれしいと思う人がいる一方、ついていけないと感じたら苦痛の種となるかもしれません。

恋愛

いったん好きになると、一途に愛を貫く人で、自分から身を引くことはありません。浮ついたところはなく、心変わりの心配はありません。

形式にこだわるタイプですから、クリスマス、誕生日などのイベントには力が入ります。あなたが同じタイプであれば歓迎すべきですが、かたちにこだわらないタイプであれば、少々しりごみするかもしれません。

注意点

北の六白方位で出会った相手は、悪殺気にあたりますから、悪い面ばかりが表に出てきます。ギャンブル好きの浪費家であったり、年上の異性と公《おおやけ》にはできない関係を築いていたりする可能性があります。精神状態が不安定で、身の程知らずの行動に出ることもあります。

六白方位が歳破や月破の場合も同様です。

出会ったとき七赤方位に住む相手

性格

ユーモアのある明るい性格で、誰とでも親しく付き合える人です。臨機応変の才能で周囲を楽しませることができる人気者です。容姿端麗で異性からもモテるタイプといえます。

争いを好まないおだやかな人柄ですが、ややファイトに欠ける部分も見られます。多趣味で何事も熱心に取り組みますが、長続きせず、面倒になると投げ出してしまう傾向があります。

環境

ほどほどの家に生まれ、不動産より預金の資産を持っています。なだらかな坂道の上、あるいは窪《くぼ》地《ち》に家があります。ダイニングだけは豪華な設備があるなど、凝《こ》った造りの家に住んでいます。

特徴

大勢で賑《にぎ》やかに過ごすことが好きな楽天家です。仕事とプライベートの区別がないことに不満を感じることが多いかもしれません。その一方で、神経が細かい一面があります。小さなことにこだわって大局を見失い、チャンスを逃すこともある人です。

恋愛

人生を楽しむことをモットーとしていて、恋愛も大いに楽しもうとするタイプです。しかし、相手はいつもたくさんの人に囲まれていて、二人の時間はおろそかになりがち。あなたのほうから愛を育《はぐく》む時間を積極的につくり、恋愛ムードを高めあいましょう。

注意点

西北の七赤方位は悪殺気を帯びています。この方位で出会った人は、事業の失敗、勤務先の倒産、借金苦などの困難を抱えている可能性があります。そうでなくても金づかいが荒く、異性関係が乱れているようです。詰めが甘く、何事も成し遂げられない人です。

七赤方位が歳破、月破の場合も同様です。

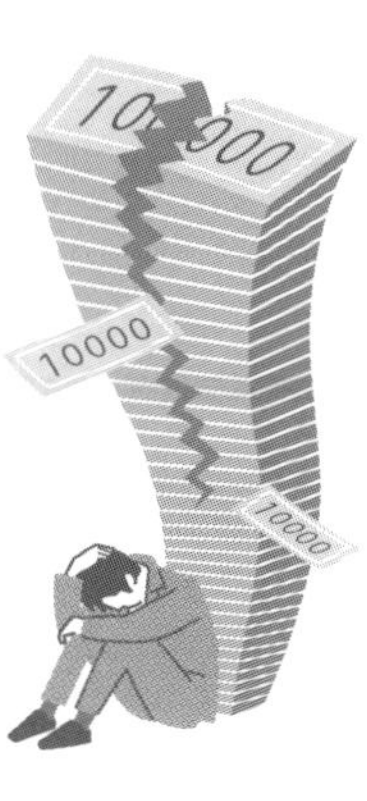

出会ったとき八白方位に住む相手

性格

頑固《がんこ》でわがままな印象を受けますが、実は思いやりのあるやさしい人です。交際が深くなるにつれ、その良さがわかってきます。

気分屋の一面があり、それが周囲の反感を買う原因ともなりますが、常識にとらわれない発想は大きな魅力でもあります。

公私ともに面倒な問題を巧みに処理する能力に優れ、現実をしっかり把握して的確な判断を下す人です。

環境

預金か山林などの不動産を所有する裕福な家庭です。また、高台の眺めの良い土地に家をかまえていることが多いものです。

特徴

家の相続人であったり、家業や家元の後継者かもしれません。あるいは、新たな家業、流派を興すだけの器量をそなえた人でしょう。

恋愛

恋に酔いしれることのない現実派です。自己本位な傾向があります。移り気なところも見られます。二人の人を同時に好きになることもあり得ます。恋愛相手の容姿はあまり重要視せず、中身や人柄を優先する人です。

注意点

南西の八白方位は悪殺気を帯びていますから、この方位で出会った人は要注意です。気分の変化が激しかったり、物欲が異常に高かったりします。資産家というふれ込みでも、それは過去の話で、現在は苦しい状況にあります。家族や親戚にトラブルを抱えている場合もあります。

八白方位が歳破、月破の場合も同様です。

出会ったとき九紫方位に住む相手

性格

シャープな頭脳を持ち、学問や研究に抜群の才能があります。容姿や美的センスに優れ、誰の目から見ても魅力的な人です。熱しやすく冷めやすい一面があり、何かに没頭していたかと思えば、次の瞬間にあっさり投げ出しています。また、何事も白黒をつけなければ気がすまず、ほどほどや妥協を嫌う人です。

環境

土地の名家や旧家で、家族は教職や名誉職にたずさわっています。

特徴

プライドが高く、何事も自分が中心でなければ気がすまない人です。ときとして感情がコントロールできず周囲とトラブルを起こすこともあるでしょう。

見合いや紹介で出会った場合、相手が再婚者であるケースが多くなります。また、この方位の相手を紹介されたとき、前後して2つの縁談が同時に起こり、後からの話のほうに決まります。

恋愛

炎のような情熱を持ち、激しい恋をします。いったん好きになると気持ちは一気に燃え上がり、周りのことはまったく気にならず、成就《じょうじゅ》するまで盛んに相手に迫るでしょう。しかし、燃え尽きるのも早く、あっけない終局を迎えることもあります。

長いお付き合いを望むなら、お互いに冷静になることも必要です。

注意点

西の九紫方位は悪殺気を帯びています。この方位で出会った相手は、次から次へと恋愛遍歴を重ねる人か、虚栄心が強く見栄っ張りな人、もしくはアブノーマルな考えを持つ人です。

この方位が水火殺、歳破、月破の場合も同様になります。

結婚の日取りの決め方

★──幸せな家庭を築ける新居入居日、結婚式の日取り

新居に入る日が大切

結婚式は大安吉日《たいあんきちじつ》がよいとされていますが、暦の大安、仏滅《ぶつめつ》、赤《しゃっ》口《こう》などは曜日と同じで記号にすぎません。そこに吉凶があるとされるのは迷信ですから、大きな意味はないのです。

気学では、式そのものの日取りよりも、二人が一緒に住みはじめる時期がたいへん重要になります。籍を入れる日もさほど重要ではありません。

生活をはじめる新居が、二人にとって吉方位となるような入居日を決め、そこから逆算して式の日取りを決めるわけです。引っ越しの日に合わせて都合の良い日に決めましょう。できれば、式場の方位に合わせて吉日《きちじつ》を選ぶことをおすすめします。

吉方位で二人が入居できれば、結婚生活は長続きして末永く幸せが続きます。

転居先の方位を探す

では、例をあげて結婚の日取りを決めていきましょう。

本命が四緑木星の男性と、本命が六白水星の女性が２０２３年（令和５年）に結婚を考えているとします。

この年、四緑木星にとって吉方となるのは一白水星が運行する南西です。一方、六白金星の吉方位は、一白水星の南西、七赤金星の北東、八白土星の南となります。

二人が在住している場所から、それぞれの吉方位の共通する地域を割り出していきましょう。男性の在住する場所をA、女性が在住する場所をBとします。

次ページの図を見ておわかりのとおり、男性にとって南西方位、女性にとって南方位の重なった範囲が、二人に共通の吉方位であることがわかりました。

この年に結婚するのであれば、この共通範囲に新居をかまえると、双方の吉方位となります。

それぞれの入居日を決定

200ページの「移転・新居をかまえるのに良い方位」を見てみると、2023年6月、四緑木星は南西、六白金星は南に転居すると、吉方移転になることがわかります。

新居に入居する月を6月として、それぞれの吉日を割り出していきます。その中から二人に共通の良い日に入居しましょう。

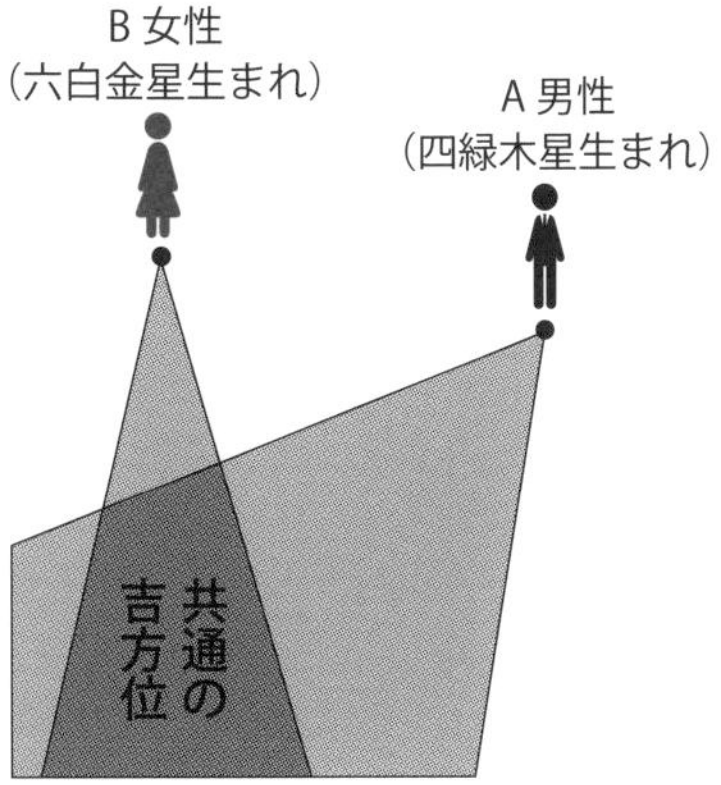

①男性（四緑木星生まれ）は、南西に吉方精気が運行している日盤を探す

四緑木星生まれの吉方精気は一白水星、三碧木星、九紫火星です。247ページの「基本日盤」で、それぞれの九星が南西に運行している日盤を選びます。

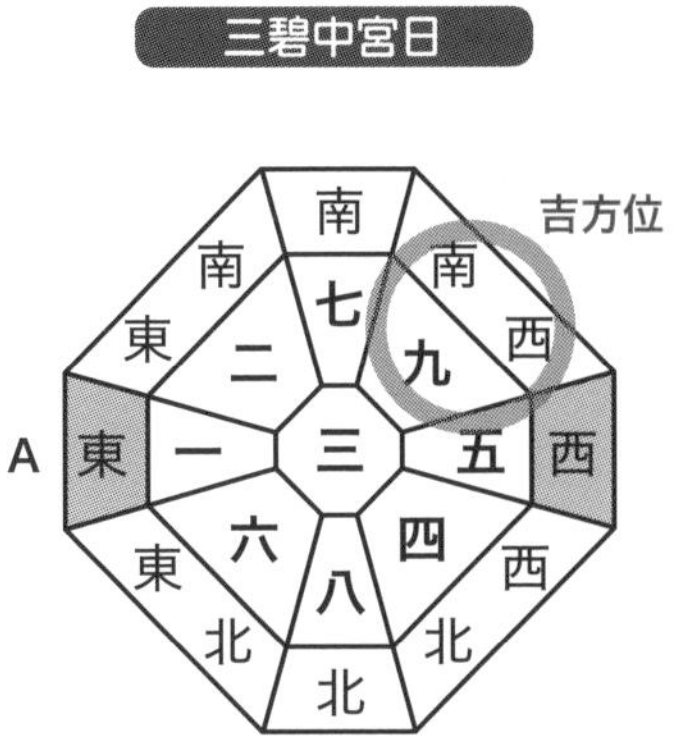

②日盤表から吉方中宮日をピックアップして日破を避ける

314ページの2023年の日盤表を開いてみましょう。6月の欄から三碧・四緑・六白の中宮日を

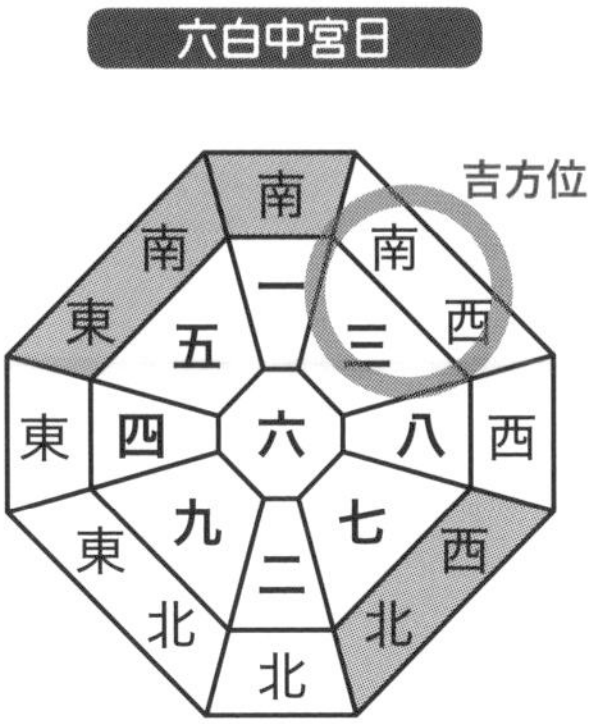

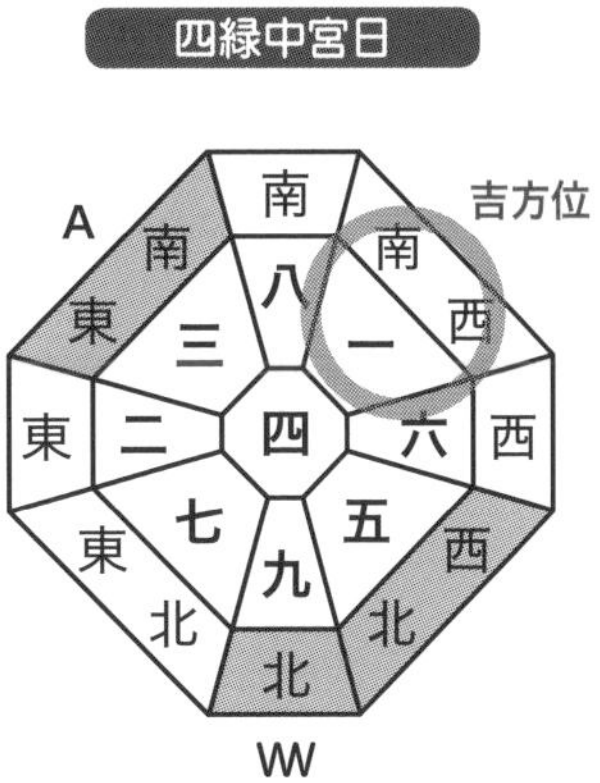

ピックアップすると、次の日にちがあてはまることがわかります。
　南西が日破の凶方位になるのは丑《うし》または寅《とら》の日です。

6月10日（三己亥）　11日（四庚子）　13日（六壬寅）日破×　19日（三戊申）　20日（四己酉）　22日（六辛亥）　28日（三丁巳）　29日（四戊午）

③女性（六白金星生まれ）は、南に吉方精気が運行している日盤を探す

　六白金星の吉方精気は一白水星、二黒土星、七赤金星、八白土星です。「基本日盤」で、それぞれの九星が南に運行している日盤を選びます。
　六白中宮《ちゅうきゅう》日は、南の一白で水火殺になるため使えません。

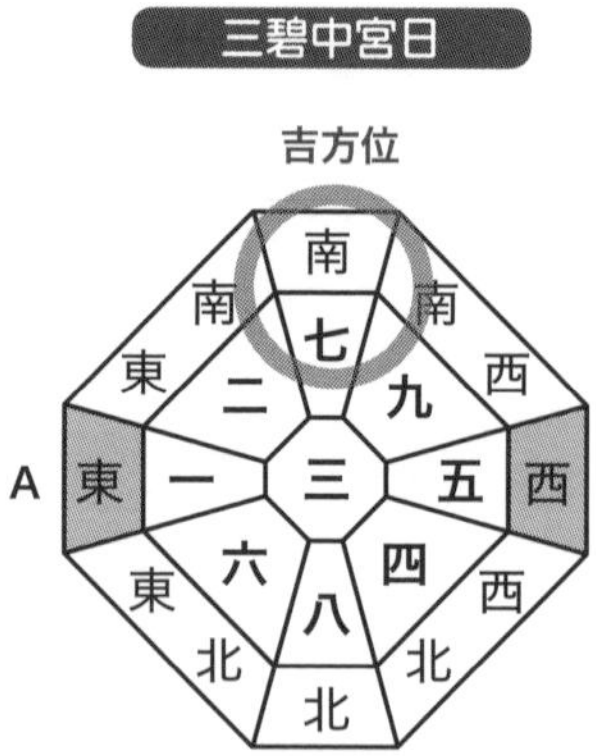

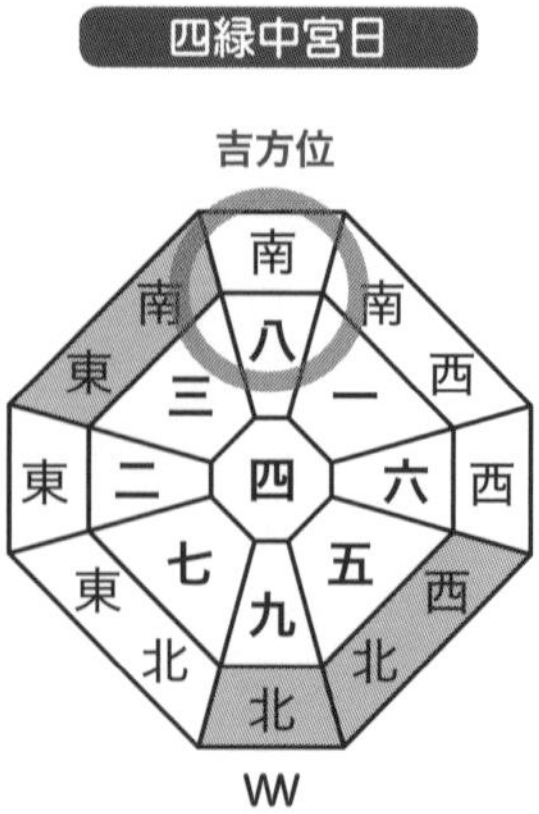

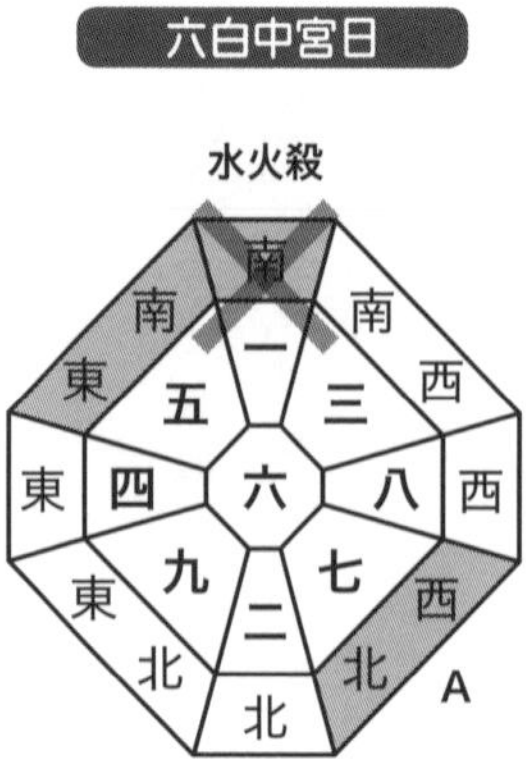

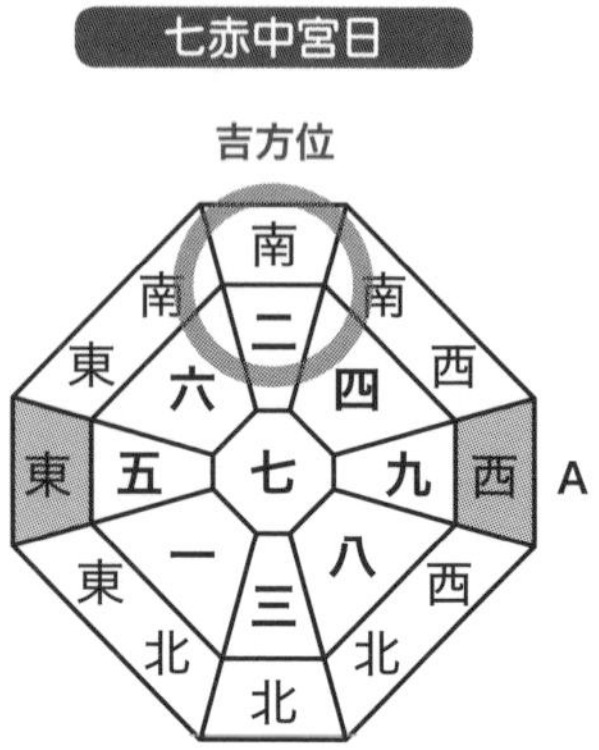

④日盤表から吉方中宮日をピックアップして日破を避ける

　6月の三碧・四緑・七赤の中宮日をピックアップし、南が日破になる子《ね》の日を避けます。

6月10日（三己亥）　11日（四庚子）日破×　14日（七癸卯）　19日（三戊申）　20日（四己酉）　23日（七壬子）日破×　28日（三丁巳）　29日（四戊午）

Part 11

幸せを招く家相《かそう》・間取り

家に働くエネルギーを見る家相

★——幸せを招く家を持つための基礎知識

家の役割とは

本来、家とは厳しい自然から身を守るためのものでした。雨風をしのぎ、照りつける直射日光をさえぎり、暑さ、寒さをやわらげるものでした。自然と共生することが家の役割だったのです。

やがて、文明の進化とともに、家の役割は多様化していきました。

睡眠をとって疲れをいやす場、活力となる食事をとる場、子どもが成長する場……。家族の生活の場として、やすらぎや英気を養う場所となったのです。さらに、社会から身を守る役目もになうようになりました。

家に働く不思議なエネルギー

大切な場だからこそ、できるだけ快適な家にしたいと、誰しもがそう願って家を建てます。

ところが、笑い声が絶えず人が集まりやすい家と、陰気な感じがして人が寄りつかない家があります。どうしてでしょうか。

古くて小さくても居心地《いごこち》の良い家はあります。反対に、広くておしゃれな家であっても、落ち着かない家もあります。

その違いは、家の大きさや見栄えに比例するものではありません。そこには家に流れるエネルギーが作用しているのです。これが家相の働きなのです。

吉相《きっそう》の家・凶相《きょうそう》の家とは

家相とは、気学の理念に基づき、家に働くエネルギーの充満・欠乏を読み解いたものです。

移動による吉凶や運勢の吉凶があるように、家相にも吉と凶があります。良いエネルギーが働く家は吉相の家といい、エネルギーの働きがあまり良くない家を凶相の家といいます。

吉相の家に住む人は、健康で明るく、人生を前向きにとらえています。運勢は上向き、仕事運、金運などにも恵まれ、豊かな生活を送ることができます。

一方、凶相の家に住む人は、健康をそこない、物事を前向きに考えることができません。そのために、仕事上などで人間関係のトラブルを起こしがちになり、金運や仕事運から見はなされます。

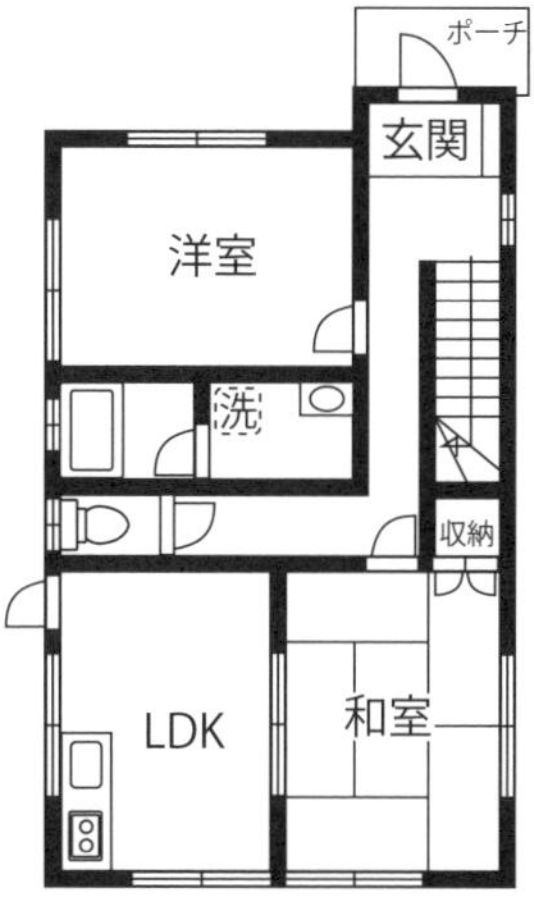

家相の判断方法

家相の判断は、上の図のような家の平面図を用います。その図面から八方位を割り出し、家の各方位の意味やエネルギーのあり方を見ていきます。

家に流れるエネルギーとは、九星精気にほかなりません。各九星の定座を示す後天定位盤《こうてんじょういばん》が、家相判断の基本となります（下図）。後天定位盤に配置された各九星の象意が、八方位それぞれの意味を表します。

九星象意は吉凶入り交じっていますが、どの方位にどんな部屋があるのか、どんな形になっているかをみて、その場所が吉相か凶相かを判断します。

吉相であれば象意の良い影響を受け、凶相であれば象意の悪い影響を受けることになります。

後天定位盤

さらに方位を使うと、時間の観念もプラスされます。

これまで、行動を起こすときは、目的の方位にどの九星が運行しているのかを見てきました。

家相でも建築や増改築の時期をみるときは、この方法を用います。

土地・建物を購入する際は、物件を見つけたときの方位を確認しましょう。凶方位にあたる場合は、購入を控えたほうが賢明です。

吉凶の決め手となる家のかたち

★ 家相の吉凶に大きく影響する「張《は》り」、「欠《か》け」、「開《あ》き」

家の凹凸で「張り」と「欠け」を判断する

家の平面図を見ていくと、ほとんどの家が四角形ではなく、多少の凹凸があるものです。

家相では、出っ張った部分を「張り」、凹んだ部分を「欠け」と判断します。

張りは、その家のエネルギーを高める吉相とみなします。反対に、欠けは家のエネルギーをそこなう凶相と考えます。

張りは奥行き、間口を問わず、出っ張った部分が家の一辺の三分の一以内のもの。または、横長の建物の場合、長く張り出した方位に張りがあると考えます。

欠けの判断も同様に、凹《へこ》んだ部分が一辺の三分の一以内のものとします。

バルコニー・ベランダ・外廊《ろう》下《か》・外階段は家の外部と考えます。張りと欠けは家の内部のかたちから判断します。

また、倉庫（物置）や離れなど別棟《べつむね》がある場合は、その方位に張りがある吉相とみなします。別棟は、母屋の三分の一以内のものとします。

大きすぎる開放部は「開《あ》きの凶相」

家にとって、通気性は重要なポイント。空気が流れない家は、エネルギーの流れもとどこおってしまい、運気を下げることにつながります。

しかし、窓や出入り口が大きすぎると、そこから災難や病魔が入り込んでくるため、家相上は凶相と判断します。このことを「開きの凶相」といい、大きければ大きいほど凶相となるわけです。通気は必要とされますが、要注意。

また、吹き抜けや玄関も「開き」と考えます。

家相で見る張りと欠け

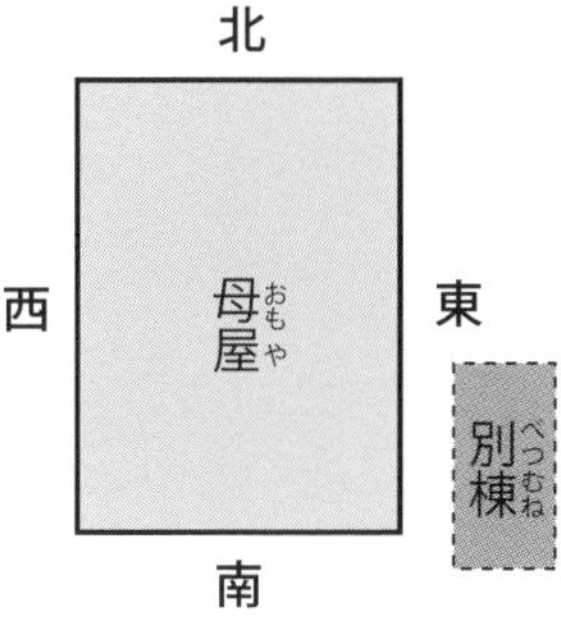

別棟《べつむね》がある場合は、その方位に張りがあるとみなす

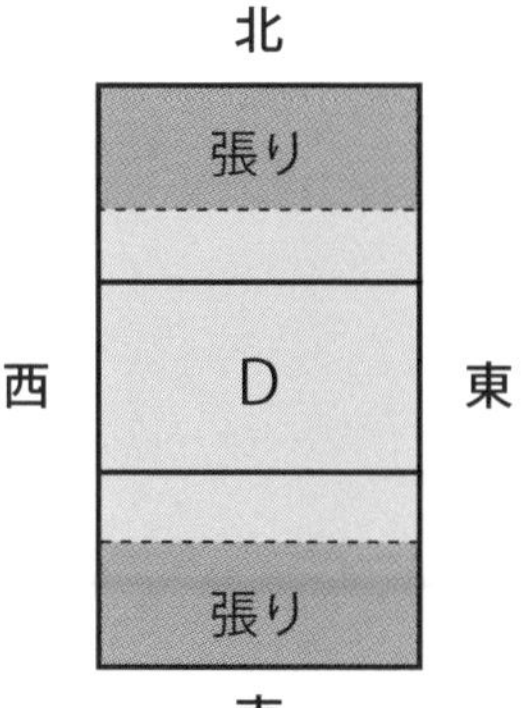

南北に張りがあると考えるが、張りのパワーは弱い

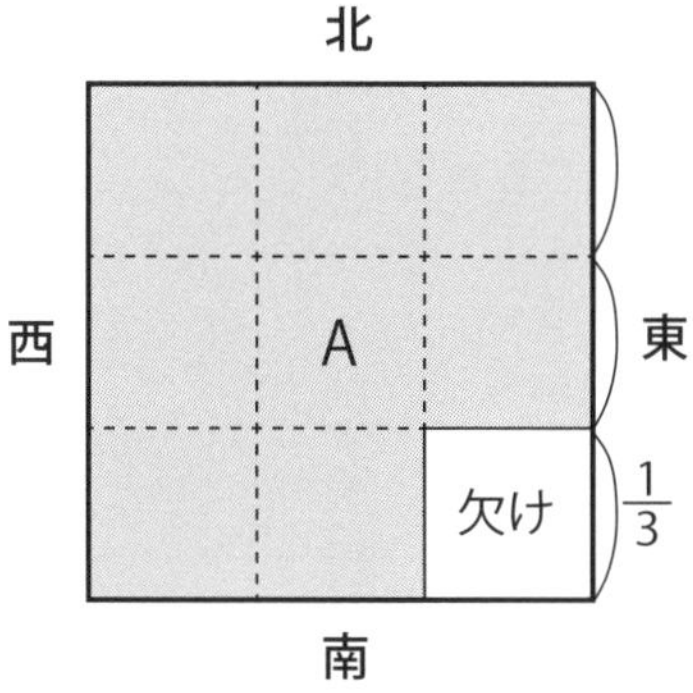

東南に$\frac{1}{3}$以内の欠けがある

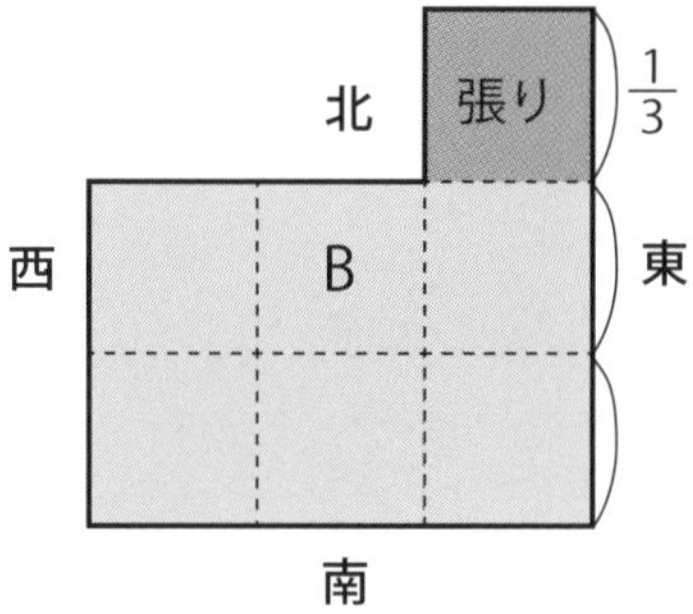

北東に$\frac{1}{3}$以内の張りがある

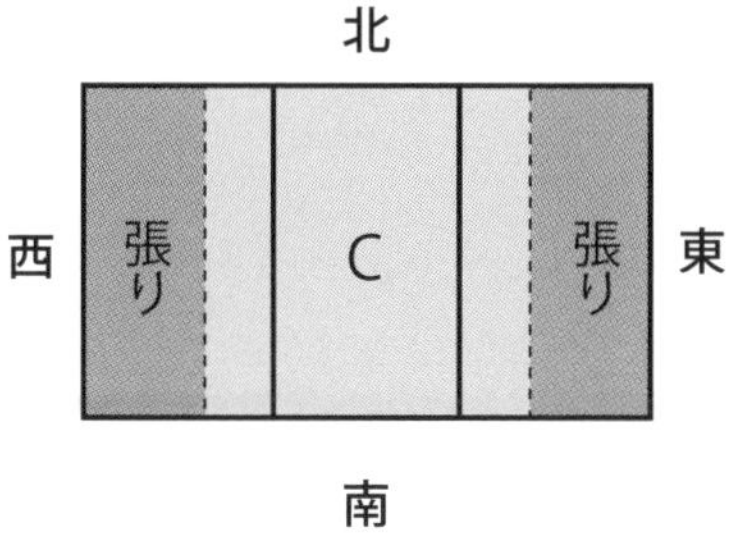

東と西に張りがあると考えるが、張りのパワーは弱い

家の中心を求める

★――張り、欠け、開きがわかったら家の中心を決めていく

方位を知るために家の中心を決める

家相を見るときは、最初に図面を広げて、家の中心を決めていきます。そして、吉凶を左右する張りや欠けが中心から見てどの方位にあるかを調べます。

家の中心の求め方には、次の2種類があります。

①張りと欠けを除いて、中心を決める。

②張りと欠けを平均して、中心を決める。

図面を広げて、張りしかない家、欠けしかない家は、①の方法で中心を求めます。

張りと欠けが混在している家の場合は、②の方法で中心を決めていけばよいのです。

共同住宅・二世帯住宅の場合は

平面図を開くといっても、家の事情はさまざまです。共同住宅に居住していたり、複数の世帯が同じ家に住んでいたりすることもあるでしょう。その場合は、次のことを基準に家の中心を求めていきます。

二階建て、三階建ての家は、各階ごとの平面図で中心をとり、家相を調べます。

マンションなど共同住宅の場合は、一戸建てと同じように自宅部分の図面から判断します。

玄関が2つある二世帯住宅は、それぞれの世帯ごとの平面図から中心を求めていきます。

家の中心が正確にとれていないと、方位の判断に間違いが生じます。左ページを参考に正確な中心を求めるようにしましょう。

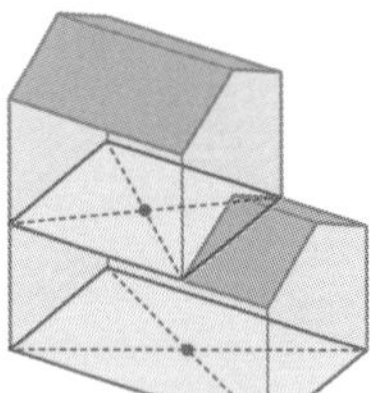

家の中心の求め方

①張りがある家の中心のとり方

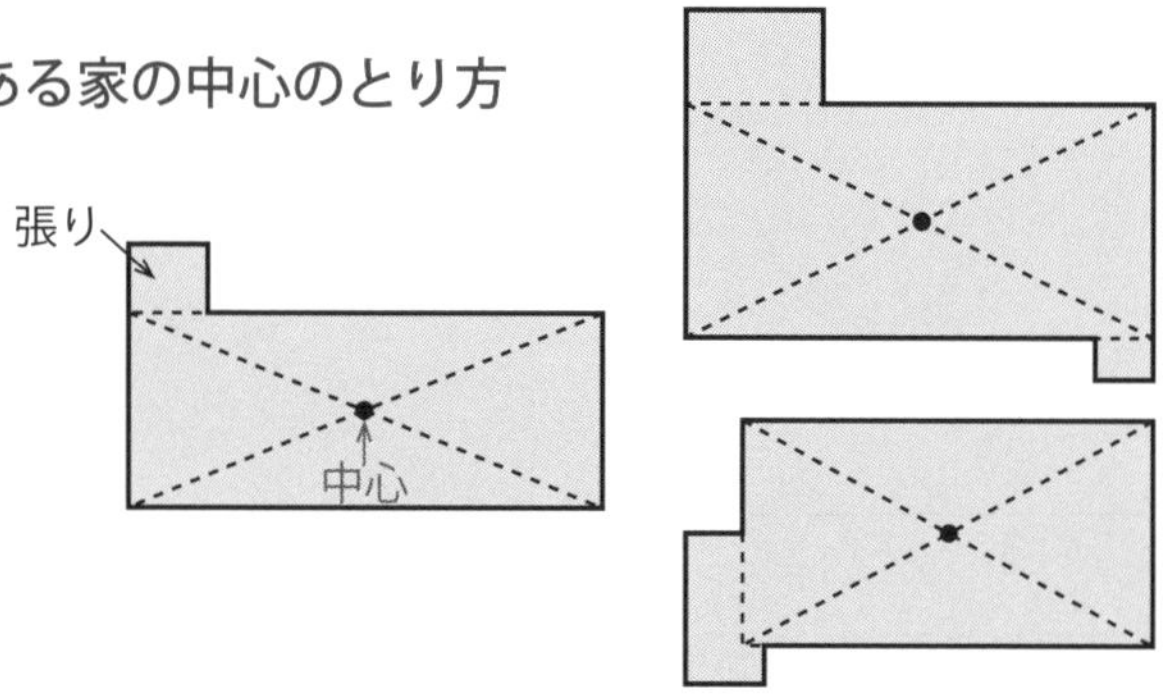

①欠けがある家の中心のとり方

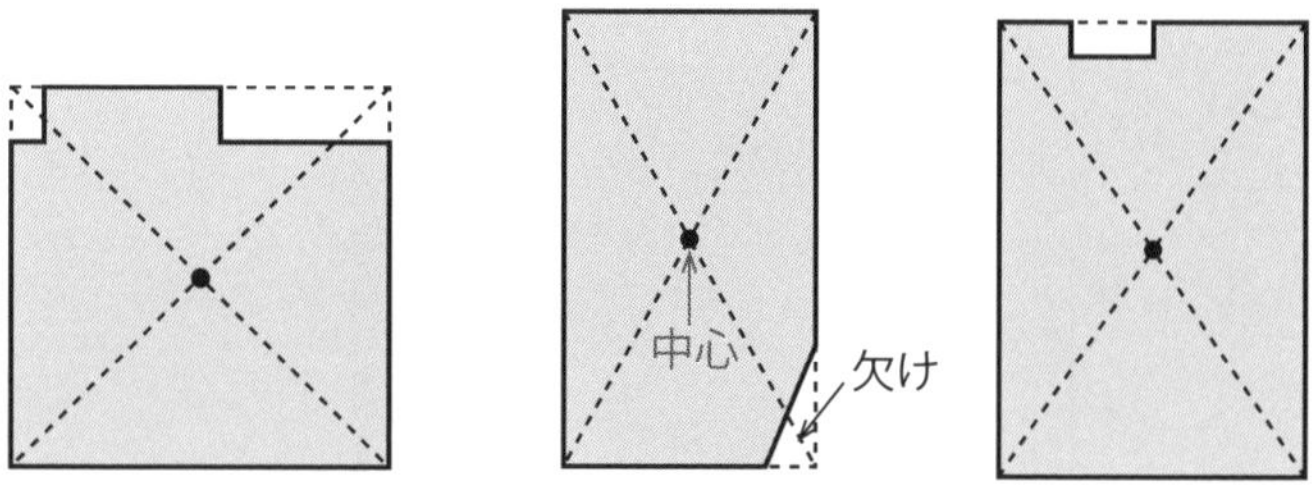

②張りも欠けもある家は平均して中心をとる

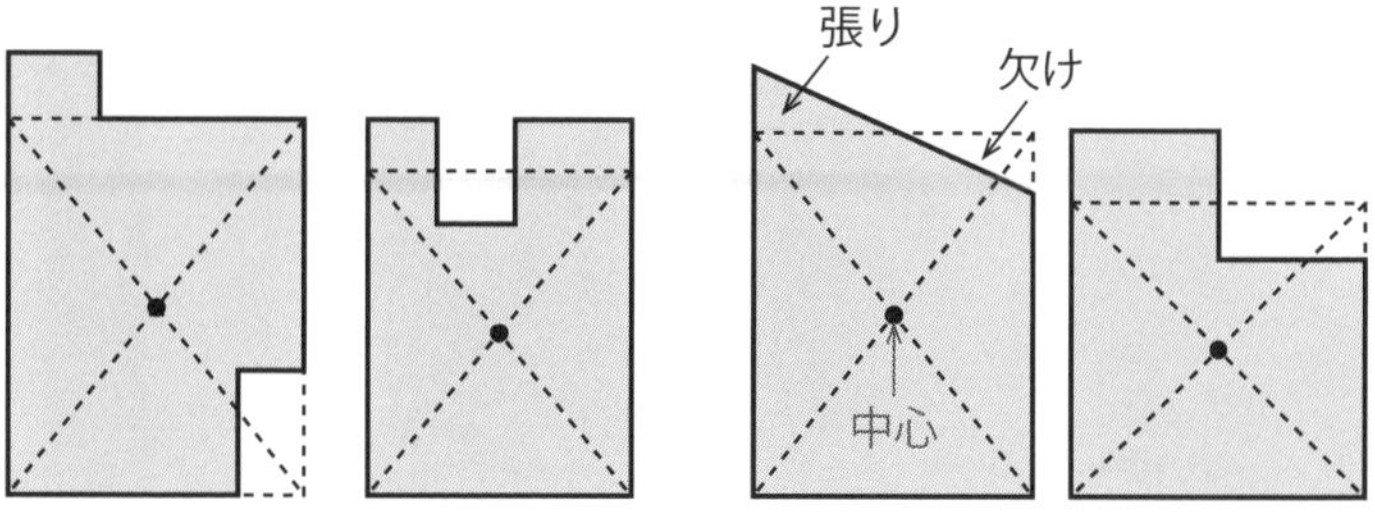

家の真北《しんぼく》を定めて八方位を求める

★——家相の基本となる方位の割り出し方

北には「真北《しんぼく》」と「磁北《じほく》」がある

家の中心が決まったら、方位の基本となる北を定めます。北は家の中心点に方位磁石《じしゃく》を置いて求めていくのですが、方位磁針《じしん》が指す北は、厳密には北ではありません。

本来の北とは北極点がある方位、地図で示される北のことです。これを「真北《しんぼく》」といいます。

これに対して、方位磁針が指す方位は「磁北《じほく》」といい、地球の磁場によって5~8度ほど西に傾いたズレが出ます。この角度の違いを「偏差《へんさ》角度」といいます。

家相は、真北を基準に家の方位を見ていきます。そのためには、方位磁針が示す方位のズレを修正する必要があります。

真北と磁北の偏差

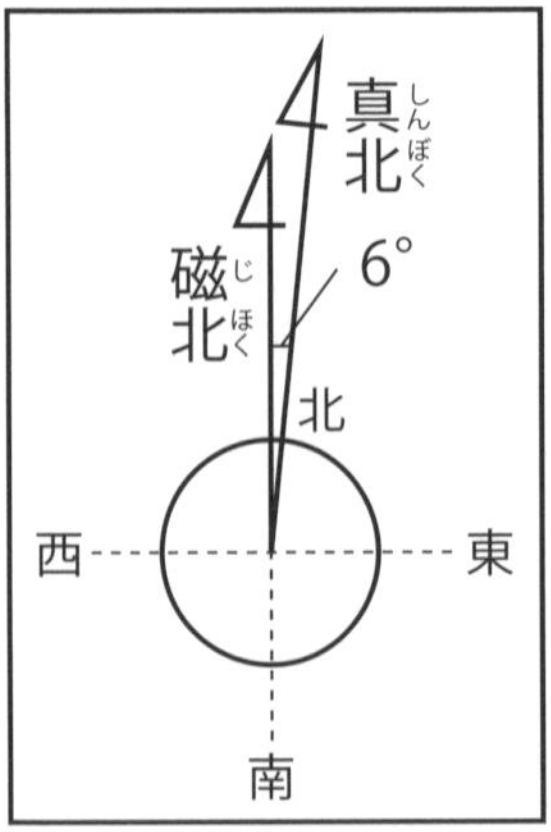

関東地方では磁北が示す北から約6度東に傾けると真北が求められます。

主要都市の磁気西偏差角度表

稚内	9.46	金沢	6.59	甲府	6.26	高松	6.15
札幌	8.58	新潟	7.14	飯田	6.27	岡山	6.23
旭川	8.55	福井	6.49	静岡	6.09	徳島	6.04
帯広	8.21	富山	7.00	浜松	6.08	高知	5.53
函館	8.13	いわき	6.39	名古屋	6.22	下関	6.08
青森	8.07	前橋	6.39	津	6.15	宮崎	5.20
秋田	7.34	宇都宮	6.36	大島	5.58	大分	5.51
盛岡	7.48	熊谷	6.31	和歌山	6.10	長崎	5.35
山形	7.11	水戸	6.27	大阪	6.18	熊本	5.39
仙台	7.06	東京	6.17	神戸	6.21	鹿児島	5.05
福島	6.59	横浜	6.12	松山	6.05	那覇	4.40

※磁北は真北より西に傾いている

家の八方位を割り出す

家の中心と真北が定まったら、家の八方位を割り出します。八方位とは、48ページで説明したとおり、東・西・南・北（四正《しせい》）と、その間の東南・南西・西北・北東（四隅《しぐう》）の8つの方位のことです。

気学では、四正の範囲を30度、四隅の範囲を60度と考えます。家相もこれにならって割り出していきます。

八方位は、家相の吉凶を判断するうえで大切な要素となります。家のどの方位に張りや欠けがあるのか、どの方位にどんな部屋があるのかによって、吉凶の意味が違ってきます。

そのため、八方位の割り出しが正確でないと、正しい家相判断ができません。家の間取り図を開いて、分度器《ぶんどき》を使い、正確に測りましょう。

平面図での八方位のとり方

①家の中心から真北を基本に東西南北の点線を引く。
②点線から上下に15度ずつ実線を引く。

巻末の「八方位測定盤」を切りはなして、間取り図にあてて見ると簡単に八方位を割り出すことができます。

最近の家の平面図は、真北《しんぽく》をとった方位記号が記載されているものがほとんどです。平面図の方位記号に合わせましょう。

平面図での八方位の決め方

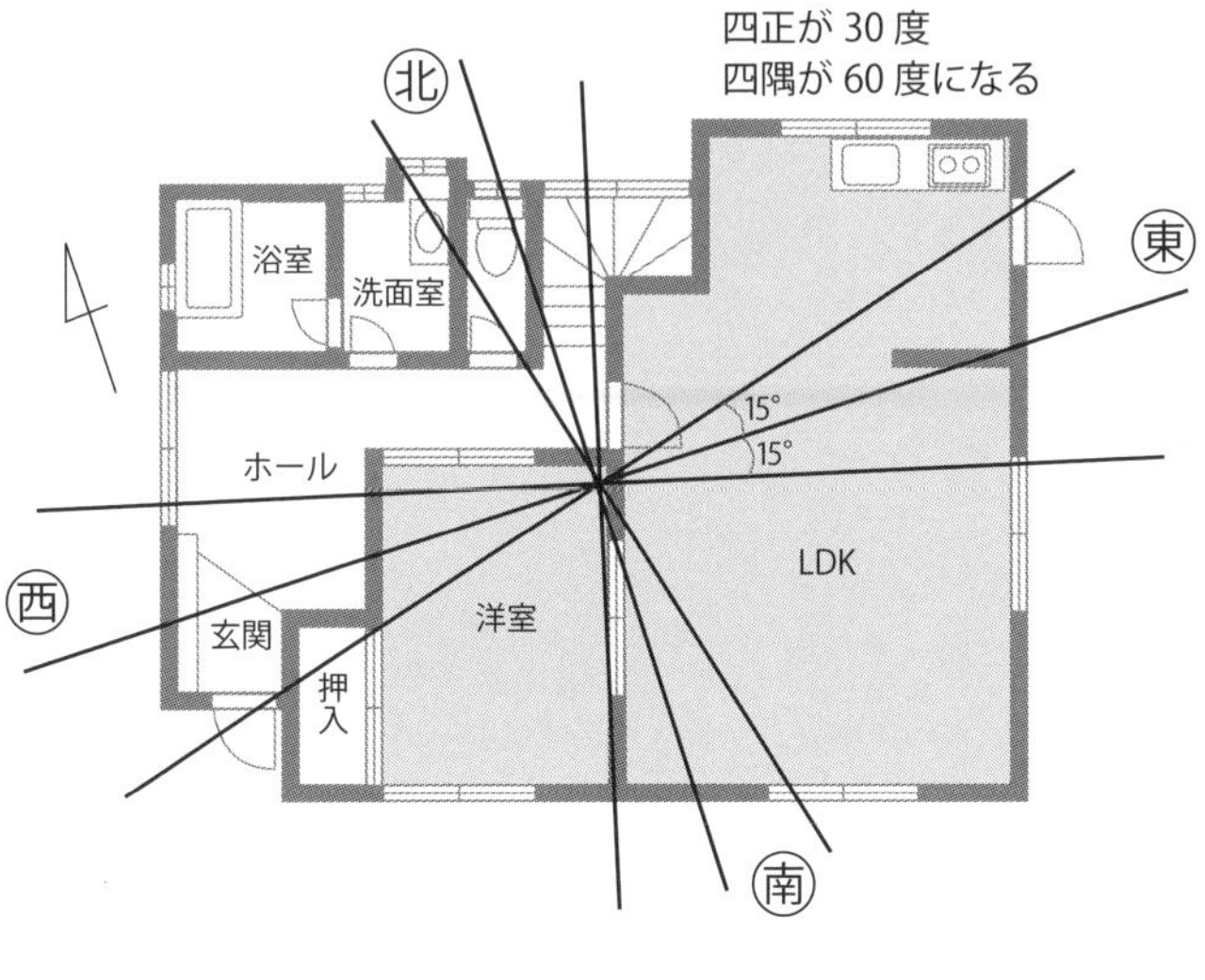

家相における各方位の吉凶判断

★——吉相が招くこと・凶相が招くこと

北の家相判断

〔北が吉相《きっそう》となる家相〕

○北に三分の一以下の張り、または別棟《べつむね》がある。

○北が壁で閉塞《へいそく》している。

●北の吉相が招くこと

夫婦仲が良く、子宝にも恵まれます。この家相で育った子どもは控えめながら協調性に富んでいるため、周囲から可愛がられて順調な人生を送ります。

交際上手で順応性、柔軟性に優れていることから、どんな環境の仕事でもすぐになじみます。また、趣味を生かしたサイドビジネスで副収入を得られることもあります。

腎機能が活発で血液の浄化作用が良好になります。いつまでも若々しく、精力旺盛です。

〔北が凶相となる家相〕

○北に欠け、もしくは廊下などの開きがある。

○北にトイレがある。（北は君子の場所とされ、不浄なものがあると凶相）

●北の凶相が招くこと

人間関係のトラブルが絶えません。夫婦仲は悪く、異性関係のトラブルに悩まされます。子宝に恵まれにくく、授かった子どもは病弱であったり、悪知恵が働いたりします。

たびたび盗難に遭うでしょう。

事業では、部下に恵まれず、使い込みや持ち逃げなどのトラブルに遭います。やがて業績は悪化するでしょう。

腎臓の働きが悪く、疲れやすくなります。女性は冷え性や婦人科系の病気に注意しましょう。

南西の家相判断

〔南西が吉相となる家相〕

○南西に張りも欠けもない。

○南西の壁がきちんと閉塞《へいそく》している。（熱気をさえぎります）

○南西に別棟がある。

南西の吉相が招くこと

家庭は、母親が明るく朗らかで円満となります。この家相で育った子どもは忍耐強く努力家です。とくに女の子の場合は、結婚後もしっかりと嫁《とつ》ぎ先で活躍し、家を守ります。

真面目で勤勉なところが評価され、仕事面での成功の基盤を作ります。謙虚で忍耐強い人柄も上司から認められ出世します。

事業主はつねに努力を惜しまず、奉仕の気持ちが強いため、顧客から信頼を得て繁盛します。資産運用にたけ、着実に事業を広げていくことができるでしょう。

胃腸が丈夫になり、しっかり栄養と滋養を吸収し、丈夫で活発な子どもが育つので楽しみです。

〈南西が凶相となる家相〉

○南西に張りがある。

（通常は吉相に転じる張りですが、裏鬼門《うらきもん》にあたる南西の張りは凶相）

○南西に台所・トイレ・浴室がある。

南西の凶相が招くこと

南西に凶相があると、生産力や勤勉さが失われます。やる気がなく、頑固《がんこ》で強情《ごうじょう》。勤務態度が悪いため上司から目をつけられ出世しません。

南西に張りがあると、妻の運気が強すぎ、いわゆるカカア天下の家となります。さらに西北に欠けがあれば、主人不在の家となります。

胃腸が弱く、下痢《げり》が続きます。栄養不足から疲れやすく、根気が続きません。

東の家相判断

〈東が吉相となる家相〉

○東に三分の一以下の張りや別棟がある。

（加えて北西に張りや別棟があれば大吉）

○朝日のエネルギーを十分に受け取れる。

東の吉相が招くこと

この家相で生まれた子どもは進取の気性に富み、決断力にすぐれ、出世に期待ができます。とくに東に張りがある家で生まれた長男は大物になると暗示されています。女の子は将来、家事と仕事を両立できます。

どんな職業でも必ずや頭角《とうかく》をあらわし、その評判や名声は遠くまで鳴り響きます。新しい発想を持ち、躍動感あふれる事業となります。

肝機能が丈夫で疲れ知らず。また、東には「声」と「足」という象意があることから美声の人が多く、いつまでも健脚《けんきゃく》です。

〈東が凶相となる家相〉

○東に欠けがある。

○東に廊下《ろうか》、ベランダ、大きな出入り口などの開きがある。

○東にトイレや浄化槽《じょうかそう》がある。

● 東の凶相が招くこと

活気や発展性がなくなり家運が下がります。

家庭では、この家に生まれた長男に凶の災《わざわ》いが強く出ます。病弱であったり、虚言癖《きょげんへき》があったり、親に反抗的であったりするでしょう。

ビジネスは下降線をたどります。口の災いから人間関係を悪くして、社会的な信用を落とします。また、若い男性から迷惑をこうむることが暗示されています。

肝機能が衰え、疲れやすくなります。足のトラブルを抱えやすく、リューマチなどが心配です。

東南の家相判断

〈東南が吉相となる家相〉

○東南に三分の一以下の張りがある。（加えて北に張り、もしくは別棟があれば最高の家相）

● 東南の吉相が招くこと

運勢は末広がりに上昇します。

家庭はつねに穏やかな雰囲気で円満です。この家で育った長女は、やさしく誰にでも好かれる女性へと成長します。良縁に恵まれ、結婚後も幸せな家庭を築きます。

遠くにある取引先の商談がスムーズに進みます。また、人に好かれ、信用を手にすることから、職場での人間関係はつつがなく進みます。

精神面で充実し、健康な体を保つことができます。肺と腸が丈夫になるので気力・体力ともに申し分ありません。

〈東南が凶相となる家相〉

○東南に欠けや開きがある。

○東南にトイレがある。

● 東南の凶相が招くこと

すべてがととのわず、トラブルが続出します。

仕事面では、まとまるはずの商談が直前で破談となることがあるでしょう。また、悪いうわさが立ったり誤解を受けたりして信用を失います。出張先で盗難に遭う暗示もあります。

ゴタゴタ続きで家族間のイライラが募《つの》ります。仕事や勉学に集中できず運気を下げます。

この家で育った女の子はワガママで、「縁談」がまとまらず婚期をのがすことになりがちです。

気管支系と消化器系の病気にかかりやすくなります。風邪が長引いたり、原因不明の体調不良に悩まされるかもしれません。

西北の家相判断

〈西北が吉相となる家相〉

○西北に三分の一以下の張りがある。
○西北に母屋の三分の一以下の別棟がある。
○西北に蔵《くら》（物置）がある。

西北の吉相が招くこと

一家の大黒柱が健康で社会的にも活躍します。それは家族全員の幸運へとつながります。

この家で育った子どもは頭脳明《ずのうめい》晰《せき》で体も丈夫。将来は人の上に立つ人となります。男女とも良縁に恵まれます。

どの職業であっても行動力と決断力にすぐれ、業績を上げていきます。サラリーマンなら出世街道をまっしぐらに登りつめるでしょう。地位や名誉、財産を手に入れることができます。

家族全員の無病息災《むびょうそくさい》が約束されます。また、認知症などの心配も無用となるでしょう。


〈西北が凶相となる家相〉

○西北に欠けや開きがある。
○西北の中心にトイレがある。

西北の凶相が招くこと

一家の主に凶作用が強く出て、主人の運気と健康がそこなわれます。やる気がなくなり、何をやっても裏目に出ます。

事業は下降の一途をたどります。サラリーマンの場合、会社のトップに問題があったり、上司とのトラブルが避けられなかったりと、出世をのがします。

胸部に弱点があり、息切れがしてスタミナ不足になります。偏頭《へんず》痛《つう》や認知症、うつ病などの危険も含んでいます。注意が必要です。

西の家相判断

〈西が吉相となる家相〉

○西に三分の一以下の張りがある。
○西に別棟がある。

西の吉相が招くこと

西に吉相があると金運が上昇します。話し上手でパーティーや食事会などで開運をつかみます。

衣食住の悩みがなく、精神的なゆとりができて、円満な家庭になります。この家で育った子どもは一生お金に困ることがありません。また、男女とも良縁に恵まれます。

どんな分野でも経済的に発展します。事業主なら余裕がある経営方針を立てることができ、順調に発展していくでしょう。

肺の機能が強くスタミナがあります。また、おいしい食べ物に恵まれ、栄養面で充実します。心身ともに健康になります。

〔西が凶相となる家相〕

○西に欠けや開きがある。
○西に大きな張りがある。
○西にトイレや浴室・台所など水まわりがある。

西の凶相が招くこと

西の凶相があると、金銭面の苦労が絶えません。借金に追い立てられ、家計はいつも火の車です。それがもとで夫婦仲も悪くなります。

とくに、この家で生まれた女の子に強い影響が出て、ワガママで扱いにくくなります。

金運に見はなされ、仕事へのやる気を次第に失います。ギャンブルに手を出すことがあるかもしれません。気力が長続きしません。また、歯のトラブルを起こしやすく、歯周病《ししゅうびょう》や胃腸障害を招くことになりかねません。

北東の家相判断

〔北東が吉相となる家相〕

○北東に張りも欠けもない。（北東は鬼門のため、張りも凶相）
○北東に母屋の三分の一以下の別棟がある。

北東の吉相が招くこと

北東が吉相の家は、良い方向へ物事が転じます。

相続問題がとてもスムーズにいき、先祖から受け継いだ伝統や風習をしっかりと守っていく家です。この家で育った子どもは、勤勉でまじめ。無駄遣《むだづか》いをしない倹約家《けんやくか》になります。

仕事面では着実に業績を伸ばし、ビジネスを成功させます。いつしか一角《ひとかど》の財を築くでしょう。社員や年下の部下に恵まれ、彼らの活躍が会社に利益をもたらします。

ケガや病気に対して強い体の持ち主です。気候の変化にも柔軟に対応できます。

〔北東が凶相となる家相〕

○北東に欠けや開きがある。

○北東に大きな張りがある。

○北東にトイレ・浴室・台所など水まわりがある。

北東の凶相が招くこと

象意《しょうい》の「変化」が悪い方向へ転じ、家運が衰退します。蓄《たくわ》えは底をつくことになるでしょう。

後継者に恵まれず、親戚縁者とうまくいきません。財産相続でトラブルが絶えないでしょう。

事業改革や人事異動など、すべてがうまくいきません。サラリーマンは仕事にムラがあり、まわりからの信用を失います。職を転々とする可能性があります。

季節の変わり目に体調を崩します。また、腰痛に悩まされます。

南の家相判断

〔南が吉相となる家相〕

○南に三分の一以下の張りがある。

○南に母屋の三分の一以下の別棟がある。

南の吉相が招くこと

明るく笑顔の絶えない家庭になります。この家で育った子どもは頭が良く、感性も豊か。将来に明るい兆《きざ》しが見えます。とくに女の子は　容姿端麗《ようしたんれい》で才能にも恵まれます。

頭脳明晰《ずのうめいせき》で先見の明が立ちます。状況の分析能力にすぐれているため、どんな職業でも順調に業績を上げます。アイデアが次つぎに浮かぶことを生かして、発明や芸術などの分野でも活躍できます。

心臓が丈夫で血液循環も良好です。年老いても心身ともに健康でいられるでしょう

〔南が凶相となる家相〕

○南に欠けや開きがある。

○南にトイレ・浴室・台所など水まわりがある。

○南に池・井戸などがある。

南の凶相が招くこと

家庭では、さまざまなトラブルが生じ、離婚や家出などで家族はばらばらになってしまいます。火難に遭《あ》うという暗示があります。

この家で育った子どもは虚栄心だけは人一倍です。女の子は外見

が美しくても見栄っ張りになりがちです。

仕事面では、知識や勉強不足から業績が悪化します。移り気で落ち着きがなく、それが勤務状態に影響します。また、不利な契約から借金を背負わされることもあります。健康面では、心臓病、脳梗《のうこう》塞《そく》、認知症など、重大な病気をわずらいやすくなるので要注意です。

中央の家相判断

〈中央が吉相となる家相〉

○中央に欠けや開きがない。

○中央が平らになっている。

（これは「中央の平運の相」と呼ばれる吉相）

● 中央の吉相が招くこと

団結力が強い家族になります。

ただし、それぞれの個性が強く出すぎると、言い争いに発展することもあります。

この家で育った女の子は仕事で大活躍しますが、家庭をかえりみないところがあります。

どんな職業でも注目され、重要なポストにつきます。部下や社員をまとめるのがうまく、次第に人と富が集まってきます。

胃腸が丈夫で栄養状態は良好。タフでバイタリティあふれる人になります。

〈中央が凶相となる家相〉

○中央に欠けがある。もっとも強い凶相。

○中央に吹き抜け・階段・廊下など開きがある。

○中央にトイレがある。

○中央に池・井戸などがある。

● 中央の凶相が招くこと

中央の欠けは一代限りの絶家の家相。欠け以外でも、凶作用が極《きょく》端《たん》に強くあらわれます。

家族が病気がちで悩みが絶えることがありません。中央に井戸や池がある家相では不倫騒動が起こり、家族間には重苦しい空気がただよいます。

何ごとにも求心力に乏しく、人がついてきません。事業主は経営方針が定まらず統率力がないため、業績が上がりません。

中央にトイレがある家相は、家族の誰かが病気がちで苦労するでしょう。胃がん、大腸がんなど腹部の大病をわずらう可能性があるので要注意です。トイレは原則としてどこに設置しても凶相となりますが、家の中心に持ってくるのは大凶です。

幸せを呼ぶ間取り

★家相から見た各部屋の配置

玄関

住人を出迎え、送り出す玄関。外から良い気も悪い気も出入りするのが玄関です。家相上でも、玄関をどう配置するのかが大変重要になります。

玄関の配置は、発展を意味する東か東南にするのが理想的です。鬼門《きもん》の北東と、裏鬼門《うらきもん》の南西は避けるようにしてください。

現代の住宅事情で、玄関を少し奥まったところに配置する傾向があります。しかし、玄関は開きと考えますから、平坦な配置であっても凶相となります。少しでも出っ張りを作れば凶相を改善することができます。

リビング

家族が集まる場であるリビングは、来客をもてなす家の「顔」になります。適度な暖かさ、通気の良さ、清潔さを保つことが重要です。

暖かく、空気によどみがないことが大切。東や東南、中央に配置するのがベストです。

ダイニング

ダイニング（食堂）は、東もしくは東南にあるのが最適です。西日が当たり、ものが腐《くさ》りやすい南西、西、冷えが厳しい北はダイニングには不向きです。また、南は日当たりが良すぎて精神的な落ち着きがなくなります。

また、玄関のすぐそばや、寝室の隣は避けましょう。

寝室

寝室に向いているのは、東・東南・北・西北の方位です。熱気がこもりエネルギーの強い南は、寝室向きではありません。

とくに主人の寝室を西北に置く

のがベストです。主人の運気がアップし、家族の幸運へとつながるでしょう。

北枕《きたまくら》は、死人と同じで不吉だという考え方がありますが、家相から見ると、朝日が直接当たらない北枕は吉となります。

書斎・仕事部屋

最近は仕事部屋にすることも多い書斎。静かで落ち着きがあり、周囲に影響されない場所を選ぶことが大事です。

集中して読書や仕事に打ち込みたいのなら、静かな北がよいでしょう。

西北は主人の場所でもあるため、主人の仕事部屋にすると、仕事がはかどり仕事運アップにつながります。

子ども部屋

子ども部屋に必要とされるのは、将来性、発展性、そして安全、安心です。

将来性、発展性を望むのなら、太陽の光が当たる方位に子ども部屋を設けるのが吉です。東、東南、南は、それぞれ明るさ、活発さを象徴し、子どもの成長には申し分のない方位です。

集中力をアップさせるため、受験生には北が最適な方位です。

健康に有害な南西、わがままになりがちな北東、勉強より遊びの西はおすすめできません。

浴室

通風の面から考えると、浴室・洗面所は、東か東南に置くのがベストです。西日が残る南や南西は不向きです。

とくに火の精気を持つ南は、水まわりは凶相。南西も裏鬼門にあたり、壁に囲まれた間取りを吉とするため、浴室は凶相になります。

トイレ

トイレは、どの方位にあっても凶相といえます。できるだけエネルギーの流れに影響しないような場所を選びたいものです。

中央と南のトイレは、最もよくない凶相です。健康に悪い影響をおよぼします。明るく清潔なトイレは、空気の流れが良く凶作用をやわらげてくれます。

各部屋の吉相《きっそう》・凶相《きょうそう》早見表

部　屋	北	南西	東	東南	西北	西	北東	南
玄　関	△	×	◎	◎	△	△	×	△
キッチン	×	×	◎	◎	×	×	×	×
リビング・ダイニング	×	△	◎	◎	○	×	△	○
トイレ	△	×	△	△	×	△	×	×
浴室・洗面所	△	×	◎	◎	×	△	×	×
寝　室	◎	○	◎	◎	◎	△	△	×
書　斎	◎	×	△	△	◎	×	○	×
子ども部屋	△	×	◎	◎	○	×	×	◎
神《かみ》　棚《だな》	◎	×	△	×	◎	◎	×	×
仏　壇	◎	×	○	×	◎	◎	×	×
池	×	×	×	×	×	×	×	×
車　庫	○	×	○	○	◎	○	×	×

◎ 理想的　○ よい間取り　△ やや悪い　× 避けた方がよい

建て替え・増改築をする前に

★——増改築で忘れてはならない「気抜《きぬ》き」の手順

増改築で必ず起こる凶作用

増改築を進めるにあたって、ひとつ注意すべき大事なことがあります。それは、工事をはじめる前に1年間家を空ける「気抜《きぬ》き」をすることです。

増改築をすると災《わざわ》いがあるという話を良く耳にしますが、多くの場合は、この気抜きを怠ったために起こる凶作用です。

それまで住んでいた家を壊すことは、自分の精気のありかを壊すことになり、大きな方災が生じます。

これを防ぐには、それまで家に満ちていたエネルギーを放出するため1年以上触らないでおく期間が必要になります。これが「気抜き」です。

気抜きをせずに、家を取り壊したり、いじったりすると、突然のケガや病気に見舞われる、仕事で大きな支障が出るなど、見過ごすことのできない災いに見舞われます。

その方災は、家族のなかで運気が下がっている人、凶相の方位に関わりのある人に出やすくなります。

「気抜き」をする増改築の手順

①増改築の計画を立てる

増改築の計画は、工事期間に気抜き期間をプラスした日数を考えます。およそ1年半から2年必要なのです。家族全員が吉方で自宅に戻れる時期をあらかじめ想定しておきましょう。

②月の吉方位で仮移転

気抜きと工事期間は、家族それぞれ別宅へ仮移転をします。永住ではないので、年の吉方より、月の吉方を優先して仮移転先を選びます。ただし、年の五黄殺・悪殺気・水火殺の大凶方位は使用不可です。

③それぞれの吉方位で家に戻る

気抜きが終わり次第、増改築を開始し、終わったら家族それぞれが年・月の吉方位で家に戻ります。

資料編

年盤表《ねんばんひょう》・月盤《げつばん》表・日盤《にちばん》表・刻盤《こくばん》表

刻盤表

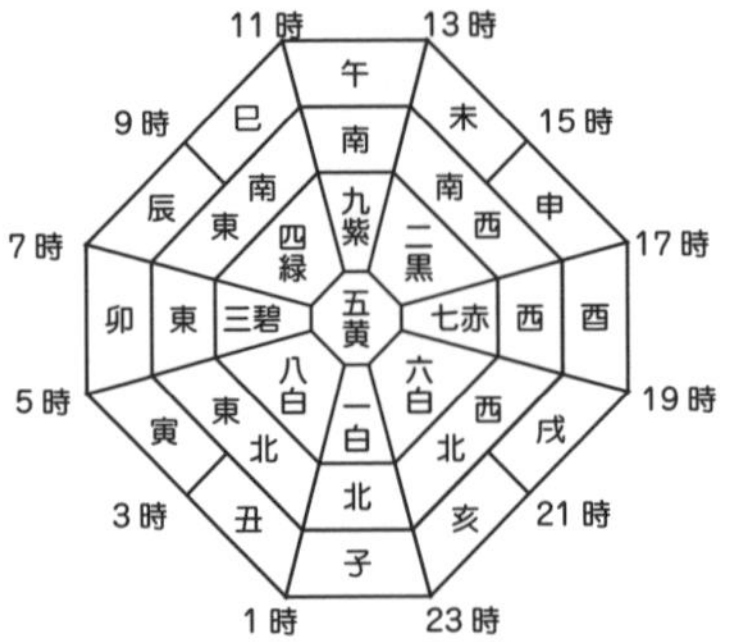

陰遁日			時間	陽遁日		
日の十二枝				日の十二枝		
寅巳申亥	丑辰未戌	子卯午酉		寅巳申亥	丑辰未戌	子卯午酉
時間の九星				時間の九星		
一	四	七	午前３時～午前５時（寅の刻）	九	六	三
九	三	六	午前５時～午前７時（卯の刻）	一	七	四
八	二	五	午前７時～午前９時（辰の刻）	二	八	五
七	一	四	午前９時～午前11時（巳の刻）	三	九	六
六	九	三	午前11時～午後１時（午の刻）	四	一	七
五	八	二	午後１時～午後３時（未の刻）	五	二	八
四	七	一	午後３時～午後５時（申の刻）	六	三	九
三	六	九	午後５時～午後７時（酉の刻）	七	四	一
二	五	八	午後７時～午後９時（戌の刻）	八	五	二
一	四	七	午後９時～午後11時（亥の刻）	九	六	三
九	三	六	午後11時～午前１時（子の刻）	一	七	四
八	二	五	午前１時～午前３時（丑の刻）	二	八	五

刻盤表の使い方

刻盤表は、時刻ごとに運行する九星を割り出すために用いるものです。時刻の九星は、その日の十二枝によって割り出します。十二枝は、「子卯午酉」「丑辰未戌」「寅巳申亥」の３つのグループにわけられます。

そしてさらに、陰遁日《いんとんび》（夏至《げし》にいちばん近い甲子《きのえね》の日より約半年間）と、陽遁日《ようとんび》（冬至《とうじ》にいちばん近い甲子の日より約半年間）で九星の運行が逆になります。日盤表（313 ページから）では陰遁日は黒字、陽遁日は赤字で記してあります。

たとえば、子《ね》の日の陰遁日と陽遁日の午前 10 時の九星を調べてみましょう。陰遁日の場合は、午前９時から 11 時の時刻と子の欄が交差する数字が「四」とありますから、四緑中宮の時刻となります。同様に陽遁日を見ていくと「六」とありますから六白中宮の時刻となります。

ここで調べた中宮時刻を、247 ページにある【一白中宮日～九紫中宮日の基本日盤】を参考に、日を時刻に代えてそれぞれ中宮日の方位盤にあてはめていくと、調べたい時刻の各方位を運行する九星と、五黄殺・悪殺気の凶方位を示す刻盤ができあがります。

日の吉方位が刻盤の凶方位にあたらなければ、その時間帯に日の吉方位へ出かけて問題がないということです。

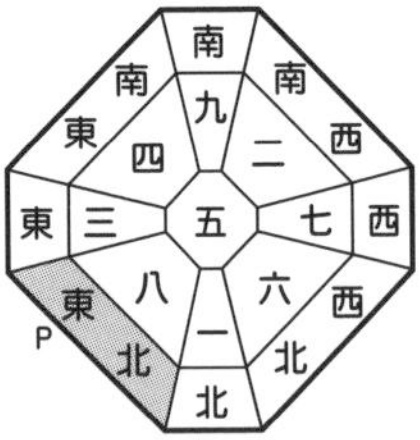

1932年(昭和7年) 壬申

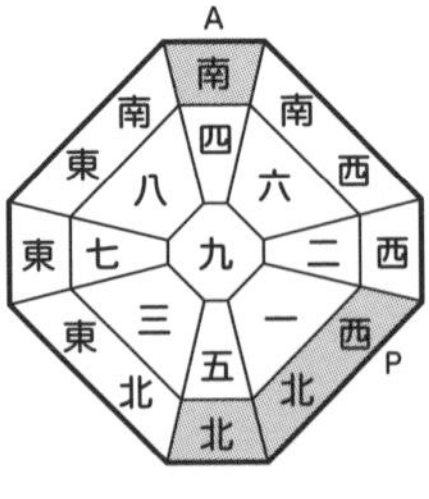

1928年(昭和3年) 戊辰

1924年(大正13年) 甲子

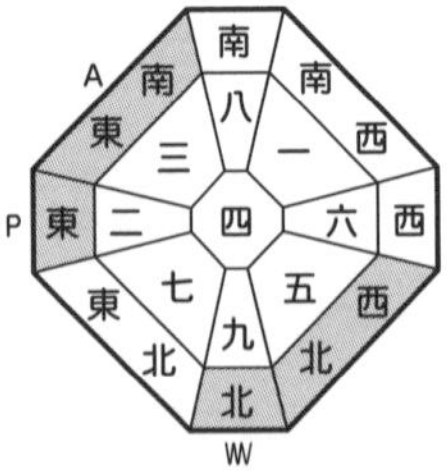

1933年(昭和8年) 癸酉

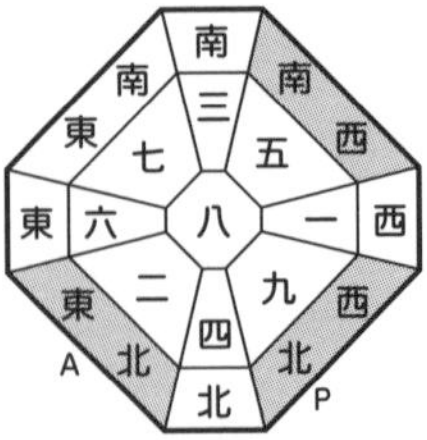

1929年(昭和4年) 己巳

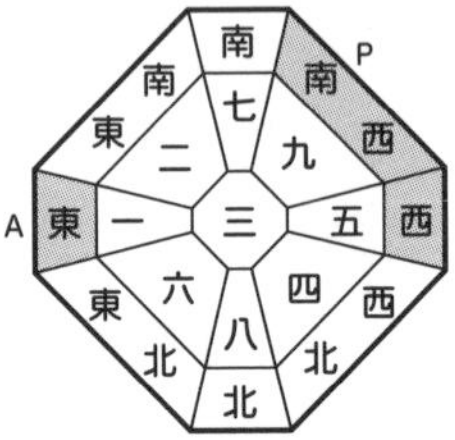

1925年(大正14年) 乙丑

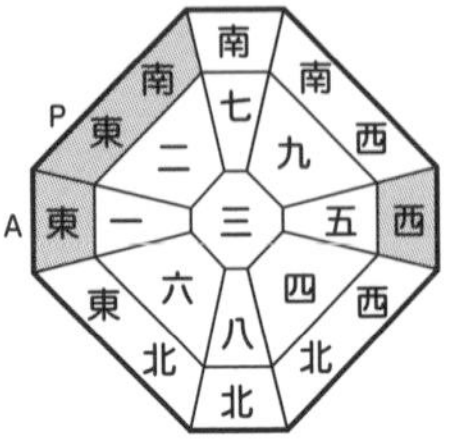

1934年(昭和9年) 甲戌

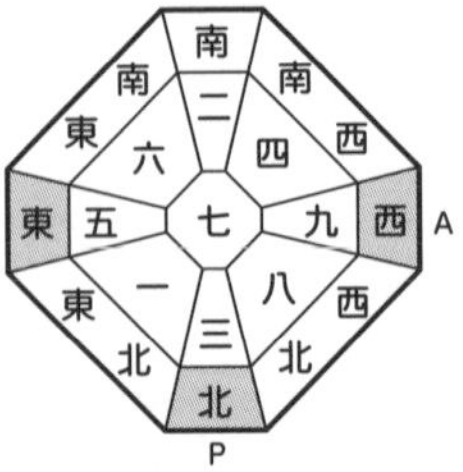

1930年(昭和5年) 庚午

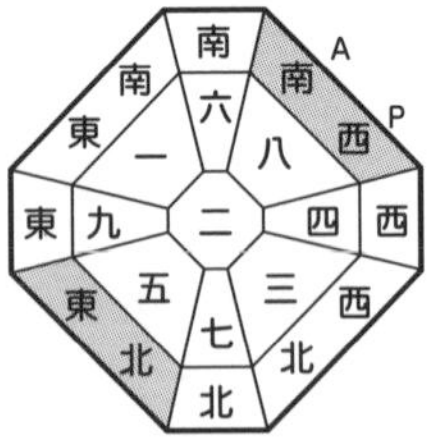

1926年(昭和元年) 丙寅

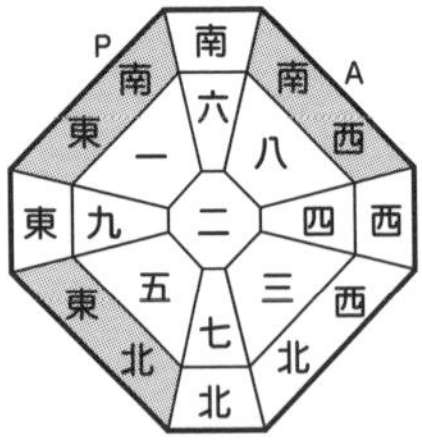

1935年(昭和10年) 乙亥

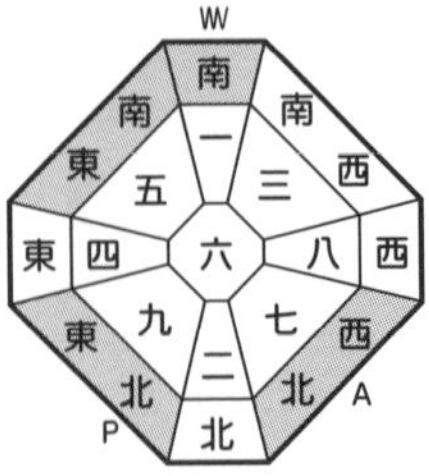

1931年(昭和6年) 辛未

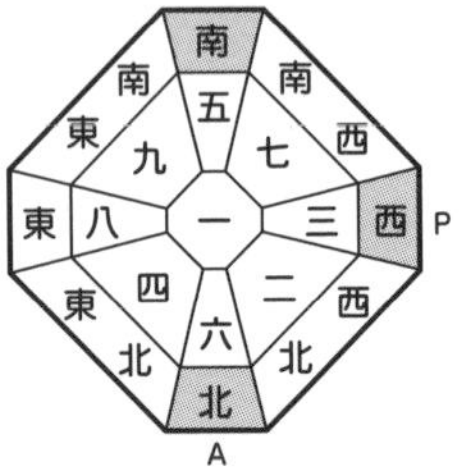

1927年(昭和2年) 丁卯

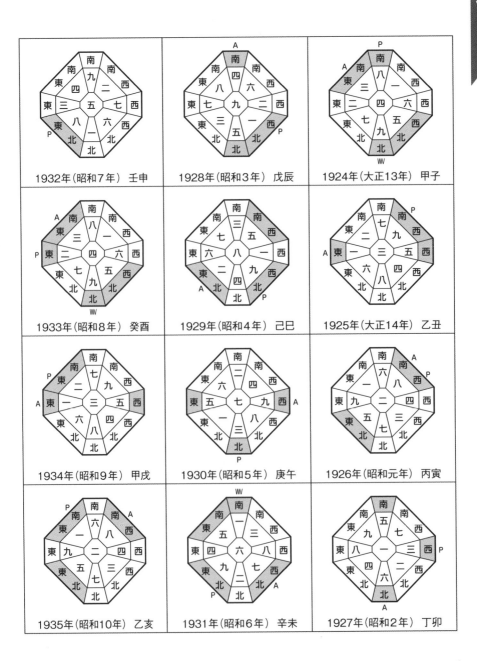

※ A…悪殺気（暗剣殺） P…歳破 W…水火殺 ▒…すべての人にとって凶方位

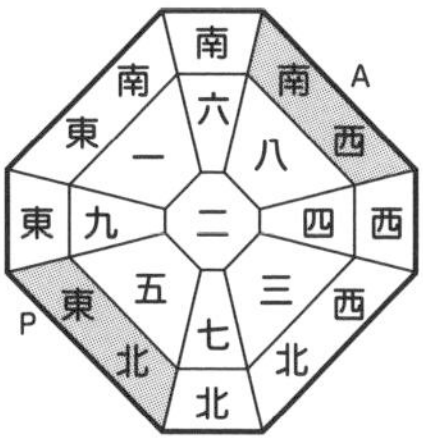

1944年（昭和19年） 甲申

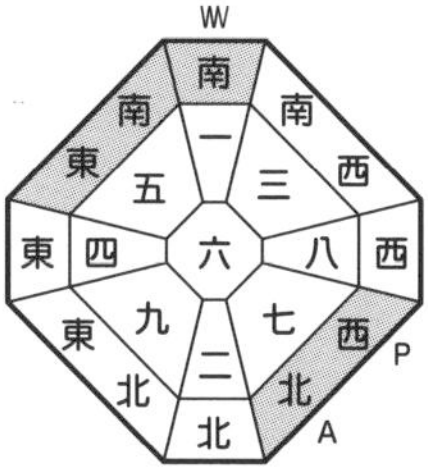

1940年（昭和15年） 庚辰

1936年（昭和11年） 丙子

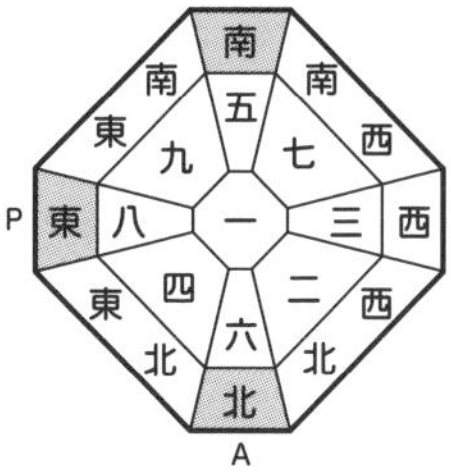

1945年（昭和20年） 乙酉

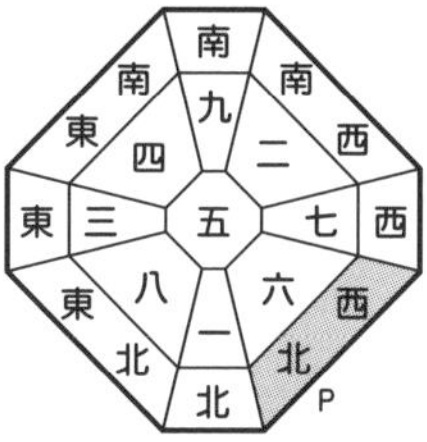

1941年（昭和16年） 辛巳

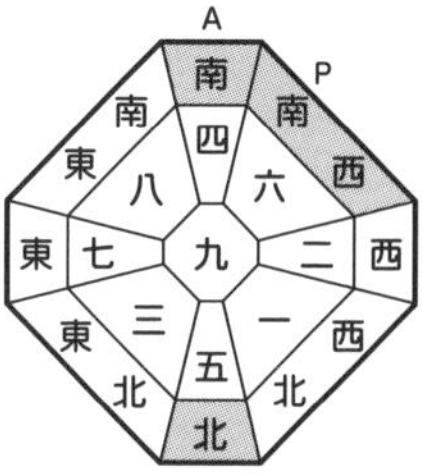

1937年（昭和12年） 丁丑

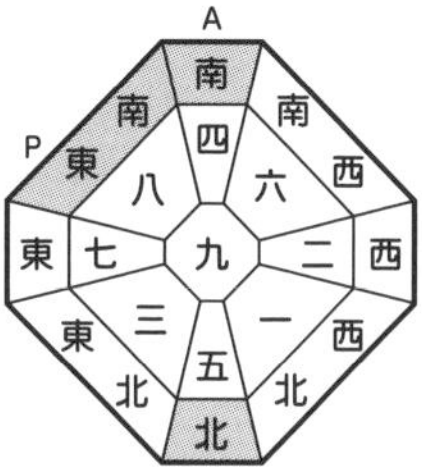

1946年（昭和21年） 丙戌

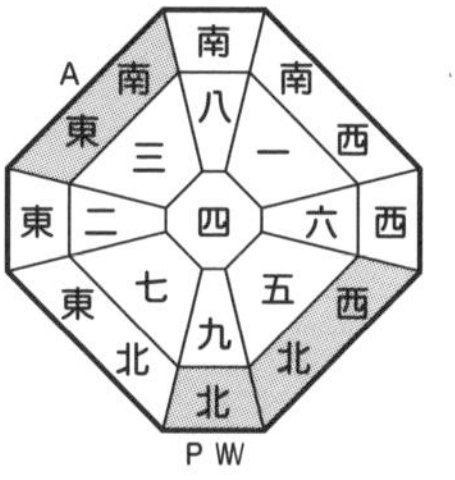

1942年（昭和17年） 壬午

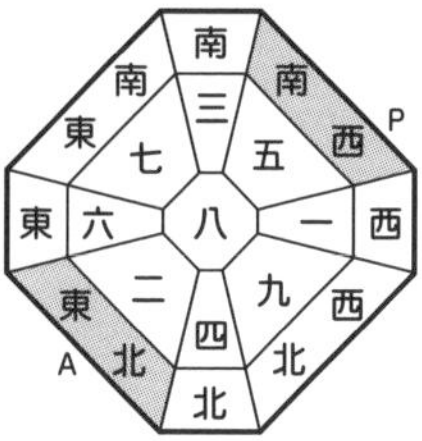

1938年（昭和13年） 戊寅

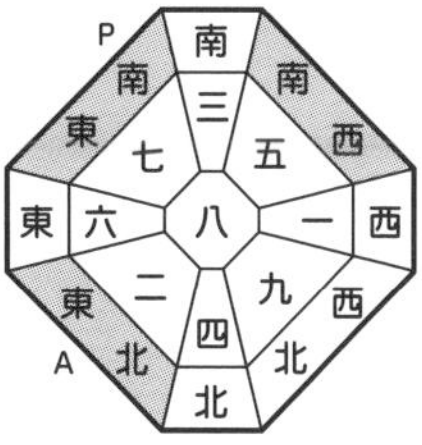

1947年（昭和22年） 丁亥

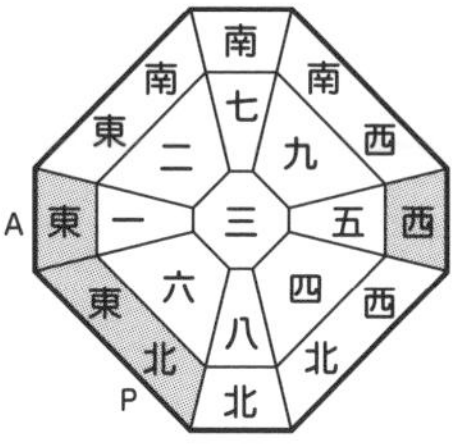

1943年（昭和18年） 癸未

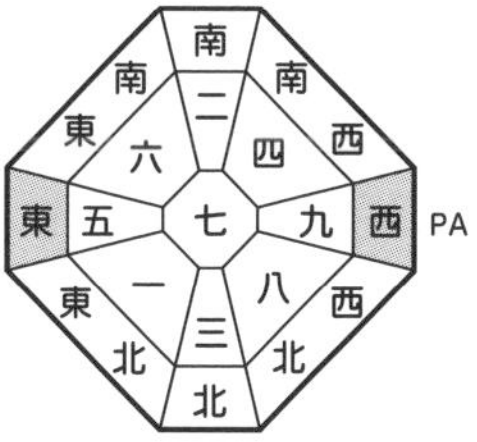

1939年（昭和14年） 己卯

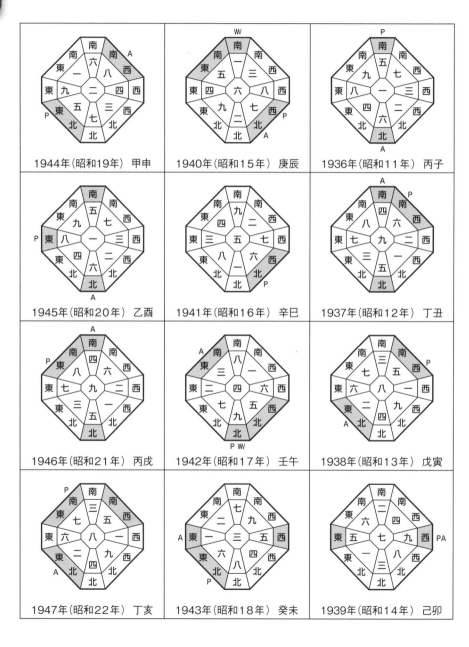

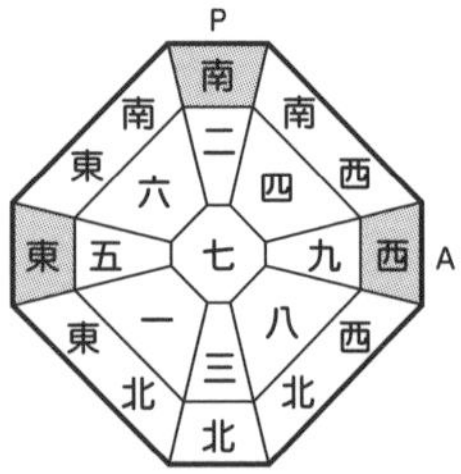

1948年（昭和23年） 戊子

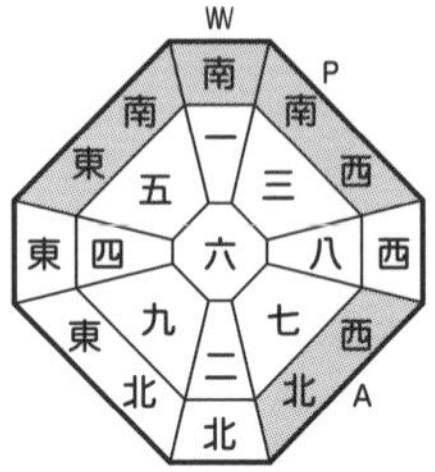

1949年（昭和24年） 己丑

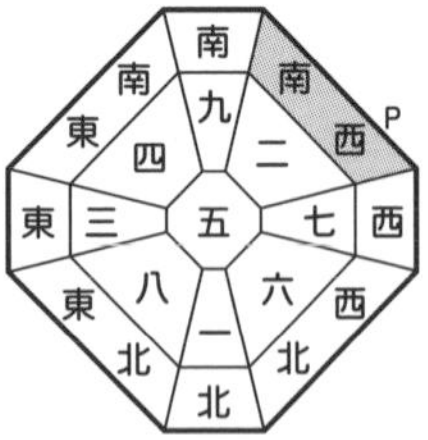

1950年（昭和25年） 庚寅

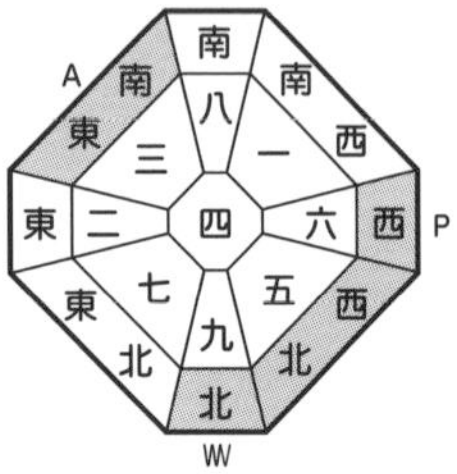

1951年（昭和26年） 辛卯

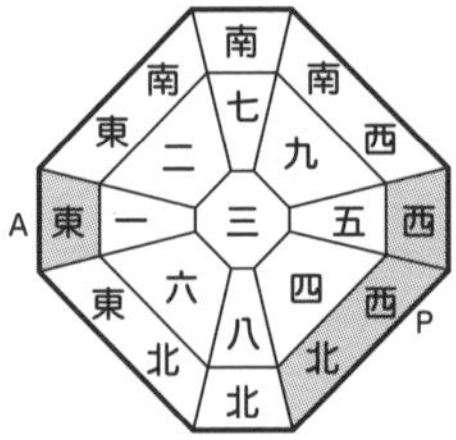

1952年（昭和27年） 壬辰

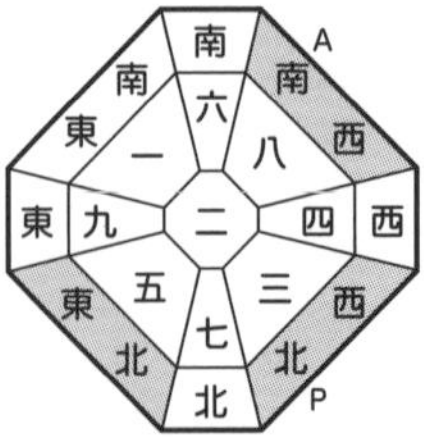

1953年（昭和28年） 癸巳

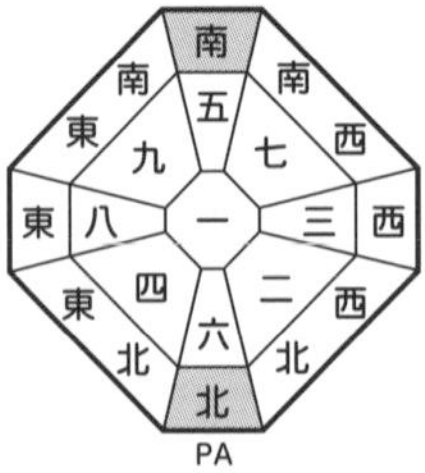

1954年（昭和29年） 甲午

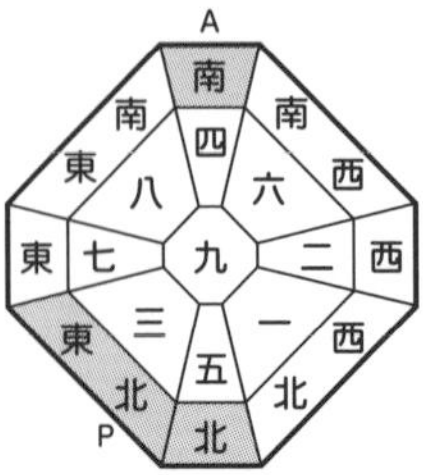

1955年（昭和30年） 乙未

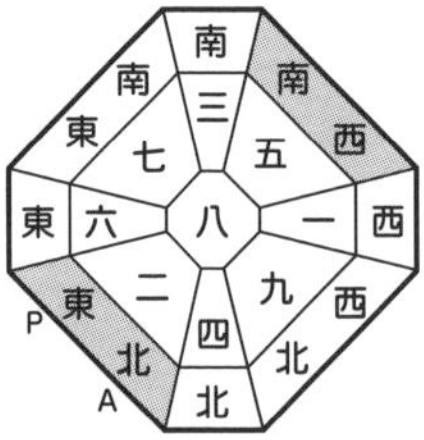

1956年（昭和31年） 丙申

1957年（昭和32年） 丁酉

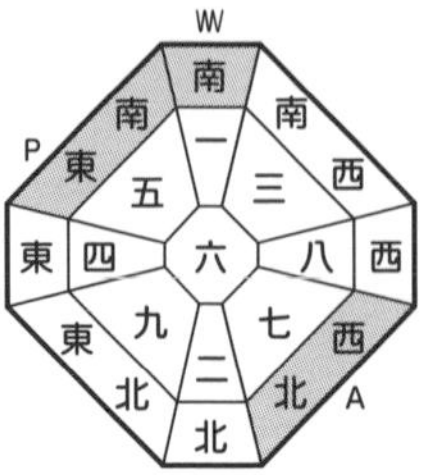

1958年（昭和33年） 戊戌

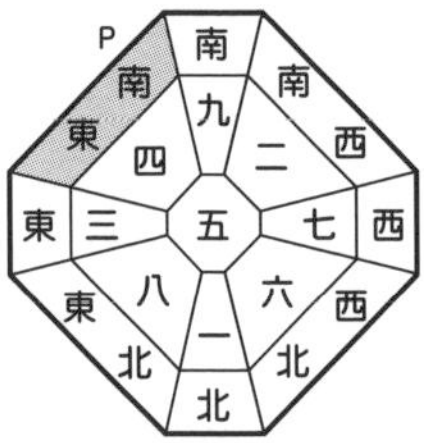

1959年（昭和34年） 己亥

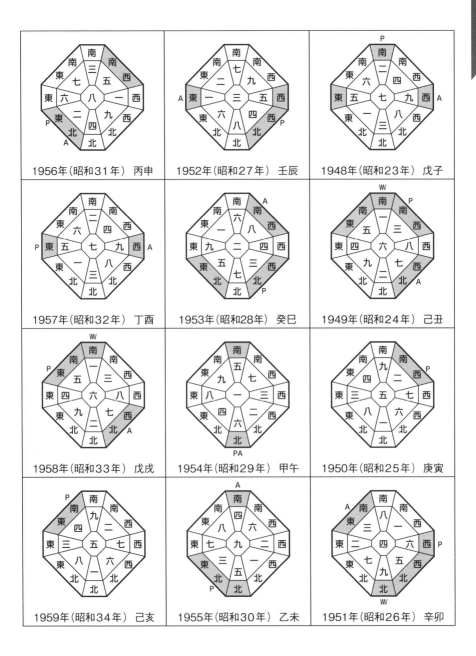

※ A…悪殺気（暗剣殺） P…歳破 W…水火殺 ▒…すべての人にとって凶方位

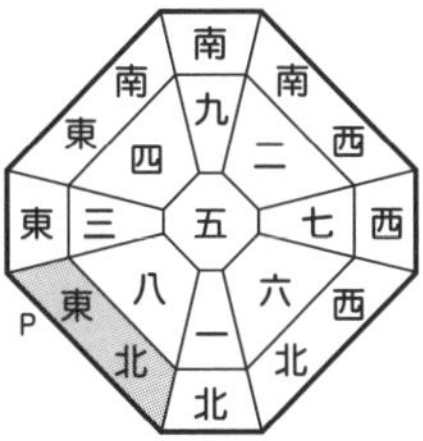

1968年（昭和43年） 戊申

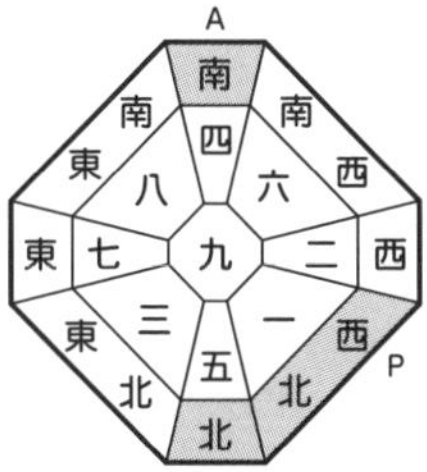

1964年（昭和39年） 甲辰

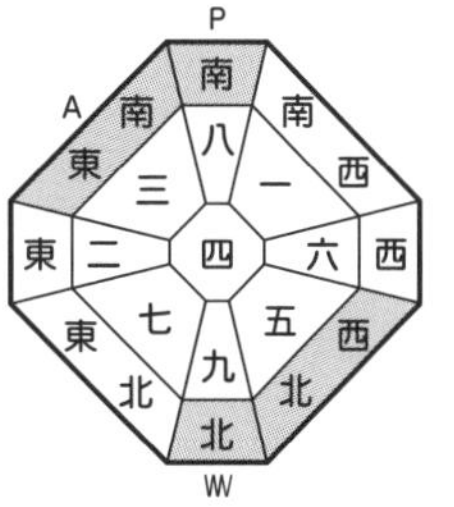

1960年（昭和35年） 庚子

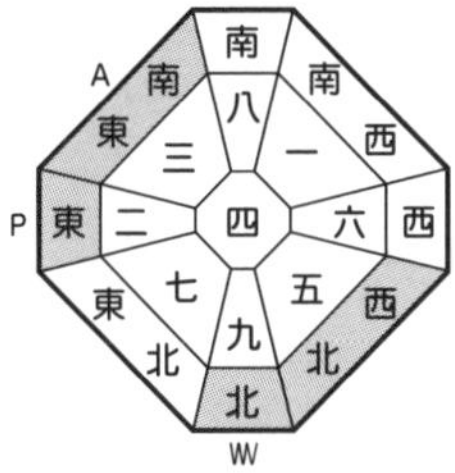

1969年（昭和44年） 己酉

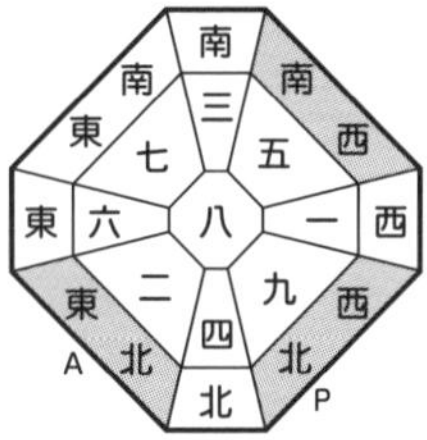

1965年（昭和40年） 乙巳

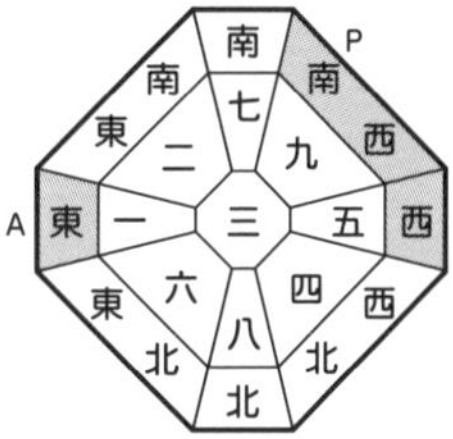

1961年（昭和36年） 辛丑

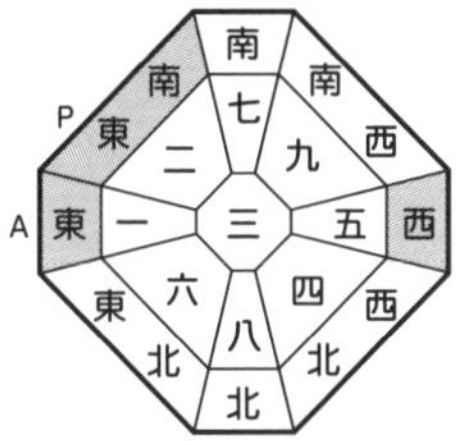

1970年（昭和45年） 庚戌

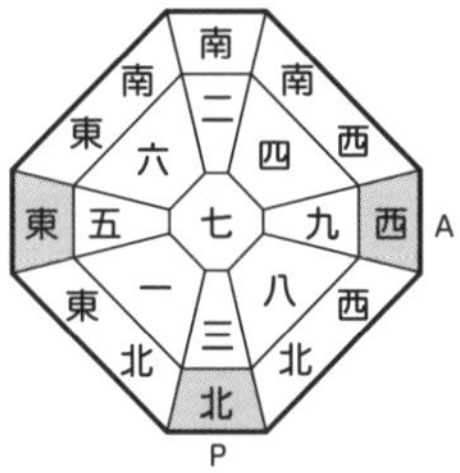

1966年（昭和41年） 丙午

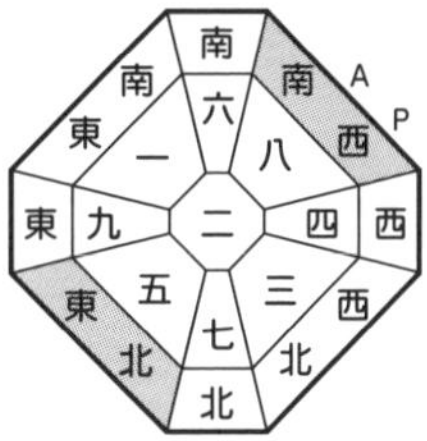

1962年（昭和37年） 壬寅

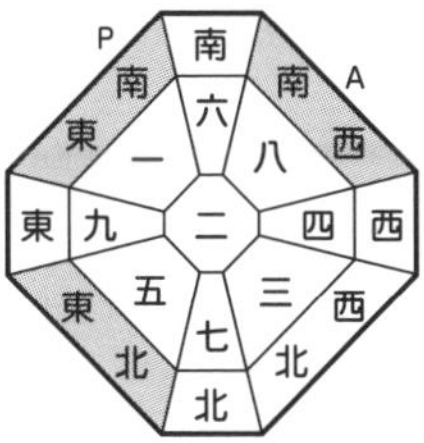

1971年（昭和46年） 辛亥

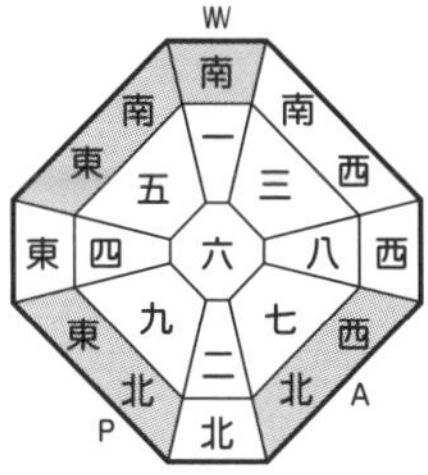

1967年（昭和42年） 丁未

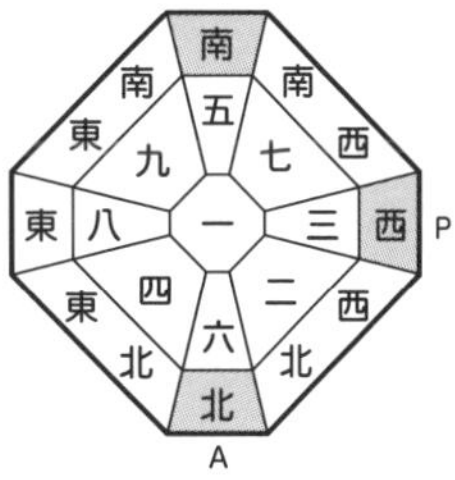

1963年（昭和38年） 癸卯

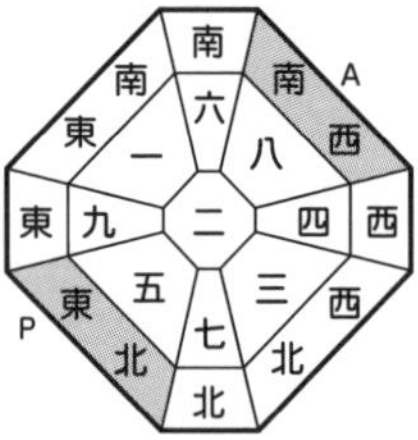

1980年（昭和55年） 庚申

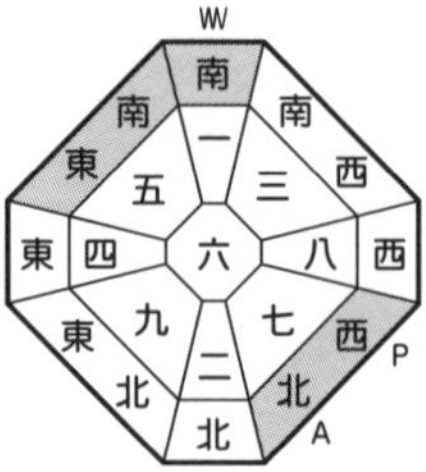

1976年（昭和51年） 丙辰

1972年（昭和47年） 壬子

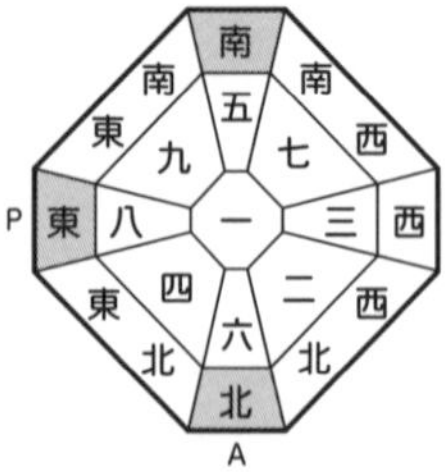

1981年（昭和56年） 辛酉

1977年（昭和52年） 丁巳

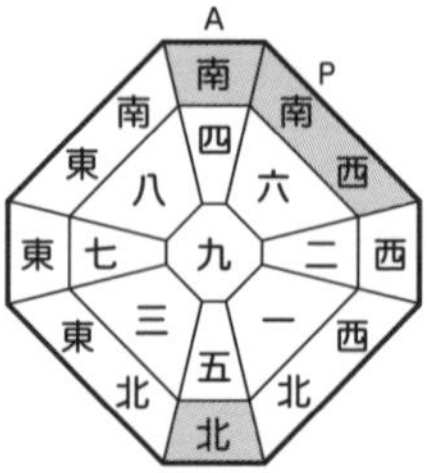

1973年（昭和48年） 癸丑

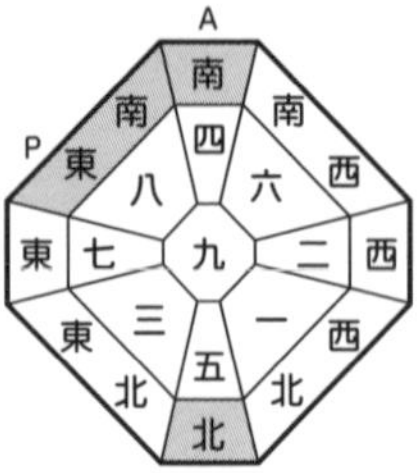

1982年（昭和57年） 壬戌

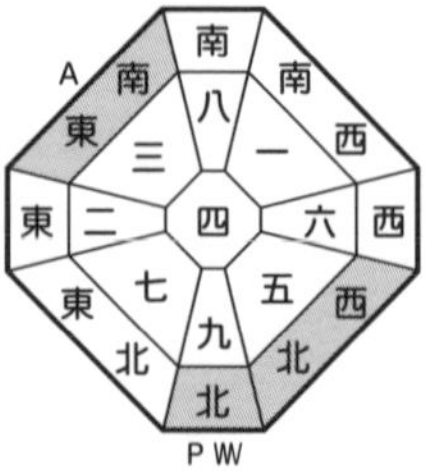

1978年（昭和53年） 戊午

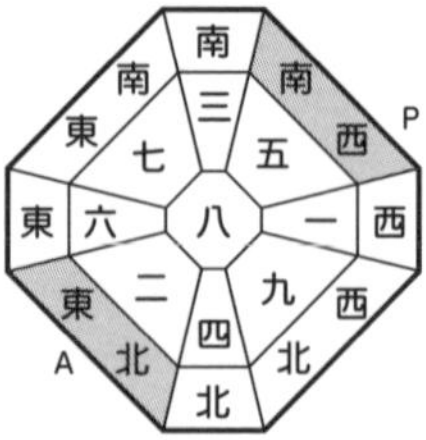

1974年（昭和49年） 甲寅

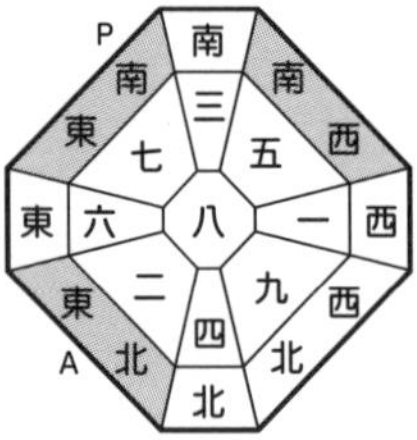

1983年（昭和58年） 癸亥

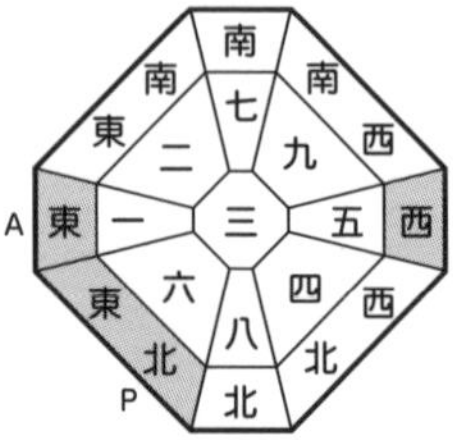

1979年（昭和54年） 己未

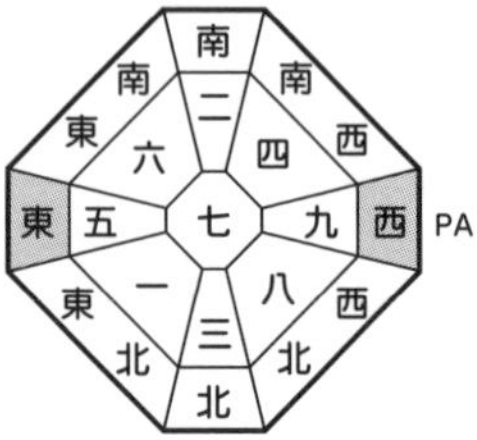

1975年（昭和50年） 乙卯

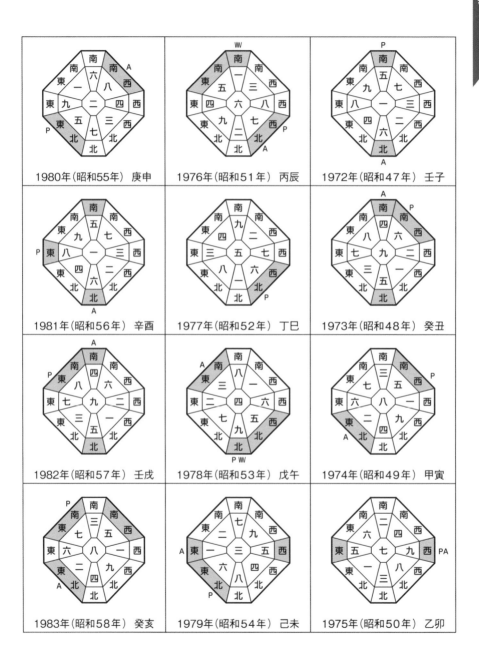

※ A…悪殺気（暗剣殺） P…歳破 W…水火殺 ▒…すべての人にとって凶方位

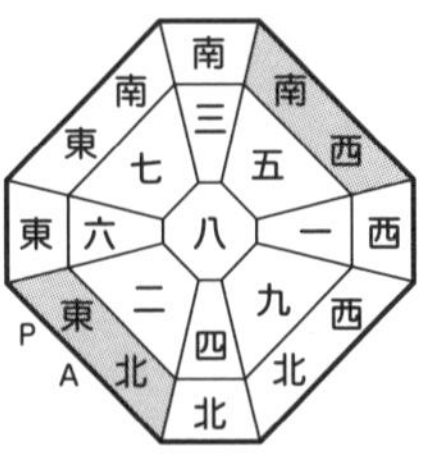

1992年（平成 4 年） 壬申

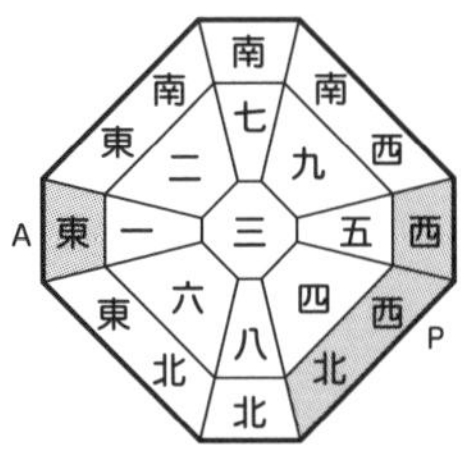

1988年（昭和63年） 戊辰

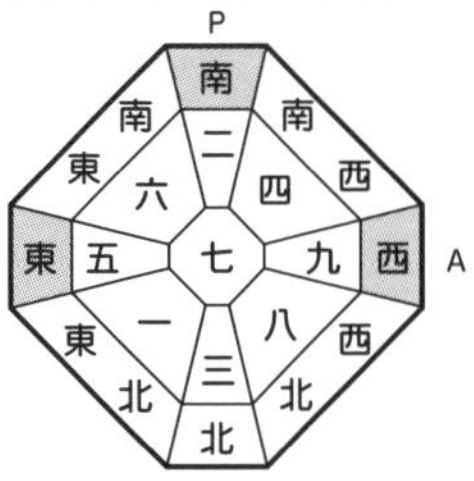

1984年（昭和59年） 甲子

1993年（平成 5 年） 癸酉

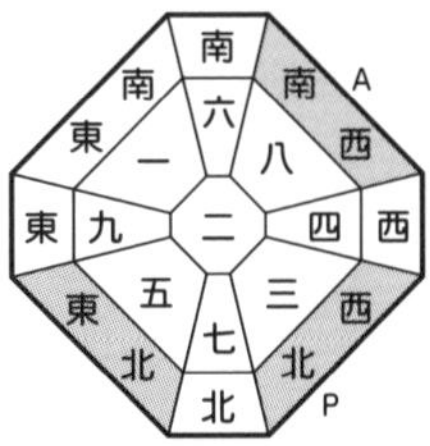

1989年（平成元年） 己巳

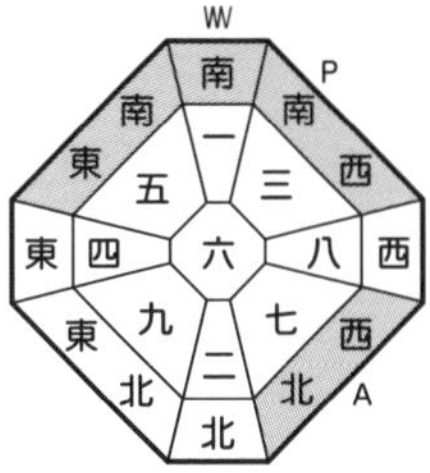

1985年（昭和60年） 乙丑

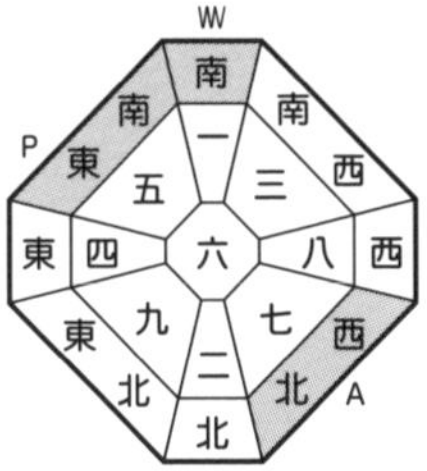

1994年（平成 6 年） 甲戌

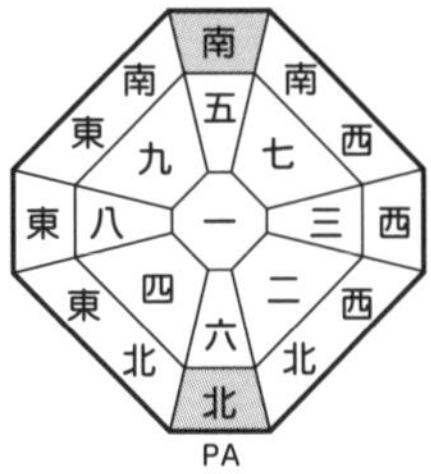

1990年（平成 2 年） 庚午

1986年（昭和61年） 丙寅

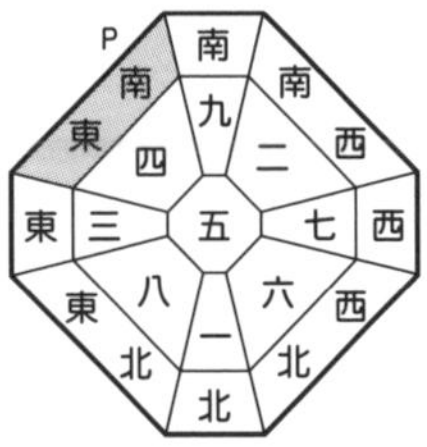

1995年（平成 7 年） 乙亥

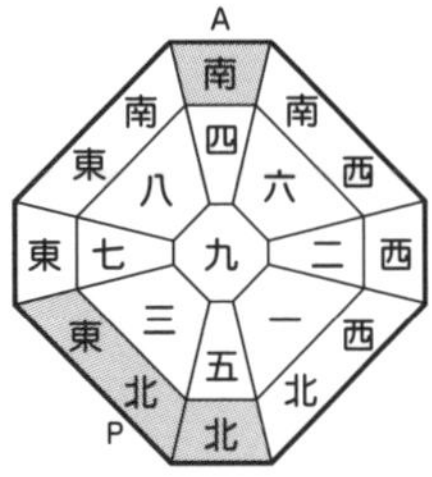

1991年（平成 3 年） 辛未

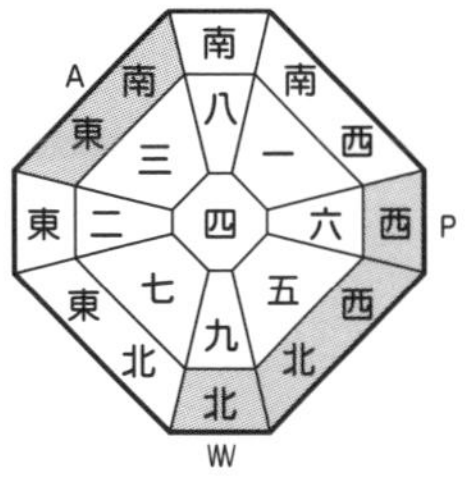

1987年（昭和62年） 丁卯

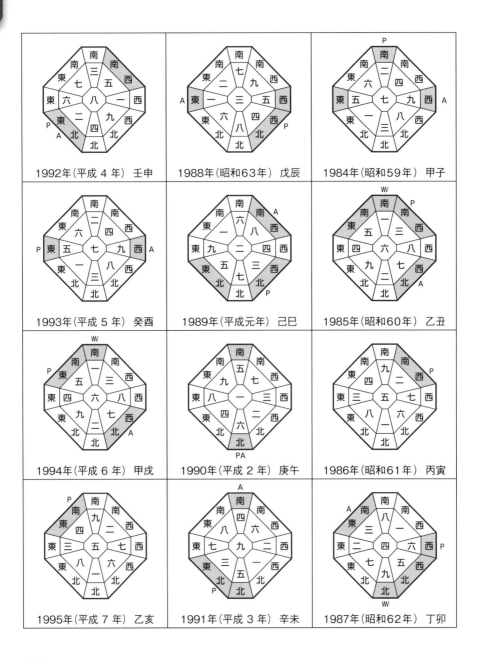

1996年（平成 8 年） 丙子

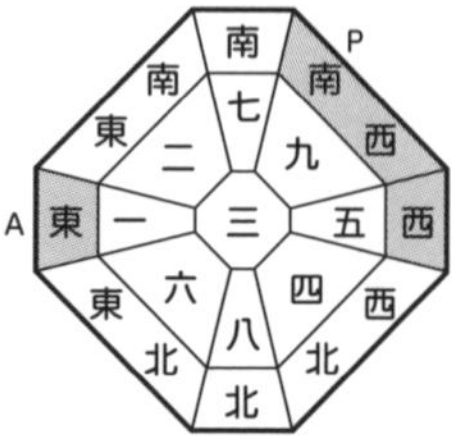

1997年（平成 9 年） 丁丑

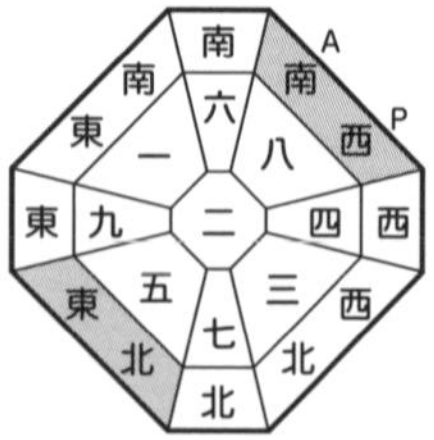

1998年（平成10年） 戊寅

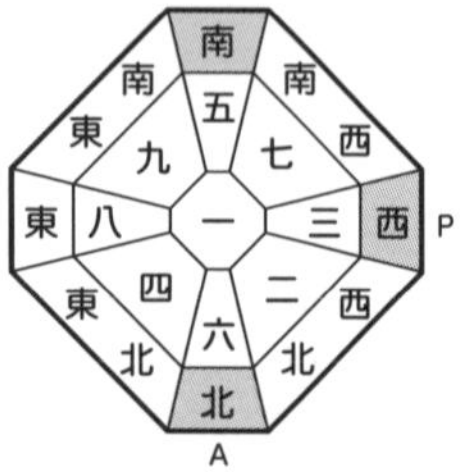

1999年（平成11年） 己卯

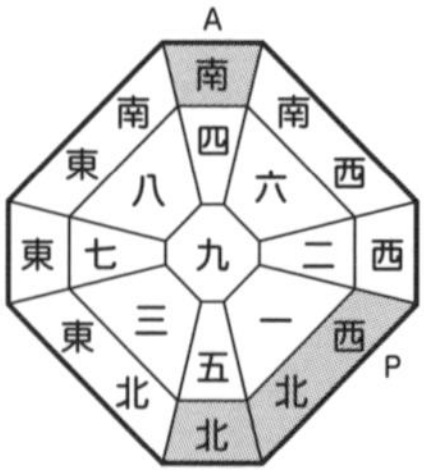

2000年（平成12年） 庚辰

2001年（平成13年） 辛巳

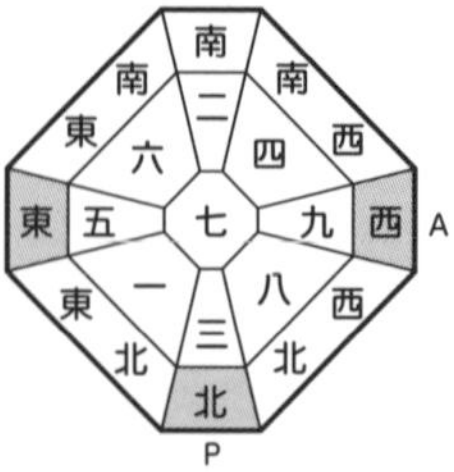

2002年（平成14年） 壬午

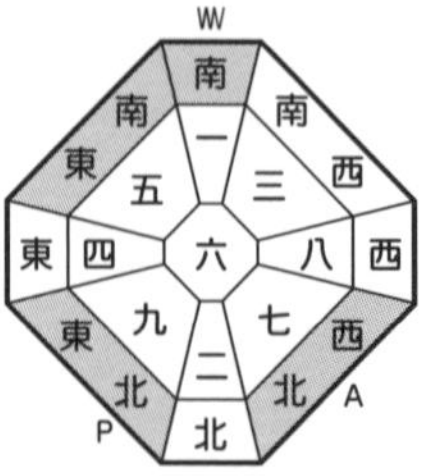

2003年（平成15年） 癸未

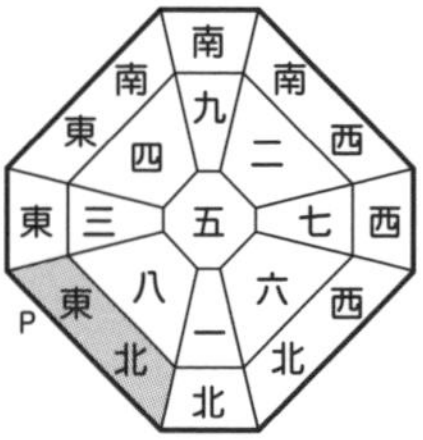

2004年（平成16年） 甲申

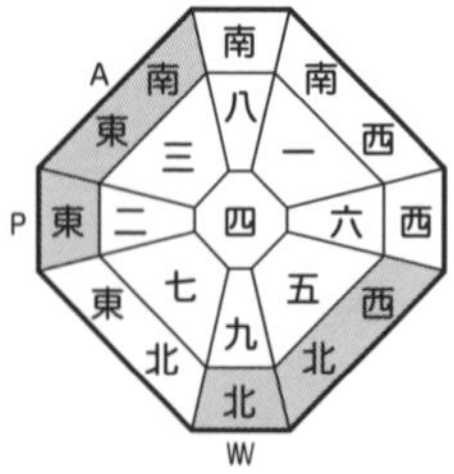

2005年（平成17年） 乙酉

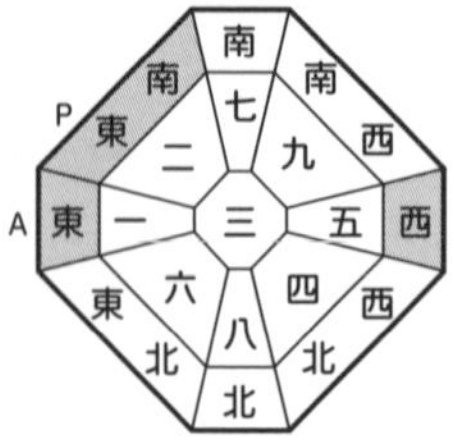

2006年（平成18年） 丙戌

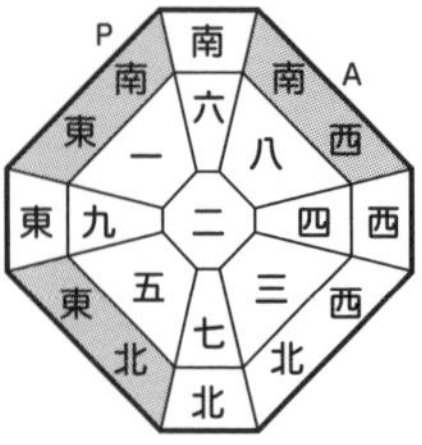

2007年（平成19年） 丁亥

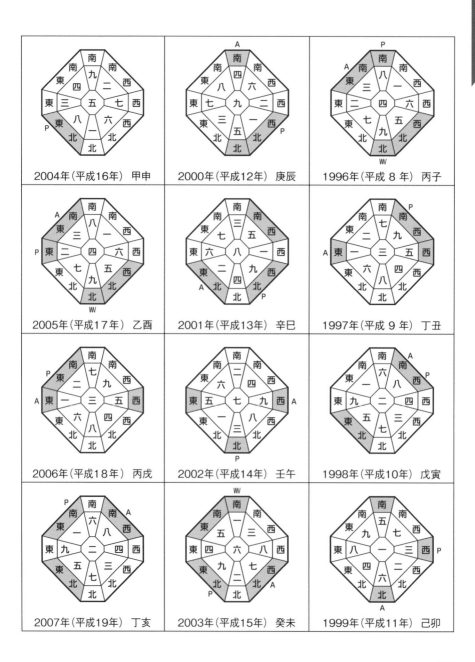

※ A…悪殺気（暗剣殺）　P…歳破　W…水火殺　▨…すべての人にとって凶方位

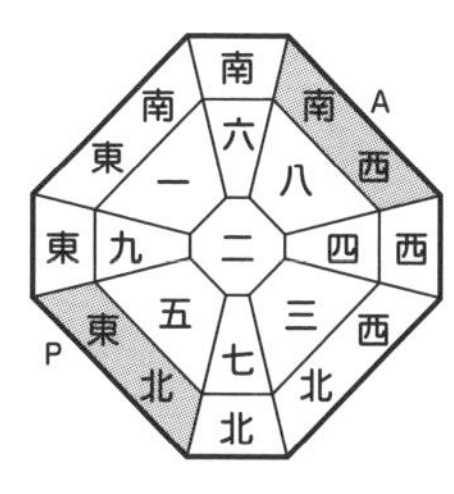

2016年（平成28年）　丙申

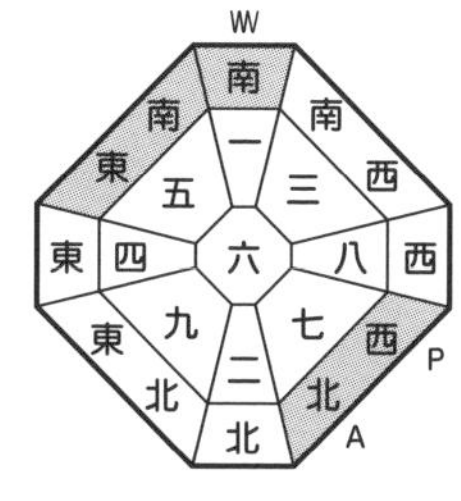

2012年（平成24年）　壬辰

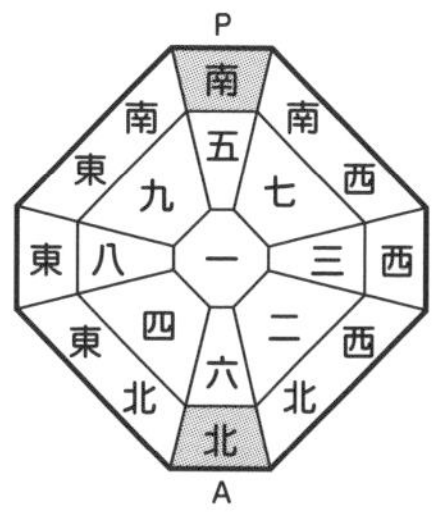

2008年（平成20年）　戊子

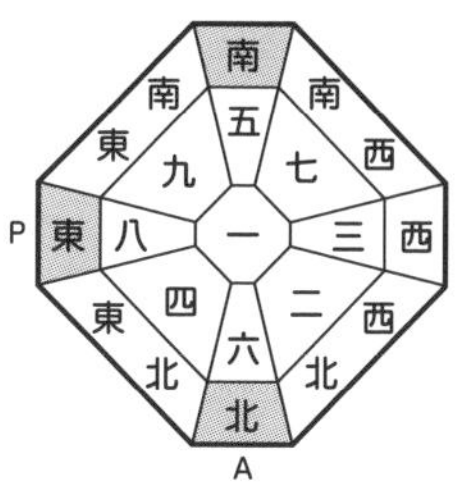

2017年（平成29年）　丁酉

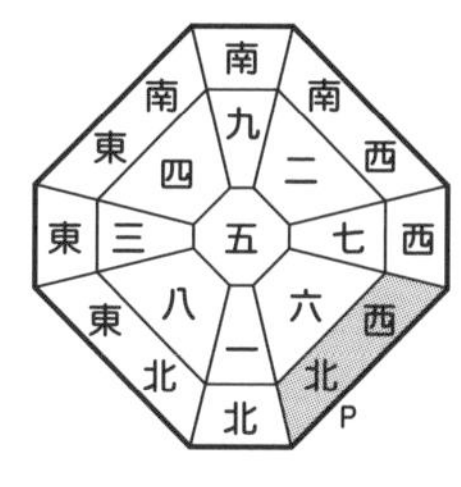

2013年（平成25年）　癸巳

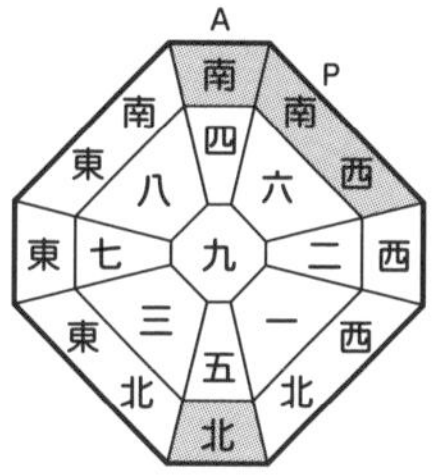

2009年（平成21年）　己丑

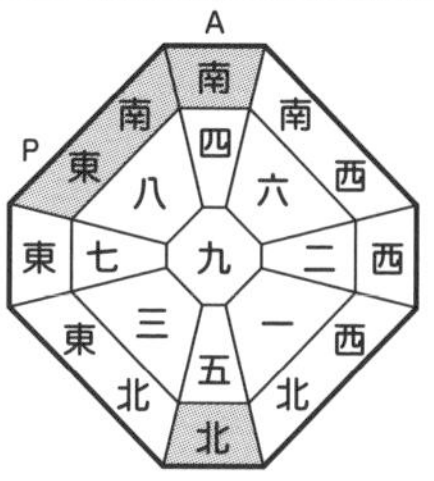

2018年（平成30年）　戊戌

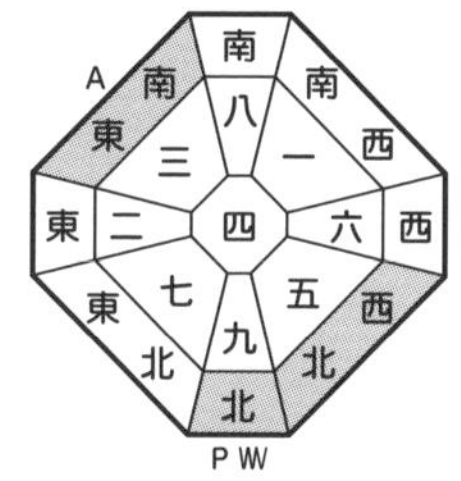

2014年（平成26年）　甲午

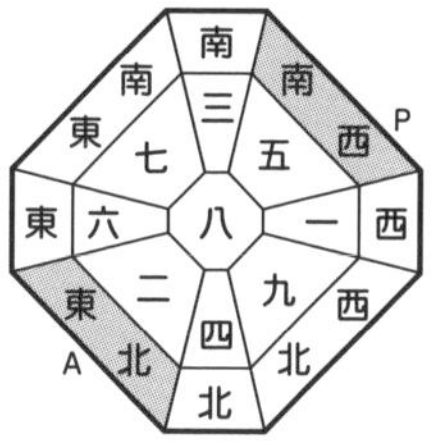

2010年（平成22年）　庚寅

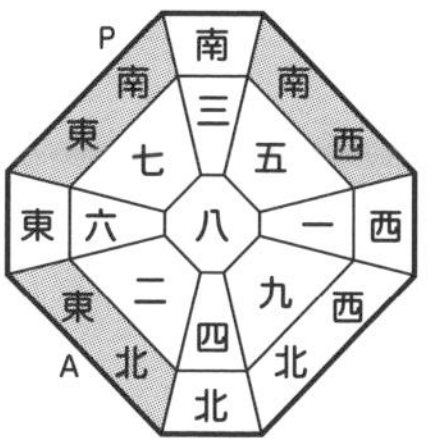

2019年（令和元年）　己亥

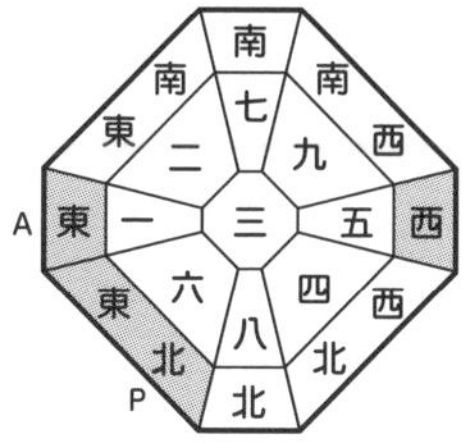

2015年（平成27年）　乙未

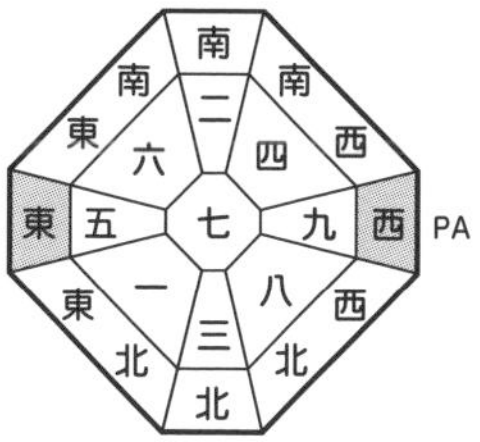

2011年（平成23年）　辛卯

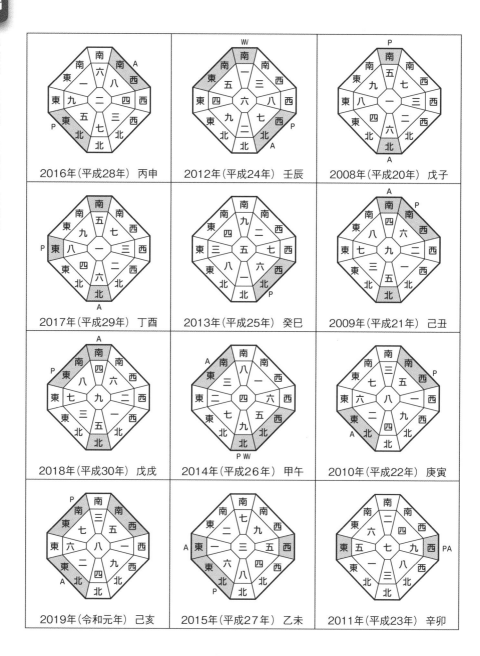

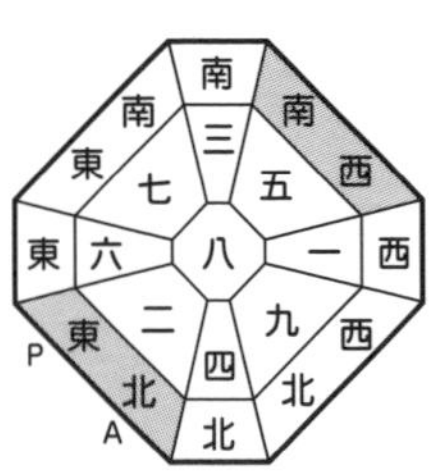

2028年（令和10年） 戊申

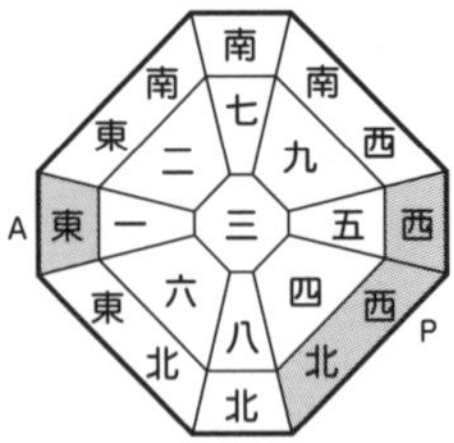

2024年（令和 6 年） 甲辰

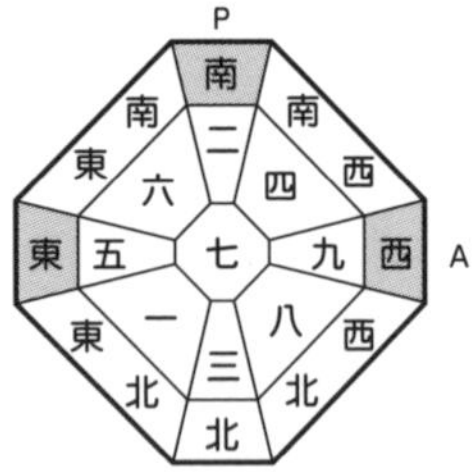

2020年（令和 2 年） 庚子

2029年（令和11年） 己酉

2025年（令和 7 年） 乙巳

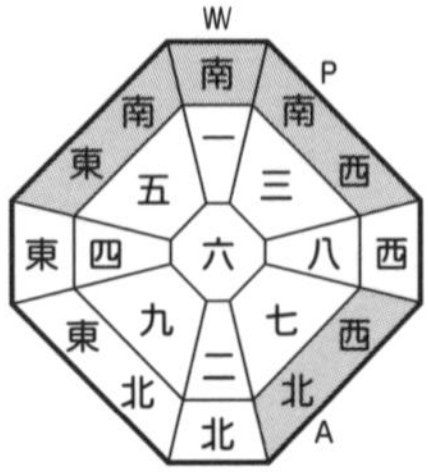

2021年（令和 3 年） 辛丑

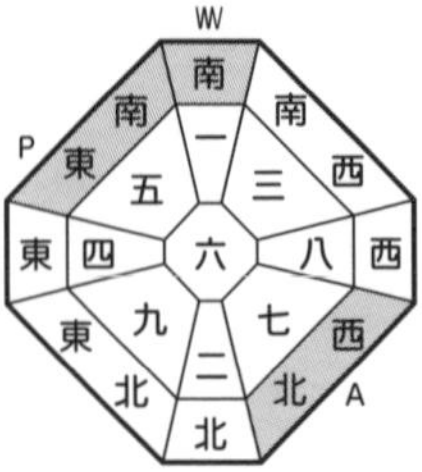

2030年（令和12年） 庚戌

2026年（令和 8 年） 丙午

2022年（令和 4 年） 壬寅

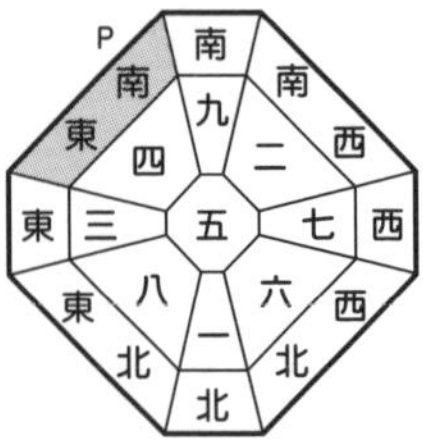

2031年（令和13年） 辛亥

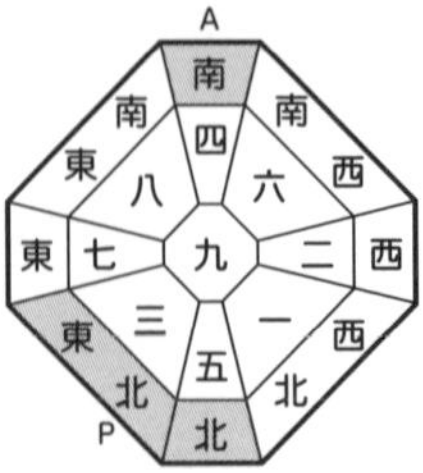

2027年（令和 9 年） 丁未

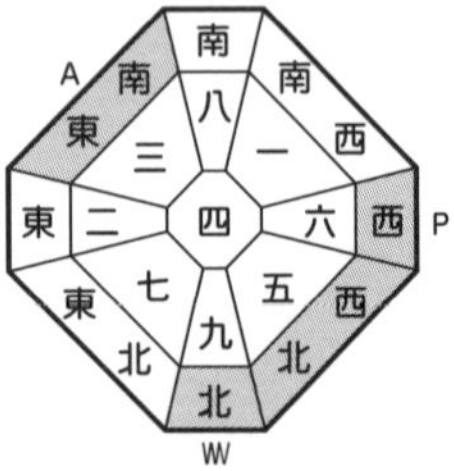

2023年（令和 5 年） 癸卯

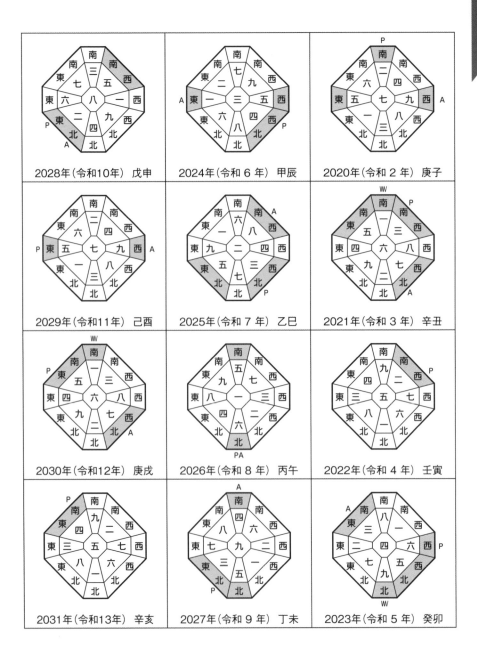

※ A…悪殺気（暗剣殺）　P…歳破　W…水火殺　□…すべての人にとって凶方位

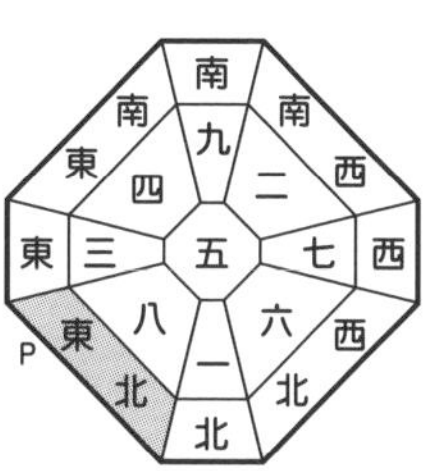

2040年（令和22年）　庚申

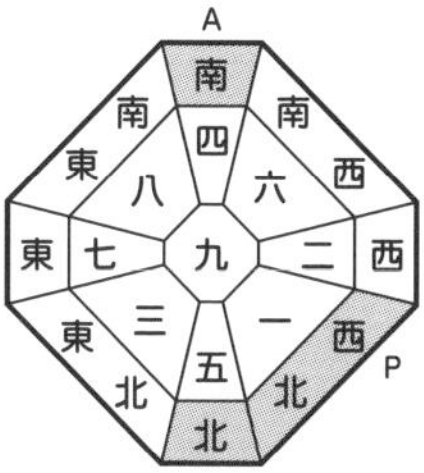

2036年（令和18年）　丙辰

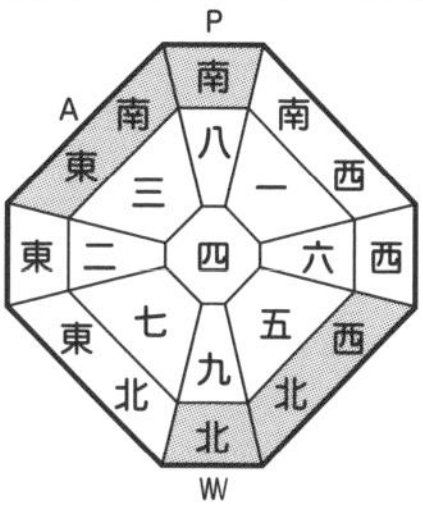

2032年（令和14年）　壬子

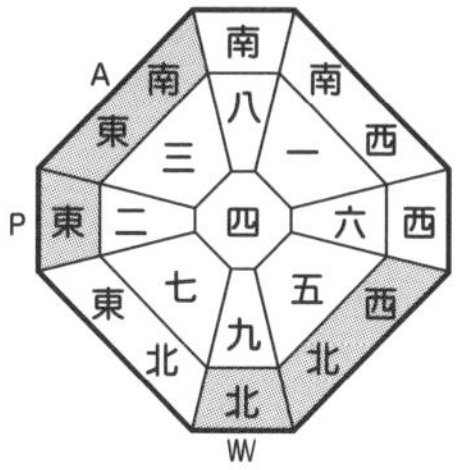

2041年（令和23年）　辛酉

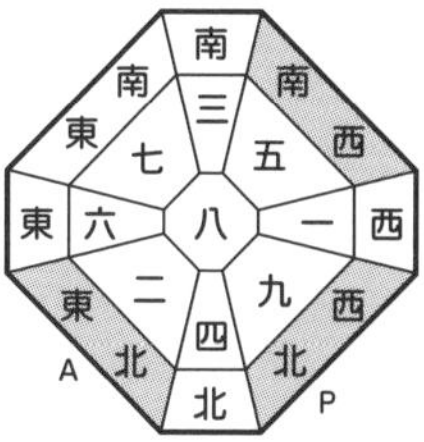

2037年（令和19年）　丁巳

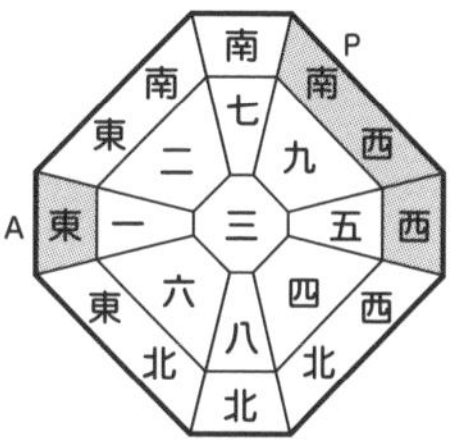

2033年（令和15年）　癸丑

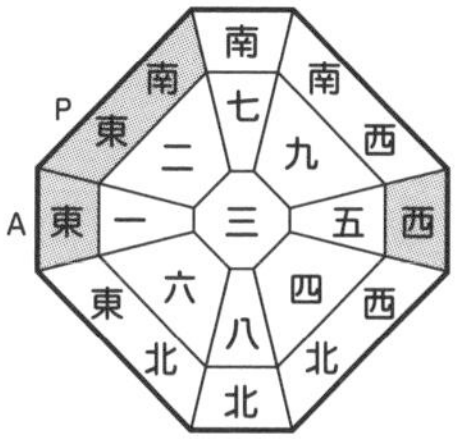

2042年（令和24年）　壬戌

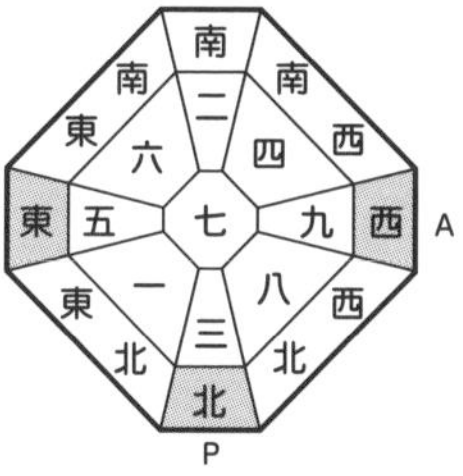

2038年（令和20年）　戊午

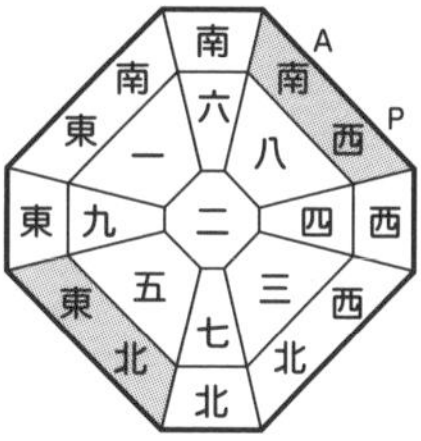

2034年（令和16年）　甲寅

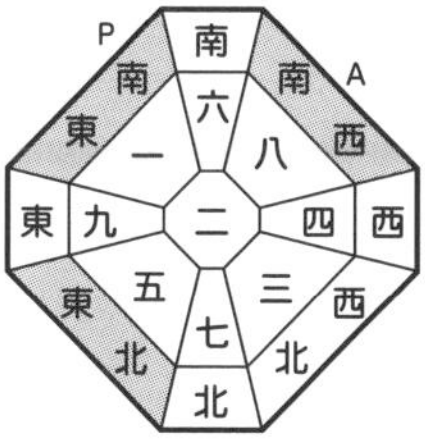

2043年（令和25年）　癸亥

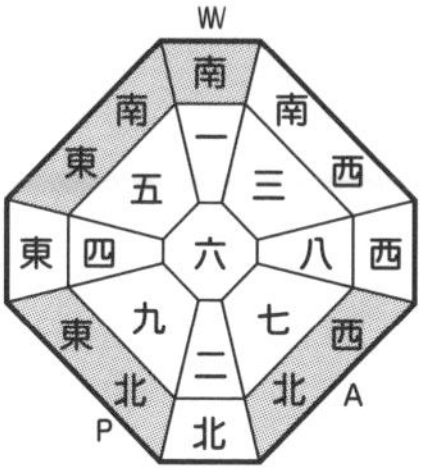

2039年（令和21年）　己未

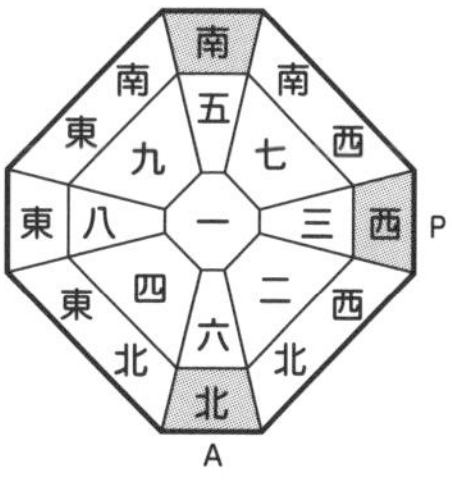

2035年（令和17年）　乙卯

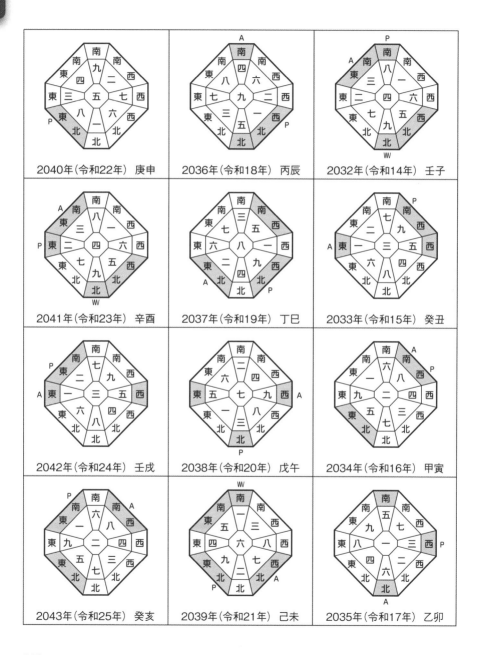

一白水星《いっぱくすいせい》の年

※ A…悪殺気（暗剣殺） P…月破 W…水火殺 ▢…はすべての人にとって凶方位
▲…子年と午年の小児殺 ●…卯年と酉年の小児殺

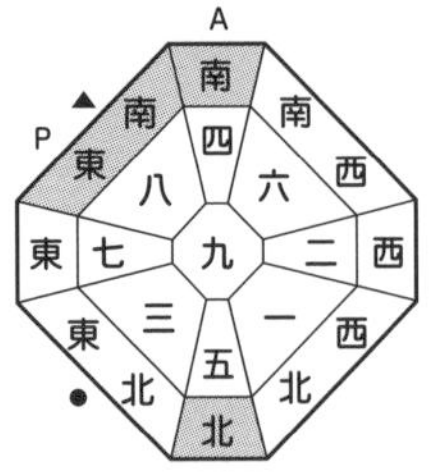

10月（戌月）

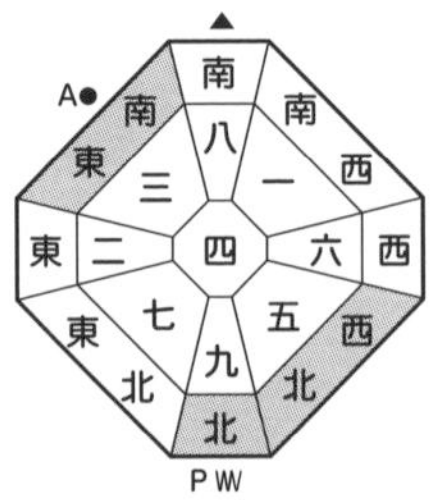

6月（午月）

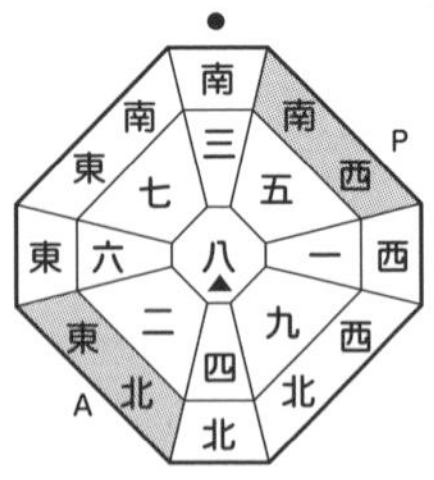

2月（寅月）

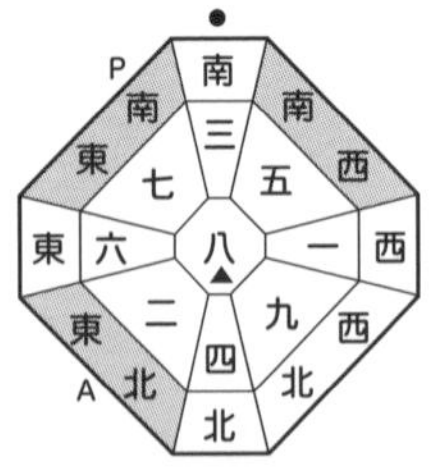

11月（亥月）

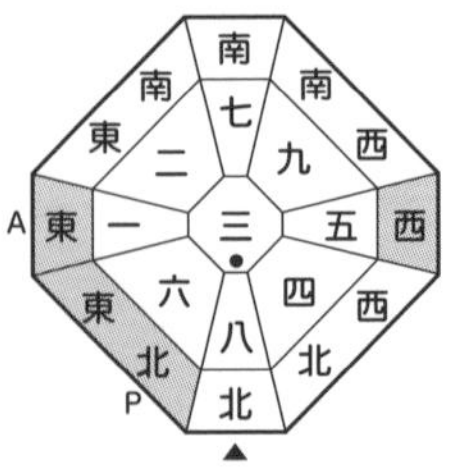

7月（未月）

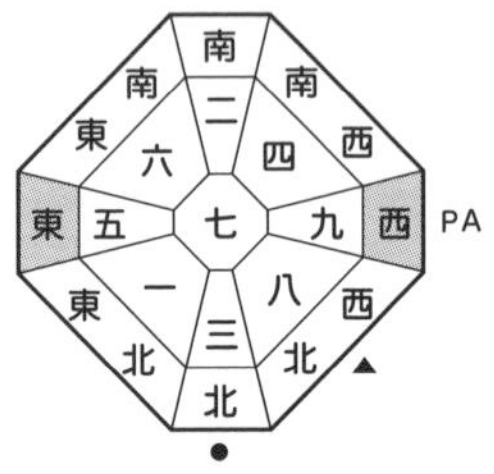

3月（卯月）

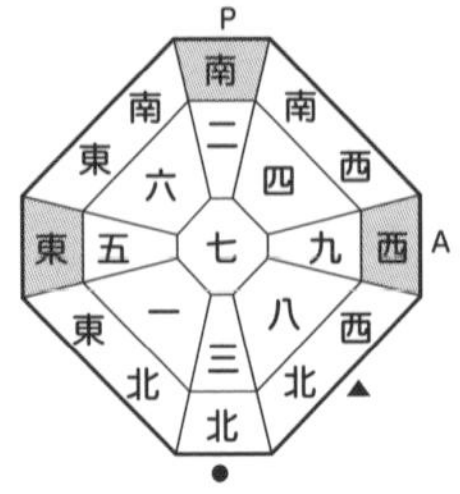

12月（子月）

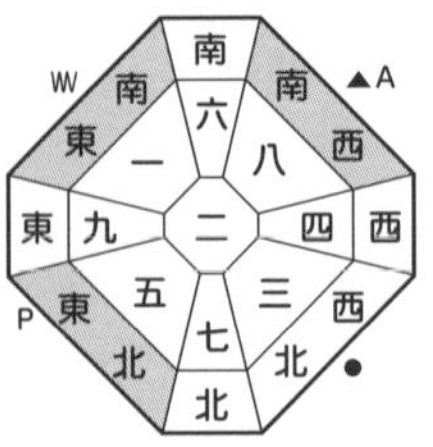

8月（申月）

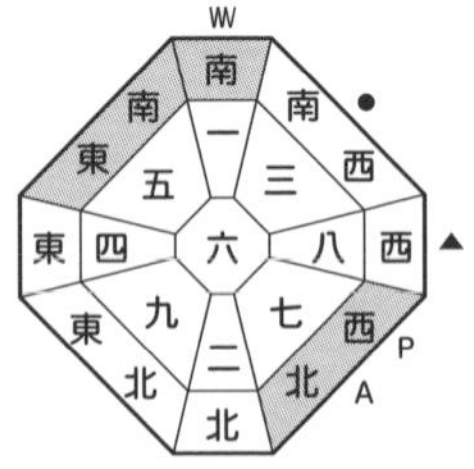

4月（辰月）

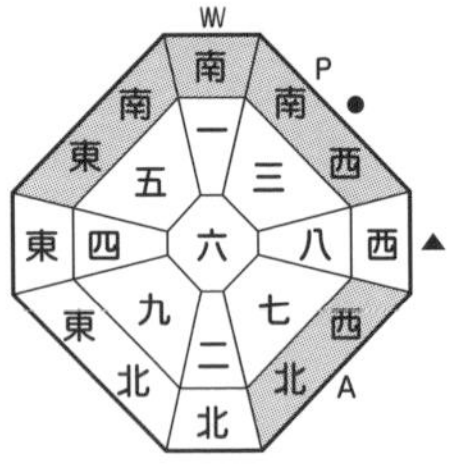

1月（丑月）

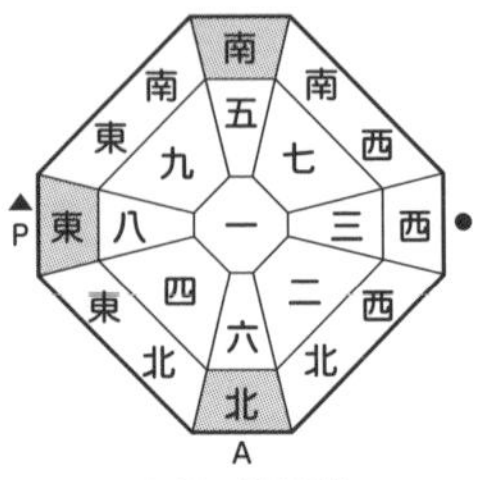

9月（酉月）

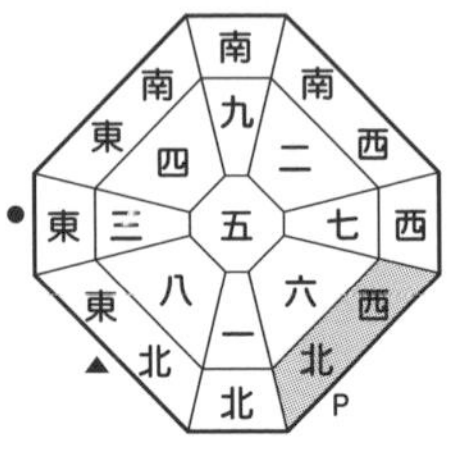

5月（巳月）

二黒土星《じこくどせい》の年

※ A…悪殺気（暗剣殺）　P…月破　W…水火殺　▢…はすべての人にとって凶方位
▲…寅年と申年の小児殺　●…巳年と亥年の小児殺

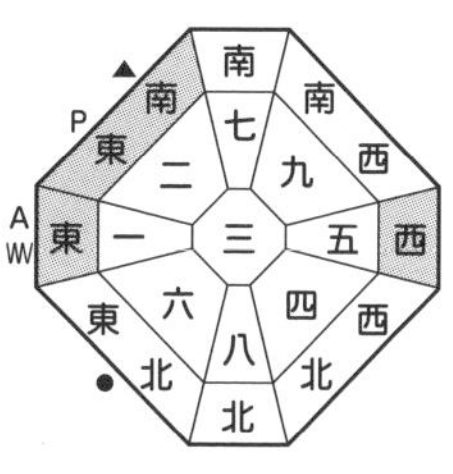

10月（戌月）

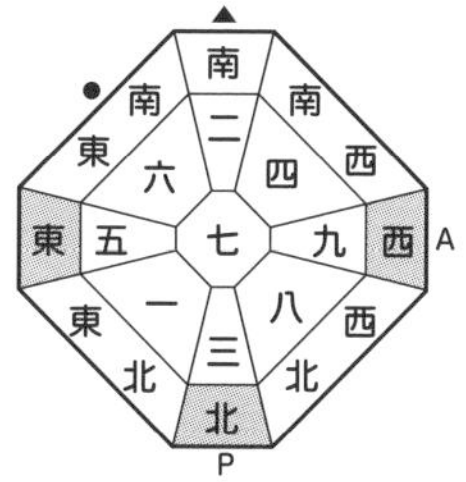

6月（午月）

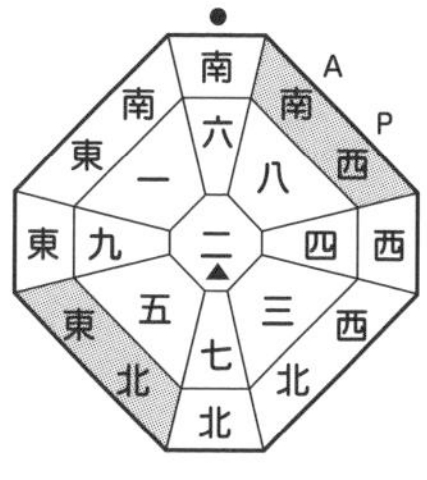

2月（寅月）

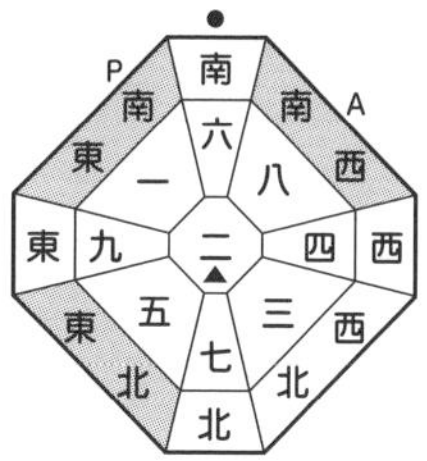

11月（亥月）

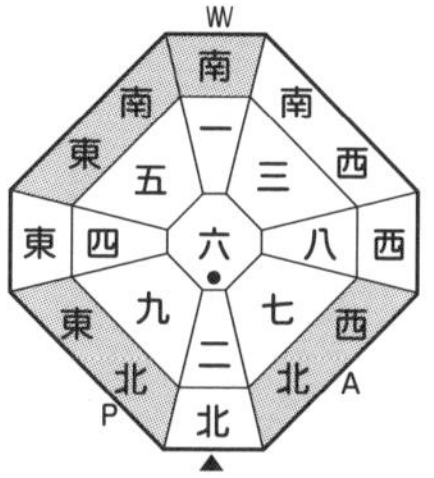

7月（未月）

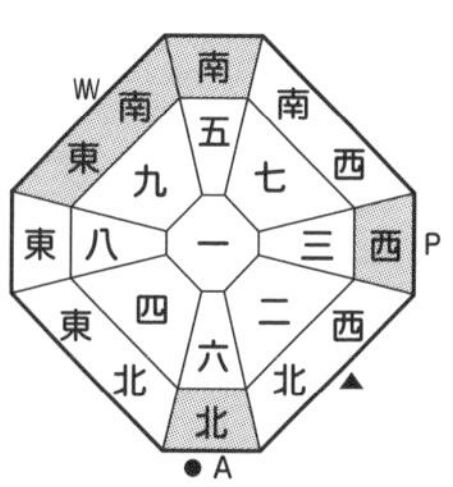

3月（卯月）

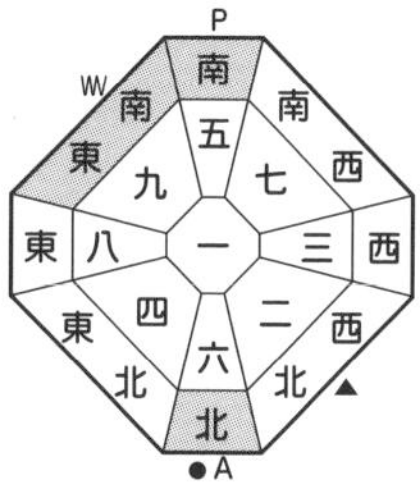

12月（子月）

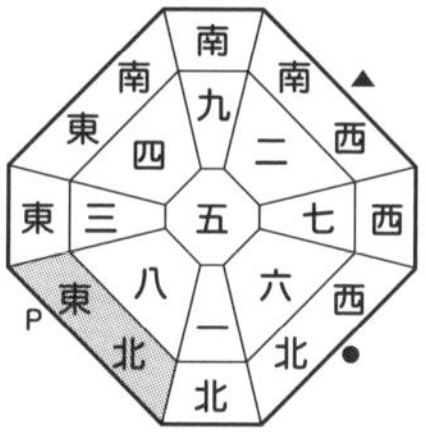

8月（申月）

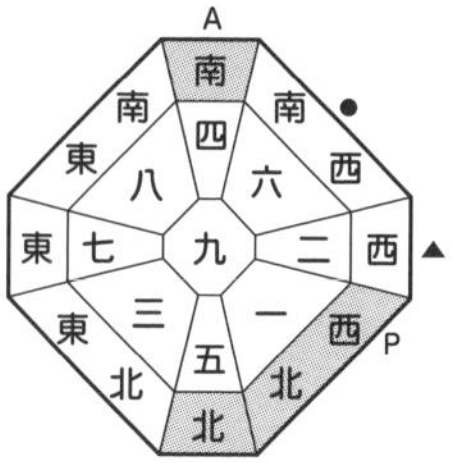

4月（辰月）

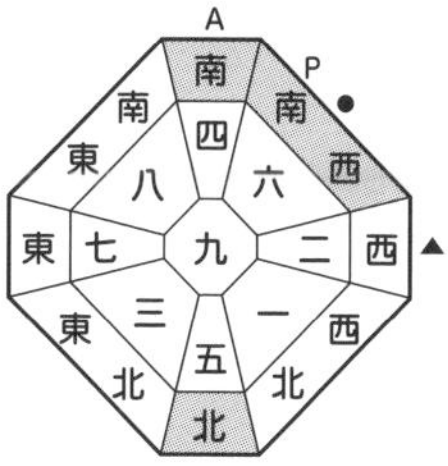

1月（丑月）

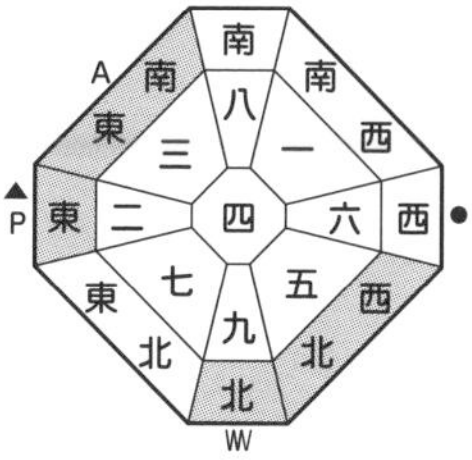

9月（酉月）

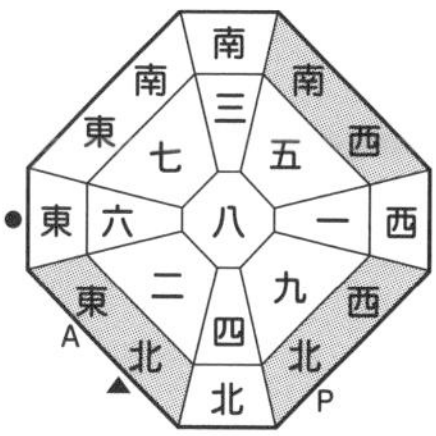

5月（巳月）

三碧木星《さんぺきもくせい》の年

※ A…悪殺気（暗剣殺）　P…月破　W…水火殺　▒…はすべての人にとって凶方位
　▲…辰年と戌年の小児殺　●…丑年と未年の小児殺

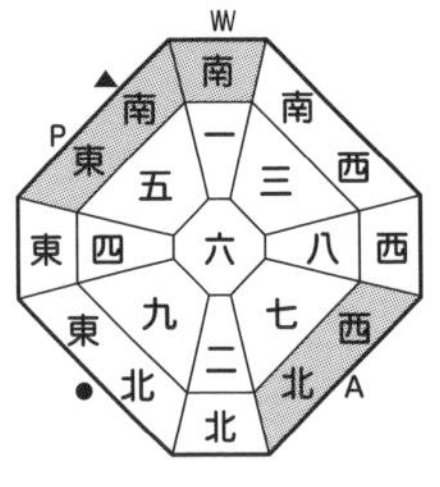

10月（戌月）

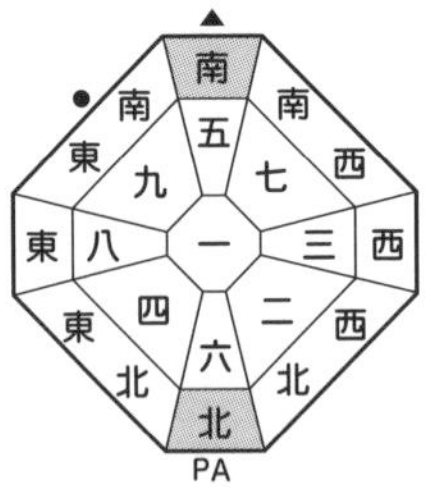

6月（午月）

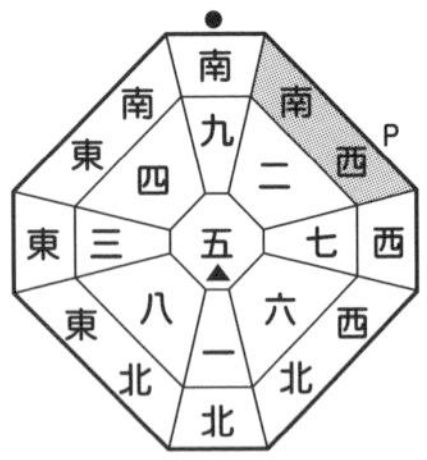

2月（寅月）

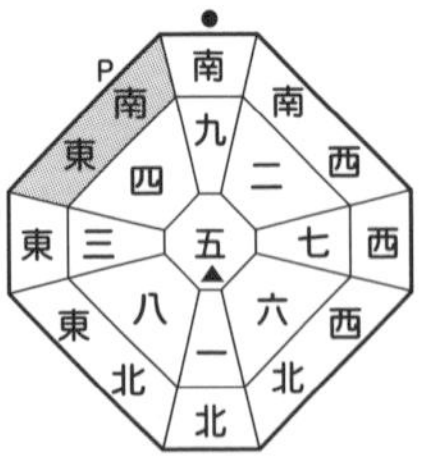

11月（亥月）

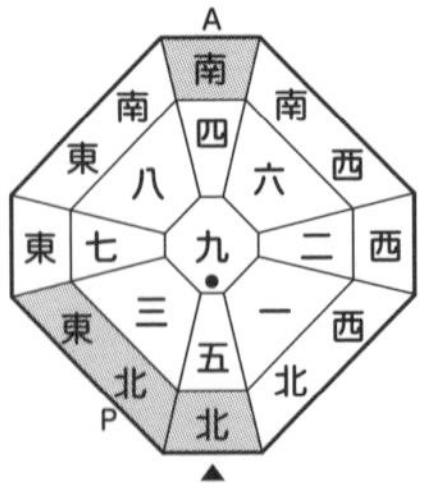

7月（未月）

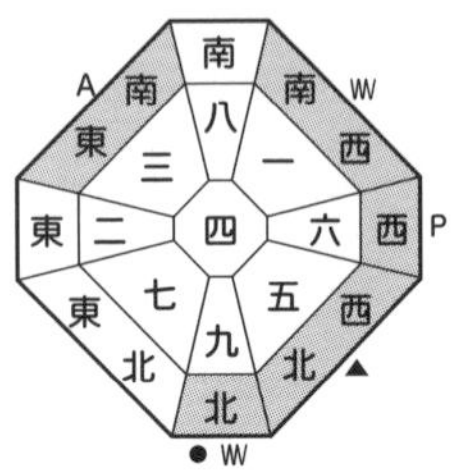

3月（卯月）

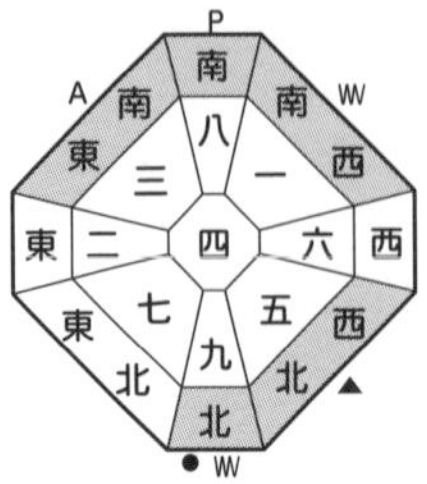

12月（子月）

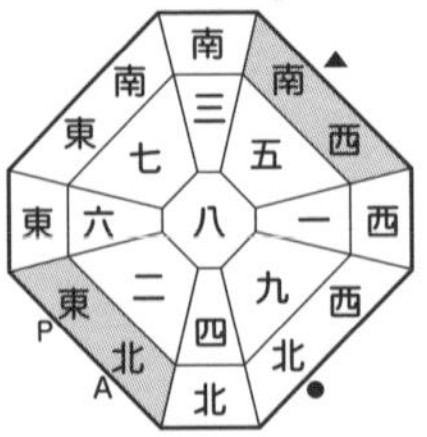

8月（申月）

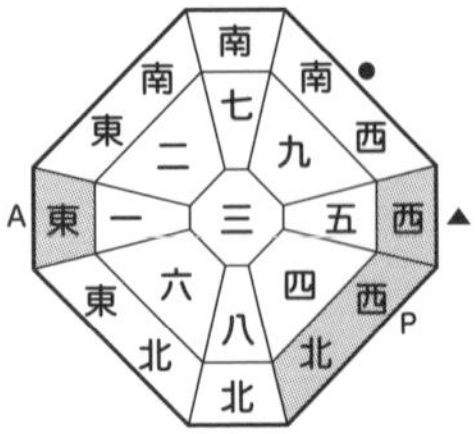

4月（辰月）

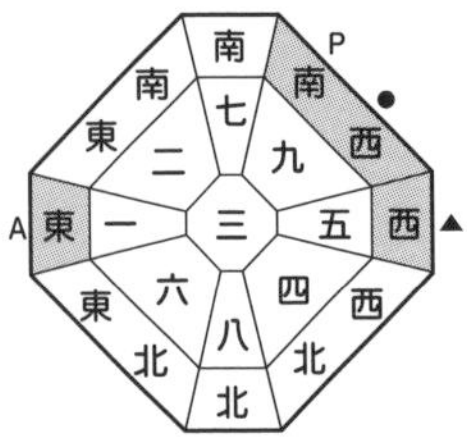

1月（丑月）

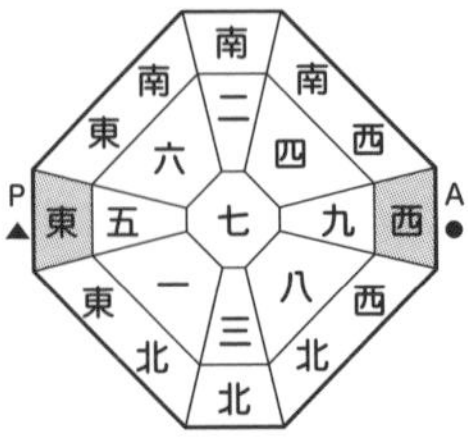

9月（酉月）

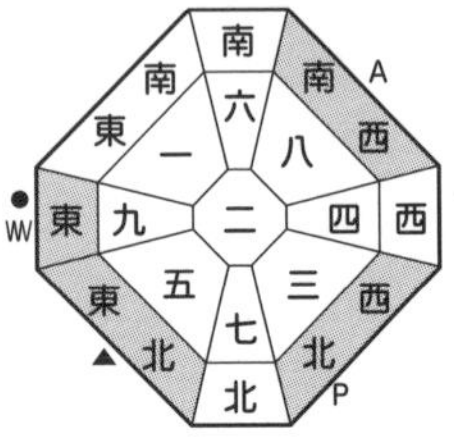

5月（巳月）

四緑木星《しろくもくせい》の年

※ A…悪殺気（暗剣殺）　P…月破　W…水火殺　［網掛け］…はすべての人にとって凶方位
▲…子年と午年の小児殺　●…卯年と酉年の小児殺

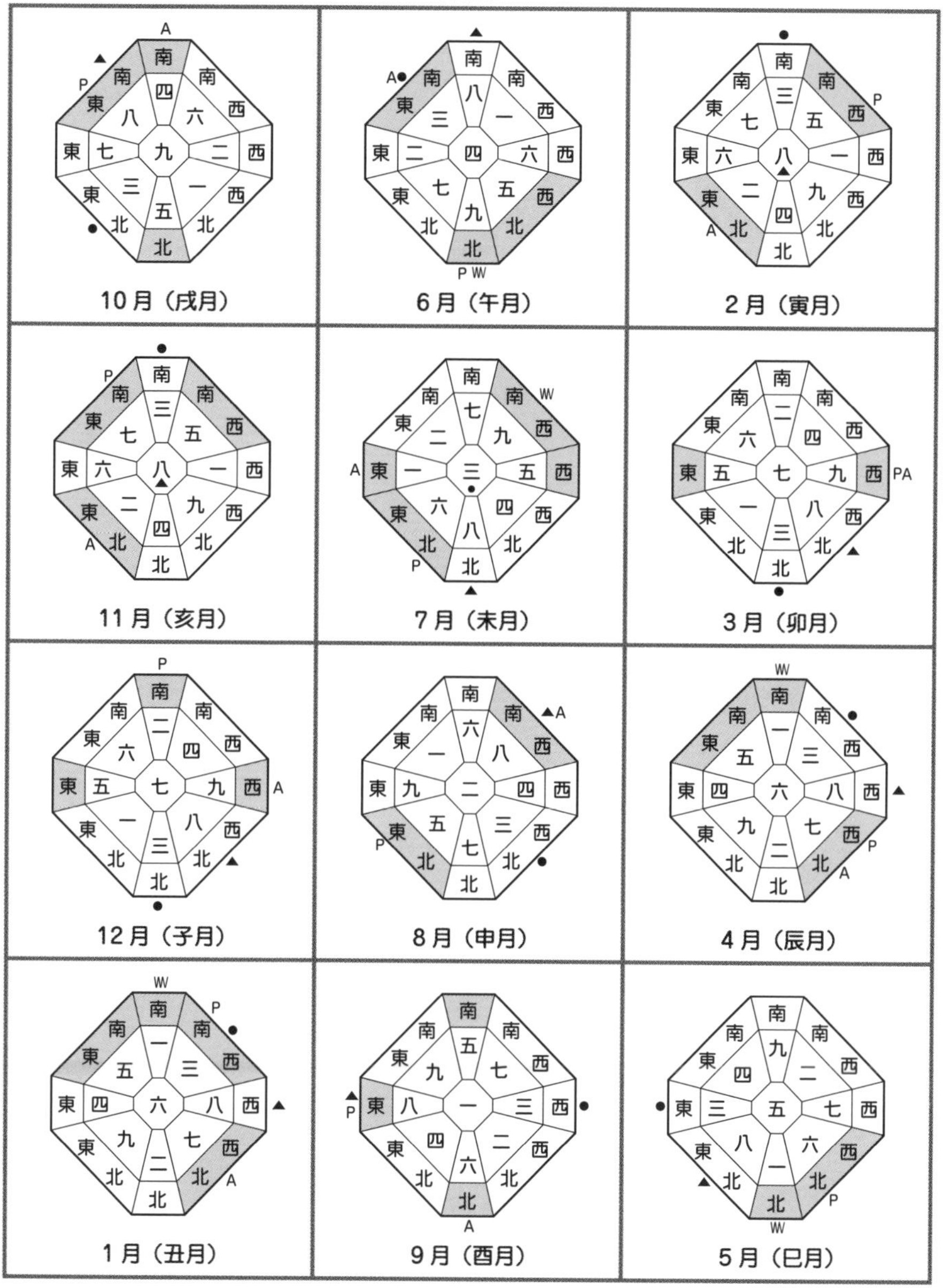

10月（戌月）　6月（午月）　2月（寅月）
11月（亥月）　7月（未月）　3月（卯月）
12月（子月）　8月（申月）　4月（辰月）
1月（丑月）　9月（酉月）　5月（巳月）

五黄土星《ごおうどせい》の年

※ A…悪殺気（暗剣殺）　P…月破　W…水火殺　▭…はすべての人にとって凶方位
▲…寅年と申年の小児殺　●…巳年と亥年の小児殺

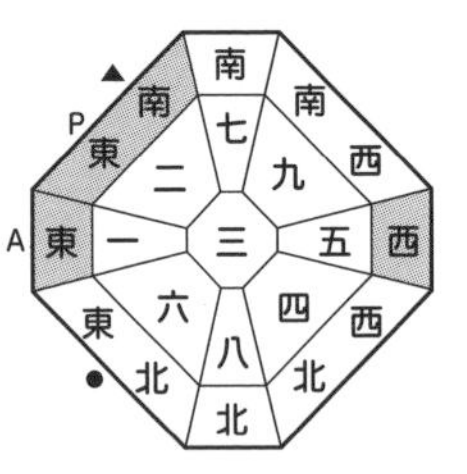

10月（戌月）

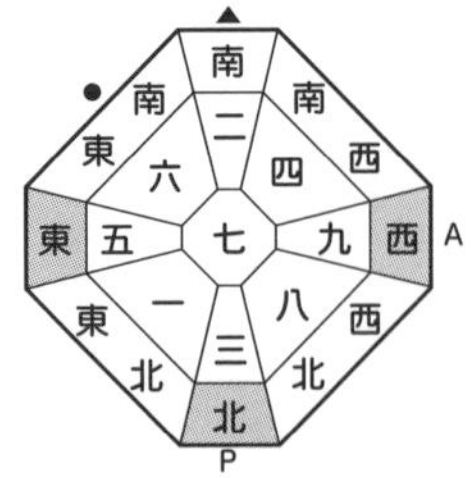

6月（午月）

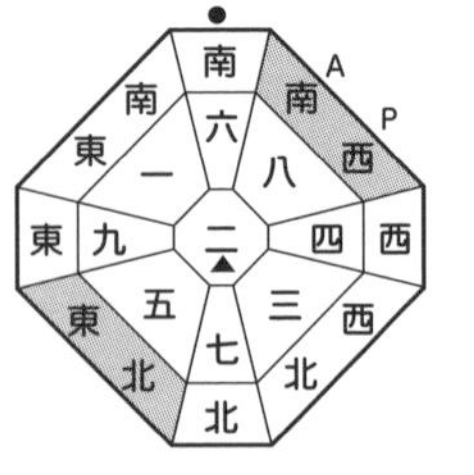

2月（寅月）

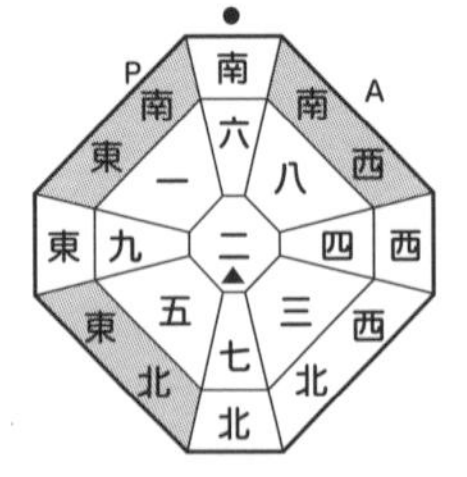

11月（亥月）

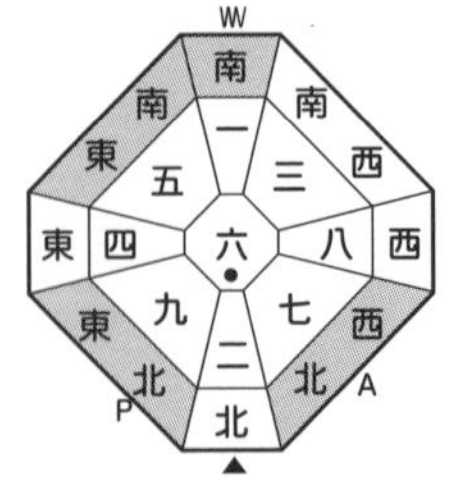

7月（未月）

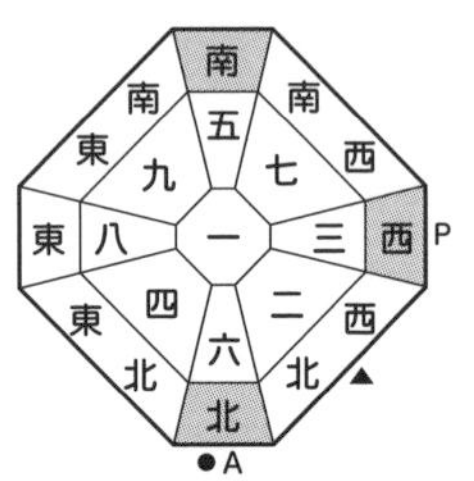

3月（卯月）

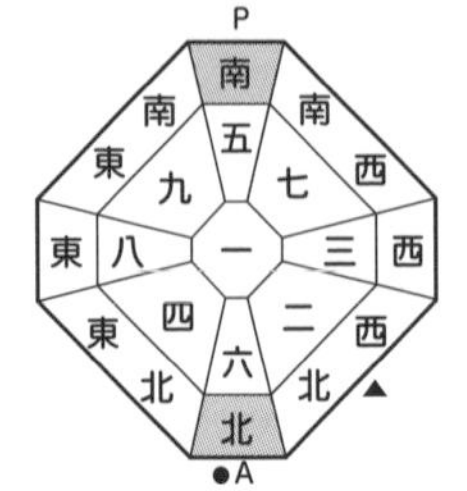

12月（子月）

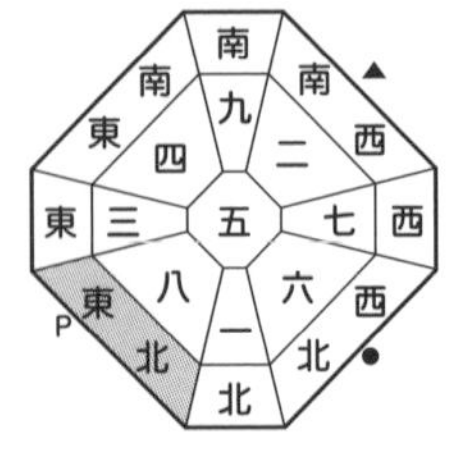

8月（申月）

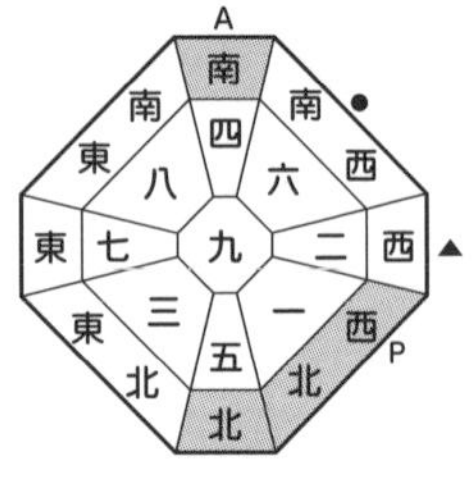

4月（辰月）

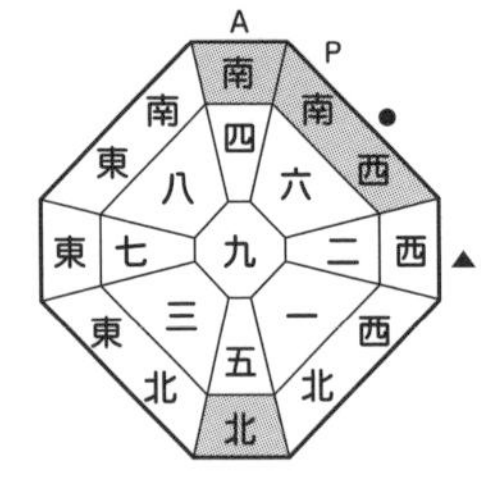

1月（丑月）

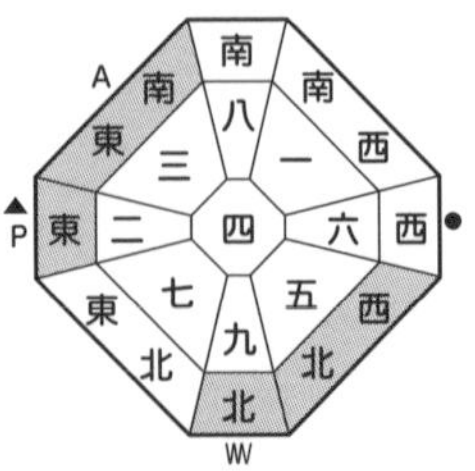

9月（酉月）

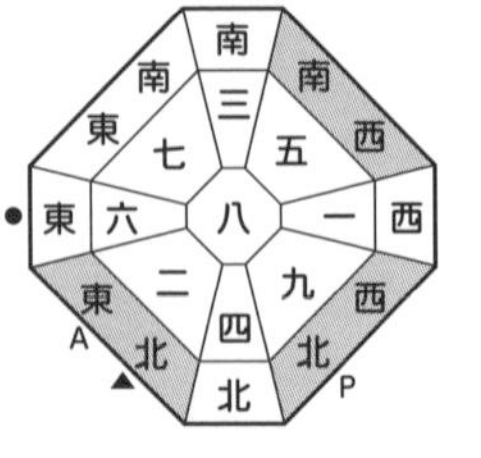

5月（巳月）

六白金星《ろっぱくきんせい》の年

※ A…悪殺気（暗剣殺） P…月破 W…水火殺 ▢…はすべての人にとって凶方位
▲…辰年と戌年の小児殺 ●…丑年と未年の小児殺

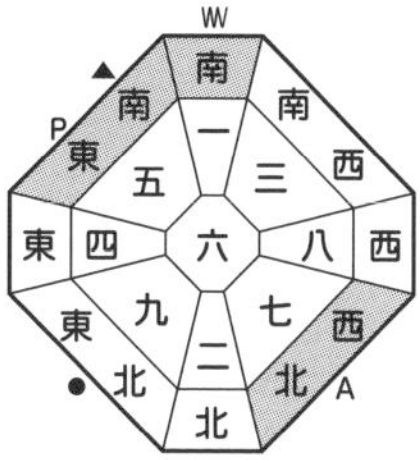

10月（戌月）

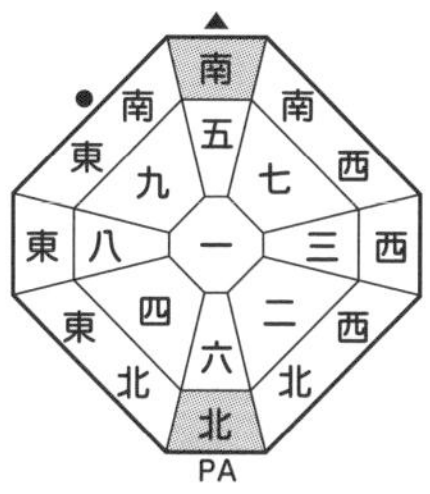

6月（午月）

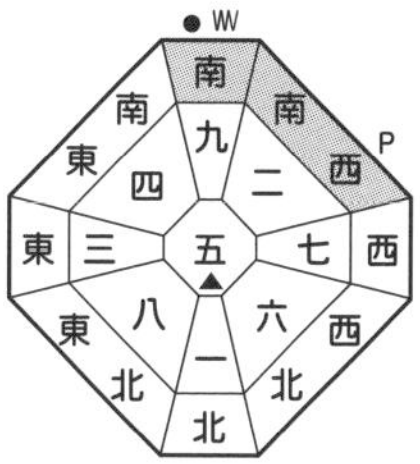

2月（寅月）

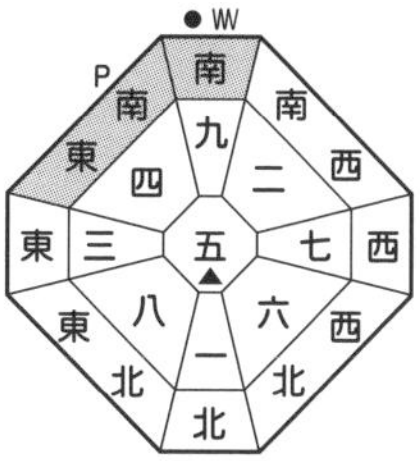

11月（亥月）

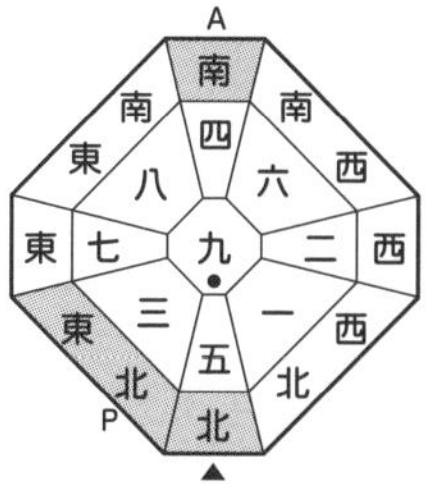

7月（未月）

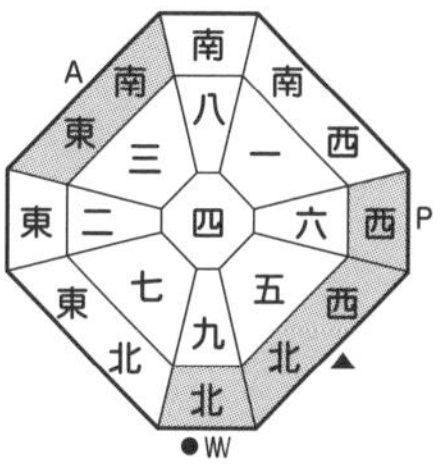

3月（卯月）

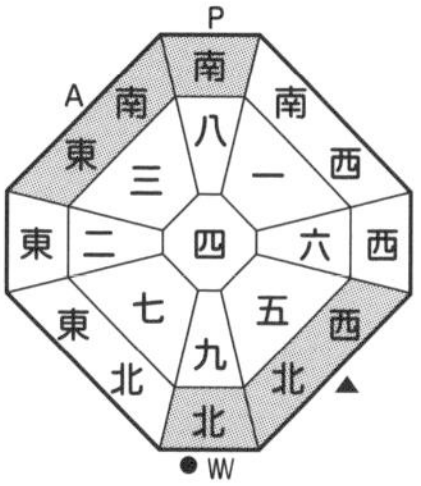

12月（子月）

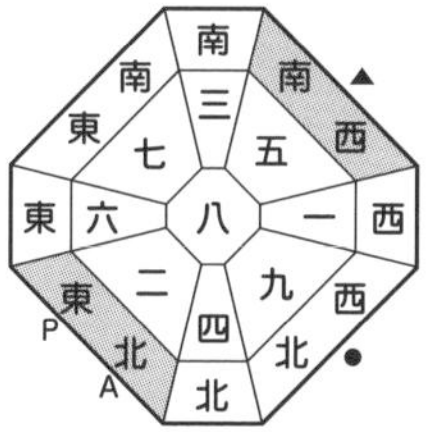

8月（申月）

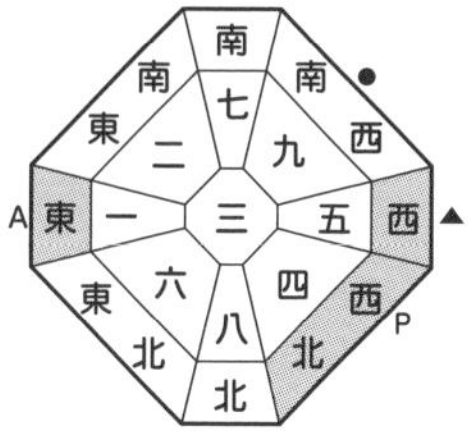

4月（辰月）

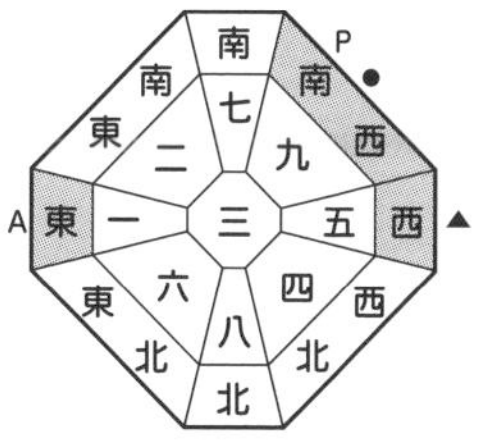

1月（丑月）

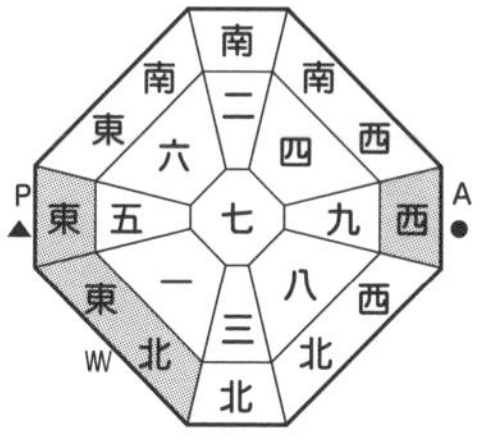

9月（酉月）

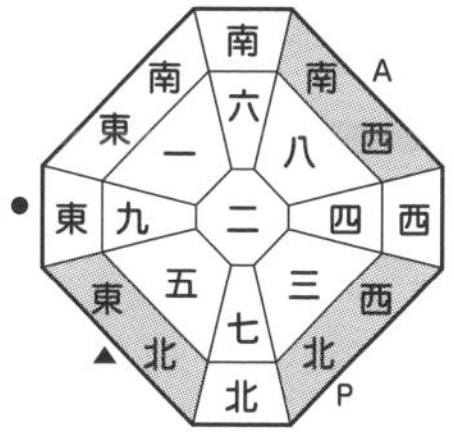

5月（巳月）

七赤金星《しちせききんせい》の年

※ A…悪殺気（暗剣殺）　P…月破　W…水火殺　□…はすべての人にとって凶方位
▲…子年と午年の小児殺　●…卯年と酉年の小児殺

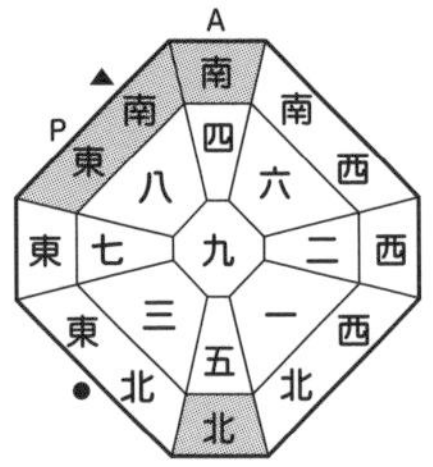

10月（戌月）

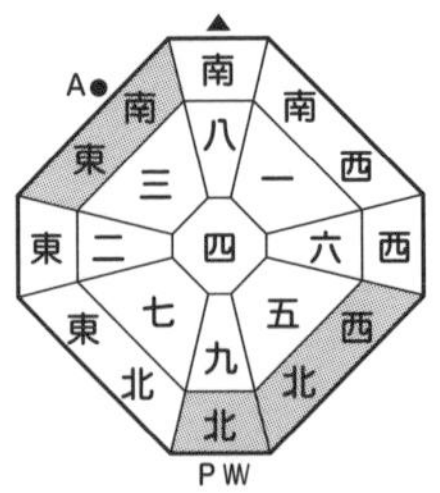

6月（午月）

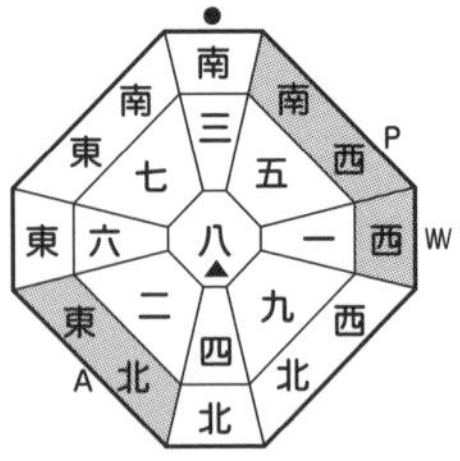

2月（寅月）

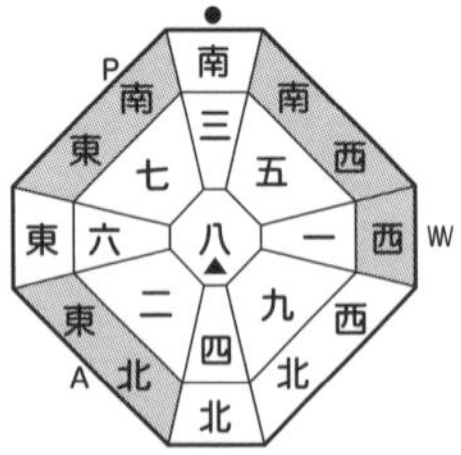

11月（亥月）

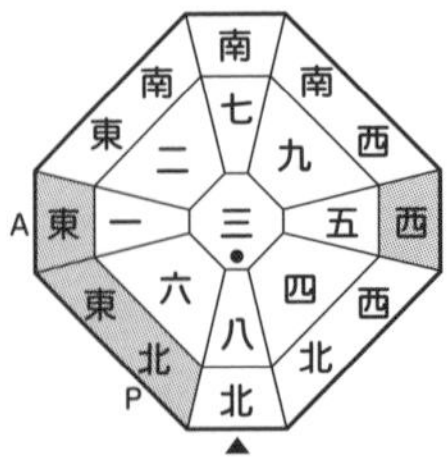

7月（未月）

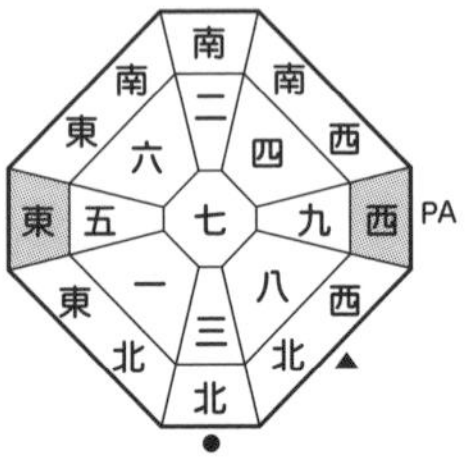

3月（卯月）

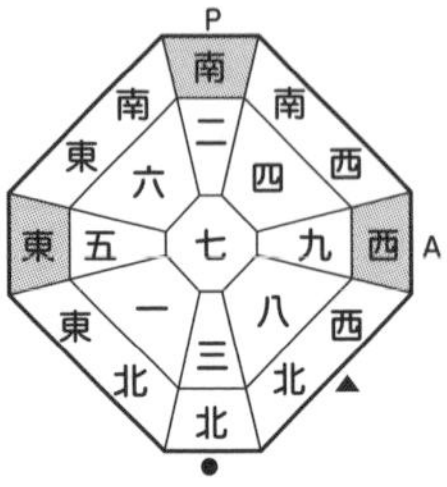

12月（子月）

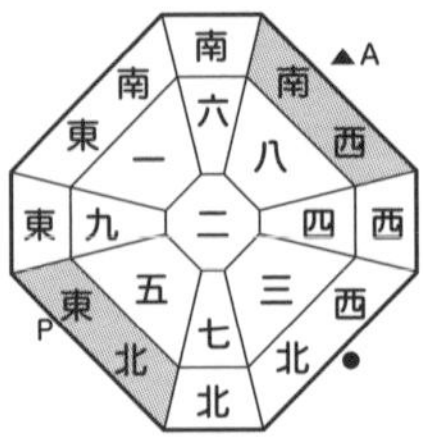

8月（申月）

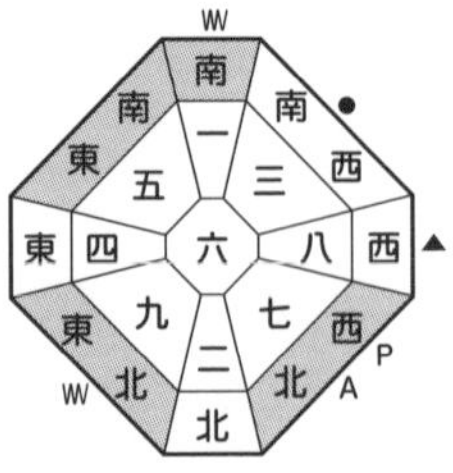

4月（辰月）

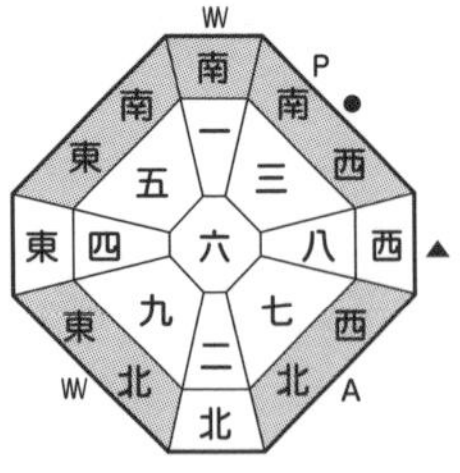

1月（丑月）

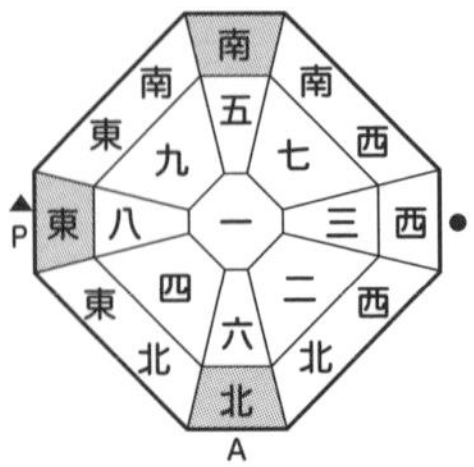

9月（酉月）

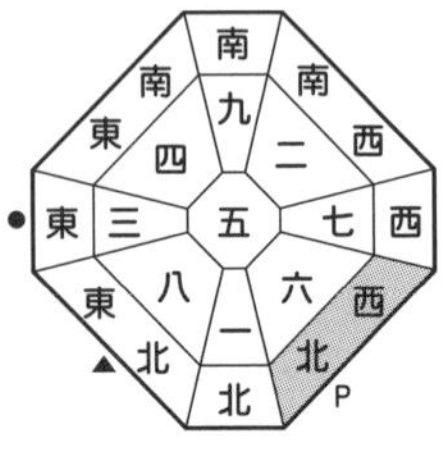

5月（巳月）

八白土星《はっぱくどせい》の年

※ A…悪殺気（暗剣殺） P…月破 W…水火殺 ▢…はすべての人にとって凶方位
▲…寅年と申年の小児殺 ●…巳年と亥年の小児殺

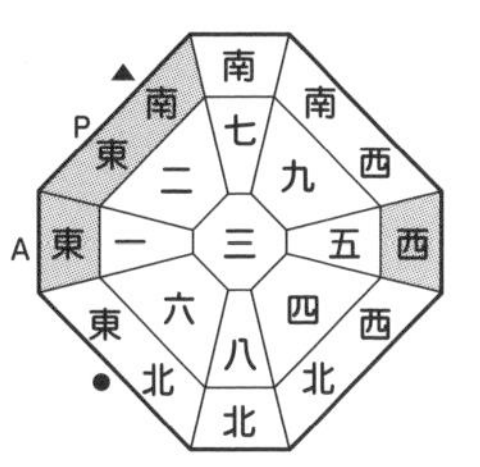

10月（戌月）

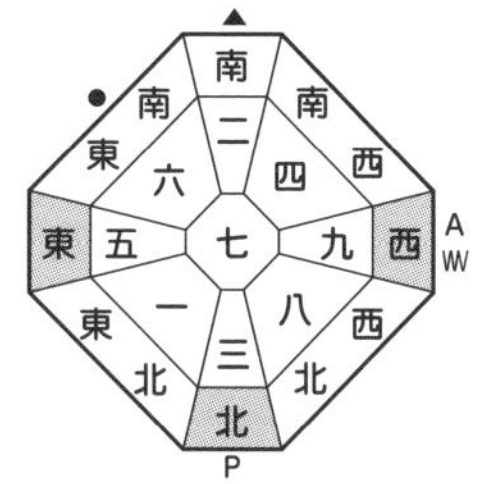

6月（午月）

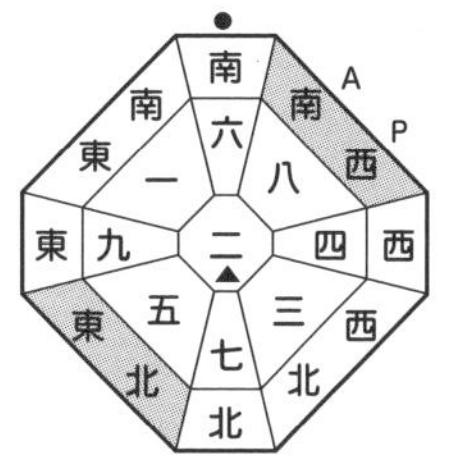

2月（寅月）

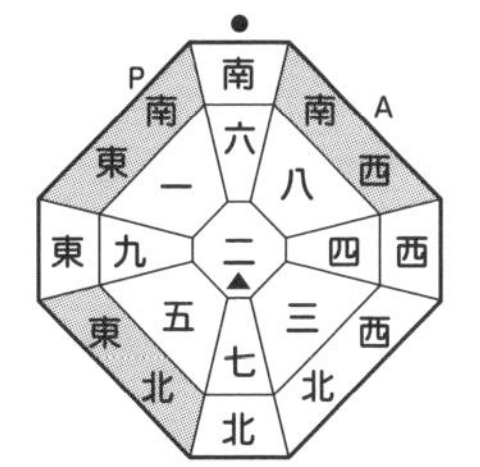

11月（亥月）

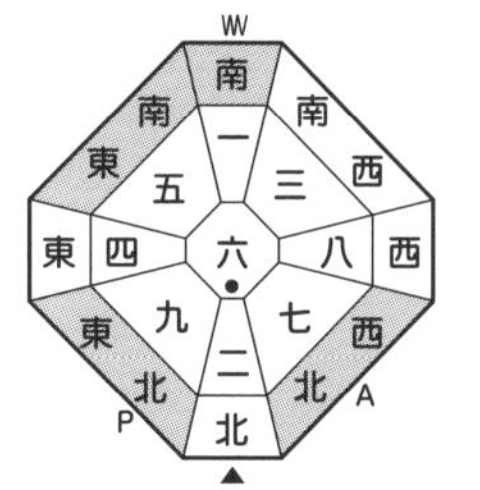

7月（未月）

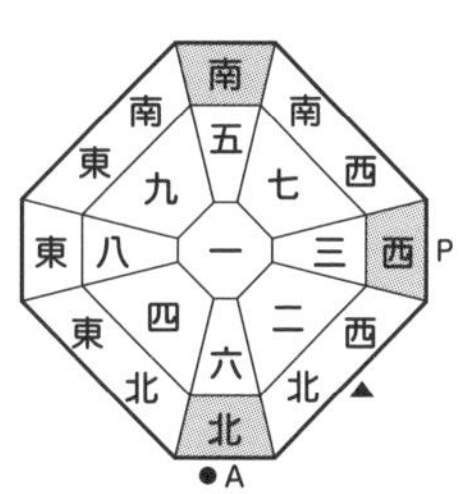

3月（卯月）

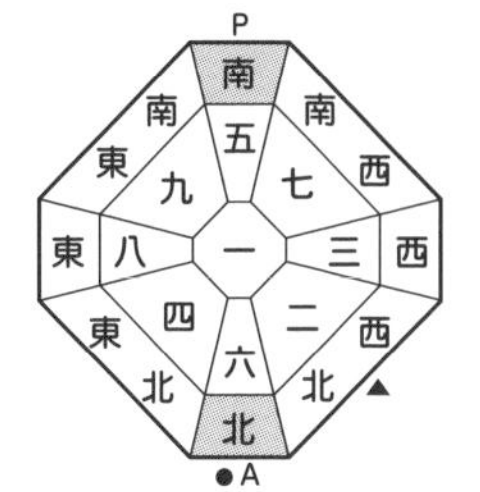

12月（子月）

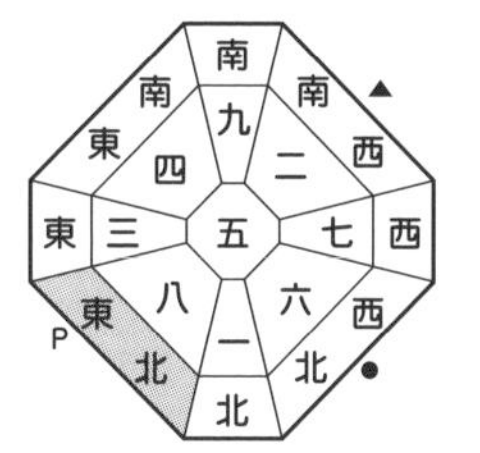

8月（申月）

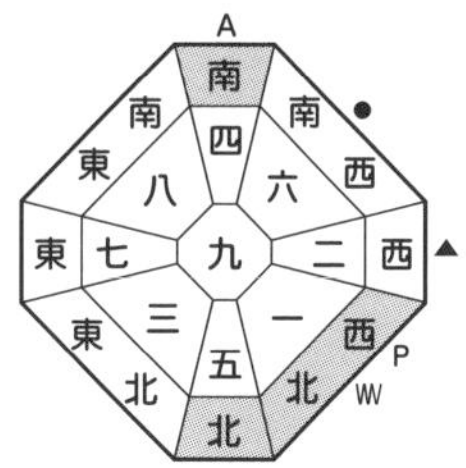

4月（辰月）

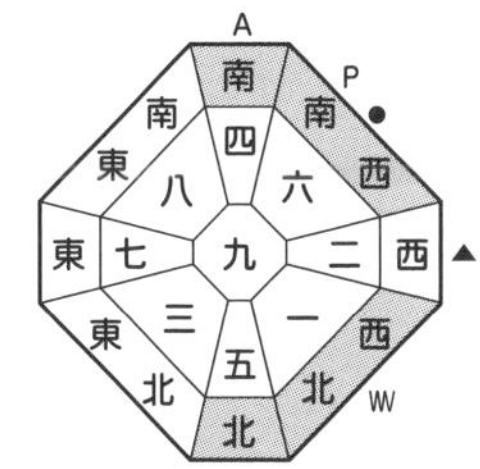

1月（丑月）

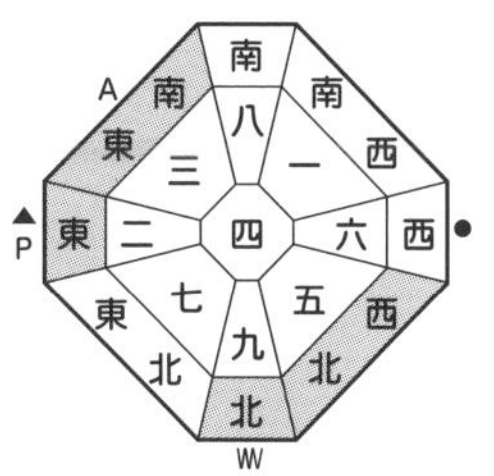

9月（酉月）

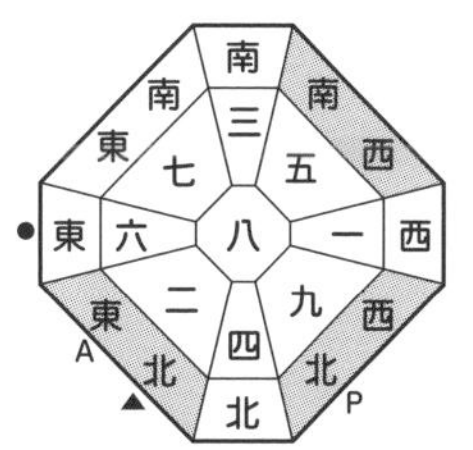

5月（巳月）

九《きゅう》紫《し》火《か》星《せい》の年

※ A…悪殺気（暗剣殺） P…月破 W…水火殺 ▭…はすべての人にとって凶方位
▲…辰年と戌年の小児殺 ●…丑年と未年の小児殺

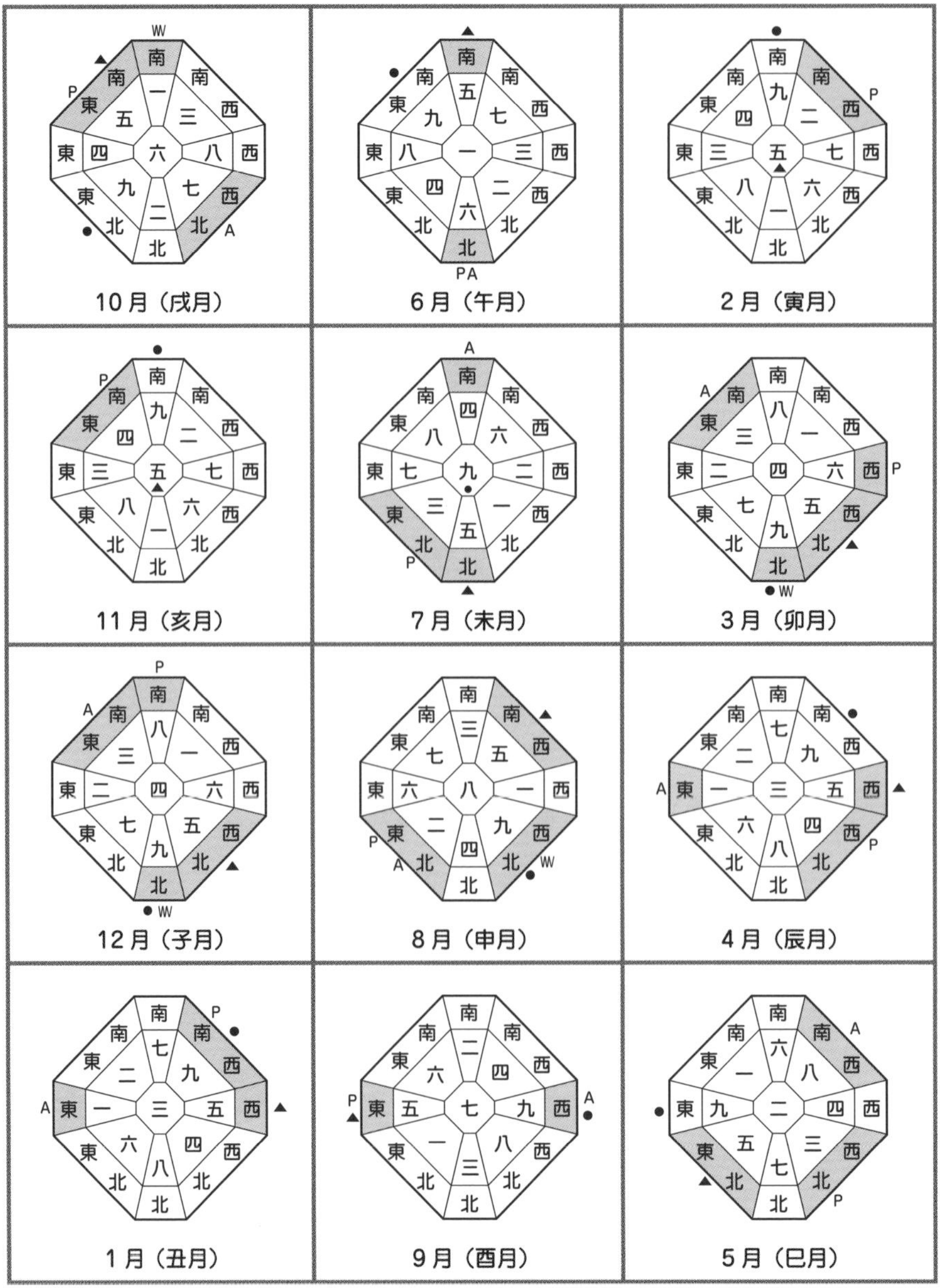

10月（戌月） 6月（午月） 2月（寅月）
11月（亥月） 7月（未月） 3月（卯月）
12月（子月） 8月（申月） 4月（辰月）
1月（丑月） 9月（酉月） 5月（巳月）

赤字…陽遁日　黒字…陰遁日　（網掛け）…節入り日　2021 年以降の節入り日時は概算です

2021 年（令和 3 年）　六白金星辛丑年《ろっぱくきんせいかのとうしどし》

月	月の九星干支	節入り日時	1日	2日	3日	4日	5日	6日	7日	8日	9日	10日	11日	12日	13日	14日	15日	16日	17日	18日	19日	20日	21日	22日	23日	24日	25日	26日	27日	28日	29日	30日	31日
2月	五庚寅	3日 23:59	八庚辰	九辛巳	一壬午	二癸未	三甲申	四乙酉	五丙戌	六丁亥	七戊子	八己丑	九庚寅	一辛卯	二壬辰	三癸巳	四甲午	五乙未	六丙申	七丁酉	八戊戌	九己亥	一庚子	二辛丑	三壬寅	四癸卯	五甲辰	六乙巳	七丙午	八丁未			
3月	四辛卯	5日 17:54	九戊申	一己酉	二庚戌	三辛亥	四壬子	五癸丑	六甲寅	七乙卯	八丙辰	九丁巳	一戊午	二己未	三庚申	四辛酉	五壬戌	六癸亥	七甲子	八乙丑	九丙寅	一丁卯	二戊辰	三己巳	四庚午	五辛未	六壬申	七癸酉	八甲戌	九乙亥	一丙子	二丁丑	三戊寅
4月	三壬辰	4日 22:35	四己卯	五庚辰	六辛巳	七壬午	八癸未	九甲申	一乙酉	二丙戌	三丁亥	四戊子	五己丑	六庚寅	七辛卯	八壬辰	九癸巳	一甲午	二乙未	三丙申	四丁酉	五戊戌	六己亥	七庚子	八辛丑	九壬寅	一癸卯	二甲辰	三乙巳	四丙午	五丁未	六戊申	
5月	二癸巳	5日 15:47	七己酉	八庚戌	九辛亥	一壬子	二癸丑	三甲寅	四乙卯	五丙辰	六丁巳	七戊午	八己未	九庚申	一辛酉	二壬戌	三癸亥	四甲子	五乙丑	六丙寅	七丁卯	八戊辰	九己巳	一庚午	二辛未	三壬申	四癸酉	五甲戌	六乙亥	七丙子	八丁丑	九戊寅	一己卯
6月	一甲午	5日 19:52	二庚辰	三辛巳	四壬午	五癸未	六甲申	七乙酉	八丙戌	九丁亥	一戊子	二己丑	三庚寅	四辛卯	五壬辰	六癸巳	七甲午	八乙未	九丙申	一丁酉	二戊戌	三己亥	四庚子	五辛丑	六壬寅	七癸卯	八甲辰	九乙巳	一丙午	二丁未	三戊申	四己酉	
7月	九乙未	7日 6:05	五庚戌	六辛亥	七壬子	八癸丑	九甲寅	一乙卯	二丙辰	三丁巳	四戊午	五己未	六庚申	七辛酉	八壬戌	九癸亥	九甲子	八乙丑	七丙寅	六丁卯	五戊辰	四己巳	三庚午	二辛未	一壬申	九癸酉	八甲戌	七乙亥	六丙子	五丁丑	四戊寅	三己卯	二庚辰
8月	八丙申	7日 15:54	一辛巳	九壬午	八癸未	七甲申	六乙酉	五丙戌	四丁亥	三戊子	二己丑	一庚寅	九辛卯	八壬辰	七癸巳	六甲午	五乙未	四丙申	三丁酉	二戊戌	一己亥	九庚子	八辛丑	七壬寅	六癸卯	五甲辰	四乙巳	三丙午	二丁未	一戊申	九己酉	八庚戌	七辛亥
9月	七丁酉	7日 18:53	六壬子	五癸丑	四甲寅	三乙卯	二丙辰	一丁巳	九戊午	八己未	七庚申	六辛酉	五壬戌	四癸亥	三甲子	二乙丑	一丙寅	九丁卯	八戊辰	七己巳	六庚午	五辛未	四壬申	三癸酉	二甲戌	一乙亥	九丙子	八丁丑	七戊寅	六己卯	五庚辰	四辛巳	
10月	六戊戌	8日 10:39	三壬午	二癸未	一甲申	九乙酉	八丙戌	七丁亥	六戊子	五己丑	四庚寅	三辛卯	二壬辰	一癸巳	九甲午	八乙未	七丙申	六丁酉	五戊戌	四己亥	三庚子	二辛丑	一壬寅	九癸卯	八甲辰	七乙巳	六丙午	五丁未	四戊申	三己酉	二庚戌	一辛亥	九壬子
11月	五己亥	7日 13:59	八癸丑	七甲寅	六乙卯	五丙辰	四丁巳	三戊午	二己未	一庚申	九辛酉	八壬戌	七癸亥	六甲子	五乙丑	四丙寅	三丁卯	二戊辰	一己巳	九庚午	八辛未	七壬申	六癸酉	五甲戌	四乙亥	三丙子	二丁丑	一戊寅	九己卯	八庚辰	七辛巳	六壬午	
12月	四庚子	7日 6:57	五癸未	四甲申	三乙酉	二丙戌	一丁亥	九戊子	八己丑	七庚寅	六辛卯	五壬辰	四癸巳	三甲午	二乙未	一丙申	九丁酉	八戊戌	七己亥	六庚子	五辛丑	四壬寅	三癸卯	二甲辰	一乙巳	九丙午	八丁未	七戊申	六己酉	五庚戌	四辛亥	三壬子	二癸丑
1月	三辛丑	5日 18:12	一甲寅	九乙卯	八丙辰	七丁巳	六戊午	五己未	四庚申	三辛酉	二壬戌	一癸亥	一甲子	二乙丑	三丙寅	四丁卯	五戊辰	六己巳	七庚午	八辛未	九壬申	一癸酉	二甲戌	三乙亥	四丙子	五丁丑	六戊寅	七己卯	八庚辰	九辛巳	一壬午	二癸未	三甲申

2022 年（令和 4 年）　五黄土星壬寅年《ごおうどせいみずのえとらどし》

月	月の九星干支	節入り日時	1日	2日	3日	4日	5日	6日	7日	8日	9日	10日	11日	12日	13日	14日	15日	16日	17日	18日	19日	20日	21日	22日	23日	24日	25日	26日	27日	28日	29日	30日	31日
2月	二壬寅	4日 5:50	四乙酉	五丙戌	六丁亥	七戊子	八己丑	九庚寅	一辛卯	二壬辰	三癸巳	四甲午	五乙未	六丙申	七丁酉	八戊戌	九己亥	一庚子	二辛丑	三壬寅	四癸卯	五甲辰	六乙巳	七丙午	八丁未	九戊申	一己酉	二庚戌	三辛亥	四壬子			
3月	一癸卯	5日 23:45	五癸丑	六甲寅	七乙卯	八丙辰	九丁巳	一戊午	二己未	三庚申	四辛酉	五壬戌	六癸亥	七甲子	八乙丑	九丙寅	一丁卯	二戊辰	三己巳	四庚午	五辛未	六壬申	七癸酉	八甲戌	九乙亥	一丙子	二丁丑	三戊寅	四己卯	五庚辰	六辛巳	七壬午	八癸未
4月	九甲辰	5日 4:20	九甲申	一乙酉	二丙戌	三丁亥	四戊子	五己丑	六庚寅	七辛卯	八壬辰	九癸巳	一甲午	二乙未	三丙申	四丁酉	五戊戌	六己亥	七庚子	八辛丑	九壬寅	一癸卯	二甲辰	三乙巳	四丙午	五丁未	六戊申	七己酉	八庚戌	九辛亥	一壬子	二癸丑	
5月	八乙巳	5日 21:25	三甲寅	四乙卯	五丙辰	六丁巳	七戊午	八己未	九庚申	一辛酉	二壬戌	三癸亥	四甲子	五乙丑	六丙寅	七丁卯	八戊辰	九己巳	一庚午	二辛未	三壬申	四癸酉	五甲戌	六乙亥	七丙子	八丁丑	九戊寅	一己卯	二庚辰	三辛巳	四壬午	五癸未	六甲申
6月	七丙午	6日 1:30	七乙酉	八丙戌	九丁亥	一戊子	二己丑	三庚寅	四辛卯	五壬辰	六癸巳	七甲午	八乙未	九丙申	一丁酉	二戊戌	三己亥	四庚子	五辛丑	六壬寅	七癸卯	八甲辰	九乙巳	一丙午	二丁未	三戊申	四己酉	五庚戌	六辛亥	七壬子	八癸丑	九甲寅	
7月	六丁未	7日 11:35	一乙卯	二丙辰	三丁巳	四戊午	五己未	六庚申	七辛酉	八壬戌	九癸亥	九甲子	八乙丑	七丙寅	六丁卯	五戊辰	四己巳	三庚午	二辛未	一壬申	九癸酉	八甲戌	七乙亥	六丙子	五丁丑	四戊寅	三己卯	二庚辰	一辛巳	九壬午	八癸未	七甲申	六乙酉
8月	五戊申	7日 21:30	五丙戌	四丁亥	三戊子	二己丑	一庚寅	九辛卯	八壬辰	七癸巳	六甲午	五乙未	四丙申	三丁酉	二戊戌	一己亥	九庚子	八辛丑	七壬寅	六癸卯	五甲辰	四乙巳	三丙午	二丁未	一戊申	九己酉	八庚戌	七辛亥	六壬子	五癸丑	四甲寅	三乙卯	二丙辰
9月	四己酉	8日 0:30	一丁巳	九戊午	八己未	七庚申	六辛酉	五壬戌	四癸亥	三甲子	二乙丑	一丙寅	九丁卯	八戊辰	七己巳	六庚午	五辛未	四壬申	三癸酉	二甲戌	一乙亥	九丙子	八丁丑	七戊寅	六己卯	五庚辰	四辛巳	三壬午	二癸未	一甲申	九乙酉	八丙戌	
10月	三庚戌	8日 16:25	七丁亥	六戊子	五己丑	四庚寅	三辛卯	二壬辰	一癸巳	九甲午	八乙未	七丙申	六丁酉	五戊戌	四己亥	三庚子	二辛丑	一壬寅	九癸卯	八甲辰	七乙巳	六丙午	五丁未	四戊申	三己酉	二庚戌	一辛亥	九壬子	八癸丑	七甲寅	六乙卯	五丙辰	四丁巳
11月	二辛亥	7日 19:45	三戊午	二己未	一庚申	九辛酉	八壬戌	七癸亥	六甲子	五乙丑	四丙寅	三丁卯	二戊辰	一己巳	九庚午	八辛未	七壬申	六癸酉	五甲戌	四乙亥	三丙子	二丁丑	一戊寅	九己卯	八庚辰	七辛巳	六壬午	五癸未	四甲申	三乙酉	二丙戌	一丁亥	
12月	一壬子	7日 12:45	九戊子	八己丑	七庚寅	六辛卯	五壬辰	四癸巳	三甲午	二乙未	一丙申	九丁酉	八戊戌	七己亥	六庚子	五辛丑	四壬寅	三癸卯	二甲辰	一乙巳	九丙午	八丁未	七戊申	六己酉	五庚戌	四辛亥	三壬子	二癸丑	一甲寅	九乙卯	八丙辰	七丁巳	六戊午
1月	九癸丑	6日 0:05	五己未	四庚申	三辛酉	二壬戌	一癸亥	一甲子	二乙丑	三丙寅	四丁卯	五戊辰	六己巳	七庚午	八辛未	九壬申	一癸酉	二甲戌	三乙亥	四丙子	五丁丑	六戊寅	七己卯	八庚辰	九辛巳	一壬午	二癸未	三甲申	四乙酉	五丙戌	六丁亥	七戊子	八己丑

赤字…陽遁日　黒字…陰遁日　（網掛け）…節入り日　節入り日時は概算です

2023年（令和5年）　四緑木星癸卯年《しろくもくせいみずのとうどし》

月	月の九星干支	節入り日時	1日	2日	3日	4日	5日	6日	7日	8日	9日	10日	11日	12日	13日	14日	15日	16日	17日	18日	19日	20日	21日	22日	23日	24日	25日	26日	27日	28日	29日	30日	31日
2月	八甲寅	4日 11:40	九庚寅	一辛卯	二壬辰	三癸巳	四甲午	五乙未	六丙申	七丁酉	八戊戌	九己亥	一庚子	二辛丑	三壬寅	四癸卯	五甲辰	六乙巳	七丙午	八丁未	九戊申	一己酉	二庚戌	三辛亥	四壬子	五癸丑	六甲寅	七乙卯	八丙辰	九丁巳			
3月	七乙卯	6日 5:35	一戊午	二己未	三庚申	四辛酉	五壬戌	六癸亥	七甲子	八乙丑	九丙寅	一丁卯	二戊辰	三己巳	四庚午	五辛未	六壬申	七癸酉	八甲戌	九乙亥	一丙子	二丁丑	三戊寅	四己卯	五庚辰	六辛巳	七壬午	八癸未	九甲申	一乙酉	二丙戌	三丁亥	四戊子
4月	六丙辰	5日 10:10	五己丑	六庚寅	七辛卯	八壬辰	九癸巳	一甲午	二乙未	三丙申	四丁酉	五戊戌	六己亥	七庚子	八辛丑	九壬寅	一癸卯	二甲辰	三乙巳	四丙午	五丁未	六戊申	七己酉	八庚戌	九辛亥	一壬子	二癸丑	三甲寅	四乙卯	五丙辰	六丁巳	七戊午	
5月	五丁巳	6日 3:20	八己未	九庚申	一辛酉	二壬戌	三癸亥	四甲子	五乙丑	六丙寅	七丁卯	八戊辰	九己巳	一庚午	二辛未	三壬申	四癸酉	五甲戌	六乙亥	七丙子	八丁丑	九戊寅	一己卯	二庚辰	三辛巳	四壬午	五癸未	六甲申	七乙酉	八丙戌	九丁亥	一戊子	二己丑
6月	四戊午	6日 7:15	三庚寅	四辛卯	五壬辰	六癸巳	七甲午	八乙未	九丙申	一丁酉	二戊戌	三己亥	四庚子	五辛丑	六壬寅	七癸卯	八甲辰	九乙巳	一丙午	二丁未	三戊申	四己酉	五庚戌	六辛亥	七壬子	八癸丑	九甲寅	一乙卯	二丙辰	三丁巳	四戊午	五己未	
7月	三己未	7日 17:30	六庚申	七辛酉	八壬戌	九癸亥	九甲子	八乙丑	七丙寅	六丁卯	五戊辰	四己巳	三庚午	二辛未	一壬申	九癸酉	八甲戌	七乙亥	六丙子	五丁丑	四戊寅	三己卯	二庚辰	一辛巳	九壬午	八癸未	七甲申	六乙酉	五丙戌	四丁亥	三戊子	二己丑	一庚寅
8月	二庚申	8日 3:25	九辛卯	八壬辰	七癸巳	六甲午	五乙未	四丙申	三丁酉	二戊戌	一己亥	九庚子	八辛丑	七壬寅	六癸卯	五甲辰	四乙巳	三丙午	二丁未	一戊申	九己酉	八庚戌	七辛亥	六壬子	五癸丑	四甲寅	三乙卯	二丙辰	一丁巳	九戊午	八己未	七庚申	六辛酉
9月	一辛酉	8日 6:25	五壬戌	四癸亥	三甲子	二乙丑	一丙寅	九丁卯	八戊辰	七己巳	六庚午	五辛未	四壬申	三癸酉	二甲戌	一乙亥	九丙子	八丁丑	七戊寅	六己卯	五庚辰	四辛巳	三壬午	二癸未	一甲申	九乙酉	八丙戌	七丁亥	六戊子	五己丑	四庚寅	三辛卯	
10月	九壬戌	8日 22:15	二壬辰	一癸巳	九甲午	八乙未	七丙申	六丁酉	五戊戌	四己亥	三庚子	二辛丑	一壬寅	九癸卯	八甲辰	七乙巳	六丙午	五丁未	四戊申	三己酉	二庚戌	一辛亥	九壬子	八癸丑	七甲寅	六乙卯	五丙辰	四丁巳	三戊午	二己未	一庚申	九辛酉	八壬戌
11月	八癸亥	8日 1:35	七癸亥	六甲子	五乙丑	四丙寅	三丁卯	二戊辰	一己巳	九庚午	八辛未	七壬申	六癸酉	五甲戌	四乙亥	三丙子	二丁丑	一戊寅	九己卯	八庚辰	七辛巳	六壬午	五癸未	四甲申	三乙酉	二丙戌	一丁亥	九戊子	八己丑	七庚寅	六辛卯	五壬辰	
12月	七甲子	7日 18:35	四癸巳	三甲午	二乙未	一丙申	九丁酉	八戊戌	七己亥	六庚子	五辛丑	四壬寅	三癸卯	二甲辰	一乙巳	九丙午	八丁未	七戊申	六己酉	五庚戌	四辛亥	三壬子	二癸丑	一甲寅	九乙卯	八丙辰	七丁巳	六戊午	五己未	四庚申	三辛酉	二壬戌	一癸亥
1月	六乙丑	6日 5:50	一甲子	二乙丑	三丙寅	四丁卯	五戊辰	六己巳	七庚午	八辛未	九壬申	一癸酉	二甲戌	三乙亥	四丙子	五丁丑	六戊寅	七己卯	八庚辰	九辛巳	一壬午	二癸未	三甲申	四乙酉	五丙戌	六丁亥	七戊子	八己丑	九庚寅	一辛卯	二壬辰	三癸巳	四甲午

2024年（令和6年）　三碧木星甲辰年《さんぺきもくせいきのえたつどし》

月	月の九星干支	節入り日時	1日	2日	3日	4日	5日	6日	7日	8日	9日	10日	11日	12日	13日	14日	15日	16日	17日	18日	19日	20日	21日	22日	23日	24日	25日	26日	27日	28日	29日	30日	31日
2月	五丙寅	4日 17:25	五乙未	六丙申	七丁酉	八戊戌	九己亥	一庚子	二辛丑	三壬寅	四癸卯	五甲辰	六乙巳	七丙午	八丁未	九戊申	一己酉	二庚戌	三辛亥	四壬子	五癸丑	六甲寅	七乙卯	八丙辰	九丁巳	一戊午	二己未	三庚申	四辛酉	五壬戌	六癸亥		
3月	四丁卯	5日 11:25	七甲子	八乙丑	九丙寅	一丁卯	二戊辰	三己巳	四庚午	五辛未	六壬申	七癸酉	八甲戌	九乙亥	一丙子	二丁丑	三戊寅	四己卯	五庚辰	六辛巳	七壬午	八癸未	九甲申	一乙酉	二丙戌	三丁亥	四戊子	五己丑	六庚寅	七辛卯	八壬辰	九癸巳	一甲午
4月	三戊辰	4日 16:00	二乙未	三丙申	四丁酉	五戊戌	六己亥	七庚子	八辛丑	九壬寅	一癸卯	二甲辰	三乙巳	四丙午	五丁未	六戊申	七己酉	八庚戌	九辛亥	一壬子	二癸丑	三甲寅	四乙卯	五丙辰	六丁巳	七戊午	八己未	九庚申	一辛酉	二壬戌	三癸亥	四甲子	
5月	二己巳	5日 9:10	五乙丑	六丙寅	七丁卯	八戊辰	九己巳	一庚午	二辛未	三壬申	四癸酉	五甲戌	六乙亥	七丙子	八丁丑	九戊寅	一己卯	二庚辰	三辛巳	四壬午	五癸未	六甲申	七乙酉	八丙戌	九丁亥	一戊子	二己丑	三庚寅	四辛卯	五壬辰	六癸巳	七甲午	八乙未
6月	一庚午	5日 13:10	九丙申	一丁酉	二戊戌	三己亥	四庚子	五辛丑	六壬寅	七癸卯	八甲辰	九乙巳	一丙午	二丁未	三戊申	四己酉	五庚戌	六辛亥	七壬子	八癸丑	九甲寅	一乙卯	二丙辰	三丁巳	四戊午	五己未	六庚申	七辛酉	八壬戌	九癸亥	九甲子	八乙丑	
7月	九辛未	6日 23:20	七丙寅	六丁卯	五戊辰	四己巳	三庚午	二辛未	一壬申	九癸酉	八甲戌	七乙亥	六丙子	五丁丑	四戊寅	三己卯	二庚辰	一辛巳	九壬午	八癸未	七甲申	六乙酉	五丙戌	四丁亥	三戊子	二己丑	一庚寅	九辛卯	八壬辰	七癸巳	六甲午	五乙未	四丙申
8月	八壬申	7日 9:10	三丁酉	二戊戌	一己亥	九庚子	八辛丑	七壬寅	六癸卯	五甲辰	四乙巳	三丙午	二丁未	一戊申	九己酉	八庚戌	七辛亥	六壬子	五癸丑	四甲寅	三乙卯	二丙辰	一丁巳	九戊午	八己未	七庚申	六辛酉	五壬戌	四癸亥	三甲子	二乙丑	一丙寅	九丁卯
9月	七癸酉	7日 12:10	八戊辰	七己巳	六庚午	五辛未	四壬申	三癸酉	二甲戌	一乙亥	九丙子	八丁丑	七戊寅	六己卯	五庚辰	四辛巳	三壬午	二癸未	一甲申	九乙酉	八丙戌	七丁亥	六戊子	五己丑	四庚寅	三辛卯	二壬辰	一癸巳	九甲午	八乙未	七丙申	六丁酉	
10月	六甲戌	8日 4:05	五戊戌	四己亥	三庚子	二辛丑	一壬寅	九癸卯	八甲辰	七乙巳	六丙午	五丁未	四戊申	三己酉	二庚戌	一辛亥	九壬子	八癸丑	七甲寅	六乙卯	五丙辰	四丁巳	三戊午	二己未	一庚申	九辛酉	八壬戌	七癸亥	六甲子	五乙丑	四丙寅	三丁卯	二戊辰
11月	五乙亥	7日 7:20	一己巳	九庚午	八辛未	七壬申	六癸酉	五甲戌	四乙亥	三丙子	二丁丑	一戊寅	九己卯	八庚辰	七辛巳	六壬午	五癸未	四甲申	三乙酉	二丙戌	一丁亥	九戊子	八己丑	七庚寅	六辛卯	五壬辰	四癸巳	三甲午	二乙未	一丙申	九丁酉	八戊戌	
12月	四丙子	7日 0:15	七己亥	六庚子	五辛丑	四壬寅	三癸卯	二甲辰	一乙巳	九丙午	八丁未	七戊申	六己酉	五庚戌	四辛亥	三壬子	二癸丑	一甲寅	九乙卯	八丙辰	七丁巳	六戊午	五己未	四庚申	三辛酉	二壬戌	一癸亥	一甲子	二乙丑	三丙寅	四丁卯	五戊辰	六己巳
1月	三丁丑	5日 11:30	七庚午	八辛未	九壬申	一癸酉	二甲戌	三乙亥	四丙子	五丁丑	六戊寅	七己卯	八庚辰	九辛巳	一壬午	二癸未	三甲申	四乙酉	五丙戌	六丁亥	七戊子	八己丑	九庚寅	一辛卯	二壬辰	三癸巳	四甲午	五乙未	六丙申	七丁酉	八戊戌	九己亥	一庚子

赤字…陽遁日　黒字…陰遁日　（網掛け）…節入り日　節入り日時は概算です

2025年（令和7年）　二《じ》黒《こく》土《ど》星《せい》乙《きのと》巳《み》年《どし》

月	月の九星干支	節入り日時	1日	2日	3日	4日	5日	6日	7日	8日	9日	10日	11日	12日	13日	14日	15日	16日	17日	18日	19日	20日	21日	22日	23日	24日	25日	26日	27日	28日	29日	30日	31日
2月	二戊寅	3日 23:10	二辛丑	三壬寅	四癸卯	五甲辰	六乙巳	七丙午	八丁未	九戊申	一己酉	二庚戌	三辛亥	四壬子	五癸丑	六甲寅	七乙卯	八丙辰	九丁巳	一戊午	二己未	三庚申	四辛酉	五壬戌	六癸亥	七甲子	八乙丑	九丙寅	一丁卯	二戊辰			
3月	一己卯	5日 17:10	三己巳	四庚午	五辛未	六壬申	七癸酉	八甲戌	九乙亥	一丙子	二丁丑	三戊寅	四己卯	五庚辰	六辛巳	七壬午	八癸未	九甲申	一乙酉	二丙戌	三丁亥	四戊子	五己丑	六庚寅	七辛卯	八壬辰	九癸巳	一甲午	二乙未	三丙申	四丁酉	五戊戌	六己亥
4月	九庚辰	4日 21:50	七庚子	八辛丑	九壬寅	一癸卯	二甲辰	三乙巳	四丙午	五丁未	六戊申	七己酉	八庚戌	九辛亥	一壬子	二癸丑	三甲寅	四乙卯	五丙辰	六丁巳	七戊午	八己未	九庚申	一辛酉	二壬戌	三癸亥	四甲子	五乙丑	六丙寅	七丁卯	八戊辰	九己巳	
5月	八辛巳	5日 14:55	一庚午	二辛未	三壬申	四癸酉	五甲戌	六乙亥	七丙子	八丁丑	九戊寅	一己卯	二庚辰	三辛巳	四壬午	五癸未	六甲申	七乙酉	八丙戌	九丁亥	一戊子	二己丑	三庚寅	四辛卯	五壬辰	六癸巳	七甲午	八乙未	九丙申	一丁酉	二戊戌	三己亥	四庚子
6月	七壬午	5日 18:55	五辛丑	六壬寅	七癸卯	八甲辰	九乙巳	一丙午	二丁未	三戊申	四己酉	五庚戌	六辛亥	七壬子	八癸丑	九甲寅	一乙卯	二丙辰	三丁巳	四戊午	五己未	六庚申	七辛酉	八壬戌	九癸亥	九甲子	八乙丑	七丙寅	六丁卯	五戊辰	四己巳	三庚午	
7月	六癸未	7日 5:05	二辛未	一壬申	九癸酉	八甲戌	七乙亥	六丙子	五丁丑	四戊寅	三己卯	二庚辰	一辛巳	九壬午	八癸未	七甲申	六乙酉	五丙戌	四丁亥	三戊子	二己丑	一庚寅	九辛卯	八壬辰	七癸巳	六甲午	五乙未	四丙申	三丁酉	二戊戌	一己亥	九庚子	八辛丑
8月	五甲申	7日 14:50	七壬寅	六癸卯	五甲辰	四乙巳	三丙午	二丁未	一戊申	九己酉	八庚戌	七辛亥	六壬子	五癸丑	四甲寅	三乙卯	二丙辰	一丁巳	九戊午	八己未	七庚申	六辛酉	五壬戌	四癸亥	三甲子	二乙丑	一丙寅	九丁卯	八戊辰	七己巳	六庚午	五辛未	四壬申
9月	四乙酉	7日 17:50	三癸酉	二甲戌	一乙亥	九丙子	八丁丑	七戊寅	六己卯	五庚辰	四辛巳	三壬午	二癸未	一甲申	九乙酉	八丙戌	七丁亥	六戊子	五己丑	四庚寅	三辛卯	二壬辰	一癸巳	九甲午	八乙未	七丙申	六丁酉	五戊戌	四己亥	三庚子	二辛丑	一壬寅	
10月	三丙戌	8日 9:40	九癸卯	八甲辰	七乙巳	六丙午	五丁未	四戊申	三己酉	二庚戌	一辛亥	九壬子	八癸丑	七甲寅	六乙卯	五丙辰	四丁巳	三戊午	二己未	一庚申	九辛酉	八壬戌	七癸亥	六甲子	五乙丑	四丙寅	三丁卯	二戊辰	一己巳	九庚午	八辛未	七壬申	六癸酉
11月	二丁亥	7日 13:05	五甲戌	四乙亥	三丙子	二丁丑	一戊寅	九己卯	八庚辰	七辛巳	六壬午	五癸未	四甲申	三乙酉	二丙戌	一丁亥	九戊子	八己丑	七庚寅	六辛卯	五壬辰	四癸巳	三甲午	二乙未	一丙申	九丁酉	八戊戌	七己亥	六庚子	五辛丑	四壬寅	三癸卯	
12月	一戊子	7日 6:05	二甲辰	一乙巳	九丙午	八丁未	七戊申	六己酉	五庚戌	四辛亥	三壬子	二癸丑	一甲寅	九乙卯	八丙辰	七丁巳	六戊午	五己未	四庚申	三辛酉	二壬戌	一癸亥	一甲子	二乙丑	三丙寅	四丁卯	五戊辰	六己巳	七庚午	八辛未	九壬申	一癸酉	二甲戌
1月	九己丑	5日 17:25	三乙亥	四丙子	五丁丑	六戊寅	七己卯	八庚辰	九辛巳	一壬午	二癸未	三甲申	四乙酉	五丙戌	六丁亥	七戊子	八己丑	九庚寅	一辛卯	二壬辰	三癸巳	四甲午	五乙未	六丙申	七丁酉	八戊戌	九己亥	一庚子	二辛丑	三壬寅	四癸卯	五甲辰	六乙巳

2026年（令和8年）　一《いっ》白《ぱく》水《すい》星《せい》丙《ひのえ》午《うま》年《どし》

月	月の九星干支	節入り日時	1日	2日	3日	4日	5日	6日	7日	8日	9日	10日	11日	12日	13日	14日	15日	16日	17日	18日	19日	20日	21日	22日	23日	24日	25日	26日	27日	28日	29日	30日	31日
2月	八庚寅	4日 5:00	七丙午	八丁未	九戊申	一己酉	二庚戌	三辛亥	四壬子	五癸丑	六甲寅	七乙卯	八丙辰	九丁巳	一戊午	二己未	三庚申	四辛酉	五壬戌	六癸亥	七甲子	八乙丑	九丙寅	一丁卯	二戊辰	三己巳	四庚午	五辛未	六壬申	七癸酉			
3月	七辛卯	5日 23:00	八甲戌	九乙亥	一丙子	二丁丑	三戊寅	四己卯	五庚辰	六辛巳	七壬午	八癸未	九甲申	一乙酉	二丙戌	三丁亥	四戊子	五己丑	六庚寅	七辛卯	八壬辰	九癸巳	一甲午	二乙未	三丙申	四丁酉	五戊戌	六己亥	七庚子	八辛丑	九壬寅	一癸卯	二甲辰
4月	六壬辰	5日 3:40	三乙巳	四丙午	五丁未	六戊申	七己酉	八庚戌	九辛亥	一壬子	二癸丑	三甲寅	四乙卯	五丙辰	六丁巳	七戊午	八己未	九庚申	一辛酉	二壬戌	三癸亥	四甲子	五乙丑	六丙寅	七丁卯	八戊辰	九己巳	一庚午	二辛未	三壬申	四癸酉	五甲戌	
5月	五癸巳	5日 20:50	六乙亥	七丙子	八丁丑	九戊寅	一己卯	二庚辰	三辛巳	四壬午	五癸未	六甲申	七乙酉	八丙戌	九丁亥	一戊子	二己丑	三庚寅	四辛卯	五壬辰	六癸巳	七甲午	八乙未	九丙申	一丁酉	二戊戌	三己亥	四庚子	五辛丑	六壬寅	七癸卯	八甲辰	九乙巳
6月	四甲午	6日 0:50	一丙午	二丁未	三戊申	四己酉	五庚戌	六辛亥	七壬子	八癸丑	九甲寅	一乙卯	二丙辰	三丁巳	四戊午	五己未	六庚申	七辛酉	八壬戌	九癸亥	九甲子	八乙丑	七丙寅	六丁卯	五戊辰	四己巳	三庚午	二辛未	一壬申	九癸酉	八甲戌	七乙亥	
7月	三乙未	7日 10:55	六丙子	五丁丑	四戊寅	三己卯	二庚辰	一辛巳	九壬午	八癸未	七甲申	六乙酉	五丙戌	四丁亥	三戊子	二己丑	一庚寅	九辛卯	八壬辰	七癸巳	六甲午	五乙未	四丙申	三丁酉	二戊戌	一己亥	九庚子	八辛丑	七壬寅	六癸卯	五甲辰	四乙巳	三丙午
8月	二丙申	7日 20:40	二丁未	一戊申	九己酉	八庚戌	七辛亥	六壬子	五癸丑	四甲寅	三乙卯	二丙辰	一丁巳	九戊午	八己未	七庚申	六辛酉	五壬戌	四癸亥	三甲子	二乙丑	一丙寅	九丁卯	八戊辰	七己巳	六庚午	五辛未	四壬申	三癸酉	二甲戌	一乙亥	九丙子	八丁丑
9月	一丁酉	7日 23:40	七戊寅	六己卯	五庚辰	四辛巳	三壬午	二癸未	一甲申	九乙酉	八丙戌	七丁亥	六戊子	五己丑	四庚寅	三辛卯	二壬辰	一癸巳	九甲午	八乙未	七丙申	六丁酉	五戊戌	四己亥	三庚子	二辛丑	一壬寅	九癸卯	八甲辰	七乙巳	六丙午	五丁未	
10月	九戊戌	8日 15:30	四戊申	三己酉	二庚戌	一辛亥	九壬子	八癸丑	七甲寅	六乙卯	五丙辰	四丁巳	三戊午	二己未	一庚申	九辛酉	八壬戌	七癸亥	六甲子	五乙丑	四丙寅	三丁卯	二戊辰	一己巳	九庚午	八辛未	七壬申	六癸酉	五甲戌	四乙亥	三丙子	二丁丑	一戊寅
11月	八己亥	7日 18:50	九己卯	八庚辰	七辛巳	六壬午	五癸未	四甲申	三乙酉	二丙戌	一丁亥	九戊子	八己丑	七庚寅	六辛卯	五壬辰	四癸巳	三甲午	二乙未	一丙申	九丁酉	八戊戌	七己亥	六庚子	五辛丑	四壬寅	三癸卯	二甲辰	一乙巳	九丙午	八丁未	七戊申	
12月	七庚子	7日 11:50	六己酉	五庚戌	四辛亥	三壬子	二癸丑	一甲寅	九乙卯	八丙辰	七丁巳	六戊午	五己未	四庚申	三辛酉	二壬戌	一癸亥	一甲子	二乙丑	三丙寅	四丁卯	五戊辰	六己巳	七庚午	八辛未	九壬申	一癸酉	二甲戌	三乙亥	四丙子	五丁丑	六戊寅	七己卯
1月	六辛丑	5日 23:10	八庚辰	九辛巳	一壬午	二癸未	三甲申	四乙酉	五丙戌	六丁亥	七戊子	八己丑	九庚寅	一辛卯	二壬辰	三癸巳	四甲午	五乙未	六丙申	七丁酉	八戊戌	九己亥	一庚子	二辛丑	三壬寅	四癸卯	五甲辰	六乙巳	七丙午	八丁未	九戊申	一己酉	二庚戌

赤字…陽遁日　黒字…陰遁日　（網掛け）…節入り日　節入り日時は概算です

2027年（令和9年）　九紫火星丁未年《きゅうしかせいひのとひつじどし》

31日	30日	29日	28日	27日	26日	25日	24日	23日	22日	21日	20日	19日	18日	17日	16日	15日	14日	13日	12日	11日	10日	9日	8日	7日	6日	5日	4日	3日	2日	1日	節入り日時	月の九星干支	月
			三戊寅	二丁丑	一丙子	九乙亥	八甲戌	七癸酉	六壬申	五辛未	四庚午	三己巳	二戊辰	一丁卯	九丙寅	八乙丑	七甲子	六癸亥	五壬戌	四辛酉	三庚申	二己未	一戊午	九丁巳	八丙辰	七乙卯	六甲寅	五癸丑	四壬子	三辛亥	4日 10:45	五壬寅	2月
七己酉	六戊申	五丁未	四丙午	三乙巳	二甲辰	一癸卯	九壬寅	八辛丑	七庚子	六己亥	五戊戌	四丁酉	三丙申	二乙未	一甲午	九癸巳	八壬辰	七辛卯	六庚寅	五己丑	四戊子	三丁亥	二丙戌	一乙酉	九甲申	八癸未	七壬午	六辛巳	五庚辰	四己卯	6日 4:40	四癸卯	3月
	一己卯	九戊寅	八丁丑	七丙子	六乙亥	五甲戌	四癸酉	三壬申	二辛未	一庚午	九己巳	八戊辰	七丁卯	六丙寅	五乙丑	四甲子	三癸亥	二壬戌	一辛酉	九庚申	八己未	七戊午	六丁巳	五丙辰	四乙卯	三甲寅	二癸丑	一壬子	九辛亥	八庚戌	5日 9:15	三甲辰	4月
五庚戌	四己酉	三戊申	二丁未	一丙午	九乙巳	八甲辰	七癸卯	六壬寅	五辛丑	四庚子	三己亥	二戊戌	一丁酉	九丙申	八乙未	七甲午	六癸巳	五壬辰	四辛卯	三庚寅	二己丑	一戊子	九丁亥	八丙戌	七乙酉	六甲申	五癸未	四壬午	三辛巳	二庚辰	6日 2:20	二乙巳	5月
	二庚辰	三己卯	四戊寅	五丁丑	六丙子	七乙亥	八甲戌	九癸酉	一壬申	二辛未	三庚午	四己巳	五戊辰	六丁卯	七丙寅	八乙丑	九甲子	九癸亥	八壬戌	七辛酉	六庚申	五己未	四戊午	三丁巳	二丙辰	一乙卯	九甲寅	八癸丑	七壬子	六辛亥	6日 6:25	一丙午	6月
七辛亥	八庚戌	九己酉	一戊申	二丁未	三丙午	四乙巳	五甲辰	六癸卯	七壬寅	八辛丑	九庚子	一己亥	二戊戌	三丁酉	四丙申	五乙未	六甲午	七癸巳	八壬辰	九辛卯	一庚寅	二己丑	三戊子	四丁亥	五丙戌	六乙酉	七甲申	八癸未	九壬午	一辛巳	7日 16:35	九丁未	7月
三壬午	四辛巳	五庚辰	六己卯	七戊寅	八丁丑	九丙子	一乙亥	二甲戌	三癸酉	四壬申	五辛未	六庚午	七己巳	八戊辰	九丁卯	一丙寅	二乙丑	三甲子	四癸亥	五壬戌	六辛酉	七庚申	八己未	九戊午	一丁巳	二丙辰	三乙卯	四甲寅	五癸丑	六壬子	8日 2:25	八戊申	8月
	九壬子	一辛亥	二庚戌	三己酉	四戊申	五丁未	六丙午	七乙巳	八甲辰	九癸卯	一壬寅	二辛丑	三庚子	四己亥	五戊戌	六丁酉	七丙申	八乙未	九甲午	一癸巳	二壬辰	三辛卯	四庚寅	五己丑	六戊子	七丁亥	八丙戌	九乙酉	一甲申	二癸未	8日 5:30	七己酉	9月
五癸未	六壬午	七辛巳	八庚辰	九己卯	一戊寅	二丁丑	三丙子	四乙亥	五甲戌	六癸酉	七壬申	八辛未	九庚午	一己巳	二戊辰	三丁卯	四丙寅	五乙丑	六甲子	七癸亥	八壬戌	九辛酉	一庚申	二己未	三戊午	四丁巳	五丙辰	六乙卯	七甲寅	八癸丑	8日 21:15	六庚戌	10月
	二癸丑	三壬子	四辛亥	五庚戌	六己酉	七戊申	八丁未	九丙午	一乙巳	二甲辰	三癸卯	四壬寅	五辛丑	六庚子	七己亥	八戊戌	九丁酉	一丙申	二乙未	三甲午	四癸巳	五壬辰	六辛卯	七庚寅	八己丑	九戊子	一丁亥	二丙戌	三乙酉	四甲申	8日 0:40	五辛亥	11月
三甲申	二癸未	一壬午	九辛巳	八庚辰	七己卯	六戊寅	五丁丑	四丙子	三乙亥	二甲戌	一癸酉	九壬申	八辛未	七庚午	六己巳	五戊辰	四丁卯	三丙寅	二乙丑	一甲子	一癸亥	二壬戌	三辛酉	四庚申	五己未	六戊午	七丁巳	八丙辰	九乙卯	一甲寅	7日 17:35	四壬子	12月
七乙卯	六甲寅	五癸丑	四壬子	三辛亥	二庚戌	一己酉	九戊申	八丁未	七丙午	六乙巳	五甲辰	四癸卯	三壬寅	二辛丑	一庚子	九己亥	八戊戌	七丁酉	六丙申	五乙未	四甲午	三癸巳	二壬辰	一辛卯	九庚寅	八己丑	七戊子	六丁亥	五丙戌	四乙酉	6日 4:55	三癸丑	1月

2028年（令和10年）　八白土星戊申年《はっぱくすいせいつちのえさるどし》

31日	30日	29日	28日	27日	26日	25日	24日	23日	22日	21日	20日	19日	18日	17日	16日	15日	14日	13日	12日	11日	10日	9日	8日	7日	6日	5日	4日	3日	2日	1日	節入り日時	月の九星干支	月
		九甲申	八癸未	七壬午	六辛巳	五庚辰	四己卯	三戊寅	二丁丑	一丙子	九乙亥	八甲戌	七癸酉	六壬申	五辛未	四庚午	三己巳	二戊辰	一丁卯	九丙寅	八乙丑	七甲子	六癸亥	五壬戌	四辛酉	三庚申	二己未	一戊午	九丁巳	八丙辰	4日 16:30	二甲寅	2月
四乙卯	三甲寅	二癸丑	一壬子	九辛亥	八庚戌	七己酉	六戊申	五丁未	四丙午	三乙巳	二甲辰	一癸卯	九壬寅	八辛丑	七庚子	六己亥	五戊戌	四丁酉	三丙申	二乙未	一甲午	九癸巳	八壬辰	七辛卯	六庚寅	五己丑	四戊子	三丁亥	二丙戌	一乙酉	5日 10:25	一乙卯	3月
	七乙酉	六甲申	五癸未	四壬午	三辛巳	二庚辰	一己卯	九戊寅	八丁丑	七丙子	六乙亥	五甲戌	四癸酉	三壬申	二辛未	一庚午	九己巳	八戊辰	七丁卯	六丙寅	五乙丑	四甲子	三癸亥	二壬戌	一辛酉	九庚申	八己未	七戊午	六丁巳	五丙辰	4日 15:05	九丙辰	4月
三丁巳	二丙辰	一乙卯	九甲寅	八癸丑	七壬子	六辛亥	五庚戌	四己酉	三戊申	二丁未	一丙午	九乙巳	八甲辰	七癸卯	六壬寅	五辛丑	四庚子	三己亥	二戊戌	一丁酉	九丙申	七甲午	六癸巳	五壬辰	四辛卯	三庚寅	二己丑	一戊子	九丁亥	八丙戌	5日 8:10	八丁巳	5月
	五丙戌	六乙酉	七甲申	八癸未	九壬午	一辛巳	二庚辰	三己卯	四戊寅	五丁丑	六丙子	七乙亥	八甲戌	九癸酉	一壬申	二辛未	三庚午	四己巳	五戊辰	六丁卯	七丙寅	八甲辰	八乙丑	九甲子	九癸亥	八壬戌	七辛酉	六庚申	五己未	四戊午	5日 12:15	七戊午	6月
一丁巳	二丙辰	三乙卯	四甲寅	五癸丑	六壬子	七辛亥	八庚戌	九己酉	一戊申	二丁未	三丙午	四乙巳	五甲辰	六癸卯	七壬寅	八辛丑	九庚子	一己亥	二戊戌	三丁酉	四丙申	五乙未	六甲午	七癸巳	八壬辰	九辛卯	一庚寅	二己丑	三戊子	四丁亥	6日 22:30	六己未	7月
六戊子	七丁亥	八丙戌	九乙酉	一甲申	二癸未	三壬午	四辛巳	五庚辰	六己卯	七戊寅	八丁丑	九丙子	一乙亥	二甲戌	三癸酉	四壬申	五辛未	六庚午	七己巳	八戊辰	九丁卯	一丙寅	二乙丑	三甲子	四癸亥	五壬戌	六辛酉	七庚申	八己未	九戊午	7日 8:20	五庚申	8月
	三戊午	四丁巳	五丙辰	六乙卯	七甲寅	八癸丑	九壬子	一辛亥	二庚戌	三己酉	四戊申	五丁未	六丙午	七乙巳	八甲辰	九癸卯	一壬寅	二辛丑	三庚子	四己亥	五戊戌	六丁酉	七丙申	八乙未	九甲午	一癸巳	二壬辰	三辛卯	四庚寅	五己丑	7日 11:25	四辛酉	9月
八己丑	九戊子	一丁亥	二丙戌	三乙酉	四甲申	五癸未	六壬午	七辛巳	八庚辰	九己卯	一戊寅	二丁丑	三丙子	四乙亥	五甲戌	六癸酉	七壬申	八辛未	九庚午	一己巳	二戊辰	三丁卯	四丙寅	五乙丑	六甲子	七癸亥	八壬戌	九辛酉	一庚申	二己未	8日 3:10	三壬戌	10月
	五己未	六戊午	七丁巳	八丙辰	九乙卯	一甲寅	二癸丑	三壬子	四辛亥	五庚戌	六己酉	七戊申	八丁未	九丙午	一乙巳	二甲辰	三癸卯	四壬寅	五辛丑	六庚子	七己亥	八戊戌	九丁酉	一丙申	二乙未	三甲午	四癸巳	五壬辰	六辛卯	七庚寅	7日 6:25	二癸亥	11月
九庚寅	八己丑	七戊子	六丁亥	五丙戌	四乙酉	三甲申	二癸未	一壬午	九辛巳	八庚辰	七己卯	六戊寅	五丁丑	四丙子	三乙亥	二甲戌	一癸酉	九壬申	八辛未	七庚午	六己巳	五戊辰	四丁卯	三丙寅	二乙丑	一甲子	一癸亥	二壬戌	三辛酉	四庚申	6日 23:25	一甲子	12月
四辛酉	三庚申	二己未	一戊午	九丁巳	八丙辰	七乙卯	六甲寅	五癸丑	四壬子	三辛亥	二庚戌	一己酉	九戊申	八丁未	七丙午	六乙巳	五甲辰	四癸卯	三壬寅	二辛丑	一庚子	九己亥	八戊戌	七丁酉	六丙申	五乙未	四甲午	三癸巳	二壬辰	一辛卯	5日 10:40	九乙丑	1月

赤字…陽遁日　黒字…陰遁日　[網掛け]…節入り日　節入り日時は概算です

2029年（令和11年）　七赤金星己酉年《しちせききんせいつちのととりどし》

月	月の九星干支	節入り日時	1日	2日	3日	4日	5日	6日	7日	8日	9日	10日	11日	12日	13日	14日	15日	16日	17日	18日	19日	20日	21日	22日	23日	24日	25日	26日	27日	28日	29日	30日	31日
2月	八丙寅	3日 22:20	五壬戌	六癸亥	七甲子	八乙丑	九丙寅	一丁卯	二戊辰	三己巳	四庚午	五辛未	六壬申	七癸酉	八甲戌	九乙亥	一丙子	二丁丑	三戊寅	四己卯	五庚辰	六辛巳	七壬午	八癸未	九甲申	一乙酉	二丙戌	三丁亥	四戊子	五己丑			
3月	七丁卯	5日 16:20	六庚寅	七辛卯	八壬辰	九癸巳	一甲午	二乙未	三丙申	四丁酉	五戊戌	六己亥	七庚子	八辛丑	九壬寅	一癸卯	二甲辰	三乙巳	四丙午	五丁未	六戊申	七己酉	八庚戌	九辛亥	一壬子	二癸丑	三甲寅	四乙卯	五丙辰	六丁巳	七戊午	八己未	九庚申
4月	六戊辰	4日 21:00	一辛酉	二壬戌	三癸亥	四甲子	五乙丑	六丙寅	七丁卯	八戊辰	九己巳	一辛酉	二壬戌	三癸亥	四甲子	五乙丑	六丙寅	七丁卯	八戊辰	九己巳	一己卯	二庚辰	三辛巳	四壬午	五癸未	六甲申	七乙酉	八丙戌	九丁亥	一戊子	二己丑	三庚寅	
5月	五己巳	5日 14:05	四辛卯	五壬辰	六癸巳	七甲午	八乙未	九丙申	一丁酉	二戊戌	三己亥	四庚子	五辛丑	六壬寅	七癸卯	八甲辰	九乙巳	一丙午	二丁未	三戊申	四己酉	五庚戌	六辛亥	七壬子	八癸丑	九甲寅	一乙卯	二丙辰	三丁巳	四戊午	五己未	六庚申	七辛酉
6月	四庚午	5日 18:10	八壬戌	九癸亥	九甲子	八乙丑	七丙寅	六丁卯	五戊辰	四己巳	三庚午	二辛未	一壬申	九癸酉	八甲戌	七乙亥	六丙子	五丁丑	四戊寅	三己卯	二庚辰	一辛巳	九壬午	八癸未	七甲申	六乙酉	五丙戌	四丁亥	三戊子	二己丑	一庚寅	九辛卯	
7月	三辛未	7日 4:20	八壬辰	七癸巳	六甲午	五乙未	四丙申	三丁酉	二戊戌	一己亥	九庚子	八辛丑	七壬寅	六癸卯	五甲辰	四乙巳	三丙午	二丁未	一戊申	九己酉	八庚戌	七辛亥	六壬子	五癸丑	四甲寅	三乙卯	二丙辰	一丁巳	九戊午	八己未	七庚申	六辛酉	五壬戌
8月	二壬申	7日 14:10	四癸亥	三甲子	二乙丑	一丙寅	九丁卯	八戊辰	七己巳	六庚午	五辛未	四壬申	三癸酉	二甲戌	一乙亥	九丙子	八丁丑	七戊寅	六己卯	五庚辰	四辛巳	三壬午	二癸未	一甲申	九乙酉	八丙戌	七丁亥	六戊子	五己丑	四庚寅	三辛卯	二壬辰	一癸巳
9月	一癸酉	7日 17:10	九甲午	八乙未	七丙申	六丁酉	五戊戌	四己亥	三庚子	二辛丑	一壬寅	九癸卯	八甲辰	七乙巳	六丙午	五丁未	四戊申	三己酉	二庚戌	一辛亥	九壬子	八癸丑	七甲寅	六乙卯	五丙辰	四丁巳	三戊午	二己未	一庚申	九辛酉	八壬戌	七癸亥	
10月	九甲戌	8日 9:00	六甲子	五乙丑	四丙寅	三丁卯	二戊辰	一己巳	九庚午	八辛未	七壬申	六癸酉	五甲戌	四乙亥	三丙子	二丁丑	一戊寅	九己卯	八庚辰	七辛巳	六壬午	五癸未	四甲申	三乙酉	二丙戌	一丁亥	九戊子	八己丑	七庚寅	六辛卯	五壬辰	四癸巳	三甲午
11月	八乙亥	7日 12:15	二乙未	一丙申	九丁酉	八戊戌	七己亥	六庚子	五辛丑	四壬寅	三癸卯	二甲辰	一乙巳	九丙午	八丁未	七戊申	六己酉	五庚戌	四辛亥	三壬子	二癸丑	一甲寅	九乙卯	八丙辰	七丁巳	六戊午	五己未	四庚申	三辛酉	二壬戌	一癸亥	一甲子	
12月	七丙子	7日 5:15	二乙丑	三丙寅	四丁卯	五戊辰	六己巳	七庚午	八辛未	九壬申	一癸酉	二甲戌	三乙亥	四丙子	五丁丑	六戊寅	七己卯	八庚辰	九辛巳	一壬午	二癸未	三甲申	四乙酉	五丙戌	六丁亥	七戊子	八己丑	九庚寅	一辛卯	二壬辰	三癸巳	四甲午	五乙未
1月	六丁丑	5日 16:30	六丙申	七丁酉	八戊戌	九己亥	一庚子	二辛丑	三壬寅	四癸卯	五甲辰	六乙巳	七丙午	八丁未	九戊申	一己酉	二庚戌	三辛亥	四壬子	五癸丑	六甲寅	七乙卯	八丙辰	九丁巳	一戊午	二己未	三庚申	四辛酉	五壬戌	六癸亥	七甲子	八乙丑	九丙寅

2030年（令和12年）　六白金星庚戌年《ろっぱくきんせいかのえいぬどし》

月	月の九星干支	節入り日時	1日	2日	3日	4日	5日	6日	7日	8日	9日	10日	11日	12日	13日	14日	15日	16日	17日	18日	19日	20日	21日	22日	23日	24日	25日	26日	27日	28日	29日	30日	31日
2月	五戊寅	4日 4:10	一丁卯	二戊辰	三己巳	四庚午	五辛未	六壬申	七癸酉	八甲戌	九乙亥	一丙子	二丁丑	三戊寅	四己卯	五庚辰	六辛巳	七壬午	八癸未	九甲申	一乙酉	二丙戌	三丁亥	四戊子	五己丑	六庚寅	七辛卯	八壬辰	九癸巳	一甲午			
3月	四己卯	5日 22:05	二乙未	三丙申	四丁酉	五戊戌	六己亥	七庚子	八辛丑	九壬寅	一癸卯	二甲辰	三乙巳	四丙午	五丁未	六戊申	七己酉	八庚戌	九辛亥	一壬子	二癸丑	三甲寅	四乙卯	五丙辰	六丁巳	七戊午	八己未	九庚申	一辛酉	二壬戌	三癸亥	四甲子	五乙丑
4月	三庚辰	5日 2:40	六丙寅	七丁卯	八戊辰	九己巳	一庚午	二辛未	三壬申	四癸酉	五甲戌	六乙亥	七丙子	八丁丑	九戊寅	一己卯	二庚辰	三辛巳	四壬午	五癸未	六甲申	七乙酉	八丙戌	九丁亥	一戊子	二己丑	三庚寅	四辛卯	五壬辰	六癸巳	七甲午	八乙未	
5月	二辛巳	5日 19:45	九丙申	一丁酉	二戊戌	三己亥	四庚子	五辛丑	六壬寅	七癸卯	八甲辰	九乙巳	一丙午	二丁未	三戊申	四己酉	五庚戌	六辛亥	七壬子	八癸丑	九甲寅	一乙卯	二丙辰	三丁巳	四戊午	五己未	六庚申	七辛酉	八壬戌	九癸亥	九甲子	八乙丑	七丙寅
6月	一壬午	5日 23:45	六丁卯	五戊辰	四己巳	三庚午	二辛未	一壬申	九癸酉	八甲戌	七乙亥	六丙子	五丁丑	四戊寅	三己卯	二庚辰	一辛巳	九壬午	八癸未	七甲申	六乙酉	五丙戌	四丁亥	三戊子	二己丑	一庚寅	九辛卯	八壬辰	七癸巳	六甲午	五乙未	四丙申	
7月	九癸未	7日 9:55	三丁酉	二戊戌	一己亥	九庚子	八辛丑	七壬寅	六癸卯	五甲辰	四乙巳	三丙午	二丁未	一戊申	九己酉	八庚戌	七辛亥	六壬子	五癸丑	四甲寅	三乙卯	二丙辰	一丁巳	九戊午	八己未	七庚申	六辛酉	五壬戌	四癸亥	三甲子	二乙丑	一丙寅	九丁卯
8月	八甲申	7日 19:45	八戊辰	七己巳	六庚午	五辛未	四壬申	三癸酉	二甲戌	一乙亥	九丙子	八丁丑	七戊寅	六己卯	五庚辰	四辛巳	三壬午	二癸未	一甲申	九乙酉	八丙戌	七丁亥	六戊子	五己丑	四庚寅	三辛卯	二壬辰	一癸巳	九甲午	八乙未	七丙申	六丁酉	五戊戌
9月	七乙酉	7日 22:50	四己亥	三庚子	二辛丑	一壬寅	九癸卯	八甲辰	七乙巳	六丙午	五丁未	四戊申	三己酉	二庚戌	一辛亥	九壬子	八癸丑	七甲寅	六乙卯	五丙辰	四丁巳	三戊午	二己未	一庚申	九辛酉	八壬戌	七癸亥	六甲子	五乙丑	四丙寅	三丁卯	二戊辰	
10月	六丙戌	8日 14:45	一己巳	九庚午	八辛未	七壬申	六癸酉	五甲戌	四乙亥	三丙子	二丁丑	一戊寅	九己卯	八庚辰	七辛巳	六壬午	五癸未	四甲申	三乙酉	二丙戌	一丁亥	九戊子	八己丑	七庚寅	六辛卯	五壬辰	四癸巳	三甲午	二乙未	一丙申	九丁酉	八戊戌	七己亥
11月	五丁亥	7日 18:10	六庚子	五辛丑	四壬寅	三癸卯	二甲辰	一乙巳	九丙午	八丁未	七戊申	六己酉	五庚戌	四辛亥	三壬子	二癸丑	一甲寅	九乙卯	八丙辰	七丁巳	六戊午	五己未	四庚申	三辛酉	二壬戌	一癸亥	一甲子	二乙丑	三丙寅	四丁卯	五戊辰	六己巳	
12月	四戊子	7日 11:05	七庚午	八辛未	九壬申	一癸酉	二甲戌	三乙亥	四丙子	五丁丑	六戊寅	七己卯	八庚辰	九辛巳	一壬午	二癸未	三甲申	四乙酉	五丙戌	六丁亥	七戊子	八己丑	九庚寅	一辛卯	二壬辰	三癸巳	四甲午	五乙未	六丙申	七丁酉	八戊戌	九己亥	一庚子
1月	三己丑	5日 22:25	二辛丑	三壬寅	四癸卯	五甲辰	六乙巳	七丙午	八丁未	九戊申	一己酉	二庚戌	三辛亥	四壬子	五癸丑	六甲寅	七乙卯	八丙辰	九丁巳	一戊午	二己未	三庚申	四辛酉	五壬戌	六癸亥	七甲子	八乙丑	九丙寅	一丁卯	二戊辰	三己巳	四庚午	五辛未

赤字…陽遁日　黒字…陰遁日　（網掛け）…節入り日　節入り日時は概算です

2031年（令和13年）　五黄土星辛亥年《ごおうどせいかのといどし》

31日	30日	29日	28日	27日	26日	25日	24日	23日	22日	21日	20日	19日	18日	17日	16日	15日	14日	13日	12日	11日	10日	9日	8日	7日	6日	5日	4日	3日	2日	1日	節入り日時	月の九星干支	月
			六己亥	五戊戌	四丁酉	三丙申	二乙未	一甲午	九癸巳	八壬辰	七辛卯	六庚寅	五己丑	四戊子	三丁亥	二丙戌	一乙酉	九甲申	八癸未	七壬午	六辛巳	五庚辰	四己卯	三戊寅	二丁丑	一丙子	九乙亥	八甲戌	七癸酉	六壬申	4日 10:00	二庚寅	2月
一庚午	九己巳	八戊辰	七丁卯	六丙寅	五乙丑	四甲子	三癸亥	二壬戌	一辛酉	九庚申	八己未	七戊午	六丁巳	五丙辰	四乙卯	三甲寅	二癸丑	一壬子	九辛亥	八庚戌	七己酉	六戊申	五丁未	四丙午	三乙巳	二甲辰	一癸卯	九壬寅	八辛丑	七庚子	6日 3:50	一辛卯	3月
	四庚子	三己亥	二戊戌	一丁酉	九丙申	八乙未	七甲午	六癸巳	五壬辰	四辛卯	三庚寅	二己丑	一戊子	九丁亥	八丙戌	七乙酉	六甲申	五癸未	四壬午	三辛巳	二庚辰	一己卯	九戊寅	八丁丑	七丙子	六乙亥	五甲戌	四癸酉	三壬申	二辛未	5日 8:30	九壬辰	4月
二辛未	三庚午	四己巳	五戊辰	六丁卯	七丙寅	八乙丑	九甲子	九癸亥	八壬戌	七辛酉	六庚申	五己未	四戊午	三丁巳	二丙辰	一乙卯	九甲寅	八癸丑	七壬子	六辛亥	五庚戌	四己酉	三戊申	二丁未	一丙午	九乙巳	八甲辰	七癸卯	六壬寅	五辛丑	6日 1:35	八癸巳	5月
	八辛丑	九庚子	一己亥	二戊戌	三丁酉	四丙申	五乙未	六甲午	七癸巳	八壬辰	九辛卯	一庚寅	二己丑	三戊子	四丁亥	五丙戌	六乙酉	七甲申	八癸未	九壬午	一辛巳	二庚辰	三己卯	四戊寅	五丁丑	六丙子	七乙亥	八甲戌	九癸酉	一壬申	6日 5:35	七甲午	6月
四壬申	五辛未	六庚午	七己巳	八戊辰	九丁卯	一丙寅	二乙丑	三甲子	四癸亥	五壬戌	六辛酉	七庚申	八己未	九戊午	一丁巳	二丙辰	三乙卯	四甲寅	五癸丑	六壬子	七辛亥	八庚戌	九己酉	一戊申	二丁未	三丙午	四乙巳	五甲辰	六癸卯	七壬寅	7日 15:50	六乙未	7月
九癸卯	一壬寅	二辛丑	三庚子	四己亥	五戊戌	六丁酉	七丙申	八乙未	九甲午	一癸巳	二壬辰	三辛卯	四庚寅	五己丑	六戊子	七丁亥	八丙戌	九乙酉	一甲申	二癸未	三壬午	四辛巳	五庚辰	六己卯	七戊寅	八丁丑	九丙子	一乙亥	二甲戌	三癸酉	8日 1:45	五丙申	8月
	六癸酉	七壬申	八辛未	九庚午	一己巳	二戊辰	三丁卯	四丙寅	五乙丑	六甲子	七癸亥	八壬戌	九辛酉	一庚申	二己未	三戊午	四丁巳	五丙辰	六乙卯	七甲寅	八癸丑	九壬子	一辛亥	二庚戌	三己酉	四戊申	五丁未	六丙午	七乙巳	八甲辰	8日 4:50	四丁酉	9月
二甲辰	三癸卯	四壬寅	五辛丑	六庚子	七己亥	八戊戌	九丁酉	一丙申	二乙未	三甲午	四癸巳	五壬辰	六辛卯	七庚寅	八己丑	九戊子	一丁亥	二丙戌	三乙酉	四甲申	五癸未	六壬午	七辛巳	八庚辰	九己卯	一戊寅	二丁丑	三丙子	四乙亥	五甲戌	8日 20:45	三戊戌	10月
	八甲戌	九癸酉	一壬申	二辛未	三庚午	四己巳	五戊辰	六丁卯	七丙寅	八乙丑	九甲子	一癸亥	二壬戌	三辛酉	四庚申	五己未	六戊午	七丁巳	八丙辰	九乙卯	一甲寅	二癸丑	三壬子	四辛亥	五庚戌	六己酉	七戊申	八丁未	九丙午	一乙巳	8日 0:05	二己亥	11月
九乙巳	八甲辰	七癸卯	六壬寅	五辛丑	四庚子	三己亥	二戊戌	一丁酉	九丙申	八乙未	七甲午	七癸巳	八壬辰	九辛卯	一庚寅	二己丑	三戊子	四丁亥	五丙戌	六乙酉	七甲申	八癸未	九壬午	一辛巳	二庚辰	三己卯	四戊寅	五丁丑	六丙子	七乙亥	7日 17:05	一庚子	12月
四丙子	三乙亥	二甲戌	一癸酉	九壬申	八辛未	七庚午	六己巳	五戊辰	四丁卯	三丙寅	二乙丑	一甲子	九癸亥	八壬戌	七辛酉	六庚申	五己未	四戊午	三丁巳	二丙辰	一乙卯	九甲寅	八癸丑	七壬子	六辛亥	五庚戌	四己酉	三戊申	二丁未	一丙午	6日 4:15	九辛丑	1月

2032年（令和14年）　四緑木星壬子年《しろくもくせいみずのえねどし》

31日	30日	29日	28日	27日	26日	25日	24日	23日	22日	21日	20日	19日	18日	17日	16日	15日	14日	13日	12日	11日	10日	9日	8日	7日	6日	5日	4日	3日	2日	1日	節入り日時	月の九星干支	月
		六乙巳	五甲辰	四癸卯	三壬寅	二辛丑	一庚子	九己亥	八戊戌	七丁酉	六丙申	五乙未	四甲午	三癸巳	二壬辰	一辛卯	九庚寅	八己丑	七戊子	六丁亥	五丙戌	四乙酉	三甲申	二癸未	一壬午	九辛巳	八庚辰	七己卯	六戊寅	五丁丑	4日 15:50	八壬寅	2月
一丙子	九乙亥	八甲戌	七癸酉	六壬申	五辛未	四庚午	三己巳	二戊辰	一丁卯	九丙寅	八乙丑	七甲子	六癸亥	五壬戌	四辛酉	三庚申	二己未	一戊午	九丁巳	八丙辰	七乙卯	六甲寅	五癸丑	四壬子	三辛亥	二庚戌	一己酉	九戊申	八丁未	七丙午	5日 9:40	七癸卯	3月
	四丙午	三乙巳	二甲辰	一癸卯	九壬寅	八辛丑	七庚子	六己亥	五戊戌	四丁酉	三丙申	二乙未	一甲午	九癸巳	八壬辰	七辛卯	六庚寅	五己丑	四戊子	三丁亥	二丙戌	一乙酉	九甲申	八癸未	七壬午	六辛巳	五庚辰	四己卯	三戊寅	二丁丑	4日 14:15	六甲辰	4月
八丁丑	七丙子	六乙亥	五甲戌	四癸酉	三壬申	二辛未	一庚午	九己巳	八戊辰	七丁卯	六丙寅	五乙丑	四甲子	三癸亥	二壬戌	一辛酉	九庚申	八己未	七戊午	六丁巳	五丙辰	四乙卯	三甲寅	二癸丑	一壬子	九辛亥	八庚戌	七己酉	六戊申	五丁未	5日 7:25	五乙巳	5月
	二丁未	一丙午	九乙巳	八甲辰	七癸卯	六壬寅	五辛丑	四庚子	三己亥	二戊戌	一丁酉	九丙申	八乙未	七甲午	六癸巳	五壬辰	四辛卯	三庚寅	二己丑	一戊子	九丁亥	八丙戌	七乙酉	六甲申	五癸未	四壬午	三辛巳	二庚辰	一己卯	九戊寅	5日 11:30	四丙午	6月
四戊寅	五丁丑	六丙子	七乙亥	八甲戌	九癸酉	一壬申	二辛未	三庚午	四己巳	五戊辰	六丁卯	七丙寅	八乙丑	九甲子	九癸亥	八壬戌	七辛酉	六庚申	五己未	四戊午	三丁巳	二丙辰	一乙卯	九甲寅	八癸丑	七壬子	六辛亥	五庚戌	四己酉	三戊申	6日 21:40	三丁未	7月
九己酉	一戊申	二丁未	三丙午	四乙巳	五甲辰	六癸卯	七壬寅	八辛丑	九庚子	一己亥	二戊戌	三丁酉	四丙申	五乙未	六甲午	七癸巳	八壬辰	九辛卯	一庚寅	二己丑	三戊子	四丁亥	五丙戌	六乙酉	七甲申	八癸未	九壬午	一辛巳	二庚辰	三己卯	7日 7:30	二戊申	8月
	六己卯	七戊寅	八丁丑	九丙子	一乙亥	二甲戌	三癸酉	四壬申	五辛未	六庚午	七己巳	八戊辰	九丁卯	一丙寅	二乙丑	三甲子	四癸亥	五壬戌	六辛酉	七庚申	八己未	九戊午	一丁巳	二丙辰	三乙卯	四甲寅	五癸丑	六壬子	七辛亥	八庚戌	7日 10:35	一己酉	9月
二庚戌	三己酉	四戊申	五丁未	六丙午	七乙巳	八甲辰	九癸卯	一壬寅	二辛丑	三庚子	四己亥	五戊戌	六丁酉	七丙申	八乙未	九甲午	一癸巳	二壬辰	三辛卯	四庚寅	五己丑	六戊子	七丁亥	八丙戌	九乙酉	一甲申	二癸未	三壬午	四辛巳	五庚辰	8日 2:30	九庚戌	10月
	八庚辰	九己卯	一戊寅	二丁丑	三丙子	四乙亥	五甲戌	六癸酉	七壬申	八辛未	九庚午	一己巳	二戊辰	三丁卯	四丙寅	五乙丑	六甲子	七癸亥	八壬戌	九辛酉	一庚申	二己未	三戊午	四丁巳	五丙辰	六乙卯	七甲寅	八癸丑	九壬子	一辛亥	7日 5:55	八辛亥	11月
四辛亥	五庚戌	六己酉	七戊申	八丁未	九丙午	一乙巳	二甲辰	三癸卯	四壬寅	五辛丑	六庚子	七己亥	八戊戌	九丁酉	一丙申	二乙未	三甲午	四癸巳	五壬辰	六辛卯	七庚寅	八己丑	九戊子	一丁亥	二丙戌	三乙酉	四甲申	五癸未	六壬午	七辛巳	6日 22:55	七壬子	12月
一壬午	九辛巳	八庚辰	七己卯	六戊寅	五丁丑	四丙子	三乙亥	二甲戌	一癸酉	九壬申	八辛未	七庚午	六己巳	五戊辰	四丁卯	三丙寅	二乙丑	一甲子	一癸亥	二壬戌	三辛酉	四庚申	五己未	六戊午	七丁巳	八丙辰	九乙卯	一甲寅	二癸丑	三壬子	5日 10:10	六癸丑	1月

田口二州（たぐち・にしゅう）
純正運命学会会長。数々の伝統的な東洋の運命学を修めた占術家。現在プロの門下生だけでも全国に約 70 名を擁し、占術界「的中の父」として活躍を続ける。各カルチャー教室にて気学教室を主宰。一人でも多くの人を幸福に導くべく、日夜研究・鑑定に邁進し、老若男女問わず多くのファンに親しまれている。
おもな著書・監修書は『いちばんよくわかる人相術』『決定版 いちばんよくわかる手相』『最新版 男の子 女の子 赤ちゃんのしあわせ名前大事典』（学研プラス）、『年度版 純正運命学会 開運本暦』『年度版 純正運命学会 九星暦』（永岡書店）ほか 800 冊を超える。明治学院大学経済学科卒。
【純正運命学会ホームページ】 https://junsei-unmei.com
住所：神奈川県川崎市多摩区寺尾台 1-6-12　☎ 044-966-5185
※鑑定ご希望の方は電話にてご予約ください。（受付：平日の 10：00 ～ 17：00）

編集協力……………………………桐生十冴
株式会社ジャスト・プランニング
プロデュース…………………………稲村 哲
本文イラスト…………………………有限会社ケイデザイン
北村裕子
谷口聡和子
カバー・本文デザイン・DTP………小山弘子

いちばんよくわかる九星方位気学

2021 年 2 月 11 日　第1刷発行
2023 年 2 月 22 日　第5刷発行

著　者　　田口二州
発行人　　土屋　徹
編集人　　滝口勝弘
編集担当　池内宏昭
発行所　　株式会社Gakken
〒 141-8416　東京都品川区西五反田 2-11-8
印刷所　　中央精版印刷株式会社

●この本に関する各種お問い合わせ先
本の内容については、下記サイトのお問い合わせフォームよりお願いします。
https://gakken-plus.co.jp/contact/
在庫については　Tel 03-6431-1250（販売部）
不良品（落丁、乱丁）については　Tel 0570-000577
学研業務センター　〒 354-0045 埼玉県入間郡三芳町上富 279-1
上記以外のお問い合わせは　Tel 0570-056-710（学研グループ総合案内）

八方位測定盤の使い方

八方位測定盤は、吉方位を活用した転居、または開業、通院、旅行、毎日の散歩など、目的ごとの吉方位、ラッキー方位を調べるとき、正しい方位を測定するためのものです。

まず、左ページをキリトリ線にそって切りはなしてください。そして正確な地図を用意します。地図の北を確認して、八方位測定盤の中心にある小さな丸印を地図上の現住所に合わせてください。このとき、地図の東・西・南・北の各方位と八方位測定盤の東・西・南・北の方位がずれないように注意してください。気学は地図の北（真北《しんぽく》）に合わせますので、磁気西偏修正の必要はありません。これで現住所からの正確な方位が測定できます。

この八方位測定盤は、気学の法則に従って東・西・南・北は30度の範囲、南西・東南・西北・北東は60度の範囲になっています。

※透明合成樹脂製・八方位測定盤（意匠登録第696858号）をご希望の方は、5,000円（代金・送料込み）で頒布いたしておりますので、純正運命学会までお申し込みください。

純正運命学会
〒214−0005
神奈川県川崎市多摩区寺尾台一−六−一二
TEL　044（966）5185

八方位測定盤

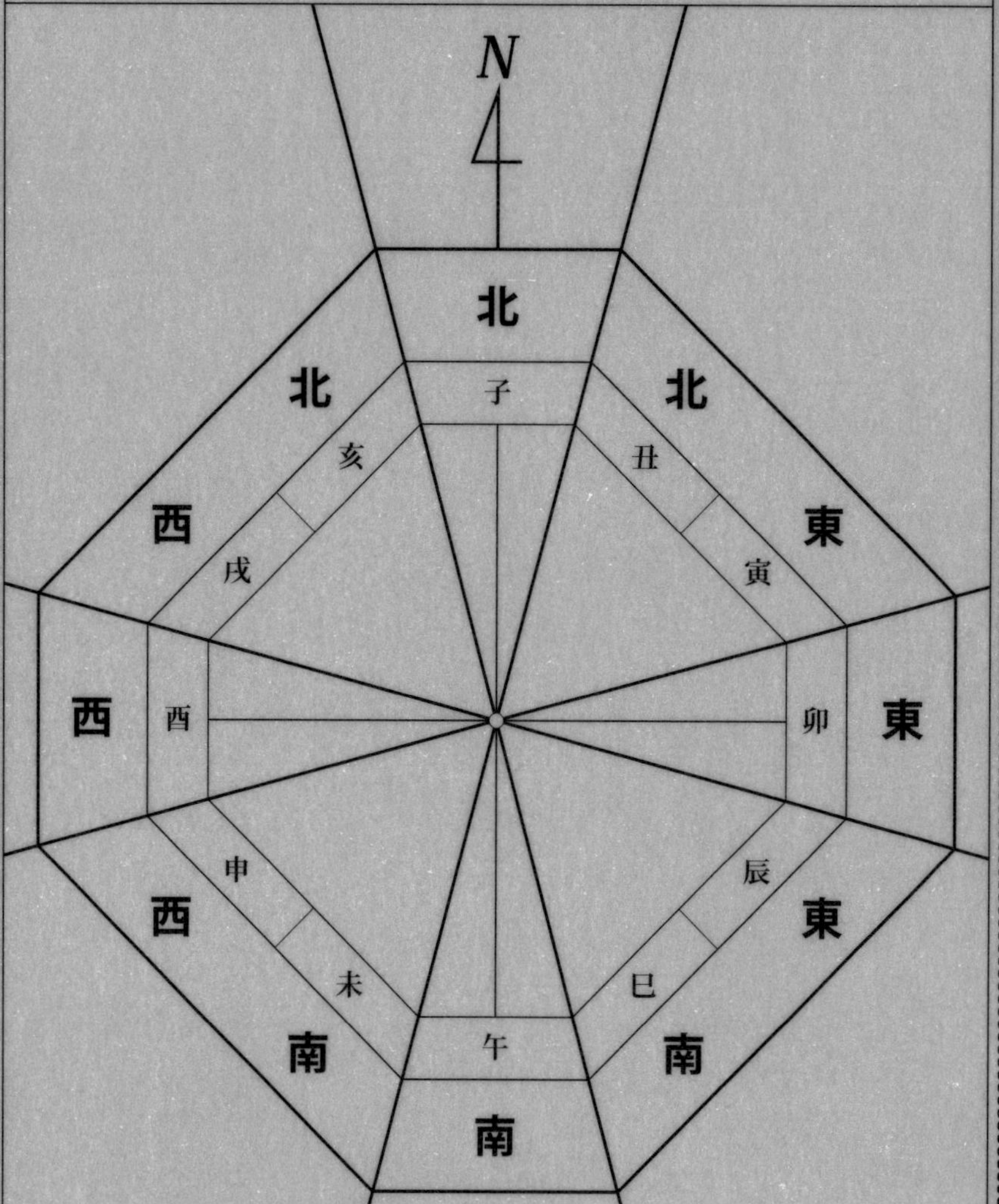

方位は自分の住んでいるところを中心として東、西、南、北は30度の範囲。東南、西南、北西、北東は60度の範囲をいいます。地図上に置いてご利用ください。

田口二州 創案

キリトリ線

八方位測定盤

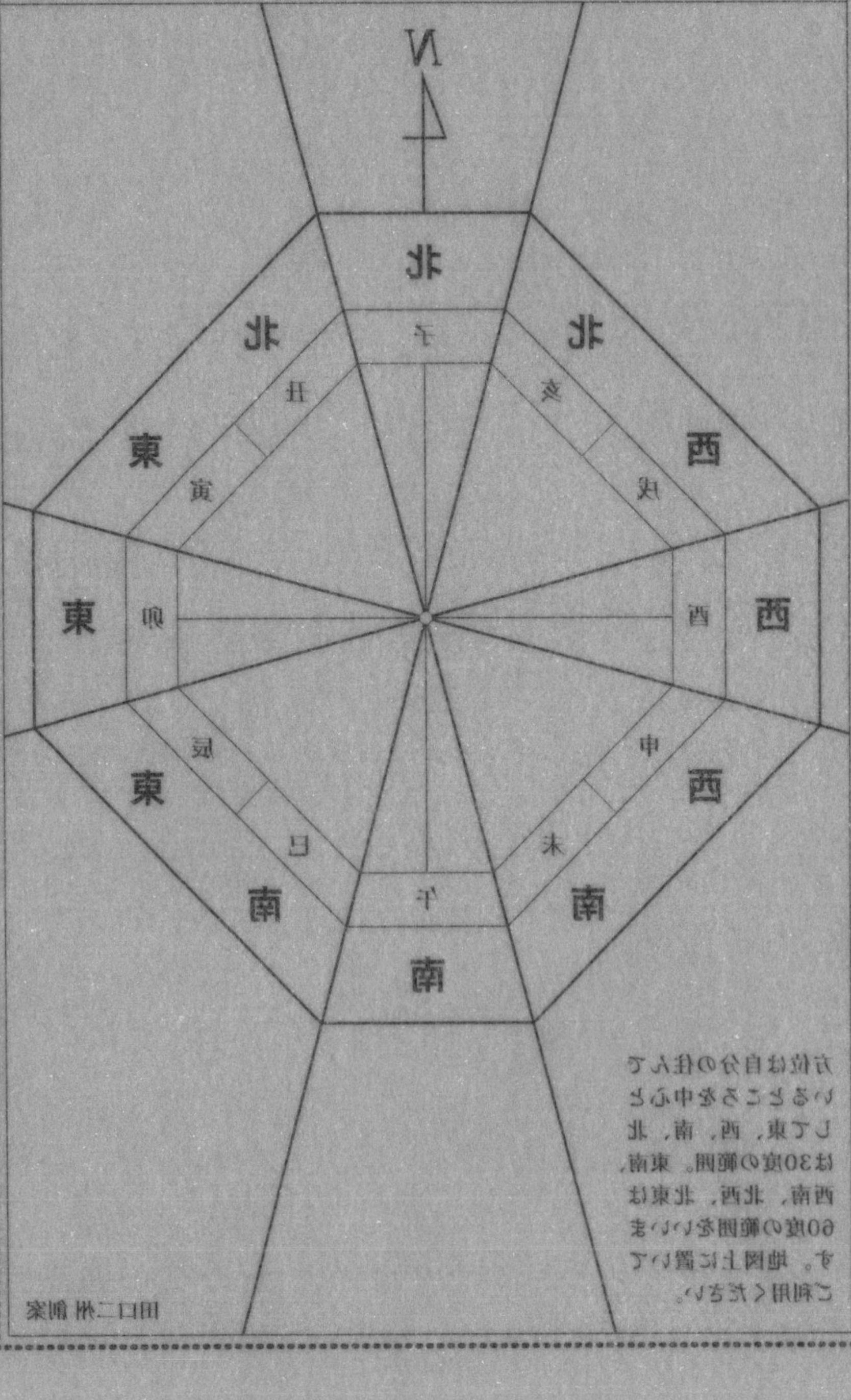

方位は自分の住んで
いるところを中心と
して東、西、南、北
は30度の範囲。東南、
西南、北西、北東は
60度の範囲をいいま
す。地図上に置いて
ご利用ください。

田口二州 創案

キリトリ線